설교주제잡기 700선

제 2 권

구약

여호수아 ~ 말라기

설교주제잡기 700선
제2권

지은이: 박순오

초판_ 2018. 7. 2
1판2쇄_ 2018. 9. 7

발행처_ 도서출판 조명문화사
발행인_ 이재영

등록번호_ 제2-846호
등록일자_ 1989.7.13

서울특별시 성동구 뚝섬로4길 28(성수동1가)
전화 02-498-3017 팩스 02-498-3018
홈페이지 http://www.cmpress.co.kr

ISBN 978-89-7257-487-3 94230

정가 18,000원

설교주제잡기 700선

제 2 권

구약: 여호수아~말라기

박순오 지음

도서출판 조명문화사
CMPress

| 서 문 |

"목회자들이여, 당신의 설교가 회중이 나아가는 길의 구름기둥 불기둥이 되게 하라! 사람들의 회의나 인간관계나 이벤트성 사업으로 목회하려 하지 말고, 오직 성경 본문의 의도에 충실한 설교로 목회하라!"

설교(說教, Preaching)는 성경 본문을 관찰하고 해석하여 설교문을 작성하고, 이를 토대로 예배 강단에서 성령님의 도우심으로 말씀을 선포하는 일련의 과정입니다. 설교를 '들려지는 하나님의 말씀'이라 할 수 있는 유일한 근거는 설교가 성령님의 영감으로 기록된 성경 본문의 의도를 충실히 반영하는 데 있습니다. 설교자는 하나님께서 지금도 기록된 성경 말씀을 통해 말씀하고 계시다는 진리를 굳게 믿는 자입니다.

하나님은 선지자들을 통해서 이스라엘 역사 속에서 자신의 활동들의 의미를 설명하셨고, 동시에 선지자들에게 하나님의 메시지를 말로나 글로써 하나님 나라 백성들에게 전달하도록 지시하셨습니다. 그다음으로 하나님은 독생자 곧 말씀이 육신이 되어 이 땅에 오신 그리스도 안에서 말씀하셨고, 그리스도의 말씀들 속에서 말씀하셨습니다. 세 번째로 하나님은 그리스도와 성경을 증거하시는 성령님을 통하여 말씀하시며, 오늘날 하나님의 백성들에게 그리스도와 성경 말씀이 살아 역사하도록 하십니다. 그러므로 예배 강단의 설교는 하나님이 말씀하시는 것을 설교자의 입을 통하여 말하는 것이고, 설교자는 성경 본문의 의도에 충실한 주제와 내용들로 설교해야 하는 절대적인 의무를 수행해야 합니다. 우리의 설교를 필요하게 만드는 것은 바로 '하나님의 말씀'입니다.

히브리서 4장 12절은 "하나님의 말씀은 살았고 활력이 있어... 혼과 영과 관절과 골수를 찔러 쪼개나니"라고 했습니다. 여기 '활력'은 헬라어 원문으로 '에네르게스'인데 이 말은 '운동력' 또는 '생기'로 번역됩니다. 또 디모데후서 3장 16절은 "모든 성경은 하나님의 감동으로 된 것으로 교훈과 책망과 바르게 함과 의로 교육하기에 유익하니"라고 했습니다. 그러므로 설교자가 성경 본문의 의도를 정확하고 분명하게 선포할 때 말씀 속에 숨 쉬고 있는 '생기'가 성령님에 의해 회중에게 역사하여 그 설교는 회중에게 교훈을 주고 책망하며 바르게 하고 의로 교육하게 됩니다.

『설교주제잡기 700선』은 필자의 앞선 책 『좋은 설교』에서 제시한 설교 작성의 원리를 살려 성경 본문에서 추출해낸 주제잡기 700편을 성경 순서대로 엮은 것입니다. 구약 창세기로부터 신약 요한계시록까지 전체 분량이 방대하여 최소 다섯 권이 필요한데, 본서는 그 두 번째 책으로 구약 역사서와 시가서 그리고 선지서로부터 뽑아낸 주제 294편을 실었습니다. 앞으로 계속하여 신약의 각 권에서 뽑아낸 주제들을 선보일 예정입니다.

본서의 사용법은 제1권 "Part I. 설교 작성의 이론과 실제"의 각 섹션과 "Part II. 설교주제잡기 700선: 모세오경"의 일러두기, 그리고 본서 제2권의 "Part II. 설교주제잡기 700선: 역사서, 시가서, 선지서"의 일러두기에 설명해 두었습니다. 독자 여러분은 본서의 주제들을 가지고 자신의 설교를 작성할 때 먼저 설교제목과 각 대지진술 및 대지해석을 심층 분석해 보기 바랍니다, 각 대지 전개를 위해 제시된 간단한 아이디어들은 순서 없이 무작위로 서술하였으므로, 설교 작성시에는 대지 전개의 세 요소인 설명부, 예증부, 적용부를 위한 자료로 사용하면 도움이 될 것입니다.

제2권에서는 특히 변화무쌍한 대지 유형 변화에 대해 실례를 들어 적용해보았습니다. 한 본문에서 여러 개의 주제를 뽑아내는 방법, 한 본문을 주제 설명형과 증명형과 적용형의 틀로 재구성하는 방법, 한 본문을 대지 병렬형과 진행형 또는 반전형으로 바꿀 때의 변화되는 모습, 한 본문에 맞춤형 대지 유형을 찾는 것의 즐거움 등등... 가야 할 길이 만만치 않음을 절감합니다.

필자는 2014년 이래 전국 15개 도시를 순방하며 연인원 1,000여 명의 목회자들과 함께 2박 3일의 〈강해대지설교 클리닉〉을 60회 이상 계속 진행하고 있습니다. 많은 목회자가 본 클리닉에 두 번 이상 참석하며 자신의 말씀 사역에 새로운 깨달음으로 의욕을 불태우고 있습니다. 1권에서 부록으로 첨부한 "설교클리닉 수료자들의 소감문"을 보시고, 향후 일정에 참여해 주십시오.

본서를 통하여 설교 사역에 힘쓰고 계시는 동역자 여러분들에게 새로운 도전이 있기를 바랍니다. 설교자 자신의 힘으로 성경 본문에서 직접 설교문을 작성하여 선포하는 기쁨을 마음껏 누리는 "좋은 설교자"의 반열에 올라서게 되기를 진심으로 기원합니다.

강해대지설교 클리닉 현장에서,

박순오 목사

설교주제잡기
700선

제 2 권

차례

Part Ⅰ

대지의 **다양한 유형**과 그 **변화**

강해대지설교에서 가장 핵심적인 부분은 대지(大旨, points)이다. 대지의 수는 2, 3, 4 대지의 어느 것도 가능하지만, 성경 본문의 구성이나 논리의 전개 또는 청중의 이해 능력을 감안할 때 3대지 설교가 보편적으로 사용된다.

필자의 저서인 『좋은 설교』에서도 밝혔듯이 대지가 보여주는 다양한 형태로의 변신은 정말 눈부시다. 본문의 주제에 따라 기민한 적응과 변환이 가능하다. 강해대지설교는 본문이 주는 메시지를 자기 틀에 맞추려 하기보다 오히려 메시지에 맞춰서 자기를 변화시킬 수 있는 틀이다.

하지만 강해대지설교가 가지고 있는 비할 바 없는 장점들에도 불구하고 설교 작성시 주의해야 할 점들이 몇 가지 있다. 또한 이것들 때문에 대지 설교가 쉽사리 비판받기도 한다.

첫째로, 대지 하나하나가 각기 한 편의 설교가 되어 결국 세 편의 설교를 억지로 한 데 엮어놓은 짜깁기가 될 수 있기 때문에 이것을 주의해야 한다. 짜깁기 3대지가 되어서는 결코 안 된다. 우리의 설교는 하나의 단일 주제를 중심으로 일사분란하게 조직된 일체형 설교여야 한다. 여기서 핵심은 통일성(unity)이다. 이상적인 설교는 하나의 주제를 중심으로 긴밀한 통일성을 유지해야 하는데, 강해대지설교의 작성시 반드시 유념해야 할 점이다.

둘째로 주의해야 할 점은 해석적인 측면의 것인데, 대지를 명제형으로 뽑는 과정에서 본문 메시지의 왜곡이 일어나지 않도록 특히 조심해야 한다. 성경에는 내러티브와 시, 서신, 율법 등 다양한 장르(genre)가 있는데, 3대지 설교자가 장르의 구분 없이 명제형 대지를 얻을 때 메시지가 왜곡되지 않도록 특별한 주의가 필요하다. 한 가지 알아야 하는 것은 장르의 변화가 의미의 왜곡을 초래하지는 않는다는 점이다. 만일 틀이 바뀐다고 해서 의미도 왜곡된다고 한다면 우리는 설교하면 안 된다. 이 경우 우리 설교자는 그저 성경 본문을 시편이든 내러티브든 서신서든 그대로 낭독해 주는 것 외에 할 수 있는 일이 없을 것이다. 왜냐하면 설교도 하나의 독립된 장르로서, 설교단에 오르는 순간 필연적으로 본문의 장르 변화가 일어나기 때문이다. 그럼에도 불구하고 예수님이 우리에게 말씀 선포를 명하시는 것은 어떤 이유에서인가? 결국 틀이 바뀌더라도 메시지는 본문의 의도를 벗어나지 않을 수 있다는 말이 아닌가!

한 걸음 더 나아가 명제형 대지를 통하여 우리는 본문의 의도를 선명하게 드러낼 수 있다. 명제는 가장 선명한 언어 형태다. 모든 설교 언어가 명제형일 필요는 없지만, 설교의 골격은 단연 명제형 문장이어야 한다. 설교의 주제와 대지는 반드시 명제형 문장으로 기술되어야 한다. 그렇지 않으면 설교가 방향을 잃어버리게 될 것이다.

강해대지설교의 강점 중 필자가 특히 강조하고 싶은 것은 변화의 역동성이다. 이를 통해 강해대지설교 전개의 다양성과 적용의 역동성을 알아볼 수 있다. 놀라운 것은 3대지 설교 속에 본문의 의도와 주제에 대한 설명, 증명, 적용, 이유 제시 등 다양한 메시지를 다양한 리듬으로 담아낼 수 있다는 점이다.

이제 대지의 다양한 유형에 대해 알아보자. 대지의 유형을 분류하는 여러 가지 방법 가운데 가장 논리적이며 체계적인 것은 대지를 중심으로 하여 주제와 대지, 본문과 대지, 그리고 대지와 대지의 관계를 중심으로 분류하는 것이다. 이제 3대지의 다양성과 풍성함 속으로 들어가 보자.

1. **주제**와 **대지**의 관계에서 본 **대지 유형**

설교 작성의 순서는 먼저 본문을 선택하고, 선택된 본문으로부터 한 문장으로 된 주제를 결정하고, 그 주제를 중심으로 3대지 또는 몇 개의 대지로 펼치는 과정으로 이어진다. 이때 주제를 설명형으로 펼칠 수도 있고 적용형 또는 증명형으로 대지를 펼칠 수도 있다.

1.1. 주제 설명형

'주제 설명형'은 문자 그대로 주제를 대지들을 통하여 설명하는 방식의 설교이다. 설명을 받아내는 질문, 즉 설명형 우산 질문(예, 그것이 무엇인가?)을 던지고, 대지들이 그 질문에 대답하는 형식이다. 이사야 2:1~4을 가지고 설명형 3대지를 구성해 보자.

본문 : **사 2:1~4** 제목 : **말일에 될 일**
1.아모스의 아들 이사야가 받은 바 유다와 예루살렘에 관한 말씀이라 2.말일에 여호와의 전의 산이 모든 산 꼭대기에 굳게 설 것이요 모든 작은 산 위에 뛰어나리니 만방이 그리로 모여들 것이라 3.많은 백성이 가며 이르기를 오라 우리가 여호와의 산에 오르며 야곱의 하나님의 전에 이르자 그가 그의 길을 우리에게 가르치실 것이라 우리가 그 길로 행하리라 하리니 이는 율법이 시온에서부터 나올 것이요 여호와의 말씀이 예루살렘에서부터 나올 것임이니라 4.그가 열방 사이에 판단하시며 많은 백성을 판결하시리니 무리가 그들의 칼을 쳐서 보습을 만들고 그들의 창을 쳐서 낫을 만들 것이며 이 나라와 저 나라가 다시는 칼을 들고 서로 치지 아니하며 다시는 전쟁을 연습하지 아니하리라

1. **시온산이 높이 서고 만방이 그리로 모여들 것이라 함 (= 그리스도 복음이 모든 타종교를 압도)**

   2절= "말일에 여호와의 전의 산이 모든 산 꼭대기에 굳게 설 것이요 모든 작은 산 위에 뛰어나리니 만방이 그리로 모여들 것이라"

2. **많은 백성이 "오라 우리가 여호와의 산에 오르자"라고 함 (= 복음 전파에 열심)**

   3절= "많은 백성이 가며 이르기를 오라 우리가 여호와의 산에 오르며 야곱의 하나님의 전에 이르자 그가 그의 길을 우리에게 가르치실 것이라 우리가 그 길로 행하리라…"

3. **여호와께서 전쟁 무기들을 농사 도구로 만드실 것임 (= 온 땅에 평화를 가져옴)**

   4절= "그가 열방 사이에 판단하시며 많은 백성을 판결하시리니 무리가 그들의 칼을 쳐서 보습을 만들고 그들의 창을 쳐서 낫을 만들 것이며 이 나라와 저 나라가 나시는 칼을 들고 서로 치지 아니하며 다시는 전쟁을 연습하지 아니하리라"

선지자 이사야의 메시지는 시대를 초월한다. 그의 메시지는 하나님의 심판 선언에 이어 남은 자에 대한 약속과 하나님의 백성의 구속과 회복의 선포에 대한 것이다. 본문의 주제는 말일에 복음 전파의 기운이 강하게 일어나고 온 땅에 평화가 온다는 소망의 메시지이다.

본 설교의 구성은 말일에 일어나게 될 일에 대해 본문이 보여주는 내용을 설명하는 방식으로 각 대지를 구성해 보았다. 1대지에서 만방이 시온산으로 모여들 것이라 한 것은 마지막 때에 그리스도의 복음이 온 세상에 편만하게 될 것을 보여 준다. 2대지에서 많은 백성이 여호와의 산에 오르자고 하는 것은 교회의 성도들이 복음 전파에 힘을 낼 것을 보여 준다. 그리고 3대지에서 전쟁 무기들을 농사 도구로 만든다는 것은 온 땅에 평화를 가져올 것을 상징하는 예언이다.

이처럼 주제 설명형은 각 대지가 주제를 차례로 설명해 나가는 형태의 설교이다. 가장 보편적인 형태이며, 성경의 진리를 쉽게 증거하며 교육하는 데 편리한 유형이다. 주제 설명형 대지의 다른 예들은 〈Part II. 설교주제잡기 700선: 역사서, 시가서, 선지서〉의 주제잡기의 〈대지 유형〉의 구분을 참조하라.

1.2. 주제 적용형

'주제 적용형'은 본문의 내용을 따라 주제를 성도의 실제 삶에 적용하는 형식으로, 즉 "구체적으로 이렇게 하라"고 지시하거나 권면하는 대지들로 펼쳐가는 설교이다. 먼저 원리를 제시하고 후에 그것을 적용해 간다. 시편 24:1~6을 본문으로 적용형 설교를 구성해보자.

본문 : **시 24:1~6**
제목 : **여호와의 산에 오를 자**

1.땅과 거기에 충만한 것과 세계와 그 가운데에 사는 자들은 다 여호와의 것이로다
2.여호와께서 그 터를 바다 위에 세우심이여 강들 위에 건설하셨도다
3.여호와의 산에 오를 자가 누구며 그의 거룩한 곳에 설 자가 누구인가
4.곧 손이 깨끗하며 마음이 청결하며 뜻을 허탄한 데에 두지 아니하며 거짓 맹세하지 아니하는 자로다
5.그는 여호와께 복을 받고 구원의 하나님께 의를 얻으리니
6.이는 여호와를 찾는 족속이요 야곱의 하나님의 얼굴을 구하는 자로다 (셀라)

1. 손과 마음이 깨끗해야 함 (= 마음과 행동이 청결한 사람)
4절= "곧 손이 깨끗하며 마음이 청결하며 뜻을 허탄한 데에 두지 아니하며..."

2. 거짓 맹세하지 않아야 함 (= 하나님의 거룩과 의 앞에 견딜 수 있는 사람)
4절= "...거짓 맹세하지 아니하는 자로다"

> **3. 하나님을 찾고 구해야 함 (= 하나님을 간절히 원하는 사람)**
> 6절= "이는 여호와를 찾는 족속이요 야곱의 하나님의 얼굴을 구하는 자로다"

본문은 여호와의 산에 오를 자는 어떤 사람이 되어야 하는가를 말씀하고 있다. 본문의 주제는 "거룩하신 하나님의 면전에 설 수 있는 사람은 청결한 마음으로 하나님을 간절히 원하는 자이다"라고 요약할 수 있다. 각 대지는 '여호와의 산에 오르는 자는 어떤 사람인가?'라는 우산질문에 대해 대답하는 것으로 구성된다.

적용형 대지는 성도의 신앙생활에서 부족한 부분을 권면하거나 교훈하는 내용이므로 오랜 기간 신앙생활을 하고 있는 교인이나 교회 직분자들에게 보다 적절한 설교 유형이라 할 수 있다.

1.3. 주제 증명형

'주제 증명형' 대지란 각 대지가 주제를 증명하는 방식으로 펼쳐지는 것을 말한다. 앞에서 언급한 설명형이나 적용형에서와 마찬가지로 여기서 말하는 '증명'은 논리적인 언어로서의 증명이라기보다 단지 설교를 펼쳐가는 방식으로서의 증명이다. 본문에서 뽑아낸 주제에 대하여 '정말로 그러한가?'라는 질문을 던진 다음 그 질문에 대하여 하나하나 풀어가는 방식이다.

다음은 미가서 6:1~5을 본문으로 한 필자의 설교인데, 설교 제목은 "자기 백성을 향한 하나님의 호소"이다.

본문 : **미 6:1~5**
제목 : **자기 백성을 향한 하나님의 호소**
(A Controversy of the LORD with His people)

1.너희는 여호와의 말씀을 들을지어다 너는 일어나서 산을 향하여 변론하여 작은 산들이 네 목소리를 듣게 하라 하셨나니
2.너희 산들과 땅의 견고한 지대들아 너희는 여호와의 변론을 들으라 여호와께서 자기 백성과 변론하시며 이스라엘과 변론하실 것이라
3.이르시기를 내 백성아 내가 무엇을 네게 행하였으며 무슨 일로 너를 괴롭게 하였느냐 너는 내게 증언하라
4.내가 너를 애굽 땅에서 인도해 내어 종 노릇 하는 집에서 속량하였고 모세와 아론과 미리암을 네 앞에 보냈느니라
5.내 백성아 너는 모압 왕 발락이 꾀한 것과 브올의 아들 발람이 그에게 대답한 것을 기억하며 싯딤에서부터 길갈까지의 일을 기억하라 그리하면 나 여호와가 공의롭게 행한 일을 알리라 하실 것이니라

1. **"내 백성아!"라고 애절하게 부르심 (= 선택된 백성)**
   3절= "이르시기를 내 백성아..."
2. **"내가 무슨 일로 너를 괴롭게 하였느냐?"라고 슬프게 물으심 (= 예배와 계명에 싫증 냄)**
   3절= "...무슨 일로 너를 괴롭게 하였느냐 너는 내게 증언하라"
3. **"내가 무엇을 네게 행하였느냐?"라고 엄숙히 질문하심 (= 하나님의 비통한 질문)**
   3절= "...내가 무엇을 네게 행하였으며..."

본문의 주제는 "하나님은 자기 백성을 사랑하셔서 차라리 변론까지 하시면서 백성이 회개하기를 원하신다"라고 할 수 있다. 현대교회 많은 신앙인이 말도 안 되는 이유로 하나님을 원망하고 있는 현실을 지적하는 메시지로 사용될 수 있다.

설교자는 각 대지를 풀어나가면서 하나님께서 자기 백성에게 호소하시는 모습을 부각시키는 것이 효과적일 것이다. "내 백성아!"라고

부르시는 하나님의 애절한 음성(1대지), 예배와 계명에 싫증을 내는 백성들에게 "내가 무슨 일로 너를 괴롭게 하였느냐?"라는 하나님의 슬픈 질문(2대지), 그리고 "내가 무엇을 네게 행하였느냐?"라는 하나님의 처절한 질문(3대지)은 모두 과연 하나님께서 자기 백성에게 호소하시는 모습을 잘 나타낸다.

주제 증명형 설교는 진리에 회의적인 사람들이나 논증을 좋아하는 젊은이들에게 보다 효과적인 대지 유형이라 할 수 있다.

1.4. 이유 제시형

'이유 제시형' 대지란 "그 이유가 무엇인가?"라는 우산 질문에 대해 각 대지에서 그 이유를 제시하는 대지 유형이다. 많은 경우 이유 제시형의 설교 제목은 " ~한 이유"와 같은 형식으로, 그리고 각 대지는 "~이기 때문"의 형식을 취한다.

열왕기하 7:3~10을 본문으로 삼고 "그들이 전해야 하는 이유"라는 제목으로 이유 제시형 설교를 작성해보자.

본문 : **왕하 7:3~10**
제목 : **그들이 전해야 하는 이유 (Let's Go and Preach)**

3.성문 어귀에 나병환자 네 사람이 있더니 그 친구에게 서로 말하되 우리가 어찌하여 여기 앉아서 죽기를 기다리랴
4.만일 우리가 성읍으로 가자고 말한다면 성읍에는 굶주림이 있으니 우리가 거기서 죽을 것이요 만일 우리가 여기서 머무르면 역시 우리가 죽을 것이라 그런즉 우리가 가서 아람 군대에게 항복하자 그들이 우리를 살려 두면 살 것이요 우리를 죽이면 죽을 것이라 하고
5.아람 진으로 가려 하여 해 질 무렵에 일어나 아람 진영 끝에 이르러서 본즉 그 곳에 한 사람도 없으니

6.이는 주께서 아람 군대로 병거 소리와 말 소리와 큰 군대의 소리를 듣게 하셨으므로 아람 사람이 서로 말하기를 이스라엘 왕이 우리를 치려 하여 헷 사람의 왕들과 애굽 왕들에게 값을 주고 그들을 우리에게 오게 하였다 하고
8.그 나병환자들이 진영 끝에 이르자 한 장막에 들어가서 먹고 마시고 거기서 은과 금과 의복을 가지고 가서 감추고 다시 와서 다른 장막에 들어가 거기서도 가지고 가서 감추니라
9.나병환자들이 그 친구에게 서로 말하되 우리가 이렇게 해서는 아니되겠도다 오늘은 아름다운 소식이 있는 날이거늘 우리가 침묵하고 있도다 만일 밝은 아침까지 기다리면 벌이 우리에게 미칠지니 이제 떠나 왕궁에 가서 알리자 하고
10.가서 성읍 문지기를 불러 그들에게 말하여 이르되 우리가 아람 진에 이르러서 보니 거기에 한 사람도 없고 사람의 소리도 없고 오직 말과 나귀만 매여 있고 장막들이 그대로 있더이다 하는지라

1. **자신들은 음식과 은 금 의복들을 가지게 되었기 때문 (= 우리는 보화를 가짐)**
   8절= "그 나병환자들이 진영 끝에 이르자 한 장막에 들어가서 먹고 마시고 거기서 은과 금과 의복을 가지고 가서 감추고 다시 와서 다른 장막에 들어가 거기서도 가지고 가서 감추니라"
2. **자신들이 가진 것은 성읍 사람들이 급히 필요로 하는 것이기 때문 (= 복음 없이 죽어감)**
   4절= "...성읍에는 굶주림이 있으니..."
3. **자신들이 알리지 않으면 벌을 받을 것이기 때문 (= 전도의 의무)**
   9절= "...오늘은 아름다운 소식이 있는 날이거늘 우리가 침묵하고 있도다 만일 밝은 아침까지 기다리면 벌이 우리에게 미칠지니 이제 떠나 왕궁에 가서 알리자"

복음은 '복된 소식'이다. 이 소식은 사람으로부터가 아니라 하나님으로부터 온다. 본문은 복음의 소식을 전하던 사건의 기록이다. 사마리아성 문밖에 살던 네 사람의 나병환자들이 아람 군대에 항복하러 갔다가 뜻밖의 횡재를 하게 된다. 아람 군대가 황급히 도망치고 난

후 버려진 것들은 성 안의 사람들에게는 절실히 필요한 것들이었다. 나병환자들은 이 놀라운 소식을 성 안 사람들에게 속히 전해야 했다.

그들이 전해야 하는 이유는 성 안 사람들이 굶주려 죽어가기 때문이었고 자신들이 전하지 않으면 벌을 받게 될 것이기 때문이다. 이것은 우리 그리스도인들이 생명의 복음을 세상에 속히 전해야 할 이유이다.

이유 제시형 설교는 일차적으로 본문의 주제와 본문의 구성이 이유를 제시하고 있는 경우에 취해야 할 대지 유형이고, 이 경우 청중에게 직선적인 메시지를 전달할 수 있는 이점이 있다.

1.5. 목적 제시형

'목적 제시형' 대지란 "그렇게 하는 목적이 무엇인가"라는 우산 질문에 대해 각 대지에서 그 목적을 제시하는 대지 유형이다. 많은 경우 목적 제시형의 설교 제목은 " ~한 목적"의 형식으로, 그리고 각 대지는 " ~하기 위함"의 형식을 취한다.

신명기 8:2~4을 본문으로 삼고 "광야 인도의 세 가지 목적"을 제목으로 목적 제시형 설교를 작성해보자.

본문 : **신 8:2~4** 제목 : **광야 인도의 세 가지 목적 (Leading Israel in the Wilderness)**
2.네 하나님 여호와께서 이 사십 년 동안에 네게 광야 길을 걷게 하신 것을 기억하라 이는 너를 낮추시며 너를 시험하사 네 마음이 어떠한지 그 명령을 지키는지 지키지 않는지 알려 하심이라 3.너를 낮추시며 너를 주리게 하시며 또 너도 알지 못하며 네 조상들도 알지 못하던 만나를 네게 먹이신 것은 사람이 떡으로만 사는 것이 아니요 여호와의 입에서 나오는 모든 말씀으로 사는 줄을 네가 알게 하려 하심이니라 4.이 사십 년 동안에 네 의복이 해어지지 아니하였고 네 발이 부르트지 아니하였느니라

1. 낮추기 위함 (= 세상 교만 제거)
   2절= "...이는 너를 낮추시며..."

2. 시험해 보시기 위함 (= 더 큰 복을 주시려는 단련)
   2절= "...너를 시험하사 네 마음이 어떠한지 그 명령을 지키는지 아니 지키는지 알려하심이라"

3. 여호와의 말씀으로 살게 하기 위함 (= 말씀 의존 신앙)
   3절= "...또 너도 알지 못하며 네 열조도 알지 못하던 만나를 네게 먹이신 것은 사람이 떡으로만 사는 것이 아니요 여호와의 입에서 나오는 모든 말씀으로 사는 줄을 너로 알게 하려 하심이니라"

본문은 광야 40년을 지낸 이스라엘이 모압 평야에 이르렀을 때 모세가 백성에게 하나님의 말씀을 전하는 장면이다. 본문에는 하나님께서 택한 백성 이스라엘을 광야로 인도하신 하나님의 의도가 잘 나타나 있다. 이스라엘을 광야로 인도하신 목적이 무엇인가? 우리를 고난의 길로 인도하시는 주님의 의도는 무엇에 있나? 광야로 인도하시는 목적은 우리를 낮추시며(1대지), 시련을 통해 우리를 단련하기 위함이고 (2대지), 나아가 우리에게 말씀 의존 신앙을 갖게 하기 위함이다.

목적 제시형 대지는 본문이 보여주는 하나님의 의도를 명확히 나타내어 설교자의 메시지를 보다 구체적으로 전하도록 도와준다. 설교자가 성령 충만하여 각 대지의 메시지를 확신을 가지고 전할 때 회중은 말씀 속에 내재되어 있는 말씀 생기를 받고 '혼과 영과 관절과 골수'에 찔림을 받게 되는 것이다.

1.6. 주제 함축형

'주제 함축형' 대지란 주제를 논리적으로 전개하는 명제로 대지를 삼아나가는 유형이다. 예를 들면 '~의 동기, ~의 과정, ~의 결과' 등으로 3대지를 잡고, 본문에서 그 내용을 뽑아 대지를 완성해 나가는 방식이다. 주로 서구의 설교자들이 많이 사용하는 것으로 회중이 설교의 흐름을 따라 메시지를 명확히 파악하는 데 도움이 되는 형식이다.

열왕기하 13:14~19을 본문으로 삼고 "승리의 세 가지 법칙"을 설교 제목으로 하여 주제 함축형 대지를 작성해보자.

본문 : **사 5:3~7**
세목 : **비를 내리시 않는 구름 (Commanding the Clouds Not to Rain)**

3.예루살렘 주민과 유다 사람들아 구하노니 이제 나와 내 포도원 사이에서 사리를 판단하라
4.내가 내 포도원을 위하여 행한 것 외에 무엇을 더할 것이 있으랴 내가 좋은 포도 맺기를 기다렸거늘 들포도를 맺음은 어찌 됨인고
5.이제 내가 내 포도원에 어떻게 행할지를 너희에게 이르리라 내가 그 울타리를 걷어 먹힘을 당하게 하며 그 담을 헐어 짓밟히게 할 것이요
6.내가 그것을 황폐하게 하리니 다시는 가지를 자름이나 북을 돋우지 못하여 찔레와 가시가 날 것이며 내가 또 구름에게 명하여 그 위에 비를 내리지 못하게 하리라 하셨으니
7.무릇 만군의 여호와의 포도원은 이스라엘 족속이요 그가 기뻐하시는 나무는 유다 사람이라 그들에게 정의를 바라셨더니 도리어 포학이요 그들에게 공의를 바라셨더니 도리어 부르짖음이었도다

1. 그 의미 : 진노의 표시

6절= "내가 또 구름에게 명하여 그 위에 비를 내리지 못하게 하리라..."

2. 그 결과 : 영적 기근

6절= "내가 또 구름에게 명하여 그 위에 비를 내리지 못하게 하리라..."

3. 은총의 소나기를 내리게 하는 방편

7절= "…그들에게 정의를 바라셨더니…그들에게 공의를 바라셨더니…"

본문은 하나님의 기대를 저버린 남유다 왕국에 대하여 선지자 이사야를 통하여 하나님께서 주시는 심판 경고의 말씀이다. 이 시대 많은 신앙인이 자신들의 영적 기근의 심각성을 깨닫지 못하고 있다. 설교의 주제는 "우리에게 영적 기근이 올 때 우리는 하나님께 은총의 소나기를 부어달라고 기도해야 한다"라고 할 수 있다.

"내가 또 구름에게 명하여 그 위에 비를 내리지 못하게 하리라." 비를 내리지 않는 구름의 의미는 진노의 표시이고 비가 내리지 않을 때의 결과는 영적 기근이다. 은총의 소나기를 내리게 하는 방편은 무엇인가? 우리의 사막과 같은 마음을 주님께 고백하고, 하늘로부터 내리는 은총의 소나기를 전폭적으로 의지하며, 엘리야처럼 비가 내릴 때까지 끊임없이 기도하는 것이다.

주제 함축형 대지는 청중에게뿐 아니라 설교자 자신에게도 전하고자 하는 명제를 분명하게 하는 이점이 있다. 그러나 함축형 대지 진술을 먼저 제시하는 과정에서 본문의 의도를 넘어서거나 왜곡할 위험성에 더욱 조심해야 한다.

2. **본문**과 **대지**의 관계에서 본 **대지 유형**

이번에는 본문과 대지의 관계에서 볼 때 나타나는 3대지의 역동성을 살펴보자. 강해대지설교의 세 가지 특징(본문중심, 주제중심, 적용중심) 중 가장 중요하고 핵심적인 것은 본문 중심이다. '본문의 의도'에 충실한 구조야말로 강해대지설교의 중심을 이루는 골격이어야 하고, 따라서 각 대지 진술은 반드시 본문 안에서 나와야 한다. 본문을 떠난 대지, 본문의 의도를 벗어난 대지는 이미 대지라 할 수 없다. 그런 점에서 본문과 대지는 '밀접한' 관계에 있을 수밖에 없다. 그런데 그 밀접한 관계는 하나가 아니라 여럿으로 다양하고, 이것이 3대지 설교에 또 다른 역동성을 부여한다.

2.1. 본문 분석형

'본문 분석형' 대지는 이름 그대로 본문을 쪼개고 분석하여 보통으로는 발견하기 쉽지 않은 소주제들을 발굴해 내어 펼쳐낸 대지이다. '본문 분석형'은 주로 짤막한 본문을 대상으로 그 속에 들어 있는 심오한 주제를 대지로 엮어간다. 어떻게 하면 분석형 대지 설교를 만들어 낼 수 있을까? 인내하는 마음으로 본문을 읽고 또 읽고, 보고 또 보고, 작은 한 구절 안에 대지가 될 만한 것이 있는지 세밀하게 들여다보는 것이 최선이다. 좋은 주석이나 원어성경을 참조하는 것도 한 방법이다. 모든 유형에서 원어성경이 유용하지만 특히 본문 분석형에서 큰 도움이 된다.

하박국 3:1~2을 본문으로 삼고 설교 제목을 "진정한 부흥"으로 하여 본문 분석형 설교를 작성해보자.

본문 : **합 3:1~2**
제목 : **진정한 부흥**

1.시기오놋에 맞춘 선지자 하박국의 기도라
2.여호와여 내가 주께 대한 소문을 듣고 놀랐나이다 여호와여 주는 주의 일을 이 수년 내에 부흥하게 하옵소서 이 수년 내에 나타내시옵소서 진노 중에라도 긍휼을 잊지 마옵소서

1. 주께 대한 소문을 듣고 놀랐음 (= 진리에 부딛쳐 놀람)
2절= "여호와여 내가 주께 대한 소문을 듣고 놀랐나이다…"

2. 주의 일이 수년 내에 부흥되도록 기도함 (= 적절한 시점에 부흥되도록 기도함)
2절= "…여호와여 주는 주의 일을 이 수년 내에 부흥하게 하옵소서 이 수년 내에 나타내시옵소서…"

3. 진노 중에라도 긍휼을 구함 (= 겸손히 주의 긍휼을 구함)
2절= "…진노 중에라도 긍휼을 잊지 마옵소서"

선지자 하박국은 북방의 무서운 소문에 놀라 겸손한 자세로 주의 일을 부흥시켜 달라고 기도했다. 본문의 깊은 의도 속에는 이 시대는 분명 마지막 시대임에도 신앙인들이라고 하는 사람들이 예수 재림에 대한 소문에도 놀라지 않고 안일하고 나태한 모습에 경종을 울리는 주제를 담고 있다.

본 설교는 2절 한 절에서 세 가지 소주제를 뽑아내어 대지를 만들고 세 대지의 진술들이 진정한 부흥이 무엇인지를 보여주도록 설계하였다. 각 대지 진술이 본문의 의도를 정확히 반영할 때 이를 선포하는 설교자의 입술에 성령님의 강력한 역사가 함께하신다.

2.2. 본문 수집형

'본문 수집형' 대지는 본문 이곳저곳에서 주제에 맞는 구절들을 수집하여 구성하는 유형의 대지이다. '본문 분석형'이 본문을 파고드는 유형이라면 '본문 수집형'은 본문을 읽어나가면서 주제에 맞는 부분을 뽑아내는 방식이다. 수집형의 본문은 하나의 연결된 단락일 수도 있고 떨어져 있는 성경 구절의 조합이 될 수도 있다. 후자의 경우 제목설교와 혼동될 수도 있으므로 대지들의 통일성이나 연결성에 더 많은 관심을 쏟아야 하는 것이 좋다.

시편 23편을 본문으로 삼고 "축복의 잔이 넘치는 사람"을 제목으로 하여 본문 수집형 설교를 작성해보자.

본문 : **시 23:1~6**
제목 : **축복의 잔이 넘치는 사람 (The LORD Is My Shepherd)**

1.여호와는 나의 목자시니 내게 부족함이 없으리로다
2.그가 나를 푸른 풀밭에 누이시며 쉴 만한 물 가로 인도하시는도다
3.내 영혼을 소생시키시고 자기 이름을 위하여 의의 길로 인도하시는도다
4.내가 사망의 음침한 골짜기로 다닐지라도 해를 두려워하지 않을 것은 주께서 나와 함께 하심이라 주의 지팡이와 막대기가 나를 안위하시나이다
5.주께서 내 원수의 목전에서 내게 상을 차려 주시고 기름을 내 머리에 부으셨으니 내 잔이 넘치나이다
6.내 평생에 선하심과 인자하심이 반드시 나를 따르리니 내가 여호와의 집에 영원히 살리로다

1. **"여호와는 나의 목자시니"라고 노래함 (= 예수님을 자신의 목자로 모신 사람)**

   1절= "여호와는 나의 목자시니 내게 부족함이 없으리로다"

2. **"푸른 풀밭에 누이시며 쉴 만한 물 가로 인도하시는도다"라고 노래함 (= 목자의 인도를 철저히 받는 사람)**

   2절= "그가 나를 푸른 풀밭에 누이시며 쉴 만한 물 가로 인도하시는도다"

3. “주께서 기름을 내 머리에 부으셨으니”라고 노래함 (= 기름 부음을 받은 사람)
5절= “주께서 내 원수의 목전에서 내게 상을 차려 주시고 기름을 내 머리에 부으셨으니 내 잔이 넘치나이다”

시편 23편은 구약의 복음이라 불릴 정도로 애송되는 시편이다. 본 설교는 주제 적용형 개요로 구성된 것으로 주제는 “축복의 잔이 넘치는 사람은 목자 되신 예수님의 인도를 철저히 받고 성령 충만한 성도이다”라고 할 수 있다.

축복의 잔이 넘치는 사람은 어떤 성도인가? 그는 예수님을 자신의 목자로 삼은 사람이고(1절, 1대지), 목자의 인도를 철저히 받는 사람이며(2절, 2대지), 기름 부음을 받은 사람이다(5절, 3대지). 여기서 대지 구성은 “축복의 잔이 넘치는 사람”이라는 주제에 관련된 구절(1, 2, 5절)을 뽑아내어 3대지 수집형 설교로 구성하였다.

본문에는 또 다른 주제들이 숨어 있지만 일단 한 주제를 선택했으면 모든 대지 진술과 대지 전개는 그 주제를 향해 올인하여야 한다. 본문 수집형의 위험은 설교자의 자의적인 조작에 의해 설교를 구성할 수 있다는 점에 있다.

2.3. 본문 묶음형

‘본문 묶음형’ 대지는 설교 본문을 적당량의 덩어리로 나눈 후 각 덩어리의 소주제들을 대지로 만들어 설교의 개요를 만드는 방식이다. 따라서 한 덩어리로 묶은 조각들에 대해 적절한 이름을 붙여 대지 진술을 만드는 것이 중요하다. 각 대지의 진술이 보다 선명한 이름 붙이기의 작업을 거친 결과로 나타날 때 설교자는 무질서한 설교가 질서 정연한 설교로 거듭나는 기쁨을 맛보게 될 것이다.

열왕기하 4:1~7을 본문으로 삼고 "기름병 기적의 은혜"를 설교 제목으로 하여 본문 묶음형 설교를 작성해보자.

본문 : **왕하 4:1~7**
제목 : **기름병 기적의 은혜**

1.선지자의 제자들의 아내 중의 한 여인이 엘리사에게 부르짖어 이르되 당신의 종 나의 남편이 이미 죽었는데 당신의 종이 여호와를 경외한 줄은 당신이 아시는 바니이다 이제 빚 준 사람이 와서 나의 두 아이를 데려가 그의 종을 삼고자 하나이다 하니
2.엘리사가 그에게 이르되 내가 너를 위하여 어떻게 하랴 네 집에 무엇이 있는지 내게 말하라 그가 이르되 계집종의 집에 기름 한 그릇 외에는 아무것도 없나이다 하니
3.이르되 너는 밖에 나가서 모든 이웃에게 그릇을 빌리라 빈 그릇을 빌리되 조금 빌리지 말고
4.너는 네 두 아들과 함께 들어가서 문을 닫고 그 모든 그릇에 기름을 부어서 차는 대로 옮겨 놓으라 하니라
5.여인이 물러가서 그의 두 아들과 함께 문을 닫은 후에 그들은 그릇을 그에게로 가져오고 그는 부었더니
6.그릇에 다 찬지라 여인이 아들에게 이르되 또 그릇을 내게로 가져오라 하니 아들이 이르되 다른 그릇이 없나이다 하니 기름이 곧 그쳤더라
7.그 여인이 하나님의 사람에게 나아가서 말하니 그가 이르되 너는 가서 기름을 팔아 빚을 갚고 남은 것으로 너와 네 두 아들이 생활하라 하였더라

1. 여인의 죽은 남편은 여호와를 경외한 선지생도였음 (= 주님을 위한 억울함은 주님이 책임져 주심)

1절= "선지자의 제자들의 아내 중의 한 여인이 엘리사에게 부르짖어 이르되 당신의 종 나의 남편이 이미 죽었는데 당신의 종이 여호와를 경외한 줄은 당신이 아시는 바니이다"

2. 함께 들어가서 문을 닫고 아무도 보지 못하게 했음 (= 하나님의 은혜는 은밀하게 임함)

4절= "너는 네 두 아들과 함께 들어가서 문을 닫고 그 모든 그릇에 기름을 부어서 차는 대로 옮겨 놓으라"

3. 준비한 그릇을 다 채우자 기름이 그쳤음 (= 믿음의 분량만큼 채워주심)

5~6절= "...그들은 그릇을 그에게로 가져오고 그는 부었더니 그릇에 다 찬지라 여인이 아들에게 이르되 또 그릇을 내게로 가져오라 하니 아들이 이르되 다른 그릇이 없나이다 하니 기름이 곧 그쳤더라"

본문은 선지 생도의 갑작스런 죽음으로 가족들에게 불행이 닥쳐오자 그의 아내가 선지자를 찾아와 하소연하는 것으로 시작된다. 주제 설명형으로 구성된 본 설교의 주제는 "선지 생도의 가정에 주신 기적의 기름병의 은혜는 은밀하게, 그릇의 분량대로 임하였다"라고 할 수 있다. 많은 신앙인이 믿음의 분량을 제대로 채우지 못하고 있는 현상에 대해 도전을 주는 설교이다.

1대지는 1~2절을 통해 주님을 위한 억울함을 주님이 책임져 주신다는 메시지를 보여준다. 2대지는 3~5절을 통해 은밀하게 임하는 하나님의 은혜를 보여준다. 그리고 3대지는 5~7절을 통해 하나님은 우리 믿음의 분량만큼 채워주신다는 진리를 선포한다.

이처럼 본문 묶음형 대지는 설교의 주제가 전체 본문의 흐름에 어떻게 작용하고 있는가에 끊임없이 주의를 기울이며 대지 진술을 작성해 나가는 방식이다. 따라서 묶음형 대지는 성경의 반 이상을 차지하는 내러티브 본문을 관찰할 때 고려하는 것이 많은 도움이 된다.

2.4. 본문 묵상형

'본문 묵상형' 대지는 설교 본문을 쪼개거나 덩어리로 묶는 대신 전체 본문을 통으로 바라보면서 깊은 묵상을 통하여 대지를 잡아나가는 방식이다. 본문 전체를 여러 번 읽어 본문이 주는 메시지를 포괄적으로 추출하고, 때로는 본문의 울타리를 넘어 의미의 지평을 넓히기도

한다. 이 경우 본문의 의도를 벗어나지 않도록 세심한 주의가 필요하다. '본문 묵상형'은 앞서의 세 가지(분석형, 수집형, 묶음형) 유형에 비해 비교적 본문에서 자유로운 방식으로서, 본문과의 관계가 느슨하기 때문에 자주 사용하는 것은 바람직하지 않다.

예레미야 18:1~6을 본문으로 삼고 "토기장이의 손 안에서"라는 제목으로 작성한 필자의 묵상형 설교를 살펴보자.

본문 : **렘 18:1~6**
제목 : **토기장이의 손 안에서 (In the Hands of the Master Potter)**

1.여호와께로부터 예레미야에게 임한 말씀에 이르시되
2.너는 일어나 토기장이의 집으로 내려가라 내가 거기에서 내 말을 네게 들려 주리라 하시기로
3.내가 토기장이의 집으로 내려가서 본즉 그가 녹로로 일을 하는데
4.진흙으로 만든 그릇이 토기장이의 손에서 터지매 그가 그것으로 자기 의견에 좋은 대로 다른 그릇을 만들더라
5.그 때에 여호와의 말씀이 내게 임하니라 이르시되
6.여호와의 말씀이니라 이스라엘 족속아 이 토기장이가 하는 것 같이 내가 능히 너희에게 행하지 못하겠느냐 이스라엘 족속아 진흙이 토기장이의 손에 있음 같이 너희가 내 손에 있느니라

1. 쓰레기 더미에서 토기장이의 집으로 (= 부르심, 세상에서 교회로)
2. 녹로(艦難)에서 선반 위로 (= 기름 부으심과 시련의 시기)
   3~4절= "내가 토기장이의 집으로 내려가서 본즉 그가 녹로로 일을 하는데 진흙으로 만든 그릇이 토기장이의 손에서 터지매 그가 그것으로 자기 의견에 좋은 대로 다른 그릇을 만들더라"
3. 1차 불가마에서 2차 불가마로 (= 불시험과 연단)

"토기장이의 손 안에서"는 주제 함축형으로 작성된 설교이다. 본 설교의 주제는 "토기장이가 토기를 만들 듯이 하나님은 우리를 불러 연단을 통하여 아름다운 신앙의 그릇을 빚어내신다"라고 할 수 있다.

불 시험의 연단을 견디지 못하는 현대 교회 많은 교인에게 경종을 울릴 수 있는 메시지이다.

본문에서 하나님의 명령으로 선지자 예레미야는 토기장이의 집으로 내려갔고, 거기서 그는 토기장이가 그릇을 만드는 장면을 보았다. 본문에는 진흙으로 만든 그릇이 토기장이의 손에서 터지매 그가 그것으로 자기 뜻대로 다른 그릇을 만들었다고 했다.

필자는 여기서 한 걸음 더 나아가 토기장이가 그 그릇을 불가마에 넣어 구워 멋진 도자기를 만드는 모습을 묵상하며, 하나님께서 성도들을 연단시키시는 모습으로 대지를 구성하였다. 이처럼 본문 묵상형은 본문에 직접 언급하지 않는 영역까지 확대하여 주제를 발전시켜 나감으로 매우 깊은 진리를 드러내는 장점이 있지만, 동시에 본문의 의도를 벗어나는 위험성도 상존하므로 조심해서 사용해야 한다.

3. **대지**와 **대지**의 관계에서 본 **대지 유형**

이제 대지와 대지의 관계를 중심으로 3대지의 역동성을 살펴볼 차례다. 사실 대지가 살아있는 것을 실감하는 것은 대지의 흐름이 천편일률적인 것이 아니라 상황에 따라 적절히 변신할 수 있다는 것을 깨달을 때이다. 어떤 본문은 본문의 빅 아이디어(주제)를 뒷받침하는 소주제들(대지들, main points)의 흐름이 외적으로 뚜렷이 나타나 있는 경우도 있지만, 많은 경우 이 흐름은 내면적인 것이다. 따라서 설교자는 본문을 관찰하며 본문 속에 내재되어 있는 대지의 흐름을 감지하는 훈련을 게을리하지 말아야 한다.

대지와 대지의 관계에서 본 대지 유형에는 흐름의 방향성이나 관계의 역동성에 따라 병렬형, 진전형, 반전형, 심화형, 연결형, 혼재형, 대조형 등으로 구분할 수 있다.

3.1. 대지 병렬형

대지와 대지의 관계에서 본 대지 유형 중 가장 기본적인 형태는 '대지 병렬형(parallel type)'이다. 이름 그대로 1, 2, 3대지가 평행을 이루며 서로 대등한 관계에 있는 구조이다. 설교에서 모든 대지는 서론에서 제시하는 하나의 우산 질문에 의해 다리를 놓은 것이며, 그래서 모든 대지는 병렬적인 특성을 갖는 형태이다. 대지 병렬형의 특징은 대지의 순서를 바꾸어도 전체 메시지에 별 영향이 없다는 점이다. 설교 준비에 비교적 용이한 점, 청중이 쉽게 알아듣는다는 장점이 있지만, 흐름이 정적(靜的)이어서 청중의 주의를 끄는 데에 다소 어려움을 겪을 위험이 있다.

사무엘상 22:1~2을 본문으로 삼고 "아둘람 교회"를 제목으로 하여 대지 병렬형 설교를 작성해보자.

<table>
<tr><td>본문 : 삼상 22:1~2
제목 : 아둘람 교회</td></tr>
<tr><td>1.그러므로 다윗이 그 곳을 떠나 아둘람 굴로 도망하매 그의 형제와 아버지의 온 집이 듣고 그리로 내려가서 그에게 이르렀고
2.환난 당한 모든 자와 빚진 모든 자와 마음이 원통한 자가 다 그에게로 모였고 그는 그들의 우두머리가 되었는데 그와 함께 한 자가 사백 명 가량이었더라</td></tr>
<tr><td>1. 환난 당한 자가 모여들었음 (= 환난 당한 자의 피난처)
2절= "환난 당한 모든 자와...다 그에게로 모였고 그는 그들의 우두머리가 되었는데 그와 함께 한 자가 사백 명 가량이었더라"
2. 빚진 자가 모여들었음 (= 경제적 고통 당하는 자의 피난처, 죄짐에 눌린 자들의 피난처)
2절= "...빚진 모든 자와..."
3. 마음이 원통한 자가 모여들었음 (= 상처받은 자가 원통함을 토하는 곳)
2절= "...마음이 원통한 자가 다 그에게로 모였고..."</td></tr>
</table>

주제 설명형, 본문 분석형 설교이다. 본문은 다윗이 사울에 의해 오랜 기간 도망자로 살아가던 때의 이야기다. 한때 다윗은 이스라엘과 블레셋 경계 지점에 위치한 아둘람 굴로 피신했다. 이때 400여 명의 사람이 찾아와 동거했는데 이들이 후일 다윗 왕국의 중요한 인물들로 성장했다. 이 공동체는 아둘람 교회라 할 수 있다.

아둘람 굴에 모여든 사람들은 환난당한 자들(1대지), 경제적으로 고통당하는 자들(2대지), 그리고 마음이 원통한 자들이었는데(3대지), 이것은 현대의 많은 교회가 고통당하는 자의 피난처 역할을 제대로 하지 못하고 있음을 생각해볼 때 교회에 주시는 강력한 메시지가 된다 하겠다. 여기 주제에 대한 각 대지의 무게는 등가(等價)라 할 수 있고, 이것을 대지 병렬형이라 부른다. 병렬형 대지는 가장 많이 나타나는 유형으로, 안정감이 있는 유형이지만 설교의 흐름의 역동성 면에서는 다소 떨어지는 경향이 있다.

3.2. 대지 진전형

우리의 대지들이 반드시 병렬적일 필요는 없다. 순차적일 수도 있는 것이다. 대지 1은 대지 2로, 대지 2는 대지 3으로 이어지고 대지 3은 대지 4로 이어진다. 그것은 단순하고 논리적이고 강력하다. 이름하여 '대지 진전형'이다. 진전형은 이름 그대로 대지와 대지 사이에 모종의 진전(進展, progress)이 감지되는 유형이다. 병렬형과는 달리 대지의 순서를 바꾸면 메시지에 큰 변화가 일어나거나 아예 설교가 이루어지지 않을 수도 있다.

아가서 3:1~4을 본문으로 삼고 "술람미 여인의 솔로몬 사랑"을 제목으로 하여 대지 진전형 설교를 작성해보자.

본문 : **아 3:1~4** 제목 : **술람미 여인의 솔로몬 사랑**
1.내가 밤에 침상에서 마음으로 사랑하는 자를 찾았노라 찾아도 찾아내지 못하였노라 2.이에 내가 일어나서 성 안을 돌아다니며 마음에 사랑하는 자를 거리에서나 큰 길에서나 찾으리라 하고 찾으나 만나지 못하였노라 3.성 안을 순찰하는 자들을 만나서 묻기를 내 마음으로 사랑하는 자를 너희가 보았느냐 하고 4.그들을 지나치자마자 마음에 사랑하는 자를 만나서 그를 붙잡고 내 어머니 집으로, 나를 잉태한 이의 방으로 가기까지 놓지 아니하였노라

1. 사랑하는 자를 간절히 찾아 헤맴 (=사모하는 사랑, Love in Deep Detachment)

   1절= "내가 밤에...마음으로 사랑하는 자를 찾았노라"

   2절= "...거리에서나 큰 길에서나 찾으리라 하고..."

   3절= "성 안을 순찰하는 자들을 만나서 묻기를 내 마음으로 사랑하는 자를 너희가 보았느냐 하고"

2. 사랑하는 자를 붙잡음 (=소유하는 사랑, Love in Posession)

   4절= "...사랑하는 자를 만나서 그를 붙잡고...놓지 아니하였노라"

3. 사랑하는 자를 어머니 집으로 모셔감 (=친교를 누리는 사랑, Love in Fellowship)

   4절= "...그를 붙잡고 내 어머니 집으로, 나를 잉태한 이의 방으로 가기까지 놓지 아니하였노라"

아가서는 솔로몬과 술람미 여인과의 사랑 이야기이다. 여기서 솔로몬은 예수 그리스도를 상징하고 술람미 여인은 주님을 사랑하는 교회 성도이다. 본 설교는 주제 설명형, 본문 분석형 설교이다. 본문은 왕을 찾아 결국 만나는 술람미 여인의 꿈 이야기다. 노래 속에 여인의 간절한 사랑이 배여 있다.

본문은 여인이 뜨거운 사랑으로 님을 찾아 가는 모습을 그리고 있다. 여인의 사랑은 사모하는 사랑(1대지), 소유하는 사랑(2대지), 친교를 누리는 사랑(3대지)으로 더욱 진전되고 있다.

대지 진전형은 병렬형에 비해 역동적이며 청중으로 하여금 점점 깊은 진리 가운데로 빠져들어 갈 수 있게 만드는 데 유리하다. 다만 진전의 정도가 논리적으로나 상황적으로 과속하지 않도록 유의해야 한다.

3.3. 대지 반전형

'대지 반전형'도 넓게 보면 대지 진전형의 한 유형으로 볼 수 있지만, 이름 그대로 그 방향이 역방향인 것이 다른 점이다. 강해대지설교가 얼마나 다양한 변신을 보여줄 수 있는지, 성경 본문이 얼마나 다양한 주제의 흐름을 갖고 있는지를 보여주는 좋은 예라고 생각한다.

에스더 7:1~10을 본문으로 삼고 "에스더 팀의 역전승"이란 제목으로 대지 반전형 설교를 작성해보자.

본문 : **에 7:1~10** 제목 : **에스더 팀의 역전승**
1.왕이 하만과 함께 또 왕후 에스더의 잔치에 가니라 2.왕이 이 둘째 날 잔치에 술을 마실 때에 다시 에스더에게 물어 이르되 왕후 에스더여 그대의 소청이 무엇이냐 곧 허락하겠노라 그대의 요구가 무엇이냐 곧 나라의 절반이라 할지라도 시행하겠노라 3.왕후 에스더가 대답하여 이르되 왕이여 내가 만일 왕의 목전에서 은혜를 입었으며 왕이 좋게 여기시면 내 소청대로 내 생명을 내게 주시고 내 요구대로 내 민족을 내게 주소서 4.나와 내 민족이 팔려서 죽임과 도륙함과 진멸함을 당하게 되었나이다 만일 우리가 노비로 팔렸더라면 내가 잠잠하였으리이다 그래도 대적이 왕의 손해를 보충하지 못하였으리이다 하니 5.아하수에로 왕이 왕후 에스더에게 말하여 이르되 감히 이런 일을 심중에 품은 자가 누구며 그가 어디 있느냐 하니 6.에스더가 이르되 대적과 원수는 이 악한 하만이니이다 하니 하만이 왕과 왕후 앞에서 두려워하거늘 7.왕이 노하여 일어나서 잔치 자리를 떠나 왕궁 후원으로 들어가니라 하만이 일어서서 왕후 에스더에게 생명을 구하니 이는 왕이 자기에게 벌을 내리기로 결심한 줄 앎이더라 8.왕이 후원으로부터 잔치 자리에 돌아오니 하만이 에스더가 앉은 걸상 위에 엎드렸거늘 왕이 이르되 저가 궁중 내 앞에서 왕후를 강간까지 하고자 하는가 하니 이 말이 왕의 입에서 나오매 무리가 하만의 얼굴을 싸더라

9.왕을 모신 내시 중에 하르보나가 왕에게 아뢰되 왕을 위하여 충성된 말로 고발한 모르드개를 달고자 하여 하만이 높이가 오십 규빗 되는 나무를 준비하였는데 이제 그 나무가 하만의 집에 섰나이다 왕이 이르되 하만을 그 나무에 달라 하매
10.모르드개를 매달려고 한 나무에 하만을 다니 왕의 노가 그치니라

1. **에스더는 하만을 향하여 '대적과 원수'라 하였음 (= 신앙생활은 영적 전투임)**
   6절= "에스더가 이르되 대적과 원수는 이 악한 하만이니이다..."
2. **하만은 모르드개를 나무에 달아 죽이려 하였음 (= 성도에게 주시는 시련과 연단)**
   9절= "...왕을 위하여 충성된 말로 고발한 모르드개를 달고자 하여 하만이 높이가 오십 규빗 되는 나무를 준비하였는데 이제 그 나무가 하만의 집에 섰나이다..."
3. **모르드개를 매달려고 한 나무에 하만이 달려 죽었음 (= 진리는 결국 승리함)**
   9~10절= "...왕이 이르되 하만을 그 나무에 달라 하매 모르드개를 매달려고 한 나무에 하만을 다니 왕의 노가 그치니라"

주제 설명형, 본문 수집형 설교이다. 에스더서는 이스라엘이 바벨론에 포로생활 하던 때를 배경으로 한다. 당시 유대인들의 민족정신은 그대로였다. 왕의 수하에 하만이란 악한이 있어 에스더의 사촌 오빠 모르드개와 유대인들에 대해 악감정을 가지고 유대인들을 몰살시키려는 엄청난 계교를 꾸몄다. 이에 모르드개와 에스더는 하만의 계교를 꺾을 계획을 세웠고, 본문은 왕 앞에서 하만을 고소하는 에스더의 일사각오의 믿음의 행위를 기록하고 있다.

본문의 전개는 하만이 모르드개를 나무에 달아 죽이려 했으나 하나님의 도우심으로 오히려 하만이 그 나무에 달려 죽게 된 반전의 스토리이다. 설교의 주제는 "진리에 굳게 선 성도는 시련을 당하나 하나님의 도우심을 입어 궁극적인 승리를 거둔다"라고 할 수 있다.

대지 반전형 설교는 설교자의 적절한 강조 여부에 따라 매우 역동적인 설교 메시지를 전달할 수 있다. 설교자는 본문을 잘 살펴서 주제의 흐름에 반전이 있을 때를 놓치지 말아야 한다.

3.4. 대지 심화형

'대지 심화형'은 진전형의 개념과 유사한 형태로, 이어지는 대지들이 믿음의 강도 면에서나 영적 삶의 농도가 깊어지는 방향으로 점점 심화되어가는 유형을 말한다. 설교를 작성할 때 심화형의 대지를 만들어내기 위해 단어나 구(句)의 표현에 유의하여 주제의 풀어냄이 점점 깊고 강하게 되도록 유의하자.

본문 : **사 55:1~5** 제목 : **주님의 초청 (Come and Be Satisfied)**
1.오호라 너희 모든 목마른 자들아 물로 나아오라 돈 없는 자도 오라 너희는 와서 사 먹되 돈 없이, 값 없이 와서 포도주와 젖을 사라 2.너희가 어찌하여 양식이 아닌 것을 위하여 은을 달아 주며 배부르게 하지 못할 것을 위하여 수고하느냐 내게 듣고 들을지어다 그리하면 너희가 좋은 것을 먹을 것이며 너희 자신들이 기름진 것으로 즐거움을 얻으리라 3.너희는 귀를 기울이고 내게로 나아와 들으라 그리하면 너희의 영혼이 살리라 내가 너희를 위하여 영원한 언약을 맺으리니 곧 다윗에게 허락한 확실한 은혜이니라 4.보라 내가 그를 만민에게 증인으로 세웠고 만민의 인도자와 명령자로 삼았나니 5.보라 네가 알지 못하는 나라를 네가 부를 것이며 너를 알지 못하는 나라가 네게로 달려올 것은 여호와 네 하나님 곧 이스라엘의 거룩하신 이로 말미암음이니라 이는 그가 너를 영화롭게 하였느니라
1. 목마른 자들은 와서 마시라 하심 (= 은혜의 복음에로의 초청) 1절= "너희 모든 목마른 자들아 물로 나아오라 돈 없는 자도 오라 너희는 와서 사 먹되 돈 없이, 값 없이 와서 포도주와 젖을 사라"

2. 굶주린 자들은 와서 배불리 먹으라 하심 (= 생명의 양식에로의 초청)

2절= "너희가 어찌하여 양식이 아닌 것을 위하여 은을 달아 주며 배부르게 하지 못할 것을 위하여 수고하느냐 내게 듣고 들을지어다 그리하면 너희가 좋은 것을 먹을 것이며 너희 자신들이 기름진 것으로 즐거움을 얻으리라"

3. 피곤한 자는 와서 즐거움을 얻으리라 하심 (= 영혼의 만족을 주는 믿음에로의 초청)

2절= "...내게 듣고 들을지어다 그리하면 너희가 좋은 것을 먹을 것이며 너희 자신들이 기름진 것으로 즐거움을 얻으리라"

"주님의 초청"은 주제 설명형, 본문 분석형 설교이다. 설교의 주제는 "주님은 목마른 자, 굶주린 자, 피곤한 자를 초청하여 좋은 것으로 채워주신다"라고 할 수 있다. 주님의 초청에 선뜻 응하지 못하고 주저하는 많은 사람에게 도전이 되는 말씀이다.

1대지에서 목마른 자들을 초청하시는 주님은 2대지에서 생명의 양식에로 초청하시고, 3대지에서는 한 걸음 더 나아가 영혼의 만족을 주는 믿음에로 초청하고 계신다.

대지 심화형은 진전형과 유사한 유형으로서, 신앙이나 헌신의 농도나 깊이를 더해 가는 경우에 적합한 대지 유형이다.

3.5. 대지 연결형

'대지 연결형'은 병렬형의 경우처럼 딱히 대지 간의 흐름을 강조하지는 않으나 대지들을 이어주는 매개가 있어 서로 연결되어 있는 경우를 가리킨다. 연결형 설교를 작성할 때는 대지의 연결 고리가 무엇인지를 인지하고 이를 최대한 사용하여 설교의 통일성을 높이는 것이 좋다.

다니엘 6:9~10을 본문으로 삼고 "다니엘의 기도"라는 제목으로 대지 연결형 설교를 작성해보자.

본문 : **단 6:9~10**
제목 : **다니엘의 기도**

9.이에 다리오 왕이 조서에 왕의 도장을 찍어 금령을 내니라
10.다니엘이 이 조서에 왕의 도장이 찍힌 것을 알고도 자기 집에 돌아가서는 윗방에 올라가 예루살렘으로 향한 창문을 열고 전에 하던 대로 하루 세 번씩 무릎을 꿇고 기도하며 그의 하나님께 감사하였더라

1. 다니엘은 왕의 도장이 찍힌 것을 알고도 하루 세 번씩 기도했음 (= 하루 세 번씩 드린 기도)

10절= "다니엘이 이 조서에 왕의 도장이 찍힌 것을 알고도 자기 집에 돌아가서는 윗방에 올라가 예루살렘으로 향한 창문을 열고 전에 하던 대로 하루 세 번씩 무릎을 꿇고 기도하며 그의 하나님께 감사하였더라"

2. 예루살렘으로 향한 창문을 열고 기도했음 (= 하나님 나라를 사랑하는 기도)

10절= "…윗방에 올라가 예루살렘으로 향한 창문을 열고…"

3. 전에 하던 대로 기도했음 (= 쉬지 않는 기도)

10절= "…전에 하던 대로…"

"다니엘의 기도"는 주제 설명형, 본문 분석형 설교이다. 본문은 다니엘이 "왕의 도장이 찍힌 것을 알고도" 기도하는 모습을 묘사하고 있는 유명한 구절이다. 다니엘은 하루 세 번씩(1대지) 예루살렘을 향한 창문을 열고(2대지) 전에 하던 대로 기도했다(3대지).

본 설교는 대지를 규제하는 순서는 없으나 각 대지 진술을 연결하는 키 워드인 '기도'가 대지들을 하나로 묶는 역할을 하고 있다. 설교자는 어떤 본문에서 대지 진술을 뽑을 때 대지 연결형이 적합하다고 생각되는 경우에 키 워드가 무엇이 되어야 할지를 미리 정하고 이를 토대로 대지 진술을 잡아나가는 것이 좋다.

3.6. 대지 혼재형

'대지 혼재형'은 대지들이 원리와 실천, 혹은 해석과 적용이 혼재(混在)하는 경우이다. 한편의 설교 안에 원리를 소개하는 해석형 대지와 실천을 촉구하는 적용형 대지가 함께 어울려 하나의 주제를 섬기는 형태이다. 여기에는 해석형 대지 하나에 적용형 대지들을 배합하거나, 원리 둘에 실천 하나로 구성할 수 있다.

이사야 14:31~32을 본문으로 삼고 "묻는 자에게 줄 대답"이라는 제목으로 대지 혼재형 설교를 작성해보자.

본문 : **사 14:31~32** 제목 : **묻는 자에게 줄 대답 (What Answer Shall We Give to Them?)**
31.성문이여 슬피 울지어다 성읍이여 부르짖을지어다 너 블레셋이여 다 소멸되리로다 대저 연기가 북방에서 오는데 그 대열에서 벗어난 자가 없느니라 32.그 나라 사신들에게 어떻게 대답하겠느냐 여호와께서 시온을 세우셨으니 그의 백성의 곤고한 자들이 그 안에서 피난하리라 할 것이니라
1. 그 나라 사신들이 시온에 관해 질문함의 의미 32절= "그 나라 사신들에게 어떻게 대답하겠느냐..." **2. 질문에 대한 대답 ①: "여호와께서 시온을 세우셨다"** 32절= "그 나라 사신들에게 어떻게 대답하겠느냐? 여호와께서 시온을 세우셨으니..." **3. 질문에 대한 대답 ②: "그의 백성의 곤고한 자들이 그 안에서 피난하리라"** 32절= "그 나라 사신들에게 어떻게 대답하겠느냐?...그의 백성의 곤고한 자들이 그 안에서 피난하리라 할 것이니라"

"묻는 자에게 줄 대답"은 주제 설명형, 본문 분석형 설교이다. 하나님은 모세를 통해 바로 앞에 큰 이적을 베풀게 하셨고, 하나님의 영광을 크게 드러내셨다. 이를 통해 후일 열방은 여호와 하나님의 이름 앞

에 두려워 떨게 되었다. 블레셋 사신들의 눈에는 열국이 멸망하는 가운데서 작은 나라 시온이 보호받는 모습이 매우 신비롭게 보였을 것이다. 그들은 시온의 백성에게 질문할 것이 많았다. 이 질문은 오늘 불신 사회가 주님의 몸된 교회를 향해 제기하는 질문이기도 하다.

1대지에서 세상이 교회를 향해 던지는 질문에 대해 논점을 제기하고, 2대지와 3대지에서는 그 질문에 대한 대답을 언급하고 있다. 전형적인 혼재형(1+2)의 형태를 본문 자체가 보이고 있다. 대지 혼재형은 한 주제에 대한 통일성을 다소 흐트러뜨리는 경향은 있으나 혼재형을 가진 본문의 경우에 본문의 의도에 충실한 설교를 할 수 있기 때문에 양보할 수 없다.

3.7. 대지 대조형

'대지 대조형'은 주로 두 개 또는 네 개의 대지가 한 주제를 향하여 서로 대조되는 형태를 띠고 있는 경우이다. 천국과 지옥, 구원받은 자와 구원받지 못하는 자, 진리와 거짓 등의 내용을 함의하는 대지들이 서로 대조되면서 설교의 주제를 보다 뚜렷이 부각시키는 효과를 준다.

열왕기하 13:20~21을 본문으로 삼고 "살리는 뼈"라는 제목으로 대지 대조형 설교를 작성해보자.

본문 : **왕하 13:20~21**
제목 : **살리는 뼈**

20.엘리사가 죽으니 그를 장사하였고 해가 바뀌매 모압 도적 떼들이 그 땅에 온지라
21.마침 사람을 장사하는 자들이 그 도적 떼를 보고 그의 시체를 엘리사의 묘실에 들이던지매 시체가 엘리사의 뼈에 닿자 곧 회생하여 일어섰더라

1. 엘리사의 뼈에는 죽은 자를 살리는 생명이 있었음 (= 예수님 안에 있는 생명)

21절= "마침 사람을 장사하는 자들이 그 도적 떼를 보고 그의 시체를

엘리사의 묘실에 들이던지매 시체가 엘리사의 뼈에 닿자 곧 회생하여 일어섰더라"

2. 하나님은 살리는 뼈들을 세우심 (= 예수의 증인)

21절= "...시체가 엘리사의 뼈에 닿자 곧 회생하여 일어섰더라"

"살리는 뼈"는 주제 설명형, 본문 분석형 설교이다. 본문은 선지자 엘리사의 묘실에 던져진 시체가 엘리사의 뼈에 닿자 회생하여 살아난 놀라운 사건을 아주 담담하게 기록하고 있다. 본 설교의 주제는 "성도는 예수님으로부터 생기를 받아 성령 충만하여 살리는 뼈가 되어야 한다"라고 할 수 있다. 현대 교회 많은 성도가 산 뼈 정도에서 만족하며 살리는 뼈 되기를 주저하고 있는 나태한 모습에 경종을 울리는 메시지이다.

1대지는 엘리사의 뼈에 죽은 자를 살리는 생명이 있음을 선포하고, 2대지는 하나님께서 이처럼 살리는 뼈들, 곧 신약적으로 말하면 예수님의 증인들을 세우시는 것을 증거한다. 1대지와 2대지가 '생명의 뼈'를 중심축으로 서로 대조하는 메시지를 제공한다.

지금까지 대지와 대지의 관계에서 강해대지설교의 대지들이 품을 수 있는 역동성을 살펴보았다. 가장 기본적인 것은 대지 병렬형과 연결형이지만 그건 시작에 불과하다. 시간적이거나 논리적인 흐름을 가진 내재적인 움직임을 골격으로 삼는 대지 진전형 또는 대지 심화형이 있고, 대칭 효과를 활용한 대지 반전형 설교 메시지가 청중들에게 더 큰 공감을 일으키기도 한다. 거기에 원리와 실천을 배합한 대지 혼재형, 그리고 선과 악, 또는 하나님 나라와 사탄 왕국 등을 첨예하게 비교 대조하여 진리를 드러내는 대지 대조형 등, 3대지의 변신은 다양하고도 역동적이다. 오늘도 목회 현장에서 성경 말씀을 들고 분투하는 동료 설교자들의 경험에서 우러나오는 또 다른 대지 유형들이 모습을 드러내기를 필자는 기다리고 있다.

4. 대지 유형 변화를 응용하기

지금까지 우리는 강해대지설교의 대지들이 변화하는 다양한 유형들을 살펴보았다. 주제와 대지의 관계에서 대지들은 설명형, 적용형, 증명형, 이유제시형, 목적제시형, 함축형 등으로 분류된다. 본문과 대지의 관계에서는 분석형, 수집형, 묶음형, 묵상형 등으로 변화한다. 그리고 대지와 대지의 흐름을 중심으로 하여 병렬형, 진전형, 반전형, 심화형, 연결형, 혼재형, 대조형 등으로 다양하게 움직인다.

일반적으로 주제 설명형은 초신자들이나 성경 내용에 익숙지 않은 청중들에게 적합하고, 적용형은 신앙 경력이 오랜 성도들이나 직분자들에게 유익하다. 주제 증명형은 젊은 층이나 고학력자들을 설득하는 데 유리한 대지 유형이라 할 수 있다.

이러한 대지 유형의 변화를 충분히 숙지한 후에 다시 본문을 관찰하면 본문의 의도에 충실한 주제를 다양한 예배 청중에게 적합한 방식으로 풀어나가는 길을 쉽게 찾을 수 있다. 시편 23편 1~6절을 가지고 대지의 움직임을 살펴보면서 실제 대지 잡기에 응용해 보자

1절) 여호와는 나의 목자시니 내게 부족함이 없으리로다
2절) 그가 나를 푸른 풀밭에 누이시며 쉴 만한 물 가로 인도하시는도다
3절) 내 영혼을 소생시키시고 자기 이름을 위하여 의의 길로 인도하시는도다
4절) 내가 사망의 음침한 골짜기로 다닐지라도 해를 두려워하지 않을 것은 주께서 나와 함께 하심이라 주의 지팡이와 막대기가 나를 안위하시나이다
5절) 주께서 내 원수의 목전에서 내게 상을 차려 주시고 기름을 내 머리에 부으셨으니 내 잔이 넘치나이다
6절) 내 평생에 선하심과 인자하심이 반드시 나를 따르리니 내가 여호와의 집

에 영원히 살리로다

4.1. 주제 설명형의 예

다윗은 시편 23편에서 자신이 만나고 체험했던 여호와 하나님을 노래한다. 다윗이 만난 하나님은 어떤 분이신가?

제목 : **다윗이 만난 하나님**
1. 목자가 되심 (= 목자이신 하나님) 1절= "여호와는 나의 목자시니 내게 부족함이 없으리로다" 2. 다윗의 영혼을 소생시키심 (= 구원해 주시는 하나님) 3절= "내 영혼을 소생시키시고 자기 이름을 위하여 의의 길로 인도하시는도다" 3. 다윗과 함께하심 (= 보호해 주시는 하나님) 4절= "내가 사망의 음침한 골짜기로 다닐지라도 해를 두려워하지 않을 것은 주께서 나와 함께 하심이라 주의 지팡이와 막대기가 나를 안위하시나이다"

다윗이 만난 하나님은 목자로서 그를 부족함이 없도록 채워주신 분이셨다. 이 하나님은 다윗의 영혼을 거듭나게 하셔서 구원의 길로 인도해 주시는 분이시다. 이제 다윗은 그가 만난 하나님이 어떤 위험 속에서도 자신을 능히 보호해 주시는 분이라고 노래한다. 위의 3대지는 다윗이 체험한 하나님을 설명하는 주제 설명형 대지이다.

4.2. 주제 증명형으로 전환

이제 시편 23편을 주제 증명형으로 바꾸어보자. 증명형 설교는 설교의 골격을 "과연 그러한가?"라는 우산형 질문에 적합한 대지로 구성하되, 반드시 논리적으로 주제를 증명해 나간다기보다 대지의 구성 방향을 설명보다 증명 쪽에 더 가깝게 만들어가는 방식이다.

하나님은 과연 성도의 목자가 되시는가? 그가 목자임이 확실하다면 성도의 삶에서 어떻게 나타나고 있는가?

제목 : **하나님이 목자가 되시면**
1. 부족함이 없게 하심 (= 부요한 삶 누리게 하심) 1절= "여호와는 나의 목자시니 내게 부족함이 없으리로다" 2. 푸른 풀밭 쉴만한 물 가로 인도하심 (= 풍족한 삶으로 인도하심) 2절= "그가 나를 푸른 풀밭에 누이시며 쉴 만한 물 가로 인도하시는도다" 3. 지팡이와 막대기로 지켜주심 (= 보호하심) 4절= "내가 사망의 음침한 골짜기로 다닐지라도 해를 두려워하지 않을 것은 주께서 나와 함께 하심이라 주의 지팡이와 막대기가 나를 안위하시나이다"

하나님이 우리의 목자가 되심이 분명한 것은 그분을 따르는 우리에게 부요한 삶, 풍족한 삶이 실제로 이루어지고 있음을 보면 알 수 있다. 하나님은 믿고 따르는 우리에게 그분의 지팡이와 막대기로 우리를 이끄시고 보호해 주신다.

4.3. 주제 적용형으로 응용

이번에는 시편 23편을 적용형으로 응용해 보자. 적용형은 설교를 듣는 청중이 믿음을 공고히 하는 면에서나 본문 말씀대로 실천하는 방향으로 대지를 설정하는 것이다. 우산질문 "그러면 우리는 어떻게 해야 하나?"라는 질문에 대답하는 방식으로 대지를 만들어 보자.

제목 : **여호와를 목자 삼은 자의 삶**
1. 푸른 초장과 쉴만한 물 가로 인도받음 (= 육신적인 축복) 2절= "그가 나를 푸른 풀밭에 누이시며 쉴 만한 물 가로 인도하시는도다" **2. 영혼의 소생함을 받고 의의 길로 인도받음 (= 영적인 축복과 인도)** 3절= "내 영혼을 소생시키시고 자기 이름을 위하여 의의 길로 인도하시는도다" **3. 사망의 골짜기에서도 주님과 함께함 (= 위험 속에서 지켜주심)** 4절= "내가 사망의 음침한 골짜기로 다닐지라도 해를 두려워하지 않을 것은 주께서 나와 함께 하심이라 주의 지팡이와 막대기가 나를 안위하시나이다"

여호와 하나님을 목자로 모신 성도는 항상 푸른 풀밭 쉴만한 물가로 인도받는 삶을 산다. 육신적인 축복의 삶을 살게 된다는 말이다. 그는 영혼의 소생함을 받고 의의 길로 인도받는다. 심지어 사망의 음침함 골짜기로 다닐 때에도 동행하시는 주님으로부터 보호하심을 받는 삶을 살게 된다. 앞에서 하나님의 모습을 중심으로 대지를 구성하였다면, 여기서는 그 하나님을 목자로 받아들인 성도의 삶의 모습을 대지에서 구현하고 있다.

4.4. 본문 분석형과 수집형

분석형은 주로 짧은 본문의 단어와 구를 중심으로 깊은 묵상을 통하여 대지들을 추출해 내는 형태인 반면, 수집형은 전체 본문에서 발굴한 주제(main idea)를 뒷받침하는 소주제(main points, 대지)들을 본문 여기 저기에서 뽑아내는 형태의 설교이다.

분석형의 한 예로서, 1절~3절까지를 본문으로 하여 다음과 같이 분석형 개요를 만들 수 있다.

제목 : **양을 향한 목자의 모습**
1. 푸른 풀밭에 누이심 (= 말씀을 먹게 하심) 2절= "그가 나를 푸른 풀밭에 누이시며…" **2. 쉴만한 물 가로 인도하심 (= 성령 충만케 하심)** 2절= "…쉴 만한 물 가로 인도하시는도다" **3. 내 영혼을 소생시켜 주심 (= 영적 회복)** 3절= "내 영혼을 소생시키시고…"

수집형 대지의 예는 앞 절의 설명형, 증명형, 적용형의 서술에서 예로 삼은 개요들이 1~6절까지를 본문으로 하는 설교의 수집형 개요들이라 할 수 있겠다. 이처럼 설교작성의 준비 단계에서 설교자가 어떤 대지 유형을 택할 것인가를 미리 생각하여 설교를 설계하는 것이 설교 다양화에 큰 도움이 될 것이다.

4.5. 대지 병렬형과 진전형

이번에는 대지의 흐름과 움직임을 기준으로 하여 1, 2, 3대지를 대등한 관계로 펼쳐내는 병렬형과 1대지에서 2대지로, 2대지에서 3대지로 진전해가는 진전형 개요 구성을 시편 23편의 본문에서 생각해보자.

먼저 대지 병렬형. 앞의 4.2에서 언급한 "하나님이 목자가 되시면"을 예로 들어보자.

제목 : **하나님이 목자가 되시면**
1. 부족함이 없게 하심 (= 부요한 삶 누리게 하심) 1절= "여호와는 나의 목자시니 내게 부족함이 없으리로다" 2. 푸른 풀밭 쉴만한 물 가로 인도하심 (= 풍족한 삶으로 인도하심) 2절= "그가 나를 푸른 풀밭에 누이시며 쉴 만한 물 가로 인도하시는도다" 3. 지팡이와 막대기로 지켜주심 (= 보호하심) 4절= "내가 사망의 음침한 골짜기로 다닐지라도 해를 두려워하지 않을 것은 주께서 나와 함께 하심이라 주의 지팡이와 막대기가 나를 안위하시나이다"

여기에서 주제를 받치고 있는 각 대지의 무게는 서로 대등한 수준이다. 대지의 순서를 바꾼다고 해도 전체 주제에 큰 변화가 일어나지 않는다. 대지와 대지의 관계에서 볼 때 병렬형 구조이다.

그런데 대지들의 내재적인 움직임을 중심으로 또 다른 개요의 골격인 진전형을 찾아낼 수 있다. 필자의 설교 "축복의 잔이 넘치는 사람"을 예로 들어보자.

제목 : **축복의 잔이 넘치는 사람** 본문 : **시 23:1~6**
1. "여호와는 나의 목자시니"라고 노래함 (= 예수님을 자신의 목자로 모신 사람) 1절= "여호와는 나의 목자시니 내게 부족함이 없으리로다" 2. "푸른 풀밭에 누이시며 쉴 만한 물 가로 인도하시는도다"라고 노래함 (= 목자의 인도를 철저히 받는 사람) 2절= "그가 나를 푸른 풀밭에 누이시며 쉴만한 물 가로 인도하시는도다" 3. "주께서 기름을 내 머리에 부으셨으니"라고 노래함 (= 기름 부음을 받은 사람) 5절= "주께서 내 원수의 목전에서 내게 상을 차려 주시고 기름을 내 머리에 부으셨으니 내 잔이 넘치나이다"

축복의 잔이 넘치는 사람은 먼저 예수님을 자신의 목자로 모신 사람이다. 그는 목자 되신 예수님의 인도를 철저히 받는 사람이다. 그 사람은 성령님의 기름 부음을 받아 잔이 넘치는 삶을 사는 사람이다. 이 설교에서 나타난 대지의 흐름은 처음 목자를 모시고 있는 상태에서 목자의 인도를 받고 있는 모습으로, 그리고 더 나아가 기름 부음을 받아 잔이 철철 넘치고 있는 삶으로 진행되고 있다. 이름하여 대지 진전형. 대지의 유형 중 병렬형보다 진전형이나 다음에 나오는 반전형 구조가 훨씬 더 역동적이고 생생한 경우가 많다.

4.6. 대지 반전형으로 전환

본문에 따라서는 진전형 구조 외에 반전형 구조의 대지 체계를 세울 수도 있다. 시편 23편에서도 대지 반전형 구조의 개요를 세울 수 있을까?

1절에서 3절까지는 하나님이 목자로서 양들인 우리를 부요한 삶으로 인도하는 모습이 그려지고 있다. 하나님은 우리를 푸른 풀밭 쉴만한 물가로 인도하시고 우리의 영혼을 소생시키시며 의의 길로 인도해 주신다.

그런데 아무리 주님의 인도와 보호를 받고 있는 양이라 할지라도 어려움이 없는 것은 아니다. 4절과 5절에서 '사망의 음침한 골짜기로 다닌다'라는 구절이라든지 '해(害)를 두려워하지 않는다', 그리고 5절에서 '내 원수의 목전에서'라고 표현하고 있는 것은 양의 앞길에 원수의 세력이 어두운 먹구름처럼 몰려온다는 것을 가리킨다. 그러나 시인은 이 모든 어려움에도 불구하고 주님의 선하신 손길을 믿는다. 6절에서 '내가 여호와의 집에 영원히 거하리로다'라고 한 것이 그것이다.

반전형 구조의 개요를 세우려면 주제는 "하나님을 목자로 삼은 양들의 역동적인 삶"으로 잡고, 대지의 흐름은 묶음형으로 하여 1~3절에서 "목자의 인도를 받는 부요한 삶," 4~5절에서 "어둠의 세력하에서 겪는 고난과 그 속에서 경험하는 주님의 보호와 위로," 그리고 6절에서 "영원한 천국의 삶"으로 골격을 세워나가면 어떨까?

이상의 예에서 보듯이 우리에게 주어진 성경 본문은 성령의 감동으로 기록된 것이기에 그 주제의 다양함, 그 내용의 깊이와 변화무쌍함의 예측불허, 그 상징의 오묘함 등이 일반인의 상상을 초월한다. 설교자는 먼저 이런 성경 본문의 맛과 멋을 깊이 관찰하고 느끼는 것이 중요하다. 당신의 설교의 세계는 이런 성경 본문의 요구를 어느정도 충족시키고 있는가?

Part Ⅱ.
설교주제잡기 700선

역사서

시가서

선지서

| 주제잡기 일러두기

- [**제목**]은 본문의 주제로부터 뽑아내는 것을 원칙으로 하였음.
- [**대지 진술**]의 문장은 본문 그대로 사용하는 것을 기본으로 하되, 경우에 따라서는 함축적으로 작성함.
- [**제목**]과 [**대지**]를 연결할 때 자연스럽게 이야기가 되도록 하여, 그것이 전체 본문의 중심사상(main idea, 주제)이 되게 함.
- [**대지 해석**]은 회중에게 적용할 수 있도록 하되, 문맥에 맞게 직역과 의역 중 선택함.
- [**대지 유형**]은 앞의 대지 유형 변화의 설명을 참조하기 바람.
- [**주제**]에는 석의 주제와 적용 주제로 나누이며, 본문에 따라 적합한 쪽을 사용함.
- [**FCF**]는 Fallen Condition Focus의 약자로서, 앞의 FCF 설명을 참조 바람.
- [**서론**]은 설교문 작성 시 필요한 5가지 요소(흥미유발, 주제소개, FCF, 배경 및 자료, 우산질문) 중 참조 될 만한 것을 무작위(無作爲)로 제시함.
- [**우산질문**]은 설교의 대지 유형을 결정할 수 있는 문장으로서, 앞의 우산질문 설명을 참조 바람.

- **[대지 전개]**의 설명란에 제시된 것은 대지 전개에 도움이 될 만한 내용을 무작위로 작성한 것으로, 독자 여러분이 실제 대지 전개(설명, 예증, 적용)를 작성할 때는 대지의 흐름을 고려하여 설교문을 작성해야 함.

- **[절기, 용도, 장르, 특징]**은 필요에 따라 독자 여러분이 작성하기 바람.

- [Key Word]는 설교 주제의 중심 되는 단어임.

- [Remarks]는 독자 여러분이 사용하는 비고 항목임.

본문 : **수 1:1-9**
제목 : **새 시대 지도자의 확신과 의무**

1.여호와의 종 모세가 죽은 후에 여호와께서 모세의 수종자 눈의 아들 여호수아에게 말씀하여 이르
시되 **2.**내 종 모세가 죽었으니 이제 너는 이 모든 백성과 더불어 일어나 이 요단을 건너 내가 그들 곧
이스라엘 자손에게 주는 그 땅으로 가라 **3.**내가 모세에게 말한 바와 같이 너희 발바닥으로 밟는 곳
은 모두 내가 너희에게 주었노니 **4.**곧 광야와 이 레바논에서부터 큰 강 곧 유브라데 강까지 헷 족속
의 온 땅과 또 해 지는 쪽 대해까지 너희의 영토가 되리라 **5.**네 평생에 너를 능히 대적할 자가 없으
리니 내가 모세와 함께 있었던 것 같이 너와 함께 있을 것임이니라 내가 너를 떠나지 아니하며 버리
지 아니하리니 **6.**강하고 담대하라 너는 내가 그들의 조상에게 맹세하여 그들에게 주리라 한 땅을 이
백성에게 차지하게 하리라 **7.**오직 강하고 극히 담대하여 나의 종 모세가 네게 명령한 그 율법을 다
지켜 행하고 우로나 좌로나 치우치지 말라 그리하면 어디로 가든지 형통하리니 **8.**이 율법책을 네 입
에서 떠나지 말게 하며 주야로 그것을 묵상하여 그 안에 기록된 대로 다 지켜 행하라 그리하면 네 길
이 평탄하게 될 것이며 네가 형통하리라 **9.**내가 네게 명령한 것이 아니냐 강하고 담대하라 두려워하
지 말며 놀라지 말라 네가 어디로 가든지 네 하나님 여호와가 너와 함께 하느니라 하시니라

1. 하나님은 가나안 땅을 이스라엘에게 이미 주셨다고 하심 (= 약속 성취의 확신)

3절= "내가 모세에게 말한 바와 같이 너희 발바닥으로 밟는 곳은 모두 내가 너희에게 주었노니"

2. "내가 너를 떠나지 아니하며 버리지 아니하리라"고 약속하심 (= 임마누엘의 확신)

5절= "네 평생에 너를 능히 대적할 자가 없으리니 내가 모세와 함께 있었던 것 같이 너와 함께 있을 것임이니라 내가 너를 떠나지 아니하며 버리지 아니하리니"

3. "강하고 담대하라"고 격려하심 (= 담대함)

6절= "강하고 담대하라 너는 내가 그들의 조상에게 맹세하여 그들에게 주리라 한 땅을 이 백성에게 차지하게 하리라"

4. 성경 말씀을 묵상하고 다 지켜 행하라고 하심 (= 말씀 순종)

8절= "이 율법책을 네 입에서 떠나지 말게 하며 주야로 그것을 묵상하여 그 안에 기록된 대로 다 지켜 행하라 그리하면 네 길이 평탄하게 될 것이며 네가 형통하리라"

◈◈◈

【대지 유형】 주제 적용형 - 본문 묶음형 - 대지 대조형
【주제】 (적용) 새 대의 지도자는 하나님 주신 약속에 대한 확신과 명령 수행의 비전이 반드시 필요하다.

【FCF】 많은 지도자들이 확신이 부족하고 말씀 순종의 자세가 부족함.

【서론】 한 단체의 가장 중요한 성공 요소는 리더십이다. "내 종 모세가 죽었으니 너는 일어서라!" 하나님은 수십 년간 모세의 시종으로 살아온 여호수아에게 도저히 감당하기 어려운 임무를 맡기셨다. 새로운 시대에 필요한 새로운 리더십이 여호수아에게 요구되었다. 복음의 양면성: 약속과 특권, 그리고 조건과 책임.
【우산질문】 본문을 통해서 새 지도자의 리더십에 대한 교훈을 찾아보자.

【1대지】 '주었노니'= 완료형, 이미 주었고 지금도 주어지고 있다는 뜻. 놀랍고 담대한 표현이다. 예언자적 과거형으로 기록되었다. 참 놀랍고 담대한 표현이다. 하나님이 온 우주의 주관자이심을 선포하는 말씀이다. 우리의 현실 상황은 절망적일지라도 하나님은 우리의 희망이다. 하나님은 우리에게 아직 이루어지지 않은 것을 비전으로 주시고 약속하신다. 하나님이 할 수 있다고 하시면 할 수 있고, 할 수 없다고 하시면 우리는 할 수 없다. 히 11:1, "믿음은 바라는 것들의 실상이요 보지 못하는 것의 증거이니."
【2대지】 임마누엘의 약속은 여호수아에게 주신 가장 확실한 약속이다. 동행의 약속. 가나안 정복은 여호수아에겐 너무나 큰 도전이었다. 때문에 가나안 입싱에 대한 회의(懷疑)와 절망감이 그들에게 있는 것이 당연하였나. 5절의 약속과 확신. 여호수아의 행적을 보라. 요단강을 건너고, 여리고를 정복하고, 마침내 가나안 족속들을 섬멸하였다. 이 동행의 약속은 여호수아에게만 주신 것이 아니다. 후일 예수님이 오셔서 임마누엘의 약속을 이루셨다. 마 28:19-20. "볼지어다 내가 세상 끝날까지 너희와 항상 함께 있으리라."
【3대지】 두려워하지 말라. 너무나 위대한 지도자 모세가 죽은 후이니 슬픔과 낙심이 가득한 때였다. 9절, "내가 네게 명령한 것이 아니냐 강하고 담대하라 두려워하지 말며 놀라지 말라 네가 어디로 가든지 네 하나님 여호와가 너와 함께 하느니라."
【4대지】 땅이 주어지느냐 그렇지 않느냐는 하나님의 율법을 지켜 행하는가 그렇지 않은가에 달려 있다는 말씀이다. 말씀에 대한 순종이 축복의 열쇠이다. 시 119:105, "주의 말씀은 내 발에 등이요 내 길에 빛이니이다."
【결론】 새 시대의 새 리더가 갖추어야 할 덕성들.

- 절기, 용도, 장르, 특징: 송구영신, 신년.
- Key Word: 리더십.
- Remarks:

본문 : **수 2:8-15; 히 11:31**
제목 : **기생 라합의 믿음 (The Faith of the Harlot Rahab)**

수 2:8.또 그들이 눕기 전에 라합이 지붕에 올라가서 그들에게 이르러 **9.**말하되 여호와께서 이 땅을
너희에게 주신 줄을 내가 아노라 우리가 너희를 심히 두려워하고 이 땅 주민들이 다 너희 앞에서 간
담이 녹나니 **10.**이는 너희가 애굽에서 나올 때에 여호와께서 너희 앞에서 홍해 물을 마르게 하신 일
과 너희가 요단 저쪽에 있는 아모리 사람의 두 왕 시혼과 옥에게 행한 일 곧 그들을 전멸시킨 일을 우
리가 들었음이니라 **11.**우리가 듣자 곧 마음이 녹았고 너희로 말미암아 사람이 정신을 잃었나니 너
희의 하나님 여호와는 위로는 하늘에서도 아래로는 땅에서도 하나님이시니라 **12.**그러므로 이제 청
하노니 내가 너희를 선대하였은즉 너희도 내 아버지의 집을 선대하도록 여호와로 내게 맹세하고 내
게 증표를 내라 **13.**그리고 나의 부모와 나의 남녀 형제와 그들에게 속한 모든 사람을 살려 주어 우
리 목숨을 죽음에서 건져내라 **14.**그 사람들이 그에게 이르되 네가 우리의 이 일을 누설하지 아니하
면 우리의 목숨으로 너희를 대신할 것이요 여호와께서 우리에게 이 땅을 주실 때에는 인자하고 진실
하게 너를 대우하리라 **15.**라합이 그들을 창문에서 줄로 달아 내리니 그의 집이 성벽 위에 있으므로
그가 성벽 위에 거주하였음이라 …… **히 11:31.**믿음으로 기생 라합은 정탐꾼을 평안히 영접하였으
므로 순종하지 아니한 자와 함께 멸망하지 아니하였도다

1. 목숨 걸고 정탐꾼을 숨겼음 (= 일사각오의 믿음)
9절= "… 말하되 여호와께서 이 땅을 너희에게 주신 줄을 내가 아노라…"
15절= "라합이 그들을 창문에서 줄로 달아 내리니…"

2. 성경의 인정과 칭찬을 받았음 (= 칭찬받는 믿음)
히 11:31= "믿음으로 기생 라합은 정탐꾼을 평안히 영접하였으므로 순종하지 아니한 자와 함께 멸망하지 아니하였도다"

3. 온 가족과 친척을 구원하였음 (= 가족을 구원하는 믿음, 역사를 바꾸는 믿음)
13절= "그리고 나의 부모와 나의 남녀 형제와 그들에게 속한 모든 사람을 살려 주어 우리 목숨을 죽음에서 건져내라"

◈◈◈

【대지 유형】 주제 설명형 - 본문 수집형 - 대지 심화형
【주제】 (석의) 일사각오의 믿음으로 라합은 민족의 역사를 바꾸었고 성경의 인정을 받았다.
【FCF】 이 시대 일사각오의 믿음을 가진 자가 보이지 않음.

【서론】 성경의 많은 믿음의 인물 중에 여리고 성의 기생 라합이 차지하는 공간은 결코 작지 않다. 그녀의 이름 앞에 붙는 수식어 '기생'이란 단어가 예사롭지

아니하고, 이방 여자로서 예수님의 족보에 그 이름을 올리게 된 것 또한 놀라운 일이다. 라합은 인간의 직업 중 가장 비참하고 천한 직업을 가진 여자였다. 그러나 그녀가 우리에게 남긴 믿음의 기록은 괄목할 만한 것이었다. 한 마디로 라합은 믿음의 사람이다. 위험을 무릅쓰고 이스라엘의 영도자 여호수아가 파송한 정탐꾼들을 숨겨주었고, 그들이 안전하게 돌아가도록 돌보아주었다.
【우산질문】 본문을 통하여 기생 라합이 보여준 믿음의 행위를 살펴보자.

【1대지】 이스라엘의 정탐꾼들이 여리고 성을 정탐하기 위해 몰래 라합의 집으로 숨어들어올 수 있었던 것은 라합이 목숨 걸고 그들을 숨겨줄 각오를 했기 때문이다. 라합은 하나님의 능력의 팔이 이스라엘을 도와 여리고를 점령하게 하시리라는 것을 알고 있었다. 그녀는 아는 것을 직접 실천에 옮기는 적극적인 신앙의 소유자였다. 라합이 정탐꾼을 숨겨준 것은 목숨을 건 행위였다. 하나님은 라합이 가진 일사각오의 믿음을 크게 보셨다. 초대교회의 교부 크리소스톰의 외침을 들어보라. "온 세상이 나를 반대하느냐? 좋다. 그러면 내가 온 세상을 반대하리라." 우리 모두 라합의 기개를 배워, 아는 대로 실천하는 일사각오의 믿음을 키워가자.
【2대지】 라합의 믿음은 신약성경 기자에 의해서 인정받은 믿음이었다. 히브리서 11장에 나오는 위대한 신앙의 인물들 목록 가운데 기생 라합의 이름을 발견하는 것은 신선한 충격이다. 라합은 히브리서 기자의 칭찬을 받았을 뿐 아니라 다른 여러 사람에 의해서도 인정받는 믿음을 가졌다. 자신의 목숨을 걸고 정탐꾼들을 보호한 라합의 행동은 신약에서 위대한 믿음의 행위로 기념되고 있다.
【3대지】 여호수아가 공개적으로 라합을 살려주었다는 것은 그만큼 라합의 행동이 생명을 얻기에 합당한 커다란 선행이요 믿음의 행함이었음을 입증하는 것이다. 기생 라합의 믿음은 가족을 구원하는 믿음이요 가정과 민족의 역사를 바꾸는 믿음이었다. 라합은 믿음의 행동을 통하여 가족을 살렸을 뿐 아니라 이스라엘의 역사와 여리고의 역사를 바꾸었다.
【결론】 기생 라합은 모험을 할 줄 아는 여장부였다. 사실 믿음이라는 말 자체가 모험이라는 뜻이다. 배워 알게 된 진리의 말씀은 손해를 보더라도 반드시 실천하는 믿음의 사람이 되라.

- 절기, 용도, 장르, 특징:
- Key Word: 믿음.
- Remarks:

본문 : **수 3:1-8**

제목 : **요단강 도하(渡河)의 세 단계 (Go and Stand in the River)**

1.또 여호수아가 아침에 일찍이 일어나서 그와 모든 이스라엘 자손들과 더불어 싯딤에서 떠나 요단
에 이르러 건너가기 전에 거기서 유숙하니라 **2.**사흘 후에 관리들이 진중으로 두루 다니며 **3.**백성에
게 명령하여 이르되 너희는 레위 사람 제사장들이 너희 하나님 여호와의 언약궤 메는 것을 보거든 너
희가 있는 곳을 떠나 그 뒤를 따르라 **4.**그러나 너희와 그 사이 거리가 이천 규빗쯤 되게 하고 그것에
가까이 하지는 말라 그리하면 너희가 행할 길을 알리니 너희가 이전에 이 길을 지나보지 못하였음이
니라 하니라 **5.**여호수아가 또 백성에게 이르되 너희는 자신을 성결하게 하라 여호와께서 내일 너희
가운데에 기이한 일들을 행하시리라 **6.**여호수아가 또 제사장들에게 말하여 이르되 언약궤를 메고
백성에 앞서 건너라 하매 곧 언약궤를 메고 백성에 앞서 나아가니라 **7.**여호와께서 여호수아에게 이
르시되 내가 오늘부터 시작하여 너를 온 이스라엘의 목전에서 크게 하여 내가 모세와 함께 있었던 것
같이 너와 함께 있는 것을 그들이 알게 하리라 **8.**너는 언약궤를 멘 제사장들에게 명령하여 이르기를
너희가 요단 물 가에 이르거든 요단에 들어서라 하라

1. 싯딤에서 떠나 요단에 이르러 사흘간 유숙함 (= 악한 삶에서 떠나 하나님의 때를 기다림)

1절= "또 여호수아가 아침에 일찍이 일어나서 그와 모든 이스라엘 자손들과 더불어 싯딤에서 떠나 요단에 이르러 건너가기 전에 거기서 유숙하니라"
2절= "사흘 후에 관리들이 진중으로 두루 다니며"

2. 백성이 스스로 성결케 함 (= 성결한 삶)

5절= "… 너희는 자신을 성결하게 하라 여호와께서 내일 너희 가운데에 기이한 일들을 행하시리라"

3. 언약궤를 메고 강으로 들어섬 (= 믿음으로 나아감)

6절= "여호수아가 또 제사장들에게 말하여 이르되 언약궤를 메고 백성에 앞서 건너라 하매 곧 언약궤를 메고 백성에 앞서 나아가니라"
8절= "너는 언약궤를 멘 제사장들에게 명령하여 이르기를 너희가 요단 물 가에 이르거든 요단에 들어서라 하라"

◈◈◈

【대지 유형】 주제 설명형 - 본문 묶음형 - 대지 진전형

【주제】 (적용) 우리 앞의 요단강을 건너기 위해 먼저 세속을 떠나 준비하여 믿음으로 나아가야 한다.

【FCF】 많은 신앙인이 문제를 극복하기 위해 먼저 해야 할 일(죄악의 삶을 확실히 떠나는 것)을 하지 못하고 있음.

【서론】 요단강은 약속의 땅에 들어가기 직전의 마지막 장애물이었다. 따라서 요단강은 이스라엘 백성에게 목표를 실현하기 전에 넘어야 할 최후의 장애물이고 시련이며 고통이었지만, 한편 하나님의 약속이 이루어지는 축복의 강이었다.

【우산질문】 이스라엘은 축복의 땅 앞에 가로놓인 최후의 장애물을 건너가기 위해 어떤 단계를 거쳤나?

【1대지】 '싯딤에서 떠나' 요단강으로 나아가는 이스라엘의 행렬은 단지 장소의 이동만이 아닌 죄악으로부터의 영원한 분리, 불순종으로부터의 회개, 음란으로부터의 정결이라는 신학적 주제를 보여준다. 주님은 주님의 때에 주님의 방법으로 주님의 일을 이루신다. 여러분도 여호수아처럼 우리 각자의 요단강 도하 사건 앞에서 숨을 고르며 성령님의 인도하심의 때를 기다리자.

【2대지】 이스라엘은 요단을 넘어 가나안 정복에 나서기 위해서 반드시 먼저 자신을 스스로 성결케 해야 했다. 가나안 땅 정복이라는 대역사를 이루기 위해서 이스라엘 백성들이 갖추어야 할 내적인 본질은 '성결'이다.

【3대지】 하나님은 요단강이 갈라진 다음에 건너가라고 말씀하지 않으시고 강물이 여전히 출렁이고 있는데 물속으로 들어가라고 말씀하신다. 언약궤를 바라보아야 한다는 것은 오직 하나님만을 바라보아야 한다는 말이다.

【결론】 이스라엘 백성이 여호수아를 중심으로 요단강 도하를 성공했던 것처럼, 여러분도 하나님이 세우신 목회자를 중심으로 일치단결하자.

- 절기, 용도, 장르, 특징: 신년예배.
- Key Word: 요단강.
- Remarks:

본문 : **수 5:10-12**

제목 : **언약의 땅에서의 첫걸음**
(They ate of the produce of Canaan that year)

10.또 이스라엘 자손들이 길갈에 진 쳤고 그 달 십사일 저녁에는 여리고 평지에서 유월절을 지켰으며 **11.**유월절 이튿날에 그 땅의 소산물을 먹되 그 날에 무교병과 볶은 곡식을 먹었더라 **12.**또 그 땅의 소산물을 먹은 다음 날에 만나가 그쳤으니 이스라엘 사람들이 다시는 만나를 얻지 못하였고 그 해에 가나안 땅의 소출을 먹었더라

1. '그 해'에 가나안 땅의 소출을 먹었음 (= 언약의 때, 예언 성취의 해)

12절= "그 해에 가나안 땅의 소출을 먹었더라"

2. '가나안 땅'의 소출을 먹었음 (= 언약의 땅, 하나님의 나라)

12절= "그 해에 가나안 땅의 소출을 먹었더라"

3. "그 땅의 소출을 먹었더라"고 함 (= 언약 백성의 삶, 은사대로 사역)

12절= "그 해에 가나안 땅의 소출을 먹었더라"

◆◆◆

【대지 유형】 주제 설명형 - 본문 분석형 - 대지 연결형
【주제】 (적용) 하나님은 자기 때에 언약의 백성에게 약속을 지키신다.
【FCF】 많은 신앙인들이 하나님의 언약을 믿지 못하고 의심함.

【서론】 본문은 요단강을 극적으로 건넌 이스라엘 백성들이 여리고 평지에서 처음으로 그 땅의 소산물을 먹게 된 것을 기록하고 있다. 이것은 하나님 언약의 성취를 매우 실감나게 보여준다. 본문은 이스라엘이 유월절을 준수한 이튿날 가나안 땅의 소산을 먹은 때로부터 만나가 그쳤음을 보도하고 있는데, 이것 역시 이스라엘의 출애굽 구원 역사가 일단락되었음을 시사한다.
【우산질문】 "그 해에 가나안 땅의 소출을 먹었더라" 이 말씀 속에는 '언약의 땅에서 첫걸음을 시작하는 이스라엘의 모습'이 함축되어 있다. 함께 살펴보자.

【1대지】 이스라엘 백성이 요단을 건너 처음으로 가나안 땅을 밟은 그해는 하나님의 언약이 성취되기 시작한 해이다. 출애굽의 시작과 끝을 유월절로 이

루었다는 것은 이스라엘에 대한 하나님의 구원 사역이 완벽하게 완성되었음을 의미한다.

【2대지】 가나안 땅은 언약의 땅이요 하나님의 통치가 이루어지는 곳이다. 예수 그리스도께서 아브라함의 후손으로 오셔서 바로 이 땅에서 모진 고난과 고초를 당하시고 십자가에 달려 피뿌려 죽으심으로 하나님의 구원을 이루셨다. 이 땅은 새언약의 땅이요 지금도 확장되어가는 생동하는 나라이다. 마침내 때가 이르러 그리스도께서 다시 오실 때 옛것이 폐지되고 새 하늘과 새 땅이 이루어지게 될 것이다.

【3대지】 그들이 무교병과 볶은 곡식을 먹은 날은 바로 유월절 다음 날이다. 만나를 먹던 광야 40년의 생활이 이제 끝났다. 하나님께서 약속하신 가나안 땅의 축복이 성취된 것이다. 신약의 이스라엘인 그리스도인들은 예수님이 주신 은사를 활용하여 영적 가나안 땅인 교회 생활을 통하여 영적 곡식을 재배해야 한다.

【결론】 "그 해에 가나안 땅의 소출을 먹었더라" 이스라엘이 요단을 건너 가나안 땅을 밟으며 감격해 하던 '그 해'에 하늘의 만나는 그치고 그들은 자신들이 심지도 않았던 그 땅의 소산물을 먹었다. 하나님의 언약의 성취이다. 이 하나님의 약속은 현세적인 것으로 끝나는 것이 아니라 내세적인 것까지 포함한다.

- 절기, 용도, 장르, 특징:
- Key Word: 언약, 약속의 땅.
- Remarks:

본문 : **수 6:6-16**
제목 : **여리고성 함락의 비결**

6.눈의 아들 여호수아가 제사장들을 불러 그들에게 이르되 너희는 언약궤를 메고 제사장 일곱은 양
각 나팔 일곱을 잡고 여호와의 궤 앞에서 나아가라 하고 **7.**또 백성에게 이르되 나아가서 그 성을 돌
되 무장한 자들이 여호와의 궤 앞에서 나아갈지니라 하니라 **8.**여호수아가 백성에게 이르기를 마치
매 제사장 일곱은 양각 나팔 일곱을 잡고 여호와 앞에서 나아가며 나팔을 불고 여호와의 언약궤는 그
뒤를 따르며 **9.**그 무장한 자들은 나팔 부는 제사장들 앞에서 행진하며 후군은 궤 뒤를 따르고 제사
장들은 나팔을 불며 행진하더라 **10.**여호수아가 백성에게 명령하여 이르되 너희는 외치지 말며 너희
음성을 들리게 하지 말며 너희 입에서 아무 말도 내지 말라 그리하다가 내가 너희에게 명령하여 외치
라 하는 날에 외칠지니라 하고 **11.**여호와의 궤가 그 성을 한 번 돌게 하고 그들이 진영으로 들어와서
진영에서 자니라 **12.**또 여호수아가 아침에 일찍이 일어나니 제사장들이 여호와의 궤를 메고 **13.**제
사장 일곱은 양각 나팔 일곱을 잡고 여호와의 궤 앞에서 계속 행진하며 나팔을 불고 무장한 자들은
그 앞에 행진하며 후군은 여호와의 궤 뒤를 따르고 제사장들은 나팔을 불며 행진하니라 **14.**그 둘째
날에도 그 성을 한 번 돌고 진영으로 돌아오니라 엿새 동안을 이같이 행하니라 **15.**일곱째 날 새벽에
그들이 일찍이 일어나서 전과 같은 방식으로 그 성을 일곱 번 도니 그 성을 일곱 번 돌기는 그 날뿐이
었더라 **16.**일곱 번째에 제사장들이 나팔을 불 때에 여호수아가 백성에게 이르되 외치라 여호와께서
너희에게 이 성을 주셨느니라

1. 여호수아는 하나님의 약속을 확신했음 (= 약속 확신)

16절= "일곱 번째에 제사장들이 나팔을 불 때에 여호수아가 백성에게 이르되 외치라 여호와께서 너희에게 이 성을 주셨느니라"

2. 온 백성이 매일 새벽에 여리고성을 돌았음 (= 부지런함, 열심)

12절= "또 여호수아가 아침에 일찍이 일어나니 제사장들이 여호와의 궤를 메고"

14절= "그 둘째 날에도 그 성을 한 번 돌고 진영으로 돌아오니라 엿새 동안을 이같이 행하니라"

3. 어리석어 보이는 작전이지만 지시대로 철저히 행하였음 (= 절대적 순종)

13절= "제사장 일곱은 양각 나팔 일곱을 잡고 여호와의 궤 앞에서 계속 행진하며 나팔을 불고 무장한 자들은 그 앞에 행진하며 후군은 여호와의 궤 뒤를 따르고 제사장들은 나팔을 불며 행진하니라"

◆◆◆

【대지 유형】 주제 설명형 - 본문 수집형 - 대지 혼재형(2+1)

【주제】 (석의) 하나님의 약속을 확신한 이스라엘은 열심을 가지고 다소 어이없어 보이는 지시에도 전폭적으로 순종하여 여리고성을 정복하게 되었다.
【FCF】 많은 신앙인이 영적 전투에서 여리고성을 정복할 엄두를 내지 못하고 있음.

【서론】 여리고성= 가나안 정복의 첫 관문. 당시 광야를 막 벗어난 이스라엘에게는 난공불락의 여리고성, 이스라엘이 정복하기는 사실상 불가능한 장벽이다.
【우산질문】 이러한 여리고성을 정복할 수 있었던 비결은 무엇인가?

【1대지】 2절, "보라 내가 여리고와 그 왕과 용사들을 네 손에 넘겨주었으니" 여리고성을 이미 주셨다고 하셨으나 아직 실현되지 않았다. 믿음의 사람은 항상 용기와 확신에 차 있지만 불신의 사람은 속으로 두려움에 떨고 있다. 하나님이 함께 하신다는 확신이 중요하다.
【2대지】 40년간 아침에 만나를 수거하느라 새벽에 일어나는 것에 익숙한 이스라엘. 그들은 매일 새벽에 성을 돌았다. 예수님의 모범을 보라. 주님은 새벽 미명에 일어나 기도하셨다. 지금은 게으르고 악한 세대인 것 같다. 우리는 영육 간에 모두 부지런해야 한다.
【3대지】 영적 전쟁. 군인에게 복종하는 것은 최우선의 의무이다. 단합된 모습. 우리는 지금 영적 전쟁 중이다. 마지막까지, 일곱 번까지 순종해야 한다.
【결론】 당신 앞에 놓인 여리고성은 어떤 것인가? 약속을 확신하고 절대적 순종으로 나아가자.

- 절기, 용도, 장르, 특징:
- Key Word: 여리고성, 영적 전투.
- Remarks:

본문 : **수 6:8-16**

제목 : **여리고성 점령의 비결 (Blow the Trumpets and Shout!)**

8.여호수아가 백성에게 이르기를 마치매 제사장 일곱은 양각 나팔 일곱을 잡고 여호와 앞에서 나아
가며 나팔을 불고 여호와의 언약궤는 그 뒤를 따르며 **9.**그 무장한 자들은 나팔 부는 제사장들 앞에
서 행진하며 후군은 궤 뒤를 따르고 제사장들은 나팔을 불며 행진하더라 **10.**여호수아가 백성에게
명령하여 이르되 너희는 외치지 말며 너희 음성을 들리게 하지 말며 너희 입에서 아무 말도 내지 말
라 그리하다가 내가 너희에게 명령하여 외치라 하는 날에 외칠지니라 하고 **11.**여호와의 궤가 그 성
을 한 번 돌게 하고 그들이 진영으로 들어와서 진영에서 자니라 **12.**또 여호수아가 아침에 일찍이 일
어나니 제사장들이 여호와의 궤를 메고 **13.**제사장 일곱은 양각 나팔 일곱을 잡고 여호와의 궤 앞에
서 계속 행진하며 나팔을 불고 무장한 자들은 그 앞에 행진하며 후군은 여호와의 궤 뒤를 따르고 제
사장들은 나팔을 불며 행진하니라 **14.**그 둘째 날에도 그 성을 한 번 돌고 진영으로 돌아오니라 엿새
동안을 이같이 행하니라 **15.**일곱째 날 새벽에 그들이 일찍이 일어나서 전과 같은 방식으로 그 성을
일곱 번 도니 그 성을 일곱 번 돌기는 그 날뿐이었더라 **16.**일곱 번째에 제사장들이 나팔을 불 때에
여호수아가 백성에게 이르되 외치라 여호와께서 너희에게 이 성을 주셨느니라

1. 명령대로 성을 돌았음 (= 말씀대로 순종)

11절= "여호와의 궤가 그 성을 한 번 돌게 하고…"

14절= "그 둘째 날에도 그 성을 한 번 돌고 진영으로 돌아오니라 엿새 동안을 이같이 행하니라"

15절= "일곱째 날 새벽에 그들이 일찍이 일어나서 전과 같은 방식으로 그 성을 일곱 번 도니…"

2. 나팔 불며 행진했음 (= 찬송)

8절= "… 제사장 일곱은 양각 나팔 일곱을 잡고 여호와 앞에서 나아가며 나팔을 불고…"

9절= "… 제사장들은 나팔을 불며 행진하더라"

3. 소리 질러 외쳤음 (= 합심 기도)

16절= "일곱 번째에 제사장들이 나팔을 불 때에 여호수아가 백성에게 이르되 외치라 여호와께서 너희에게 이 성을 주셨느니라"

◈◈◈

【대지 유형】 주제 설명형 - 본문 수집형 - 대지 진전형

【주제】 (석의) 이스라엘은 말씀대로 나팔불며 여리고성을 돌았고, 함께 소리 질러 외쳤고, 하나님은 여리고성을 무너뜨리셨다.

【FCF】 많은 신앙인이 문제를 해결할 때 찬송과 기도의 능력을 제대로 사용하지 못하고 있음.

【서론】 이스라엘 백성은 40년 광야 유랑생활을 끝내고 요단강을 건너 이제 가나안 땅에 발을 디뎠다. 그들 앞에 여리고라는 엄청난 장애물이 버티고 있었다. 하나님은 먼저 여리고 사람들에게 두려움을 일으켜 성문을 굳게 닫고 출입을 금하도록 섭리하셨다. 이스라엘 백성들은 지시사항을 그대로 순종하기만 하면 여리고 성을 점령하는 것은 결코 불가능한 것이 아니었다. 오합지졸처럼 여겨지는 이스라엘 백성들이었지만 불가능해 보이던 여리고 성을 기적적으로 탈취하게 되었다.

【우산질문】 난공불락의 성 여리고를 무너뜨리는 하나님의 백성들의 모습이 보이는가? 그들이 가나안의 첫 관문을 차지하게 된 비결은 무엇인가?

【1대지】 전쟁에 임하는 이스라엘의 기이(奇異)한 모습. 수비대인 여리고 사람들은 보이지 않고, 공격자인 이스라엘 군대만 있다. 그들은 이상한 대열을 갖추고 성 외곽을 돌기만 했다. 행진(行進)의 순서가 좀 이상하지 않은가? 여호와의 궤를 중심으로 하여 그 앞에는 일곱 제사장이 양각나팔을 불고, 그 앞에는 무장한 자들이 행진. 그 뒤에는 궤를 호위하는 후위부대. 엿새 동안 하루 한 바퀴씩 같은 방식으로 성을 돌았다. 일곱째 날에 성을 일곱 바퀴 돌게 한 사실을 유독 강조한 것은 일곱이 가지고 있는 신성성의 의미를 부각시키려 한 것이다. 굳게 잠긴 여리고 성은 우리 인생의 위기(危機)를 상징한다. 말씀대로의 순종만이 위기극복의 비결이다.

【2대지】 이스라엘 군대의 독특한 것은 나팔을 불며 행진하는 것. 나팔을 부는 것은 하나님을 찬양하는 것을 상징한다. 기독교는 찬송의 종교이다. 우리의 찬송생활에 획기적인 변화가 있어야 한다. 나팔 불 때 여리고 성이 무너졌다. 우리는 여리고성 위기 앞에서 두려워할 것이 아니라 믿음으로 찬송의 목청을 돋우어야 한다. 고독할 때나 불안할 때 찬송은 우리에게 너무도 큰 위로를 준다.

【3대지】 외치는 것= 부르짖는 기도의 모습, 합심하여 통성으로 기도하는 모습. 기도는 영적 호흡이다. 우리의 육신은 호흡이 끊기면 사망으로 선고된다. 성도들은 기도가 끊기면 영적 사망자가 되고 만다. 본문의 '외치라'는 말은 울부짖는 기도를 상징한다.

【결론】 여리고 전투는 성도의 영적 전투를 가리킨다. 과거 이스라엘에게는 가나안 정복의 관문이었지만, 우리에게는 위기를 극복하는 모델이 되고 있다. 말씀에 순종하는 삶, 하나님을 높이는 찬송의 삶, 그리고 부르짖는 기도의 삶이 무엇보다 중요하다.

- 절기, 용도, 장르, 특징:
- Key Word: 찬송, 기도, 여리고.
- Remarks:

본문 : **수 6:16-25**

제목 : **여리고성 정복이 주는 교훈**

16.일곱 번째에 제사장들이 나팔을 불 때에 여호수아가 백성에게 이르되 외치라 여호와께서 너희에
게 이 성을 주셨느니라 **17.**이 성과 그 가운데에 있는 모든 것은 여호와께 온전히 바치되 기생 라합
과 그 집에 동거하는 자는 모두 살려 주라 이는 우리가 보낸 사자들을 그가 숨겨 주었음이니라 **18.**너
희는 온전히 바치고 그 바친 것 중에서 어떤 것이든지 취하여 너희가 이스라엘 진영으로 바치는 것이
되게 하여 고통을 당하게 되지 아니하도록 오직 너희는 그 바친 물건에 손대지 말라 **19.**은금과 동
철 기구들은 다 여호와께 구별될 것이니 그것을 여호와의 곳간에 들일지니라 하니라 **20.**이에 백성
은 외치고 제사장들은 나팔을 불매 백성이 나팔 소리를 들을 때에 크게 소리 질러 외치니 성벽이 무
너져 내린지라 백성이 각기 앞으로 나아가 그 성에 들어가서 그 성을 점령하고 **21.**그 성 안에 있는
모든 것을 온전히 바치되 남녀 노소와 소와 양과 나귀를 칼날로 멸하니라 **22.**여호수아가 그 땅을 정
탐한 두 사람에게 이르되 그 기생의 집에 들어가서 너희가 그 여인에게 맹세한 대로 그와 그에게 속
한 모든 것을 이끌어 내라 하매 **23.**정탐한 젊은이들이 들어가서 라합과 그의 부모와 그의 형제와 그
에게 속한 모든 것을 이끌어 내고 또 그의 친족도 다 이끌어 내어 그들을 이스라엘의 진영 밖에 두고
24.무리가 그 성과 그 가운데에 있는 모든 것을 불로 사르고 은금과 동철 기구는 여호와의 집 곳간에
두었더라 **25.**여호수아가 기생 라합과 그의 아버지의 가족과 그에게 속한 모든 것을 살렸으므로 그
가 오늘까지 이스라엘 중에 거주하였으니 이는 여호수아가 여리고를 정탐하려고 보낸 사자들을 숨
겼음이었더라

1. 소리 질러 외치니 성벽이 무너졌음 (= 진리의 함성의 능력)

20절= "이에 백성은 외치고 제사장들은 나팔을 불매 백성이 나팔 소리를 들을 때에 크게 소리 질러 외치니 성벽이 무너져 내린지라…"

2. 제7일 안식일에 큰 살육이 있었음 (= 참된 안식은 죄악을 정복하는 것)

21절= "그 성 안에 있는 모든 것을 온전히 바치되 남녀노소와 소와 양과 나귀를 칼날로 멸하니라"

3. 하나님께 바칠 것 외에는 모두 불태워야 했음 (= 첫 열매의 중요성, 모든 것이 하나님의 것)

24절= "무리가 그 성과 그 가운데에 있는 모든 것을 불로 사르고 은금과 동철 기구는 여호와의 집 곳간에 두었더라"

◈◈◈

【대지 유형】 주제 설명형 - 본문 묶음형, 묵상형 - 대지 병렬형

【주제】 (석의) 여리고성 정복 기록을 통해 진리의 함성에 큰 능력이 있음과 참

된 안식의 개념, 그리고 첫 열매의 중요성을 배운다.
【FCF】 많은 신앙인이 구약의 전쟁 기록에 대한 이해가 부족함. 모든 것이 하나님으로부터 왔음을 지식으로만 알고, 삶으로 나타내지 못함.

【서론】 본문은 가나안 정복의 첫 관문인 여리고성 점령 이야기다. 성경은 세계 전쟁 역사 초유의 기적을 담담히 적고 있다. 길갈평야의 할례사건으로 하나님의 백성이 된 이스라엘. 이제 하나님의 백성으로서의 순종과 단합된 모습을 보이는 첫 사건이다.
【우산질문】 본문을 통해 여리고성 정복이 주는 교훈을 되새겨보자.

【1대지】 여리고성이 무너진 것은 소리에 있었다. 진리의 함성. 이것을 가장 무서워하는 자들은 죄를 지은 자들이다. 하나님의 심판에는 큰 음성과 뇌성이 따른다. 위로가 있는 곳에는 작은 음성, 고요함과 평온함이 있다. 하나님의 나팔소리가 들려올 때가 온다. 지금은 진리의 함성이 필요할 때이다.
【2대지】 엿새 동안 돌고, 제7일에는 일곱 번 돌았다. 이날 큰 살육이 있었다. 안식일 개념으로는 불가능한 일이다. 우리는 여기서 참된 안식의 개념을 찾아볼 수 있다. 참된 안식은 죄악을 정복하는 것. 산 제물을 가지고 주의 날을 지켜야 한다. 이스라엘이 여리고성을 정복했듯이 예수님은 사탄의 사망 권세를 깨고 주의 날에 부활하셨다. 주의 날은 노는 날이 아니라 주님께 갑절로 봉헌하는 날이 되어야 한다.
【3대지】 첫 성 여리고를 취한 후 그곳에서는 아무것도 취할 수 없었다. 개인 소유가 될 수 있는 것은 아무것도 없었다. 왜 모두 불태워야 했나? 죄악의 물건들이었고 첫 열매이었기 때문이다. 탐심을 물리쳐야 했기 때문이다.
【결론】 여러분의 교회는 참되 안식을 누리고 있나? 진리의 함성으로 사탄을 떨게 하고 있나? 헌신의 삶이 넘치고 있나?

- 절기, 용도, 장르, 특징: 상징주의 해석.
- Key Word: 여리고, 진리의 함성.
- Remarks:

본문 : **수 7:1-13**
제목 : **아이성 참패의 교훈**

1.이스라엘 자손들이 온전히 바친 물건으로 말미암아 범죄하였으니 이는 유다 지파 세라의 증손 삽디의 손자 갈미의 아들 아간이 온전히 바친 물건을 가졌음이라 여호와께서 이스라엘 자손들에게 진노하시니라 **2.**여호수아가 여리고에서 사람을 벧엘 동쪽 벧아웬 곁에 있는 아이로 보내며 그들에게 말하여 이르되 올라가서 그 땅을 정탐하라 하매 그 사람들이 올라가서 아이를 정탐하고 **3.**여호수아에게로 돌아와 그에게 이르되 백성을 다 올라가게 하지 말고 이삼천 명만 올라가서 아이를 치게 하소서 그들은 소수이니 모든 백성을 그리로 보내어 수고롭게 하지 마소서 하므로 **4.**백성 중 삼천 명쯤 그리로 올라갔다가 아이 사람 앞에서 도망하니 **5.**아이 사람이 그들을 삼십육 명쯤 쳐죽이고 성문 앞에서부터 스바림까지 쫓아가 내려가는 비탈에서 쳤으므로 백성의 마음이 녹아 물 같이 된지라 **6.**여호수아가 옷을 찢고 이스라엘 장로들과 함께 여호와의 궤 앞에서 땅에 엎드려 머리에 티끌을 뒤집어쓰고 저물도록 있다가 **7.**이르되 슬프도소이다 주 여호와여 어찌하여 이 백성을 인도하여 요단을 건너게 하시고 우리를 아모리 사람의 손에 넘겨 멸망시키려 하셨나이까 우리가 요단 저쪽을 만족하게 여겨 거주하였더면 좋을 뻔하였나이다 **8.**주여 이스라엘이 그의 원수들 앞에서 돌아섰으니 내가 무슨 말을 하오리이까 **9.**가나안 사람과 이 땅의 모든 사람들이 듣고 우리를 둘러싸고 우리 이름을 세상에서 끊으리니 주의 크신 이름을 위하여 어떻게 하시려 하나이까 하니 **10.**여호와께서 여호수아에게 이르시되 일어나라 어찌하여 이렇게 엎드렸느냐 **11.**이스라엘이 범죄하여 내가 그들에게 명령한 나의 언약을 어겼으며 또한 그들이 온전히 바친 물건을 가져가고 도둑질하며 속이고 그것을 그들의 물건들 가운데에 두었느니라 **12.**그러므로 이스라엘 자손들이 그들의 원수 앞에 능히 맞서지 못하고 그 앞에서 돌아섰나니 이는 그들도 온전히 바친 것이 됨이라 그 온전히 바친 물건을 너희 중에서 멸하지 아니하면 내가 다시는 너희와 함께 있지 아니하리라 **13.**너는 일어나서 백성을 거룩하게 하여 이르기를 너희는 내일을 위하여 스스로 거룩하게 하라 이스라엘의 하나님 여호와의 말씀에 이스라엘아 너희 가운데에 온전히 바친 물건이 있나니 너희가 그 온전히 바친 물건을 너희 가운데에서 제하기까지는 네 원수들 앞에 능히 맞서지 못하리라

1. 아간의 범죄 때문에 이스라엘이 참패함 (= 내적인 죄, 탐욕과 불순종의 죄)

1절= "이스라엘 자손들이 온전히 바친 물건으로 말미암아 범죄하였으니 이는 유다 지파 세라의 증손 삽디의 손자 갈미의 아들 아간이 온전히 바친 물건을 가졌음이라 여호와께서 이스라엘 자손들에게 진노하시니라"

2. 삼천 명쯤 출정했다가 패하였음 (= 방심했음, 최선을 다하지 않았음)

3절= "… 백성을 다 올라가게 하지 말고 이삼천 명만 올라가서 아이를 치게 하소서 그들은 소수이니 모든 백성을 그리로 보내어 수고롭게 하지 마소서…"

4절= "백성 중 삼천 명쯤 그리로 올라갔다가 아이 사람 앞에서 도망하니"

3. 백성을 거룩케 하기 위함이었음 (= 하나님의 목적: 거룩, 겸손케 하기 위함)

13절= "너는 일어나서 백성을 거룩하게 하여 이르기를 너희는 내일을 위하여 스스로 거룩하게 하라…"

◈◈◈

【대지 유형】 이유 제시형 – 본문 수집형 – 대지 혼재형(2+1)
【주제】 (석의) 아이성 전투에서 패배한 것은 내부에 아간의 탐욕의 죄, 외적으로는 전투에 최선을 다하지 않은 것, 그리고 위로는 자기 백성을 겸손케 하기 위한 하나님의 목적이 있었기 때문이다.
【FCF】 많은 신앙인이 영적 전투에서 죄를 감추고 최선을 다하지 않음.

【서론】 본문은 아이성을 정복하려다 실패한 역사 기록이다. 여리고성을 정복한 이스라엘이 작은 아이성 전투에서 패배한 충격은 컸다. 차후 가나안 정복에서 이것 때문에 가는 곳마다 가나안의 거민들이 거세게 저항했다.
【우산질문】 본문을 통하여 아이성 전투의 참패 이유를 살펴보자.

【1대지】 상대방이 강해서 참패한 게 아니다. 실패의 원인이 일차적으로 내부에 있었다. 아간의 탐욕과 불순종의 죄악이 하나님을 진노케 했다. 여리고성이 외적인 적이라면 아이성은 내적인 적이다. 위대한 영웅들을 보라. 내적인 죄악 때문에 무너진 경우가 많지 않은가. 탐욕은 무서운 죄다(골 3:5). (예: 게하시, 가룟 유다, 아나니아 삽비라 등.)
【2대지】 방심하면 안 된다. 하나님은 우리가 모든 영적 전투에서 최선을 다하기를 원하신다. 큰 대적 여리고 앞에서는 최선을 다했지만 아이성 정복에는 우습게 여기고 쉽게 생각했다. 작은 고추가 맵다는 속담이 있다.
【3대지】 여리고성 점령 후 교만한 이스라엘의 목, 자만심을 꺾기 위한 하나님의 의도적인 사건이다. 그들은 더 겸손해져야 하고 더 거룩해져야 했다. 아간은 결국 용서받지 못했다. 백성 전체의 기강을 확립하게 되었다. 교회가 교회되려면 권징이 바로 시행되어야 한다.
【결론】 아이성 참패로 후일 가나안 정복에 많은 어려움이 있었다. 모든 일에 최선을 다하라. 내부의 적이 무서움을 알고 겸손하라.

- 절기, 용도, 장르, 특징:
- Key Word: 아간, 아이성, 영적 전투.
- Remarks:

본문 : **수 14:6-15**

제목 : **침묵을 깨고 일어난 용사 (Give me this moutain)**

6.그 때에 유다 자손이 길갈에 있는 여호수아에게 나아오고 그니스 사람 여분네의 아들 갈렙이 여호수아에게 말하되 여호와께서 가데스 바네아에서 나와 당신에게 대하여 하나님의 사람 모세에게 이르신 일을 당신이 아시는 바라 **7.**내 나이 사십 세에 여호와의 종 모세가 가데스 바네아에서 나를 보내어 이 땅을 정탐하게 하였으므로 내가 성실한 마음으로 그에게 보고하였고 **8.**나와 함께 올라갔던 내 형제들은 백성의 간담을 녹게 하였으나 나는 내 하나님 여호와께 충성하였으므로 **9.**그 날에 모세가 맹세하여 이르되 네가 내 하나님 여호와께 충성하였은즉 네 발로 밟는 땅은 영원히 너와 네 자손의 기업이 되리라 하였나이다 **10.**이제 보소서 여호와께서 이 말씀을 모세에게 이르신 때로부터 이스라엘이 광야에서 방황한 이 사십오 년 동안을 여호와께서 말씀하신 대로 나를 생존하게 하셨나이다 오늘 내가 팔십오 세로되 **11.**모세가 나를 보내던 날과 같이 오늘도 내가 여전히 강건하니 내 힘이 그 때나 지금이나 같아서 싸움에나 출입에 감당할 수 있으니 **12.**그 날에 여호와께서 말씀하신 이 산지를 지금 내게 주소서 당신도 그 날에 들으셨거니와 그 곳에는 아낙 사람이 있고 그 성읍들은 크고 견고할지라도 여호와께서 나와 함께 하시면 내가 여호와께서 말씀하신 대로 그들을 쫓아내리이다 하니 **13.**여호수아가 여분네의 아들 갈렙을 위하여 축복하고 헤브론을 그에게 주어 기업을 삼게 하매 **14.**헤브론이 그니스 사람 여분네의 아들 갈렙의 기업이 되어 오늘까지 이르렀으니 이는 그가 이스라엘의 하나님 여호와를 온전히 좇았음이라 **15.**헤브론의 옛 이름은 기럇 아르바라 아르바는 아낙 사람 가운데에서 가장 큰 사람이었더라 그리고 그 땅에 전쟁이 그쳤더라

1. 45년 전의 약속을 잊지 아니함 (= 하나님의 약속 신뢰)

7절= "내 나이 사십 세에 여호와의 종 모세가 가데스 바네아에서 나를 보내어 이 땅을 정탐하게 하였으므로 내가 성실한 마음으로 그에게 보고하였고"

9절= "그 날에 모세가 맹세하여 이르되 네가 내 하나님 여호와께 충성하였은즉 네 발로 밟는 땅은 영원히 너와 네 자손의 기업이 되리라 하였나이다"

2. 85세의 몸으로도 전투 참여를 자원함 (= 하나님의 뜻과 은혜 깨달음)

10-11절= "… 사십오 년 동안을 여호와께서 말씀하신 대로 나를 생존하게 하셨나이다 오늘 내가 팔십오 세로되 모세가 나를 보내던 날과 같이 오늘도 내가 여전히 강건하니 내 힘이 그 때나 지금이나 같아서 싸움에나 출입에 감당할 수 있으니"

3. 아낙 자손의 견고한 성읍 탈취에 자원함 (= 어려운 임무 자청)

12절= "… 그 곳에는 아낙 사람이 있고 그 성읍들은 크고 견고할지라도 여호와께서 나와 함께 하시면 내가 여호와께서 말씀하신 대로 그들을 쫓아내리이다"

◆◆◆

【대지 유형】 주제 설명형 - 본문 묶음형 - 대지 심화형
【주제】 (적용) 하나님의 약속을 신뢰하는 성도는 은혜를 깨닫고 하나님 나라를 위해 어려운 임무라도 자청하게 된다.
【FCF】 많은 신앙인이 그동안 베풀어주신 하나님의 은혜를 깊이 깨닫지 못함.

【서론】 "이 산지를 지금 내게 주소서"(12절). 당시 85세의 노장 갈렙은 가장 어려운 임무를 자청하고 나섰다. 갈렙을 용기 있는 장수로 우뚝 서게 한 원동력은 무엇인가?
【우산질문】 침묵을 깨뜨리고 일어난 용사 갈렙! 본문을 통하여 영적 거장의 신앙의 모습을 살펴보자.

【1대지】 갈렙은 그의 나이 40세에 지도자 모세에 의해 가나안 땅을 정탐하도록 파송된 12명의 정탐꾼 중 하나였다. 젊은 시절부터 그는 믿음과 용기의 사람이었다. 그는 지난 사십오 년 동안 이 약속을 결코 잊지 않았고 앞으로도 잊지 않을 것이었다. 침묵을 깨고 일어나는 사람은 어떤 사람인가? 그는 하나님의 약속을 잊지 않고 그 약속을 신뢰하는 자이다.
【2대지】 그는 하나님께서 건강을 주신 이유를 깨달았다. 하나님의 뜻은 헤브론의 아낙 자손을 물리치고 그 땅을 차지하라는 것이었다. 이와 같은 하나님의 뜻과 은혜를 알게 된 갈렙은 침묵을 깨고 일어났던 것이다. 이제는 우리도 침묵을 깨고 일어나 외칠 때이다. 이제는 일어나 다시 한번 우리의 몸을 던질 기회이다.
【3대지】 "이 산지를 내게 주소서." 원문에는 부사 '이제'가 있다. 매우 긴급하고 간절한 갈렙의 심정이 나타난다.
【결론】 지금은 침묵을 깨고 일어나 외칠 때이다. 우리도 갈렙처럼 주께 나아가 어려운 임무를 자청해야겠다. "이 산지를 내게 주소서!" 이것이 우리의 기도 제목이어야 한다.

- 절기, 용도, 장르, 특징: 현충일, 6 · 25.
- Key Word: 용사, 이 산지를 내게 주소서.
- Remarks:

본문 : **수 24:14-18**

제목 : **이스라엘을 향한 여호수아의 권면**

14.그러므로 이제는 여호와를 경외하며 온전함과 진실함으로 그를 섬기라 너희의 조상들이 강 저쪽
과 애굽에서 섬기던 신들을 치워 버리고 여호와만 섬기라 **15.**만일 여호와를 섬기는 것이 너희에게
좋지 않게 보이거든 너희 조상들이 강 저쪽에서 섬기던 신들이든지 또는 너희가 거주하는 땅에 있는
아모리 족속의 신들이든지 너희가 섬길 자를 오늘 택하라 오직 나와 내 집은 여호와를 섬기겠노라 하
니 **16.**백성이 대답하여 이르되 우리가 결단코 여호와를 버리고 다른 신들을 섬기기를 하지 아니하
오리니 **17.**이는 우리 하나님 여호와께서 친히 우리와 우리 조상들을 인도하여 애굽 땅 종 되었던 집
에서 올라오게 하시고 우리 목전에서 그 큰 이적들을 행하시고 우리가 행한 모든 길과 우리가 지나온
모든 백성들 중에서 우리를 보호하셨음이며 **18.**여호와께서 또 모든 백성들과 이 땅에 거주하던 아
모리 족속을 우리 앞에서 쫓아내셨음이라 그러므로 우리도 여호와를 섬기리니 그는 우리 하나님이
심이니이다 하니라

1. "여호와만 섬기라" 함 (= 오직 예수 신앙)

14절= "그러므로 이제는 여호와를 경외하며 온전함과 진실함으로 그를 섬기라 너희의 조상들이 강 저쪽과 애굽에서 섬기던 신들을 치워 버리고 여호와만 섬기라"

2. "너희가 섬길 자를 오늘 택하라" 함 (= 백성의 결단 촉구)

15절= "만일 여호와를 섬기는 것이 너희에게 좋지 않게 보이거든 너희 조상들이 강 저쪽에서 섬기던 신들이든지 또는 너희가 거주하는 땅에 있는 아모리 족속의 신들이든지 너희가 섬길 자를 오늘 택하라 오직 나와 내 집은 여호와를 섬기겠노라"

3. 백성이 여호와만 섬기겠다고 고백함 (= 주님의 인도와 보호를 기억하고 신앙 고백함)

16절= "백성이 대답하여 이르되 우리가 결단코 여호와를 버리고 다른 신들을 섬기기를 하지 아니하오리니"

18절= "그러므로 우리도 여호와를 섬기리니 그는 우리 하나님이심이니이다"

◆◆◆

【대지 유형】 주제 적용형 - 본문 묶음형 - 대지 혼재형(2+1)

【주제】 (석의) 여호수아는 이방민족 사이에 끼인 이스라엘의 신앙을 걱정하여 권면했고 백성은 이에 화답했다.

【FCF】 많은 신앙인이 "택하라"는 요구 앞에 망설이고 있음.

【서론】 세계사의 흐름을 보라. 우리는 하나님 편에 서야 한다. 개인이든 집단이든 국가이든 간에 하나님 편에 선 사람들이 복을 받는다. 본문은 고난의 대장정 끝에 가나안을 점령한 여호수아가 이스라엘을 향하여 당부한 말이다. 당시 유일신 신앙을 가진 민족은 이스라엘뿐이었다. 주변은 모두 범신론이나 다신론 일색이었다. 영토 전쟁에는 승리했지만 앞으로 이스라엘이 겪어야 할 신앙 전쟁이 문제였다.
【우산질문】 본문을 통해 여호수아의 권면과 백성의 반응을 살펴보자.

【1대지】 그동안 이스라엘은 하나님을 섬겼다. 그러나 바로 섬기지 못한 것이 문제였다. 때로는 우상을 섬겼고 이방신을 경배하기도 했다. 14절, 15절에 하나님을 섬기는 태도와 결단이 제시된다. 어떤 태도로 섬겨야 하나? 온전함과 진실함으로 섬겨야 한다. 마음의 태도가 중요하다. 요 4:24= 영과 진리로 예배. 성실= 자기 역할에 최선을 다하는 것. 그리스도인은 자기 역할에 성실해야 한다. 진정= 깨끗한 마음. 시 33:12, "여호와로 자기 하나님을 삼은 나라 곧 하나님의 기업으로 빼신 바 된 백성은 복이 있도다."
【2대지】 여호수아의 선언, "나와 내 집은 여호와를 섬기겠노라." 이 말은 이스라엘 백성에게 결정적인 영향을 주었다. 지도자의 신앙의 결단은 무엇보다 중요하다. 하나님 편에 서는 나라가 복받는 나라이다.
【3대지】 백성들이 하나님 편에 서겠다는 결심을 토로하는 이유: ①하나님은 인도하시는 분, ②큰 이적을 행하시기 때문, ③보호해주셨기 때문.
【결론】 하나님 편에 선 사람들은 하나님에 의해 보호되고 인도받는다.

- 절기, 용도, 장르, 특징:
- Key Word: 신앙의 결단.
- Remarks:

본문 : **삿 1:1-7**

제목 : **영적 전투에서 승리하는 비결**
(How to Win a Victory in Spiritual Warfare)

1.여호수아가 죽은 후에 이스라엘 자손이 여호와께 여쭈어 이르되 우리 가운데 누가 먼저 올라가서
가나안 족속과 싸우리이까 **2.**여호와께서 이르시되 유다가 올라갈지니라 보라 내가 이 땅을 그의 손
에 넘겨 주었노라 하시니라 **3.**유다가 그의 형제 시므온에게 이르되 내가 제비 뽑아 얻은 땅에 나와
함께 올라가서 가나안 족속과 싸우자 그리하면 나도 네가 제비 뽑아 얻은 땅에 함께 가리라 하니 이
에 시므온이 그와 함께 가니라 **4.**유다가 올라가매 여호와께서 가나안 족속과 브리스 족속을 그들의
손에 넘겨 주시니 그들이 베섹에서 만 명을 죽이고 **5.**또 베섹에서 아도니 베섹을 만나 그와 싸워서
가나안 족속과 브리스 족속을 죽이니 **6.**아도니 베섹이 도망하는지라 그를 쫓아가서 잡아 그의 엄지
손가락과 엄지발가락을 자르매 **7.**아도니 베섹이 이르되 옛적에 칠십 명의 왕들이 그들의 엄지손가
락과 엄지발가락이 잘리고 내 상 아래에서 먹을 것을 줍더니 하나님이 내가 행한 대로 내게 갚으심이
로다 하니라 무리가 그를 끌고 예루살렘에 이르렀더니 그가 거기서 죽었더라

1. 이스라엘 자손이 여호와께 물었음 (= 기도 신앙)

1절= "여호수아가 죽은 후에 이스라엘 자손이 여호와께 여쭈어 이르되 우리 가운데 누가 먼저 올라가서 가나안 족속과 싸우리이까?"

2. 유다와 시므온 지파가 힘을 합쳤음 (= 동역하는 신앙)

3절= "유다가 그의 형제 시므온에게 이르되 내가 제비 뽑아 얻은 땅에 나와 함께 올라가서 가나안 족속과 싸우자 그리하면 나도 네가 제비 뽑아 얻은 땅에 함께 가리라 하니 이에 시므온이 그와 함께 가니라"

3. 목숨 걸고 가나안 족속과 싸워 이겼음 (= 결사적인 행동, 실천적 신앙)

4-5절= "유다가 올라가매 여호와께서 가나안 족속과 브리스 족속을 그들의 손에 넘겨 주시니 그들이 베섹에서 만 명을 죽이고 또 베섹에서 아도니 베섹을 만나 그와 싸워서 가나안 족속과 브리스 족속을 죽이니"

◈◈◈

【대지 유형】 주제 설명형 - 본문 묶음형 - 대지 진전형

【주제】 (적용) 영적 전투에 승리하는 길은 함께 기도하며 힘을 합쳐 결사적으로 싸우는 것이다.

【FCF】 많은 신앙인들이 영적 전투에 임하는 결기가 부족함.

【**서론**】 사사기는 B.C. 1390년경 지도자 여호수아가 죽은 이후로부터 약 350년간 사사시대에 발생했던 이스라엘 민족의 타락과 하나님의 징계 및 구원의 반복된 역사를 기록하고 있다. 본문에 보면 이스라엘이 가나안 족속들과의 전쟁에서 승리하는 데 필수적인 과정이 선명히 나타나 있다. 말씀을 통하여 신앙 승리의 비결을 배워서 영적 전투에서 승리하자.
【**우산질문**】 이스라엘은 어떤 과정을 거쳐 전쟁에서 이길 수 있었나?

【**1대지**】 영적 전쟁에서 승리하는 비결은 기도하는 데 있다. 이스라엘은 먼저 여호와께 나아가 기도했다. "우리 가운데 누가 먼저 올라가서 가나안 족속과 싸우리이까" 여기 '여쭈어' 동사의 원형(솨알)은 지적 호기심에서 비롯된 단순한 질문이 아니라 어떤 심각한 문제에 대하여 기도로써 묻는 것을 의미한다(삼상 10:22). 본문에서 이스라엘 자손이 하나님께 기도하며 묻는 것은 각 지파에게 분배된 땅을 차지하기 위해 구체적으로 어떻게 행동해야 하는지에 관한 것이다. 오늘 우리에게 가장 필요한 것이 바로 함께 기도하는 자세이다. 기도에는 반드시 응답이 있다. 기도를 통해 하나님의 뜻이 이루어지기 때문이다.
【**2대지**】 선봉에 나선 유다지파가 가나안 사람들과의 전투에서 승리하게 된 비결은 그들이 시므온 지파와 힘을 합쳐 싸운 데 있다. 영적 전투에서 승리하는 비결은 동역하는 신앙에 있다. 두 지파는 서로 돕기로 하였다. 이것은 아름다운 협력을 보여주는 장면이다. 성령님은 성도들이 모여 협력하는 곳에 역사하신다.
【**3대지**】 영적 전쟁에서 이기기 위해서는 결사적인 믿음의 행동이 반드시 필요하다. 사탄의 세력이 지배하는 이 사회에서 하나님 나라 백성으로 살아가는 성도에게는 실천적 신앙이 무엇보다 중요하다.
【**결론**】 우리의 삶은 영적 전투의 현장. 기도로 무장하고, 함께 동역하고 주님 따라 용감히 나아가자.

- 절기, 용도, 장르, 특징:
- Key Word: 영적 전투.
- Remarks:

본문 : **삿 2:1-5**
제목 : **보김의 부흥운동 (The Revival of the Israelites at Bochim)**

1.여호와의 사자가 길갈에서부터 보김으로 올라와 말하되 내가 너희를 애굽에서 올라오게 하여 내가
너희의 조상들에게 맹세한 땅으로 들어가게 하였으며 또 내가 이르기를 내가 너희와 함께 한 언약을
영원히 어기지 아니하리니 **2.**너희는 이 땅의 주민과 언약을 맺지 말며 그들의 제단들을 헐라 하였거
늘 너희가 내 목소리를 듣지 아니하였으니 어찌하여 그리하였느냐 **3.**그러므로 내가 또 말하기를 내
가 그들을 너희 앞에서 쫓아내지 아니하리니 그들이 너희 옆구리에 가시가 될 것이며 그들의 신들이
너희에게 올무가 되리라 하였노라 **4.**여호와의 사자가 이스라엘 모든 자손에게 이 말씀을 이르매 백
성이 소리를 높여 운지라 **5.**그러므로 그 곳을 이름하여 보김이라 하고 그들이 거기서 여호와께 제사
를 드렸더라

1. 가나안 주민과의 언약 금지 명령에 불순종함 (= 교회의 타락상, 부흥의 필요성)
2절= "너희는 이 땅의 주민과 언약을 맺지 말며 그들의 제단들을 헐라 하였거늘 너희가 내 목소리를 듣지 아니하였으니 어찌하여 그리하였느냐"

2. "그들이 너희 옆구리에 가시가 되리라" 하심 (= 하나님의 경고의 음성)
3절= "… 내가 그들을 너희 앞에서 쫓아내지 아니하리니 그들이 너희 옆구리에 가시가 될 것이며 그들의 신들이 너희에게 올무가 되리라"

3. 이스라엘이 경고를 받고 소리를 높여 울었음 (= 교회의 회개와 헌신)
4절= "여호와의 사자가 이스라엘 모든 자손에게 이 말씀을 이르매 백성이 소리를 높여 운지라"

◆◆◆

【대지 유형】 주제 설명형 - 본문 분석형 - 대지 진전형
【주제】 (석의) 타락한 이스라엘은 보김에서 하나님의 경고를 받고 회개하며 헌신했다.
【FCF】 많은 신앙인이 하나님의 경고를 받고도 회개하지 않음.

【서론】 '부흥'= 우리의 가슴을 설레게 하는 단어. 한국교회의 찬란한 역사= 1907년 1월 14일-15일 평양 장대현교회= 성령의 강력한 부으심= 6개월 이상 전국적으로 무서운 속도로 번져감. 오늘 한국교회 위에 또다시 강력한 성령의 부으심이 절실히 필요하다. 가나안땅에 정착한 이스라엘 백성= 그러나 이스라엘 사회에 불신앙 팽배해지자 여호와의 사자가 책망= 온 이스라엘이 울며 회개함. 이 과정을 짚어가며 우리 자신과 교회, 그리고 한국교회의 부흥을 사모하는 마음을 키워야겠다.
【우산질문】 본문을 통해 보김의 부흥운동의 과정과 교훈에 대해 살펴보자.

【1대지】 때는 사사시대 초기. 여호수아의 영도 하에 가나안 땅을 정복한 이스라엘= 그의 사후 뚜렷한 지도자가 아직 나오지 않음= 백성들이 하나님을 떠나 악을 행함. 부흥은 언제나 타락을 전제함= 타락한 사회를 건지는 유일한 방법은 부흥밖에 없다. 2절은 이스라엘의 타락상을 한마디로 명확하게 보여 준다. "너희는 이 땅 거민과 언약을 세우지 말며, 그들의 단을 헐라 하였거늘…" 문장의 구조와 문법을 볼 때, 두 문장은 하나의 명령임. '가나안 사람들과 언약을 맺지 말라'= 소극적 명령. '그들의 단을 헐어버리라'= 적극적인 명령. 이 말씀을 하시는 분은 여호와의 사자= 그는 누구인가? 오늘 우리 사회의 타락상은 과거의 이스라엘, 로마 사회를 능가한다. 오늘 한국교회의 무기력함과 세속화= 주님의 무거운 음성을 들어야만 희망 있음.
【2대지】 "옆구리에 가시"= 원문에는 가시라는 단어가 없이 사용됨. "그들이 너희에게 옆구리를 향하여 될 것"= 해를 끼치는 존재가 될 것을 암시함. "올무"= 새를 잡기 위해 미끼를 달고 있는 덫을 가리키는 단어. 하나님의 의도는 이스라엘을 멸절시키려는 것이 아니라 그들로 회개하고 다시 순종의 마음을 갖도록 하는 데 있다. 우린 성경에서 하나님의 경고의 음성을 찾아야 함= 이 시대의 타락상을 향한 하나님의 진노의 음성을 들어야 함= 그리고 그 말씀 앞에 분명히 무릎을 꿇어야 함.
【3대지】 "소리를 높여 운지라"= '울다(바카)'의 원 뜻은 '통곡하다'. "보김"= 통곡하는 사람들. 말씀 속에 자신들의 죄악상을 지적하자 그것을 겸손히 인정함= 그들의 마음속에서 진리의 능력이 크게 요동침. 5절, "그러므로 그곳을 이름하여 보김이라 하니라. 무리가 거기서 여호와께 제사를 드렸더라." 이스라엘 백성들은 하나님의 사자의 말을 듣고 소리 높여 울고= 그 장소를 잊지 않기 위해 이름까지 지었으며 그곳에서 하나님께 희생제사를 드렸음. 주여! 성령의 능력으로 우리를 감동하사 주님 앞에 겸손히 엎드려 부끄럼 없이 통곡하게 하소서!
【결론】 여러분은 하나님 앞에서 진정으로 울며 통곡한 적이 있는가? 여러분의 구역이 합심하여 말씀 앞에서 울며 회개한 적이 있는가? 우리 교회는 '보김'을 언제 가져 보았는가? 혹시 우리는 하나님의 방법 아닌 다른 방법으로, 하나님이 주시는 부흥 아닌 다른 부흥을 찾고 있는 것은 아닌가? 오늘 우리에게 가장 필요한 것은 '진정한 부흥'이다.

- 절기, 용도, 장르, 특징: 부흥 메시지.
- Key Word: 회개, 통곡.
- Remarks:

본문 : **삿 7:1-8**
제목 : **기드온의 300 용사 (300 Warriors of Victory)**

1.여룹바알이라 하는 기드온과 그를 따르는 모든 백성이 일찍이 일어나 하롯 샘 곁에 진을 쳤고 미디
안의 진영은 그들의 북쪽이요 모레 산 앞 골짜기에 있었더라 **2.**여호와께서 기드온에게 이르시되 너
를 따르는 백성이 너무 많은즉 내가 그들의 손에 미디안 사람을 넘겨 주지 아니하리니 이는 이스라
엘이 나를 거슬러 스스로 자랑하기를 내 손이 나를 구원하였다 할까 함이니라 **3.**이제 너는 백성의
귀에 외쳐 이르기를 누구든지 두려워 떠는 자는 길르앗 산을 떠나 돌아가라 하라 하시니 이에 돌아
간 백성이 이만 이천 명이요 남은 자가 만 명이었더라 **4.**여호와께서 또 기드온에게 이르시되 백성이
아직도 많으니 그들을 인도하여 물 가로 내려가라 거기서 내가 너를 위하여 그들을 시험하리라 내가
누구를 가리켜 네게 이르기를 이 사람이 너와 함께 가리라 하면 그는 너와 함께 갈 것이요 내가 누구
를 가리켜 네게 이르기를 이 사람은 너와 함께 가지 말 것이니라 하면 그는 가지 말 것이니라 하신지
라 **5.**이에 백성을 인도하여 물 가에 내려가매 여호와께서 기드온에게 이르시되 누구든지 개가 핥는
것 같이 혀로 물을 핥는 자들을 너는 따로 세우고 또 누구든지 무릎을 꿇고 마시는 자들도 그와 같이
하라 하시더니 **6.**손으로 움켜 입에 대고 핥는 자의 수는 삼백 명이요 그 외의 백성은 다 무릎을 꿇고
물을 마신지라 **7.**여호와께서 기드온에게 이르시되 내가 이 물을 핥아 먹은 삼백 명으로 너희를 구원
하며 미디안을 네 손에 넘겨 주리니 남은 백성은 각각 자기의 처소로 돌아갈 것이니라 하시니 **8.**이
에 백성이 양식과 나팔을 손에 든지라 기드온이 이스라엘 모든 백성을 각각 그의 장막으로 돌려보내
고 그 삼백 명은 머물게 하니라 미디안 진영은 그 아래 골짜기 가운데에 있었더라

1. 32,000명에서 뽑힌 300명임 (=전투 준비가 된 창조적 소수)

7절= "여호와께서 기드온에게 이르시되 내가 이 물을 핥아 먹은 삼백 명으로 너희를 구원하며 미디안을 네 손에 넘겨 주리니 남은 백성은 각각 자기의 처소로 돌아갈 것이니라"

2. 전투적인 바른 자세를 보임 (= 하나님을 향한 중심을 가짐)

3절= "… 누구든지 두려워 떠는 자는 길르앗 산을 떠나 돌아가라 하라 하시니 이에 돌아간 백성이 이만 이천 명이요 남은 자가 만 명이었더라"
6절= "… 손으로 움켜 입에 대고 핥는 자의 수는 삼백 명이요 그 외의 백성은 다 무릎을 꿇고 물을 마신지라"

3. 믿음으로 수백배의 적들에 맞섬 (= 하나님께 절대 순종)

8절= "이에 백성이 양식과 나팔을 손에 든지라 기드온이 이스라엘 모든 백성을 각각 그의 장막으로 돌려보내고 그 삼백 명은 머물게 하니라…"

◆◆◆

【대지 유형】 주제 설명형 - 본문 수집형 - 대지 진전형
【주제】 (석의) 하나님은 전투적인 바른 자세를 가진 기드온의 300 용사를 뽑

아 수백배의 적들을 이기게 하셨다.
【FCF】 많은 신앙인이 하나님을 향한 중심이 분명하지 못함.

【서론】 이 세상은 하나님 나라와 사탄 왕국간의 싸움이 계속되고 있는 전쟁터이다. 아담의 타락 이후 구약의 전 기간, 그리고 신약교회 시대와 교회사 2000년간 양자 사이의 피비린내 나는 전투는 지속되고 있고, 점점 더 절정을 향해 치닫고 있다. 이 싸움은 예수 그리스도께서 재림하셔서 흑암의 모든 세력을 심판하시고 하나님 나라 백성들과 함께 그리스도 왕국을 세우실 때까지 그치지 않을 것이다. 본문은 이스라엘군과 미디안 연합군의 전쟁에 대한 기록이지만, 그 본질은 하나님 나라와 사탄 왕국 간의 피흘리는 전투의 한 예이다. 이 전쟁은 기드온의 승리를 통하여 영광 받으시기 원하시는 하나님과 미디안 연합군의 승리를 통하여 하나님을 훼방하기 원하는 사탄간이 영저 전쟁이었다.
【우산질문】 미디안 연합군과 싸워 엄청난 승리를 거둔 기드온의 300용사들은 어떤 사람들인가?

【1대지】 당시 이스라엘 군대가 상대해야 할 미디안 군대는 135,000명으로(삿 8:10) 이스라엘군과 비교할 때 4배가 넘는 대군이다. 그런데도 하나님은 이스라엘 군사 32,000명이 너무 많다고 하신다. 하나님은 준비되어 있는 기드온을 영적 전투의 선봉장으로 세우시고, 하나님을 의지하는 300명을 거룩한 전쟁을 위하여 하나님의 용사로 선택하셨다.
【2대지】 300용사는 두 단계의 시험을 거쳐서 선택되었다. 먼저 하나님은 '두려워 떠는 자는 돌아가라'고 명령하셨다. 두 번째로 물가로 내려보내어 물을 먹게 하고 '무릎을 꿇고 마시는 자들'은 모두 집으로 돌려보냈다. 300용사는 상황과 때를 분별할 줄 알고 경계심과 자제력이 있는 전사(戰士)였다. 그들은 전투적인 자세를 유지하고 있었다(3절).
【3대지】 기드온과 300용사들은 하나님의 절대 명령에 절대 순종했다. 그들은 말도 안 되는 전투 무기를 손에 잡고 생명을 건 전투 현장에 나섰다.
【결론】 그리스도인은 영적 전투의 현장에 부름받은 하나님의 용사다. 주님이 전투의 전방에 배치하고자 하시는 대상은 기드온과 그의 300용사처럼 전투 준비가 된 창조적 소수이다.

- 절기, 용도, 장르, 특징:
- Key Word: 기드온의 300용사, 영적 전투.
- Remarks:

본문 : **삿 9:6-15, 56-57**
제목 : **가시나무 비유의 교훈**

6.세겜의 모든 사람과 밀로 모든 족속이 모여서 세겜에 있는 상수리나무 기둥 곁에서 아비멜렉을 왕
으로 삼으니라 **7.**사람들이 요담에게 그 일을 알리매 요담이 그리심 산 꼭대기로 가서 서서 그의 목
소리를 높여 그들에게 외쳐 이르되 세겜 사람들아 내 말을 들으라 그리하여야 하나님이 너희의 말을
들으시리라 **8.**하루는 나무들이 나가서 기름을 부어 자신들 위에 왕으로 삼으려 하여 감람나무에게
이르되 너는 우리 위에 왕이 되라 하매 **9.**감람나무가 그들에게 이르되 내게 있는 나의 기름은 하나
님과 사람을 영화롭게 하나니 내가 어찌 그것을 버리고 가서 나무들 위에 우쭐대리요 한지라 **10.**나
무들이 또 무화과나무에게 이르되 너는 와서 우리 위에 왕이 되라 하매 **11.**무화과나무가 그들에게
이르되 나의 단 것과 나의 아름다운 열매를 내가 어찌 버리고 가서 나무들 위에 우쭐대리요 한지라
12.나무들이 또 포도나무에게 이르되 너는 와서 우리 위에 왕이 되라 하매 **13.**포도나무가 그들에게
이르되 하나님과 사람을 기쁘게 하는 내 포도주를 내가 어찌 버리고 가서 나무들 위에 우쭐대리요 한
지라 **14.**이에 모든 나무가 가시나무에게 이르되 너는 와서 우리 위에 왕이 되라 하매 **15.**가시나무
가 나무들에게 이르되 만일 너희가 참으로 내게 기름을 부어 너희 위에 왕으로 삼겠거든 와서 내 그
늘에 피하라 그리하지 아니하면 불이 가시나무에서 나와서 레바논의 백향목을 사를 것이니라 하였
느니라 …… **56.**아비멜렉이 그의 형제 칠십 명을 죽여 자기 아버지에게 행한 악행을 하나님이 이같
이 갚으셨고 **57.**또 세겜 사람들의 모든 악행을 하나님이 그들의 머리에 갚으셨으니 여룹바알의 아
들 요담의 저주가 그들에게 응하니라

1. 가시나무는 왕의 자리를 사양하지 않았음 (= 자신의 본분 망각)

14-15절= "이에 모든 나무가 가시나무에게 이르되 너는 와서 우리 위에 왕이 되라 하매 가시나무가 나무들에게 이르되 만일 너희가 참으로 내게 기름을 부어 너희 위에 왕으로 삼겠거든 와서 내 그늘에 피하라"

2. 가시나무는 맺어야 할 열매가 없었음 (= 사명이 없음)

15절= "… 와서 내 그늘에 피하라 그리하지 아니하면 불이 가시나무에서 나와서 레바논의 백향목을 사를 것이니라 하였느니라"

3. 가시나무로 비유된 아비멜렉은 비참한 최후를 맞았음 (= 하나님의 심판 대상)

56-57절= "아비멜렉이 그의 형제 칠십 명을 죽여 자기 아버지에게 행한 악행을 하나님이 이같이 갚으셨고 또 세겜 사람들의 모든 악행을 하나님이 그들의 머리에 갚으셨으니 여룹바알의 아들 요담의 저주가 그들에게 응하니라"

◈◈◈

【대지 유형】 주제 설명형 - 본문 수집형 - 대지 진전형
【주제】 (적용) 가시나무로 비유된 성도는 사명감도 없이 자신의 본분을 망각하여 비참한 최후를 맞이할 수 있음을 유의하자.
【FCF】 많은 신앙인이 가시나무 같은 모습에서 벗어나지 못하고 있음.

【서론】 본문은 나무들이 왕을 뽑는 이야기다. 감람나무 무화과나무 포도나무에게는 모두 하나님이 그들의 사상을 지배했다. 그들이 사는 목적이 하나님이었다. 세 나무는 신본주의자들이었고, 가시나무는 인본주의자였다. 가시나무는 하나님이 안중에 없었고, 오직 자신만 있었다.
【우산질문】 가시나무로 비유된 아비멜렉이 어떤 자였는지, 그 결말이 어떠했는지 살펴보자.

【1대지】 다른 세 나무는 왕의 자리를 사양했다. 자신의 본분을 알았기 때문이다. 가시나무는 자신의 부족을 알지 못했다. 오늘날의 많은 사람들처럼 주제 파악을 못했고, 사양할 줄 아는 미덕이 없었다. 오히려 시기하고 중상모략하는 자들. 현대판 아비멜렉이 얼마나 많은가. 가시나무는 중생하지 못한 자의 상징이고 섬김이 없는 성도의 상징이다. 교만과 혈기, 시기와 질투, 모략과 중상… 이런 것들이 곧 가시이다.
【2대지】 감람나무는 감람나무의 사명(기름), 무화과 나무는 무화과 나무의 사명(아름다운 열매), 포도나무는 포도나무의 사명(포도즙)이 있다. 그러나 가시나무에게는 사명이 없었다. 존재가치가 없는 무익한 나무. 가시나무는 사명을 잊어버린 성도의 상징이다. 가시나무는 본연의 임무를 팽개치고 오히려 남을 해롭게 하는 길로 나아갔다. 우리에게 있는 달란트를 생각하자. 버리거나 바꿀 수 있는 것이 아니다. 세 나무는 사명 때문에 왕의 자리도 사양했다!
【3대지】 아비멜렉의 최후에 관한 이야기. 하나님의 심판.
【결론】 우리는 왕의 자리를 비워두어야 한다. 우리 가정의 왕, 민족의 왕, 그리고 우리 마음의 왕의 자리를 비워두고 하나님이 통치하시도록 하자.

- 절기, 용도, 장르, 특징: 상징주의 해석.
- Key Word: 가시나무.
- Remarks:

본문 : **삿 16:4, 15-17, 29-30**
제목 : **삼손의 일생이 주는 교훈**

4.이 후에 삼손이 소렉 골짜기의 들릴라라 이름하는 여인을 사랑하매 …… **15.**들릴라가 삼손에게 이르되 당신의 마음이 내게 있지 아니하면서 당신이 어찌 나를 사랑한다 하느냐 당신이 이로써 세 번이나 나를 희롱하고 당신의 큰 힘이 무엇으로 말미암아 생기는지를 내게 말하지 아니하였도다 하며
16.날마다 그 말로 그를 재촉하여 조르매 삼손의 마음이 번뇌하여 죽을 지경이라 **17.**삼손이 진심을 드러내어 그에게 이르되 내 머리 위에는 삭도를 대지 아니하였나니 이는 내가 모태에서부터 하나님의 나실인이 되었음이라 만일 내 머리가 밀리면 내 힘이 내게서 떠나고 나는 약해져서 다른 사람과 같으리라 하니라 …… **29.**삼손이 집을 버틴 두 기둥 가운데 하나는 왼손으로 하나는 오른손으로 껴
의지하고 **30.**삼손이 이르되 블레셋 사람과 함께 죽기를 원하노라 하고 힘을 다하여 몸을 굽히매 그 집이 곧 무너져 그 안에 있는 모든 방백들과 온 백성에게 덮이니 삼손이 죽을 때에 죽인 자가 살았을 때에 죽인 자보다 더욱 많았더라

1. 삼손이 블레셋 여인을 사랑하게 된 것의 깊은 의미 (= 원수 세력 억압을 위한 섭리, 영적 전투에 참여)

4절= "이 후에 삼손이 소렉 골짜기의 들릴라라 이름하는 여인을 사랑하매"

2. 삼손이 들릴라에게 하나님의 비밀을 알려주게 된 것의 깊은 의미 (= 원수에 대한 증오심 약화, 영적 전투력 약화)

17절= "삼손이 진심을 드러내어 그에게 이르되 내 머리 위에는 삭도를 대지 아니하였나니 이는 내가 모태에서부터 하나님의 나실인이 되었음이라 만일 내 머리가 밀리면 내 힘이 내게서 떠나고 나는 약해져서 다른 사람과 같으리라 하니라"

3. 삼손의 최후 사망 사건의 깊은 의미 (= 하나님의 손에 크게 사용됨)

29-30절= "삼손이 집을 버틴 두 기둥 가운데 하나는 왼손으로 하나는 오른손으로 껴 의지하고 삼손이 이르되 블레셋 사람과 함께 죽기를 원하노라 하고 힘을 다하여 몸을 굽히매 그 집이 곧 무너져 그 안에 있는 모든 방백들과 온 백성에게 덮이니 삼손이 죽을 때에 죽인 자가 살았을 때에 죽인 자보다 더욱 많았더라"

◆◆◆

【대지 유형】 주제 설명형 - 본문 수집형, 묵상형 - 대지 진전형
【주제】 (적용) 삼손의 일생은 하나님의 종들이 영적 전투에서 어떤 자세로 임해야 하는가를 보여주는 교훈서이다.

【FCF】 많은 신앙인이 자신들의 삶이 하나님의 것이 아니고 자신의 것인양 살고 있음.

【서론】 우리가 일반적으로 알고 있는 삼손은? 그는 힘이 세고 기생하고 놀아나다가 결국 두 눈을 뽑히고 신세 망친 어리석은 사람. 그러나 삼손에 대한 성경의 평가는? 그는 믿음의 영웅들 중 하나(히 11장). 성경 스토리를 단순히 윤리적으로만 볼 것이 아님.
【우산질문】 삼손의 일생이 주는 깊은 의미를 함께 살펴보자.

【1대지】 삼손이 블레셋 여인을 사랑하게 된 것= 하나님의 섭리. 하나님은 이를 통해 오히려 영적 전투의 장으로 연결하심. 위기를 만날 때마다 하나님이 함께하셨고, 블레셋인들에 대한 분노가 일어날 때마다 하나님의 신이 함께하여 굉장한 힘이 솟아나온다. 이스라엘은 삼손에게 주어진 특수한 사명을 알아야 했다. 삼손은 믿음의 인물= 비난받을 줄 알면서도 블레셋여인과 인연을 맺은 그 사실로 입증된다.
【2대지】 삼손의 실수는 비밀을 누설한 것. 실제 삼손은 입이 무거운 인물= 사자를 찢어 죽인 것과(원수 멸절 암시), 사자의 몸에서 나온 꿀(원수 정복의 달콤함) 사건을 부모에게까지 비밀로 하였음. 들릴라에게 비밀을 누설한 것은 블레셋에 대한 증오가 약해졌기 때문. 깨어있지 않은 것이 문제다. 전투력 약화된 삼손= 성도의 영적 나태를 상징한다.
【3대지】 삼손의 최후의 장면= 하나님의 깊은 섭리가 있다, 하나님의 손에 붙들려 크게 사용됨. 20년 사사의 사역보다 죽으면서 더 큰 승리를 이루었음. 중요한 것은 삼손이 어떻게 행복하게 살았는가가 아니다. 삼손을 통해서 하나님의 뜻이 어떻게 이루어졌는가가 중요하다. 성경은 하나님께서 삼손을 통하여 어떤 역사를 보이셨는가에 중점을 둔다.
【결론】 성경은 철저하게 하나님 중심으로 되어 있다. 각자 자신에게 주신 사명을 붙들자. 세상적인 성공이 믿음의 결실인양 착각하지 말자. 우리가 어떻게 되는 것은 중요한 것이 아니다. 우리를 통해 주님의 뜻이 어떻게 이루어지는가, 주님이 어떻게 영광 받으시는가에 관심을 두어야. 예수 이름 팔면서, 예수를 짓밟으면서 예수를 위해 일한다고 큰소리치는 사람들이 얼마나 많은가!

- 절기, 용도, 장르, 특징:
- Key Word: 삼손, 하나님 중심의 삶.
- Remarks:

본문 : **룻 1:15-18; 4:13-17**
제목 : **아름다운 가정 (A Mother and a Daughter-in-law)**

1:15.나오미가 또 이르되 보라 네 동서는 그의 백성과 그의 신들에게로 돌아가나니 너도 너의 동서
를 따라 돌아가라 하니 **16.**룻이 이르되 내게 어머니를 떠나며 어머니를 따르지 말고 돌아가라 강권
하지 마옵소서 어머니께서 가시는 곳에 나도 가고 어머니께서 머무시는 곳에서 나도 머물겠나이다
어머니의 백성이 나의 백성이 되고 어머니의 하나님이 나의 하나님이 되시리니 **17.**어머니께서 죽으
시는 곳에서 나도 죽어 거기 묻힐 것이라 만일 내가 죽는 일 외에 어머니를 떠나면 여호와께서 내게
벌을 내리시고 더 내리시기를 원하나이다 하는지라 **18.**나오미가 룻이 자기와 함께 가기로 굳게 결
심함을 보고 그에게 말하기를 그치니라 …… **4:13.**이에 보아스가 룻을 맞이하여 아내로 삼고 그에게
들어갔더니 여호와께서 그에게 임신하게 하시므로 그가 아들을 낳은지라 **14.**여인들이 나오미에게
이르되 찬송할지로다 여호와께서 오늘 네게 기업 무를 자가 없게 하지 아니하셨도다 이 아이의 이름
이 이스라엘 중에 유명하게 되기를 원하노라 **15.**이는 네 생명의 회복자이며 네 노년의 봉양자라 곧
너를 사랑하며 일곱 아들보다 귀한 네 며느리가 낳은 자로다 하니라 **16.**나오미가 아기를 받아 품에
품고 그의 양육자가 되니 **17.**그의 이웃 여인들이 그에게 이름을 지어 주되 나오미에게 아들이 태어
났다 하여 그의 이름을 오벳이라 하였는데 그는 다윗의 아버지인 이새의 아버지였더라

1. 신앙과 사랑이 일치됨 (= 신앙과 사랑의 조화)

1:16= "룻이 이르되, 내게 어머니를 떠나며 어머니를 따르지 말고 돌아가라 강권하지 마옵소서 어머니께서 가시는 곳에 나도 가고 어머니께서 머무시는 곳에서 나도 머물겠나이다 어머니의 백성이 나의 백성이 되고 어머니의 하나님이 나의 하나님이 되시리니"

1:17= "어머니께서 죽으시는 곳에서 나도 죽어 거기 묻힐 것이라 만일 내가 죽는 일 외에 어머니를 떠나면 여호와께서 내게 벌을 내리시고 더 내리시기를 원하나이다 하는지라"

2. 시어머니의 사랑과 며느리의 효도가 빛남 (= 고부 간의 지극한 사랑)

3. 행복한 결말을 맺었음 (= 메시아의 족보)

4:13= "이에 보아스가 룻을 맞이하여 아내로 삼고 그에게 들어갔더니 여호와께서 그에게 임신하게 하시므로 그가 아들을 낳은지라"

◈◈◈

【대지 유형】 주제 증명형 - 본문 수집형 - 대지 진전형

【주제】 (석의) 나오미와 룻은 사랑과 효의 아름다운 고부관계를 진전시켜 행복한 결말을 맺는다.

【FCF】 가족 구성원 간의 사랑과 신앙이 일치하지 못하는 많은 가정의 모습.

【서론】 본문에서 무너진 한 가정이 어떻게 아름답게 일어나게 되는가를 함께 살펴보자. 룻기가 가진 문학적 특성: '사사기와 사무엘서라는 딱딱한 조개껍질 사이에 끼여 있는 작은 진주'.

【우산질문】 나오미와 룻의 가정이 아름다운 가정으로 빛나게 된 비결이 무엇인가?

【1대지】 12b-13절의 내용은 성경에서 찾아보기 어려운 4중 반복 평행 대구(對句) 구조로 되어 있어, 나오미의 복받쳐 오르는 회한(悔恨)과 애틋한 사랑의 정을 매우 생생하게 전달한다. "룻은 그를 붙좇았더라." 16절, 17절은 룻의 절절한 사랑의 고백이 담긴, 성경 전체에서 가장 아름다운 구절로 손꼽히는 부분이다.

【2대지】 나오미의 행적을 살펴보면 마치 친정어머니 같다. 며느리 룻이 보인 효: 첫째로 어머니의 지시에 무조건 순종. 둘째로 중노동을 마다하지 않고 열심히 일해서 어머니를 봉양. 셋째로 모든 사건을 숨김없이 시어머니에게 보고했다.

【3대지】 이 가정에서 장차 다윗 왕이 나오는 것이고, 다윗의 자손이신 예수 그리스도께서 탄생하신 것이다. '고엘 제도' - 장차 오실 그리스도께서 자기 핏값으로 사신 교회와 성도 개개인을 이해하는 중요한 개념이 되었다.

【결론】 여러분의 가정은 하나님 보시기에 아름다운 가정의 요소를 가지고 있는가? 우리의 가정도 신앙과 사랑이 일치되고 조화되는 가정이 되면 좋겠다.

- 절기, 용도, 장르, 특징: 어버이주일.
- Key Word: 가정, 고부관계.
- Remarks:

본문 : **삼상 1:6-16**
제목 : **한나의 기도**

6.여호와께서 그에게 임신하지 못하게 하시므로 그의 적수인 브닌나가 그를 심히 격분하게 하여 괴롭게 하더라 **7.**매년 한나가 여호와의 집에 올라갈 때마다 남편이 그같이 하매 브닌나가 그를 격분시키므로 그가 울고 먹지 아니하니 **8.**그의 남편 엘가나가 그에게 이르되 한나여 어찌하여 울며 어찌하여 먹지 아니하며 어찌하여 그대의 마음이 슬프냐 내가 그대에게 열 아들보다 낫지 아니하냐 하니라 **9.**그들이 실로에서 먹고 마신 후에 한나가 일어나니 그 때에 제사장 엘리는 여호와의 전 문설주 곁 의자에 앉아 있었더라 **10.**한나가 마음이 괴로워서 여호와께 기도하고 통곡하며 **11.**서원하여 이르되 만군의 여호와여 만일 주의 여종의 고통을 돌보시고 나를 기억하사 주의 여종을 잊지 아니하시고 주의 여종에게 아들을 주시면 내가 그의 평생에 그를 여호와께 드리고 삭도를 그의 머리에 대지 아니하겠나이다 **12.**그가 여호와 앞에 오래 기도하는 동안에 엘리가 그의 입을 주목한즉 **13.**한나가 속으로 말하매 입술만 움직이고 음성은 들리지 아니하므로 엘리는 그가 취한 줄로 생각한지라 **14.**엘리가 그에게 이르되 네가 언제까지 취하여 있겠느냐 포도주를 끊으라 하니 **15.**한나가 대답하여 이르되 내 주여 그렇지 아니하니이다 나는 마음이 슬픈 여자라 포도주나 독주를 마신 것이 아니요 여호와 앞에 내 심정을 통한 것뿐이오니 **16.**당신의 여종을 악한 여자로 여기지 마옵소서 내가 지금까지 말한 것은 나의 원통함과 격분됨이 많기 때문이니이다 하는지라

1. 한나는 마음이 괴로워서 통곡함 (= 기도하도록 몰고 가시는 하나님의 섭리)

10절= "한나가 마음이 괴로워서 여호와께 기도하고 통곡하며"

2. 아들을 주시면 여호와께 드리겠다고 서원함 (= 서원하는 기도)

11절= "서원하여 이르되 만군의 여호와여 만일 주의 여종의 고통을 돌보시고 나를 기억하사 주의 여종을 잊지 아니하시고 주의 여종에게 아들을 주시면 내가 그의 평생에 그를 여호와께 드리고 삭도를 그의 머리에 대지 아니하겠나이다"

3. 간절한 마음으로 오랫동안 기도함 (= 꾸준한, 포기하지 않는 기도)

12절= "그가 여호와 앞에 오래 기도하는 동안에…"
13절= "한나가 속으로 말하매 입술만 움직이고 음성은 들리지 아니하므로"

◆◆◆

【대지 유형】 주제 설명형 - 본문 수집형 - 대지 혼재형(1+2)
【주제】 (석의) 한나는 고통 중에 서원하며 간절히 기도하여 응답받았다.
【FCF】 많은 신앙인이 포기하지 않는 깊은 기도의 맛을 알지 못함.

【서론】 본문은 한나가 기도하여 아들을 얻게 되었다는 내용이다. 어떤 사람이 기도가 응답되었다는 것은 중요한 의미가 있다. 단순히 소원 성취가 아니라 하나님이 살아계심이 증명된 것이 중요하다. 기도는 하나님의 살아계심을 알게 하고 더 나아가 기도를 통하여 하나님의 사랑을 확인하는 것이다. 응답되려면 올바른 기도를 드려야 한다.

【우산질문】 한나의 기도는 어떤 기도였는가? 하나님이 들으시는 기도는 어떤 기도인가?

【1대지】 하나님이 들으시는 기도는 하나님이 시켜서 하는 기도이다. 믿음의 사람에게 주시는 고통을 통해 기도하지 않고는 못 견디도록 몰아가신다. 문제의 원인은 브닌나가 아니라 하나님이시다. 하나님이 성태(成胎)치 못하게 하셨고 브닌나로 말미암아 고통받게 하셨다. 기도는 하나님이 시키신다.

【2대지】 서원기도는 자기만을 위한 기도가 아니라 하나님과 나를 위한 공동기도이다. 하나님은 절대 속지 않으신다. 그러므로 서원기도가 중요하다. 주님을 위해 살겠다고 약속하라. 주님을 위해 사업하겠다고 고백하라.

【3대지】 기도를 오래 하기는 쉽지 않다. 한나의 기도는 몰두하는 기도, 기도의 영에 사로잡힌 기도였다. 하나님이 몰라서가 아니라, 기도를 통하여 신앙고백을 해야 되기 때문이다.

【결론】 한나의 기도는 주의 종을 감동시키는 기도였다. 당신의 기도는 응답되고 있나? 당신의 기도 수준은 어느 정도인가?

- 절기, 용도, 장르, 특징:
- Key Word: 기도.
- Remarks:

본문 : **삼상 1:10-17; 2:1**

제목 : **한나의 믿음 (Dedicating Samuel to God)**

10.한나가 마음이 괴로워서 여호와께 기도하고 통곡하며 **11.**서원하여 이르되 만군의 여호와여 만일 주의 여종의 고통을 돌보시고 나를 기억하사 주의 여종을 잊지 아니하시고 주의 여종에게 아들을 주시면 내가 그의 평생에 그를 여호와께 드리고 삭도를 그의 머리에 대지 아니하겠나이다 **12.**그가 여호와 앞에 오래 기도하는 동안에 엘리가 그의 입을 주목한즉 **13.**한나가 속으로 말하매 입술만 움직이고 음성은 들리지 아니하므로 엘리는 그가 취한 줄로 생각한지라 **14.**엘리가 그에게 이르되 네가 언제까지 취하여 있겠느냐 포도주를 끊으라 하니 **15.**한나가 대답하여 이르되 내 주여 그렇지 아니하니이다 나는 마음이 슬픈 여자라 포도주나 독주를 마신 것이 아니요 여호와 앞에 내 심정을 통한 것뿐이오니 **16.**당신의 여종을 악한 여자로 여기지 마옵소서 내가 지금까지 말한 것은 나의 원통함과 격분됨이 많기 때문이니이다 하는지라 **17.**엘리가 대답하여 이르되 평안히 가라 이스라엘의 하나님이 네가 기도하여 구한 것을 허락하시기를 원하노라 하니 …… **2:1.**한나가 기도하여 이르되 내 마음이 여호와로 말미암아 즐거워하며 내 뿔이 여호와로 말미암아 높아졌으며 내 입이 내 원수들을 향하여 크게 열렸으니 이는 내가 주의 구원으로 말미암아 기뻐함이니이다

1. 쉬지 않고 간절히 기도함 (= 기도 신앙)

10절= "한나가 마음이 괴로워서 여호와께 기도하고 통곡하며"
12절= "그가 여호와 앞에 오래 기도하는 동안에…"

2. 아들을 드리겠다는 서원(誓願)을 지킴 (= 희생적 신앙)

11절= "서원하여 이르되 만군의 여호와여 만일 주의 여종의 고통을 돌보시고 나를 기억하사 주의 여종을 잊지 아니하시고 주의 여종에게 아들을 주시면 내가 그의 평생에 그를 여호와께 드리고 삭도를 그의 머리에 대지 아니하겠나이다"

3. 하나님의 구원과 능력을 찬송함 (= 찬송 신앙)

2:1= "한나가 기도하여 이르되 내 마음이 여호와로 말미암아 즐거워하며 내 뿔이 여호와로 말미암아 높아졌으며 내 입이 내 원수들을 향하여 크게 열렸으니 이는 내가 주의 구원으로 말미암아 기뻐함이니이다"

◈◈◈

【대지 유형】 주제 설명형 - 본문 수집형 - 대지 심화형

【주제】 (석의) 한나는 간절히 기도하며 서원을 지키고 하나님의 구원을 찬송

하는 믿음의 어머니였다.
【FCF】 자녀를 위해 간절히 기도하는 부모가 그리운 세상.

【서론】 어버이 주일을 맞이하여 사무엘이라는 걸출한 아들을 키워낸 어머니에 대하여 살펴보자. 위대한 인물 뒤에는 그를 키워낸 훌륭한 부모가 있듯이, 하나님의 사람 사무엘의 배후에는 경건한 아버지 엘가나와 신앙의 어머니 한나가 있었다.
【우산질문】 사무엘 선지자의 어머니 한나는 어떤 신앙을 가진 사람이었나?

【1대지】 한나에게서 우리가 발견하는 것은 하나님께 진심을 토로하며 기도하는 여인의 모습이다. 사무엘의 어머니는 쉬지 않고 간절히 기도한 기도의 사람이었다. 기도하는 부모는 자식에겐 너무나 소중한 축복이다.
【2대지】 자녀를 위해 드린 서원은 그것이 비록 희생이 필요한 것일지라도 반드시 지켜야 한다. 아무나 사무엘의 어머니가 되는 것이 아니다. 하나님은 겸손한 사람, 하나님께 한 약속을 철저히 지키는 사람을 들어 쓰신다.
【3대지】 2장 1-10절까지의 노래는 비천한 한 여인의 기도 차원을 넘어 이스라엘 선체의 노래요 '구약교회의 송가(頌歌)'라 할 수 있다. 생사를 주관하시는 하나님의 능력은 인간이 모방조차 할 수 없을 정도로 위대하다. 이 하나님을 찬양하는 삶을 우리의 자녀에게 보여야 할 것이다.
【결론】 자녀에게 정말 필요한 부모상은 쉬지 않고 기도하는 부모, 하나님께 약속을 지키는 부모, 그리고 항상 하나님을 찬송하는 부모이다. 한나와 같은 어머니를 모신 자녀들은 참으로 복된 사람들이다.

- 절기, 용도, 장르, 특징: 어버이주일.
- Key Word: 부모, 기도.
- Remarks:

본문 : **삼상 2:1-11**
제목 : **한나의 기도**

1.한나가 기도하여 이르되 내 마음이 여호와로 말미암아 즐거워하며 내 뿔이 여호와로 말미암아 높아졌으며 내 입이 내 원수들을 향하여 크게 열렸으니 이는 내가 주의 구원으로 말미암아 기뻐함이니이다 **2.**여호와와 같이 거룩하신 이가 없으시니 이는 주 밖에 다른 이가 없고 우리 하나님 같은 반석도 없으심이니이다 **3.**심히 교만한 말을 다시 하지 말 것이며 오만한 말을 너희의 입에서 내지 말지어다 여호와는 지식의 하나님이시라 행동을 달아 보시느니라 **4.**용사의 활은 꺾이고 넘어진 자는 힘으로 띠를 띠도다 **5.**풍족하던 자들은 양식을 위하여 품을 팔고 주리던 자들은 다시 주리지 아니하도다 전에 임신하지 못하던 자는 일곱을 낳았고 많은 자녀를 둔 자는 쇠약하도다 **6.**여호와는 죽이기도 하시고 살리기도 하시며 스올에 내리게도 하시고 거기에서 올리기도 하시는도다 **7.**여호와는 가난하게도 하시고 부하게도 하시며 낮추기도 하시고 높이기도 하시는도다 **8.**가난한 자를 진토에서 일으키시며 빈궁한 자를 거름더미에서 올리사 귀족들과 함께 앉게 하시며 영광의 자리를 차지하게 하시는도다 땅의 기둥들은 여호와의 것이라 여호와께서 세계를 그것들 위에 세우셨도다 **9.**그가 그의 거룩한 자들의 발을 지키실 것이요 악인들을 흑암 중에서 잠잠하게 하시리니 힘으로는 이길 사람이 없음이로다 **10.**여호와를 대적하는 자는 산산이 깨어질 것이라 하늘에서 우레로 그들을 치시리로다 여호와께서 땅 끝까지 심판을 내리시고 자기 왕에게 힘을 주시며 자기의 기름 부음을 받은 자의 뿔을 높이시리로다 하니라 **11.**엘가나는 라마의 자기 집으로 돌아가고 그 아이는 제사장 엘리 앞에서 여호와를 섬기니라

1. "내 마음이 즐겁고 기쁜 것은 주의 구원하심을 인함이라" 함 (= 구원의 기쁨을 고백)

1절= "한나가 기도하여 이르되 내 마음이 여호와로 말미암아 즐거워하며 내 뿔이 여호와로 말미암아 높아졌으며 내 입이 내 원수들을 향하여 크게 열렸으니 이는 내가 주의 구원으로 말미암아 기뻐함이니이다"

2. "여호와께서 모든 것을 이루신다"고 고백함 (= 하나님의 전능성을 고백)

6절= "여호와는 죽이기도 하시고 살리기도 하시며 스올에 내리게도 하시고 거기에서 올리기도 하시는도다"

3. "여호와는 대적하는 자를 심판하시고 주의 종의 뿔을 높이신다"고 고백함 (= 오직 하나님만 경외하자는 기도)

10절= "여호와를 대적하는 자는 산산이 깨어질 것이라 하늘에서 우레로 그들을 치시리로다 여호와께서 땅 끝까지 심판을 내리시고 자기 왕에게 힘을 주시며 자기의 기름 부음을 받은 자의 뿔을 높이시리로다 하니라"

◆◆◆

【**대지 유형**】 주제 설명형 – 본문 묶음형 – 대지 연결형
【**주제**】 (석의) 한나의 기도는 하나님이 주신 구원의 기쁨과 하나님의 전능하심을 노래하며 오직 하나님만 경외하자는 찬양의 고백이다.
【**FCF**】 많은 신앙인이 구원의 기쁨을 전심으로 고백하는 경지에 이르지 못하고 있음.

【**서론**】 기독교는 기도의 종교이다. 성경에는 기도의 사람들이 많다. 성경의 대표적인 기도의 어머니= 한나(에브라임 산지 엘가나의 아내. 둘째 부인 브닌나와의 갈등을 겪음). 결국 한나는 아들을 얻었다. 본문은 두 돌이 되자 사무엘을 성막에 두고 한나가 기도하는 내용이다. 평범한 여인 한나의 놀랄만한 기도 내용을 보라.
【**우산질문**】 본문은 한나의 찬양이자 기도이다. 여기에 어떤 내용을 담고 있는지 살펴보자.

【**1대지**】 많은 경우 우리는 자신의 힘의 근원을 하나님 아닌 다른 곳에서 찾기를 원한다. 그러나 한나는 하나님을 자신의 힘으로 알고 살았다. 자녀 문제를 놓고 오직 하나님께 구했다. 하나님이 나를 구하셨다는 확신이 결국 한나의 힘이 된 것이다.
【**2대지**】 한나는 모든 일을 이루고 성취하시는 분이 하나님이심을 알고 있었다. 많은 신앙인이 하나님의 전능성을 확신하지 못하고 있다. 하나님은 있게도 없게도 하신다. 세우기도 하시고 무너뜨리기도 하신다. 한나는 이 사실을 사무엘을 낳는 체험을 통해서 알았다.
【**3대지**】 하나님의 구원이 우리의 힘이요 하나님이 모든 것을 이루신다는 사실을 알기에 마땅히 우리는 하나님을 대적하지 말고 하나님을 경외하자는 것이다. 경외한다?= 하나님을 하나님으로 받는 것.
【**결론**】 한나의 기도는 그의 위대한 믿음에서 나왔다. 주여, 나로 하여금 하나님의 위대함을 보게 하옵소서.

- 절기, 용도, 장르, 특징:
- Key Word: 기도, 신앙고백.
- Remarks:

본문 : **삼상 2:12-17, 27-30**
제목 : **엘리 집의 하나님 멸시죄**

12.엘리의 아들들은 행실이 나빠 여호와를 알지 못하더라 **13.**그 제사장들이 백성에게 행하는 관습
은 이러하니 곧 어떤 사람이 제사를 드리고 그 고기를 삶을 때에 제사장의 사환이 손에 세 살 갈고리
를 가지고 와서 **14.**그것으로 냄비에나 솥에나 큰 솥에나 가마에 찔러 넣어 갈고리에 걸려 나오는 것
은 제사장이 자기 것으로 가지되 실로에서 그 곳에 온 모든 이스라엘 사람에게 이같이 할 뿐 아니라
15.기름을 태우기 전에도 제사장의 사환이 와서 제사 드리는 사람에게 이르기를 제사장에게 구워 드
릴 고기를 내라 그가 네게 삶은 고기를 원하지 아니하고 날 것을 원하신다 하다가 **16.**그 사람이 이
르기를 반드시 먼저 기름을 태운 후에 네 마음에 원하는 대로 가지라 하면 그가 말하기를 아니라 지
금 내게 내라 그렇지 아니하면 내가 억지로 빼앗으리라 하였으니 **17.**이 소년들의 죄가 여호와 앞에
심히 큼은 그들이 여호와의 제사를 멸시함이었더라 …… **27.**하나님의 사람이 엘리에게 와서 그에게
이르되 여호와의 말씀에 너희 조상의 집이 애굽에서 바로의 집에 속하였을 때에 내가 그들에게 나타
나지 아니하였느냐 **28.**이스라엘 모든 지파 중에서 내가 그를 택하여 내 제사장으로 삼아 그가 내 제
단에 올라 분향하며 내 앞에서 에봇을 입게 하지 아니하였느냐 이스라엘 자손이 드리는 모든 화제를
내가 네 조상의 집에 주지 아니하였느냐 **29.**너희는 어찌하여 내가 내 처소에서 명령한 내 제물과 예
물을 밟으며 네 아들들을 나보다 더 중히 여겨 내 백성 이스라엘이 드리는 가장 좋은 것으로 너희들
을 살지게 하느냐 **30.**그러므로 이스라엘의 하나님 나 여호와가 말하노라 내가 전에 네 집과 네 조상
의 집이 내 앞에 영원히 행하리라 하였으나 이제 나 여호와가 말하노니 결단코 그렇게 하지 아니하리
라 나를 존중히 여기는 자를 내가 존중히 여기고 나를 멸시하는 자를 내가 경멸하리라

1. 엘리의 아들들이 여호와의 제사를 멸시한 것은 심히 큰 죄라 함 (= 예배 멸시는 하나님 멸시죄)

17절= "이 소년들의 죄가 여호와 앞에 심히 큼은 그들이 여호와의 제사를 멸시함이었더라"

2. 그 제사장들은 제물을 훔치거나 빼앗는 나쁜 관습이 있었음 (= 죄의식 없는 나쁜 습관도 하나님 멸시죄)

13절= "그 제사장들이 백성에게 행하는 관습은 이러하니…"

3. 엘리의 집 사람들은 제사장 직분을 귀중하게 생각지 않았음 (= 성직 멸시도 하나님 멸시죄)

29절= "너희는 어찌하여 내가 내 처소에서 명령한 내 제물과 예물을 밟으며 네 아들들을 나보다 더 중히 여겨 내 백성 이스라엘이 드리는 가장 좋은 것으로 너희들을 살지게 하느냐"

◈◈◈

【대지 유형】 주제 설명형 - 본문 수집형 - 대지 병렬형
【주제】 (적용) 예배를 소홀히 하고 나쁜 습관을 계속하는 것, 그리고 받은바 직분을 멸시하는 것은 곧 하나님을 멸시하는 죄이다.
【FCF】 많은 신앙인들이 자신의 예사로운 허물이 하나님 멸시죄인 것까지 생각지 못하고 있음.

【서론】 엘리 제사장= 자녀 교육에 실패한 지도자의 불명예를 피하지 못한다. 홉니와 비느하스= 그들의 불신앙의 모습은 우리에게 큰 경종을 준다. 결국 모든 지도력은 사무엘에게로 옮겨 간다. 본문은 엘리의 아들들이 어떻게 하나님을 멸시했는가를 자세히 묘사하고 있다. "나를 존중히 여기는 자를 내가 존중히 여기고 나를 멸시하는 자를 내가 경멸하리라"
【우산질문】 엘리 집의 하나님 멸시는 어떤 식으로 나타났나?

【1대지】 예배는 거룩한 예식이다. 그들은 제사에는 관심 없고 제물에만 관심이 있었다. 주일성수 곧 주의 날을 존중히 여기는 것은 하나님을 존중히 여기는 것이다. 고전 11:27, "누구든지 주의 떡이나 잔을 합당하지 않게 먹고 마시는 자는 주의 몸과 피를 범하는 죄가 있느니라…"
【2대지】 잘못된 습관은 잘못된 가정 교육에서 기인한다. 사람 앞에 버릇없는 습관들도 가정 교육의 문제이다. (예: 예배 중 산만한 행동, 불평불만의 언어 습관 등.) 주님 주신 물질을 구별하는 것은 곧 하나님을 존중히 여기는 것이다.
【3대지】 12절, "엘리의 아들들은 불량자라 여호와를 알지 아니하더라"= 성직을 귀하게 여기지 않는 죄. 마 7:6, "거룩한 것을 개에게 주지 말며…" 하나님의 신령한 복은 개 돼지 같은 인간들이 알 수 없는 것. 성직을 귀하게 여기는 자를 멸시하지 않으신다. 성직= 교회의 직분. 주의 종을 존귀히 여기는 것은 곧 하나님을 존중히 여기는 것이다.
【결론】 하나님은 하나님을 존귀히 여기는 사람에게 중한 직분을 주심으로, 함께 하시는 징조를 보이심으로(3:19), 그리고 항상 필요한 존재가 되게 하심으로(삼상4:1) 존중받게 하신다.

- 절기, 용도, 장르, 특징:
- Key Word: 하나님 멸시죄.
- Remarks:

본문 : **삼상 2:12-21; 3:19-20**
제목 : **자기 백성을 위하여 (For the Sake of His Own People)**

2:12.엘리의 아들들은 행실이 나빠 여호와를 알지 못하더라 **13.**그 제사장들이 백성에게 행하는 관습은 이러하니 곧 어떤 사람이 제사를 드리고 그 고기를 삶을 때에 제사장의 사환이 손에 세 살 갈고리를 가지고 와서 **14.**그것으로 냄비에나 솥에나 큰 솥에나 가마에 찔러 넣어 갈고리에 걸려 나오는 것은 제사장이 자기 것으로 가지되 실로에서 그 곳에 온 모든 이스라엘 사람에게 이같이 할 뿐 아니라 **15.**기름을 태우기 전에도 제사장의 사환이 와서 제사 드리는 사람에게 이르기를 제사장에게 구워 드릴 고기를 내라 그가 네게 삶은 고기를 원하지 아니하고 날 것을 원하신다 하다가 **16.**그 사람이 이르기를 반드시 먼저 기름을 태운 후에 네 마음에 원하는 대로 가지라 하면 그가 말하기를 아니라 지금 내게 내라 그렇지 아니하면 내가 억지로 빼앗으리라 하였으니 **17.**이 소년들의 죄가 여호와 앞에 심히 큼은 그들이 여호와의 제사를 멸시함이었더라 **18.**사무엘은 어렸을 때에 세마포 에봇을 입고 여호와 앞에서 섬겼더라 **19.**그의 어머니가 매년 드리는 제사를 드리러 그의 남편과 함께 올라갈 때마다 작은 겉옷을 지어다가 그에게 주었더니 **20.**엘리가 엘가나와 그의 아내에게 축복하여 이르되 여호와께서 이 여인으로 말미암아 네게 다른 후사를 주사 이가 여호와께 간구하여 얻어 바친 아들을 대신하게 하시기를 원하노라 하였더니 그들이 자기 집으로 돌아가매 **21.**여호와께서 한나를 돌보시사 그로 하여금 임신하여 세 아들과 두 딸을 낳게 하셨고 아이 사무엘은 여호와 앞에서 자라니라
3:19.사무엘이 자라매 여호와께서 그와 함께 계셔서 그의 말이 하나도 땅에 떨어지지 않게 하시니
20.단에서부터 브엘세바까지의 온 이스라엘이 사무엘은 여호와의 선지자로 세우심을 입은 줄을 알았더라

1. 이스라엘의 타락상은 엘리 가정의 타락으로 대표됨 (= 하나님은 자기 백성의 영적 현주소를 아심)
12절= "엘리의 아들들은 행실이 나빠 여호와를 알지 못하더라"

2. 하나님은 사무엘을 뽑아 세우셨음 (= 하나님은 자기 백성의 회복을 위해 참 종을 준비하심)
18절= "사무엘은 어렸을 때에 세마포 에봇을 입고 여호와 앞에서 섬겼더라"

3. 하나님은 사무엘을 이스라엘의 선지자로 세우셨음 (= 하나님은 종을 통하여 자기 백성을 회복시키심)
3:19= "사무엘이 자라매 여호와께서 그와 함께 계셔서 그의 말이 하나도 땅에 떨어지지 않게 하시니"
3:20= "단에서부터 브엘세바까지의 온 이스라엘이 사무엘은 여호와의 선지자로 세우심을 입은 줄을 알았더라"

◈◈◈

【대지 유형】 주제 설명형 - 본문 묶음형 - 대지 진전형
【주제】 (적용) 하나님은 타락한 자기 백성을 위해 참 종을 세워 백성을 회복시키신다.
【FCF】 많은 신앙인이 타락한 백성을 회복시키시는 하나님을 믿지 못하고 있음.

【서론】 사무엘은 어머니 한나가 눈물의 기도로 얻은 아들. 어려서부터 대제사

장 엘리의 수하에서 자라났고, 후일에 엘리의 뒤를 이어 이스라엘의 지도자가 되었다. 그는 성경 인물 중 유일하게 선지자요 제사장이요 사사를 겸한 사람이다. 격변기의 이스라엘을 40년 동안 통치했다. 그는 일생을 하나님의 말씀에 순종하여 최선을 다하여 자기 직분을 완성한 몇 안 되는 성경 인물 중 하나로 추앙받고 있다. 사무엘 자신이 위대했다기보다는 하나님께서 그를 이처럼 놀라운 지도자로 세우셨던 것이다.

【우산질문】 본문에서 당시의 대표적인 지도자들인 엘리의 아들들의 패역한 모습과 사무엘의 경건한 성장의 모습이 대조적으로 기술되고 있다. 자기 백성의 어려움과 타락상을 보시는 하나님께서 어떻게 이를 해결하시며 회복하시는가를 살펴보자.

【1대지】 본 절은 짧지만 당시의 타락상을 보여주는 대표적인 표현이라 할 수 있다. 지자의 관점에서 보면 사무엘은 어리지만 하나님을 섬기는 사람이며(11절), 엘리의 아들들은 제사장이었지만(1:3) 불량한 사람들로 묘사되고 있다. 그들의 타락은 하나님 앞에 큰 죄를 저지르는 것으로 나타나고 있다. 제사장은 제사를 통해서 하나님과 백성들 사이에 중재의 역할을 해야 함에도 불구하고, 오히려 제사장에 의해 제사가 멸시됨으로써 하나님과 백성들 사이의 관계까지도 파괴된 것이다.

【2대지】 하나님의 해결책은 하나님의 참 종을 준비하는 것이었다. 바로 앞 절까지 엘리의 아들들의 패역한 행위를 기술하던 저자는 이제 갑자기 어린 사무엘의 모습을 대조시키고 있다. 하나님은 지금도 자기 백성을 위하여 자신의 종들을 준비시키신다. 주님이 준비시키시는 종들은 주님의 부르심에 겸손히 순종하고 최선을 다하는 사람이라면 누구나 주의 종으로 쓰임 받을 수 있다.

【3대지】 하나님은 자기 백성을 위하여 사무엘과 함께하셔서 그를 높이셨다. 사무엘의 말이 땅에 떨어지지 않고 그대로 이루어지게 하신 분은 하나님이셨다. 사무엘을 통하여 하나님은 이스라엘을 구원해 내셨다. 그는 철기를 사용하던 블레셋 군대를 맞아 에벤에셀의 승리를 이끌어냈다. 하나님의 손에 잡혀 크게 사용된 선지자 사무엘은 하나님의 참 종이었다.

【결론】 자기 백성을 위하여 끊임없이 종들을 세우시는 하나님을 찬양하자. 종들을 부르시고 키우시며 그 종들을 사역의 현장으로 보내시는 하나님을 찬양하자. 우리 모두 믿음의 잠에서 깨어나자. 형식적인 신앙의 너울을 벗어던지자.

- 절기, 용도, 장르, 특징:
- Key Word: 주의 종.
- Remarks:

본문 : **삼상 6:7-16**

제목 : **벧세메스로 올라가는 암소**
(Cows on the way to Beth Shemesh)

7.그러므로 새 수레를 하나 만들고 멍에를 메어 보지 아니한 젖 나는 소 두 마리를 끌어다가 소에 수레를 메우고 그 송아지들은 떼어 집으로 돌려보내고 **8.**여호와의 궤를 가져다가 수레에 싣고 속건제로 드릴 금으로 만든 물건들은 상자에 담아 궤 곁에 두고 그것을 보내어 가게 하고 **9.**보고 있다가 만일 궤가 그 본 지역 길로 올라가서 벧세메스로 가면 이 큰 재앙은 그가 우리에게 내린 것이요 그렇지 아니하면 우리를 친 것이 그의 손이 아니요 우연히 당한 것인 줄 알리라 하니라 **10.**그 사람들이 그 같이 하여 젖 나는 소 둘을 끌어다가 수레를 메우고 송아지들은 집에 가두고 **11.**여호와의 궤와 및 금 쥐와 그들의 독종의 형상을 담은 상자를 수레 위에 실으니 **12.**암소가 벧세메스 길로 바로 행하여 대로로 가며 갈 때에 울고 좌우로 치우치지 아니하였고 블레셋 방백들은 벧세메스 경계선까지 따라가니라 **13.**벧세메스 사람들이 골짜기에서 밀을 베다가 눈을 들어 궤를 보고 그 본 것을 기뻐하더니 **14.**수레가 벧세메스 사람 여호수아의 밭 큰 돌 있는 곳에 이르러 선지라 무리가 수레의 나무를 패고 그 암소들을 번제물로 여호와께 드리고 **15.**레위인은 여호와의 궤와 그 궤와 함께 있는 금 보물 담긴 상자를 내려다가 큰 돌 위에 두매 그 날에 벧세메스 사람들이 여호와께 번제와 다른 제사를 드리니라 **16.**블레셋 다섯 방백이 이것을 보고 그 날에 에그론으로 돌아갔더라

1. 벧세메스 길로 바로 행하여 대로로 갔음 (= 사명자는 목표 향해 곧장 나아가야 함)

12절= "암소가 벧세메스 길로 바로 행하여 대로로 가며 갈 때에…"

2. 울면서도 좌우로 치우치지 않고 갔음 (= 사명자는 어려움 속에서도 곧장 나아가야 함)

12절= "… 갈 때에 울고 좌우로 치우치지 아니하였고…"

3. 벧세메스에서 번제물로 여호와께 드려짐 (= 사명자의 길은 끝이 없음)

14절= "수레가 벧세메스 사람 여호수아의 밭 큰 돌 있는 곳에 이르러 선지라 무리가 수레의 나무를 패고 그 암소들을 번제물로 여호와께 드리고"

◈◈◈

【대지 유형】 주제 적용형 - 본문 수집형 - 대지 심화형

【주제】 (적용) 사명자는 목표를 향해 때론 울면서라도 가서 마침내 자신을 드리는 자이다.

【FCF】 많은 신앙인이 일꾼이라 하면서도 가다가 조금 어렵다고 주저앉음.

【서론】 사명자의 길에 대한 최고의 상징은 아마도 블레셋 땅에서 벧세메스로 향하여 올라가는 암소의 이야기가 아닐까. 벧세메스로 올라가는 두 암소를 통해 사명자가 걸어가야 할 길에 관한 교훈을 얻자. 주님은 암소들의 모습을 우리에게 보여주심으로써 사명자로서의 우리의 모습을 다시 돌아보게 한다.
【우산질문】 벧세메스로 올라가는 두 암소의 모습은 어떠했나?

【1대지】 '바로 행하여'라는 말은 두 마리의 암소가 벧세메스로 올라가는 오르막길을 한눈팔지 않고 똑바로 올라갔음을 나타낸다. 우리가 지는 십자가란 반드시 자원해야만 지는 것이 아니다.
【2대지】 '울고'의 히브리어 원형은 '까아'인데, 소가 우는 소리에서 유래한 의성어이다. 소들은 '까아 까아' 소리를 내면서 울고 또 울었다. 두 암소에게는 말할 수 없는 고통이 있었다. 그런데도 그들은 벧세메스에 당도하기까지 좌우로 치우치지 않았다. 사명자는 어려움을 만날 때 울면서도 가는 걸음을 멈춰선 안 된다.
【3대지】 벧세메스에 살던 이스라엘 사람들은 그 소들을 잡아 번제물로 드렸다. 인간적으로 보면 너무 몰인정한 처사이다. 무엇을 말해주는 것인가? 사명자의 길이란 끝이 없음을 말해주는 것이다. 사명자의 길은 오직 자기의 생명을 주님께 드리는 데서 마감됨을 보여준다.
【결론】 우리 예수님께서 그 길을 걸어가셨다(마 20:28). 주님은 일생동안 섬김과 희생의 삶을 사셨고 당신의 생명을 희생함으로써 아버지께로부터 받은 사명을 완수하셨다.

- 절기, 용도, 장르, 특징: 신년주일, 상징주의 해석.
- Key Word: 사명자.
- Remarks:

본문 : **삼상 7:1-12**
제목 : **미스바의 부흥 운동 (The Israelites at Mizpah)**

1.기럇여아림 사람들이 와서 여호와의 궤를 옮겨 산에 사는 아비나답의 집에 들여놓고 그의 아들 엘
리아살을 거룩하게 구별하여 여호와의 궤를 지키게 하였더니 **2.**궤가 기럇여아림에 들어간 날부터
이십 년 동안 오래 있은지라 이스라엘 온 족속이 여호와를 사모하니라 **3.**사무엘이 이스라엘 온 족속
에게 말하여 이르되 만일 너희가 전심으로 여호와께 돌아오려거든 이방 신들과 아스다롯을 너희 중
에서 제거하고 너희 마음을 여호와께로 향하여 그만을 섬기라 그리하면 너희를 블레셋 사람의 손에
서 건져내시리라 **4.**이에 이스라엘 자손이 바알들과 아스다롯을 제거하고 여호와만 섬기니라 **5.**사
무엘이 이르되 온 이스라엘은 미스바로 모이라 내가 너희를 위하여 여호와께 기도하리라 하매 **6.**그
들이 미스바에 모여 물을 길어 여호와 앞에 붓고 그 날 종일 금식하고 거기에서 이르되 우리가 여호
와께 범죄하였나이다 하니라 사무엘이 미스바에서 이스라엘 자손을 다스리니라 **7.**이스라엘 자손이
미스바에 모였다 함을 블레셋 사람들이 듣고 그들의 방백들이 이스라엘을 치러 올라온지라 이스라
엘 자손들이 듣고 블레셋 사람들을 두려워하여 **8.**이스라엘 자손이 사무엘에게 이르되 당신은 우리
를 위하여 우리 하나님 여호와께 쉬지 말고 부르짖어 우리를 블레셋 사람들의 손에서 구원하시게 하
소서 하니 **9.**사무엘이 젖 먹는 어린 양 하나를 가져다가 온전한 번제를 여호와께 드리고 이스라엘을
위하여 여호와께 부르짖으매 여호와께서 응답하셨더라 **10.**사무엘이 번제를 드릴 때에 블레셋 사람
이 이스라엘과 싸우려고 가까이 오매 그 날에 여호와께서 블레셋 사람에게 큰 우레를 발하여 그들을
어지럽게 하시니 그들이 이스라엘 앞에 패한지라 **11.**이스라엘 사람들이 미스바에서 나가서 블레셋
사람들을 추격하여 벧갈 아래에 이르기까지 쳤더라 **12.**사무엘이 돌을 취하여 미스바와 센 사이에
세워 이르되 여호와께서 여기까지 우리를 도우셨다 하고 그 이름을 에벤에셀이라 하니라

1. 사무엘의 권면대로 우상들을 제거하고 여호와만 섬김 (= 자신들을 하나님께 맡김)

4절= "이에 이스라엘 자손이 바알들과 아스다롯을 제거하고 여호와만 섬기니라"

2. 미스바에 모여 물을 붓고 금식하며 회개함 (= 자신들의 죄를 하나님께 고백함)

6절= "그들이 미스바에 모여 물을 길어 여호와 앞에 붓고 그 날 종일 금식하고 거기에서 이르되 우리가 여호와께 범죄하였나이다 하니라"

3. 이스라엘이 블레셋 사람들을 추격하여 쳤음(= 하나님을 의지하고 담대히 행동함)

11절= "이스라엘 사람들이 미스바에서 나가서 블레셋 사람들을 추격하여 벧갈 아래에 이르기까지 쳤더라"

◆◆◆

【대지 유형】 주제 설명형 - 본문 묶음형 - 대지 진전형

【주제】 (석의) 미스바의 부흥은 이스라엘이 선지자의 교훈대로 하나님을 의지하고 우상을 제거하여 하나님의 도우심을 입어 블레셋을 격퇴함으로 완성되었다.

【FCF】 많은 교회가 회개하고 하나님을 의지하는 공동체적인 결단이 없어 부흥을 보지 못하고 있음.

【서론】 부흥은 먼저 하나님의 백성들 안에서 일어난다. 믿는 자들이 하나님의 말씀을 받고 마음의 묵은 땅을 기경하며, 죄를 회개하고, 하나님께로 돌아오는 각성운동이 일어날 때, 이것을 가리켜 부흥이라고 부른다. 미스바에서도 이같은 일이 일어났다. 사무엘을 통하여 이스라엘이 맛본 부흥의 감격은 후일 두고두고 이스라엘의 힘이 되었다. 본문을 통하여 미스바에서 맛보았던 부흥운동의 내용이 어떠한지 살펴보자.
【우산질문】 이스라엘 백성들은 미스바에서 어떻게 부흥을 경험하게 되었나?

【1대지】 '사모하니라(나하)' 동사는 원래 '애곡하다(lament)'라는 의미이다. 2절은 '모든 이스라엘 집이 여호와 앞에서 애곡하였다'가 된다. 3절은 삶의 전 영역에 걸친 전인적 회개를 촉구하는 말씀이다. 즉, 부흥은 우리 마음속의 우상을 철저히 제거하고, 하나님께로 돌아가 순종하는 것이다. 종교다원주의를 경계해야 하는 이유가 여기 있다. 부흥은 먼저 우리 믿는 자들이 몸과 마음을 여호와께로 향하여 오직 그만 섬기는 일부터 시작된다.
【2대지】 참 부러운 장면이 아닐 수 없다. 한국교회가 언제 주의 종들의 음성을 듣고 한 곳에 모여 회개운동을 일으킨 적이 있나? 앞으로 그런 날이 올 수 있을까? "물을 길어 여호와 앞에 붓고" - 이것은 회개와 연관된 행위이다. 그들은 금식하며, 죄의 고백을 공개적으로 실시하였다. 즉, 미스바의 부흥 운동은 백성들이 자신의 죄를 고백하는 운동이었다. 부흥은 죄를 고백하는 것부터 시작된다.
【3대지】 본 절은 블레셋 군대에 대승을 거둔 이스라엘의 전쟁 기록이다. 강한 군대 블레셋을 이긴 것은 전혀 하나님의 도우심 때문이었고, 이 도움은 바로 기도의 응답이었다. 이스라엘은 하나님의 도우심을 의지하고 담대하게 원수들을 도륙했다. 그리고 그들은 하나님의 도우심을 기념하는 의미에서, 미스바와 센 사이에 '에벤에셀'의 돌을 세웠다. 우리의 가장 큰 자산은 살아계신 하나님과 신실하신 그분의 약속이다.
【결론】 부흥된 심령은 하나님만을 섬기기로 작정한 심령이다. 하나님만을 섬긴다는 것은 그분과 경쟁하는 다른 신들을 버리고 그분을 유일하신 여호와로 삼는 것이다. "나는 주님과 경쟁하는 다른 우상을 가지고 있지 않는가?" 과연 여러분의 삶 속에는 오직 주님뿐인가? 부흥된 심령은 우리의 마음을 하나님께만 고정하는 것이다. "내 마음은 그분께 고정되고 그분 위에 서 있는가? 아니면 앞뒤로 진동하고 흔들리는가?"

- 절기, 용도, 장르, 특징:
- Key Word: 부흥.
- Remarks:

본문 : **삼상 7:5-6, 10-12**
제목 : **미스바의 부흥**

5.사무엘이 이르되 온 이스라엘은 미스바로 모이라 내가 너희를 위하여 여호와께 기도하리라 하매
6.그들이 미스바에 모여 물을 길어 여호와 앞에 붓고 그 날 종일 금식하고 거기에서 이르되 우리가
여호와께 범죄하였나이다 하니라 사무엘이 미스바에서 이스라엘 자손을 다스리니라 …… **10.**사무엘
이 번제를 드릴 때에 블레셋 사람이 이스라엘과 싸우려고 가까이 오매 그 날에 여호와께서 블레셋 사
람에게 큰 우레를 발하여 그들을 어지럽게 하시니 그들이 이스라엘 앞에 패한지라 **11.**이스라엘 사
람들이 미스바에서 나가서 블레셋 사람들을 추격하여 벧갈 아래에 이르기까지 쳤더라 **12.**사무엘이
돌을 취하여 미스바와 센 사이에 세워 이르되 여호와께서 여기까지 우리를 도우셨다 하고 그 이름을
에벤에셀이라 하니라

1. 온 백성이 지도자의 명대로 미스바에 모였음 (= 대성회로 모임)

5-6절= "사무엘이 이르되 온 이스라엘은 미스바로 모이라 내가 너희를 위하여 여호와께 기도하리라 하매 그들이 미스바에 모여…"

2. 물을 붓고 금식하였음 (= 마음을 쏟아붓는 기도)

6절= "그들이 미스바에 모여 물을 길어 여호와 앞에 붓고 그 날 종일 금식하고…"

3. 그들이 함께 입을 열어 죄를 자복함 (= 온 백성의 회개)

6절= "거기에서 이르되 우리가 여호와께 범죄하였나이다 하니라"

◈◈◈

【대지 유형】 주제 설명형 - 본문 분석형 - 대지 진전형
【주제】 (석의) 미스바의 부흥은 온 백성이 함께 모여 합심하여 회개함으로 시작되어 에벤에셀의 승리를 가져왔다.
【FCF】 많은 교인이 성회로 모이기를 좋아하지 않음. 마음을 쏟아부어 회개 기도하는 사람을 발견하기 매우 어려움.

【서론】 이 시대 가장 필요한 것은 신앙의 부흥이다. 이스라엘 역사에는 부흥 사건이 여러 번 나타난다. 성경의 여러 부흥 역사 중 미스바의 부흥은 매우 인상적이다. 미스바 부흥의 놀라운 결과= 에벤에셀의 기적.
【우산질문】 본문에 나타난 미스바의 부흥운동에 대해 살펴보자.

【1대지】 하나님의 기적은 먼저 온 백성이 한곳에 모이는 것으로부터 시작한다. 온 백성= 농사일하던 자는 삽과 괭이를 내려놓고, 병든 자는 들것에 메고… 장작불은 모아야 큰 불이 될 수 있다. 오순절에 120문도도 한자리에 모였다. 1907년 평양 장대현교회에도 많은 이들이 모였다.

【2대지】 not 단순한 모임 but 정성을 다한 모임이었다. 일찍 기도로 찬송으로 사모하는 심령으로 하나님의 도우심과 축복을 사모했다. 금식은(6절) 기도와 병행할 때 큰 효과가 있다.

【3대지】 "우리가 여호와께 범죄하였나이다." 무엇을 회개하는가? 언약의 하나님을 외면하고 이방신 아스다롯과 바알을 따른 것을 회개한다. 회개란 돌아서는 것(메타노에이아, 세상에서 하나님께로, 내가 좋아하던 것에서 하나님의 말씀으로 돌아섬)이다.

【결론】 부흥의 결과= 에벤에셀(도움의 돌). 큰 우레로 함께 하심. 지금은 능력의 영, 성령의 부으심으로!

- 절기, 용도, 장르, 특징: 부흥성회 준비 메시지.
- Key Word: 부흥, 회개.
- Remarks:

본문 : **삼상 7:5-12**
제목 : **에벤에셀의 축복**

5.사무엘이 이르되 온 이스라엘은 미스바로 모이라 내가 너희를 위하여 여호와께 기도하리라 하매
6.그들이 미스바에 모여 물을 길어 여호와 앞에 붓고 그 날 종일 금식하고 거기에서 이르되 우리가
여호와께 범죄하였나이다 하니라 사무엘이 미스바에서 이스라엘 자손을 다스리니라 **7.**이스라엘 자
손이 미스바에 모였다 함을 블레셋 사람들이 듣고 그들의 방백들이 이스라엘을 치러 올라온지라 이
스라엘 자손들이 듣고 블레셋 사람들을 두려워하여 **8.**이스라엘 자손이 사무엘에게 이르되 당신은
우리를 위하여 우리 하나님 여호와께 쉬지 말고 부르짖어 우리를 블레셋 사람들의 손에서 구원하시
게 하소서 하니 **9.**사무엘이 젖 먹는 어린 양 하나를 가져다가 온전한 번제를 여호와께 드리고 이스
라엘을 위하여 여호와께 부르짖으매 여호와께서 응답하셨더라 **10.**사무엘이 번제를 드릴 때에 블레
셋 사람이 이스라엘과 싸우려고 가까이 오매 그 날에 여호와께서 블레셋 사람에게 큰 우레를 발하여
그들을 어지럽게 하시니 그들이 이스라엘 앞에 패한지라 **11.**이스라엘 사람들이 미스바에서 나가서
블레셋 사람들을 추격하여 벧갈 아래에 이르기까지 쳤더라 **12.**사무엘이 돌을 취하여 미스바와 센
사이에 세워 이르되 여호와께서 여기까지 우리를 도우셨다 하고 그 이름을 에벤에셀이라 하니라

1. 온 이스라엘이 미스바에 모여 한마음으로 회개하였음 (= 에벤에셀의 축복은 함께 모여 회개운동을 일으킴으로 시작됨)

5-6절= "사무엘이 이르되 온 이스라엘은 미스바로 모이라 내가 너희를 위하여 여호와께 기도하리라 하매 그들이 미스바에 모여 물을 길어 여호와 앞에 붓고 그 날 종일 금식하고 거기에서 이르되 우리가 여호와께 범죄하였나이다 하니라"

2. 사무엘이 백성들을 위해 하나님께 예배하며 부르짖었음 (= 에벤에셀의 축복은 위대한 지도자에 의해 주도됨)

9절= "사무엘이 젖 먹는 어린 양 하나를 가져다가 온전한 번제를 여호와께 드리고 이스라엘을 위하여 여호와께 부르짖으매 여호와께서 응답하셨더라"

3. 사무엘이 하나님의 도우심을 기념하여 돌비를 세웠음 (= 에벤에셀의 축복은 은혜를 간직함으로 지속됨)

12절= "사무엘이 돌을 취하여 미스바와 센 사이에 세워 이르되 여호와께서 여기까지 우리를 도우셨다 하고 그 이름을 에벤에셀이라 하니라"

◈◈◈

【대지 유형】 주제 설명형 - 본문 묶음형 - 대지 진전형

【주제】 (석의) 에벤에셀의 축복은 사무엘의 주도 아래 미스바에 모여 민족적인 회개운동을 일으킴으로 시작되었고, 기념비를 세움으로 지속되었다.
【FCF】 하나님의 은혜의 중요성에 대해 무덤덤해진 현대교회의 나태함과 안일함.

【서론】 에벤에셀= 도움의 돌. 하나님이 여기까지 도와주셨다는 의미. 본문은 여호와께서 사무엘의 기도를 들으시고 이스라엘 백성들을 어떻게 구원해주셨는가를 보여주는 말씀이다. 본문의 역사적 배경: 블레셋의 핍박 - 사무엘 출현 - 백성들을 미스바 광장으로 모이게 함 - 민족적인 회개 - 전쟁 승리 - 에벤에셀.
【우산질문】 본문에 나타난 에벤에셀의 축복의 시작과 진행과 지속의 과정을 살펴보자.

【1대지】 미스바에 모였다는 것이 중요하다. 함께 기도하기와 예배하기 좋은 장소에 모여 회개하고, 하나로 뭉치는 것이 귀하다.
【2대지】 사무엘이 이스라엘을 다스렸다는 말이 세 번씩 나온다. 지도자가 중요하다. 사무엘 직전의 상황은: 늙은 엘리 제사장 ı 부정 부패 ı 암흑시대. 사무엘의 등장과 함께 이스라엘은 살아 움직이기 시작했다. 지도자가 타락하면 그 시대가 함께 타락한다. 우리는 훌륭한 지도자를 일으켜 달라고 기도해야 한다.
【3대지】 은혜 잊지 아니할 터전= 기념비.
【결론】 지금은 한국교회가 연합하여 회개 운동을 일으킬 때이다. 1907년 평양대부흥운동 이후 한국교회는 에벤에셀의 축복을 경험한 기억이 없는 것 같다. 교계 지도자들을 중심으로 단합하여 세계선교의 과업을 성취하는 교회 되자.

- 절기, 용도, 장르, 특징: 부흥 메시지.
- Key Word: 에벤에셀.
- Remarks:

본문 : **삼상 7:7-17**

제목 : **에벤에셀의 신앙 (The Significance of Ebenezer)**

7.이스라엘 자손이 미스바에 모였다 함을 블레셋 사람들이 듣고 그들의 방백들이 이스라엘을 치러 올라온지라 이스라엘 자손들이 듣고 블레셋 사람들을 두려워하여 **8.**이스라엘 자손이 사무엘에게 이르되 당신은 우리를 위하여 우리 하나님 여호와께 쉬지 말고 부르짖어 우리를 블레셋 사람들의 손에서 구원하시게 하소서 하니 **9.**사무엘이 젖 먹는 어린 양 하나를 가져다가 온전한 번제를 여호와께 드리고 이스라엘을 위하여 여호와께 부르짖으매 여호와께서 응답하셨더라 **10.**사무엘이 번제를 드릴 때에 블레셋 사람이 이스라엘과 싸우려고 가까이 오매 그 날에 여호와께서 블레셋 사람에게 큰 우레를 발하여 그들을 어지럽게 하시니 그들이 이스라엘 앞에 패한지라 **11.**이스라엘 사람들이 미스바에서 나가서 블레셋 사람들을 추격하여 벧갈 아래에 이르기까지 쳤더라 **12.**사무엘이 돌을 취하여 미스바와 센 사이에 세워 이르되 여호와께서 여기까지 우리를 도우셨다 하고 그 이름을 에벤에셀이라 하니라 **13.**이에 블레셋 사람들이 굴복하여 다시는 이스라엘 지역 안에 들어오지 못하였으며 여호와의 손이 사무엘이 사는 날 동안에 블레셋 사람을 막으시매 **14.**블레셋 사람들이 이스라엘에게서 빼앗았던 성읍이 에그론부터 가드까지 이스라엘에게 회복되니 이스라엘이 그 사방 지역을 블레셋 사람들의 손에서 도로 찾았고 또 이스라엘과 아모리 사람 사이에 평화가 있었더라 **15.**사무엘이 사는 날 동안에 이스라엘을 다스렸으되 **16.**해마다 벧엘과 길갈과 미스바로 순회하여 그 모든 곳에서 이스라엘을 다스렸고 **17.**라마로 돌아왔으니 이는 거기에 자기 집이 있음이니라 거기서도 이스라엘을 다스렸으며 또 거기에 여호와를 위하여 제단을 쌓았더라

1. 여기까지 도우신 하나님께 감사함 (= 지난날 감사, 과거적)

12절= “사무엘이 돌을 취하여 미스바와 센 사이에 세워 이르되 여호와께서 여기까지 우리를 도우셨다 하고 그 이름을 에벤에셀이라 하니라”

2. 여기에서도 도우시는 하나님을 의지함 (= 주님의 동행 확신, 현재적)

13절= “이에 블레셋 사람들이 굴복하여 다시는 이스라엘 지역 안에 들어오지 못하였으며 여호와의 손이 사무엘이 사는 날 동안에 블레셋 사람을 막으시매”

3. 여기서부터 영원토록 도우실 하나님을 신뢰함 (= 영원한 신뢰, 미래적)

14절= “블레셋 사람들이 이스라엘에게서 빼앗았던 성읍이 에그론부터 가드까지 이스라엘에게 회복되니 이스라엘이 그 사방 지역을 블레셋 사람들의 손에서 도로 찾았고 또 이스라엘과 아모리 사람 사이에 평화가 있었더라”

◈◈◈

【대지 유형】 주제 적용형 - 본문 수집형 - 대지 진전형

【주제】 (석의) 사무엘이 에벤에셀의 돌을 세운 것은 하나님이 과거, 현재 그리고 미래에 이스라엘을 도우심을 확신하는 표이다.
【FCF】 많은 신앙인이 하나님 동행의 확신을 갖지 못하고 있음.

【서론】 오늘 말씀은 하나님의 도우심에 관한 이야기이다. 주인공은 사무엘이고, 장소는 미스바, 그리고 주된 장면은 이스라엘과 블레셋 사이의 전투이다.
【우산질문】 말씀을 통하여 사무엘과 이스라엘 백성이 돌단을 쌓으면서 보여준 신앙의 모습을 살펴보자. 그들이 가졌던 에벤에셀의 신앙은 어떤 모습으로 나타났는가?

【1대지】 '여기까지'에 해당하는 '아드 헨나'는 지리적 의미뿐 아니라 시간적 의미도 가진다. 여러분은 지난날 여러분을 도우시며 인도하신 하나님께 얼마나 감사하고 있나? 여러분이 갖고 있는 에벤에셀의 신앙은 어느 정도인가?
【2대지】 에벤에셀의 신앙은 주님의 말씀에 순종하는 사람이 주님의 동행을 확신하는 신앙이다. 여기까지 도우신 하나님은 여기에서도 도우신다.
【3대지】 에벤에셀, 여기까지 도우신 하나님은 여기서부터 영원토록 도와주실 것이다.
【결론】 우리 모두 에벤에셀의 신앙으로 미래를 향해 시온의 대로를 활짝 열어나가자.

- 절기, 용도, 장르, 특징:
- Key Word: 에벤에셀.
- Remarks:

본문 : **삼상 14:52; 15:17-30**

제목 : **사울 왕국에서 다윗 왕국으로 (Saul and David)**

14:52.사울이 사는 날 동안에 블레셋 사람과 큰 싸움이 있었으므로 사울이 힘 센 사람이나 용감한 사
람을 보면 그들을 불러모았더라 …… **15:17.**사무엘이 이르되 왕이 스스로 작게 여길 그 때에 이스
라엘 지파의 머리가 되지 아니하셨나이까 여호와께서 왕에게 기름을 부어 이스라엘 왕을 삼으시고
18.또 여호와께서 왕을 길로 보내시며 이르시기를 가서 죄인 아말렉 사람을 진멸하되 다 없어지기까
지 치라 하셨거늘 **19.**어찌하여 왕이 여호와의 목소리를 청종하지 아니하고 탈취하기에만 급하여 여
호와께서 악하게 여기시는 일을 행하였나이까 **20.**사울이 사무엘에게 이르되 나는 실로 여호와의 목
소리를 청종하여 여호와께서 보내신 길로 가서 아말렉 왕 아각을 끌어 왔고 아말렉 사람들을 진멸하
였으나 **21.**다만 백성이 그 마땅히 멸할 것 중에서 가장 좋은 것으로 길갈에서 당신의 하나님 여호와
께 제사하려고 양과 소를 끌어 왔나이다 하는지라 **22.**사무엘이 이르되 여호와께서 번제와 다른 제
사를 그의 목소리를 청종하는 것을 좋아하심 같이 좋아하시겠나이까 순종이 제사보다 낫고 듣는 것
이 숫양의 기름보다 나으니 **23.**이는 거역하는 것은 점치는 죄와 같고 완고한 것은 사신 우상에게 절
하는 죄와 같음이라 왕이 여호와의 말씀을 버렸으므로 여호와께서도 왕을 버려 왕이 되지 못하게 하
셨나이다 하니 **24.**사울이 사무엘에게 이르되 내가 범죄하였나이다 내가 여호와의 명령과 당신의 말
씀을 어긴 것은 내가 백성을 두려워하여 그들의 말을 청종하였음이니이다 **25.**청하오니 지금 내 죄
를 사하고 나와 함께 돌아가서 나로 하여금 여호와께 경배하게 하소서 하니 **26.**사무엘이 사울에게
이르되 나는 왕과 함께 돌아가지 아니하리니 이는 왕이 여호와의 말씀을 버렸으므로 여호와께서 왕
을 버려 이스라엘 왕이 되지 못하게 하셨음이니이다 하고 **27.**사무엘이 가려고 돌아설 때에 사울이
그의 겉옷자락을 붙잡으매 찢어진지라 **28.**사무엘이 그에게 이르되 여호와께서 오늘 이스라엘 나라
를 왕에게서 떼어 왕보다 나은 왕의 이웃에게 주셨나이다 **29.**이스라엘의 지존자는 거짓이나 변개함
이 없으시니 그는 사람이 아니시므로 결코 변개하지 않으심이니이다 하니 **30.**사울이 이르되 내가
범죄하였을지라도 이제 청하옵나니 내 백성의 장로들 앞과 이스라엘 앞에서 나를 높이사 나와 함께
돌아가서 내가 당신의 하나님 여호와께 경배하게 하소서 하더라

1. 하나님과의 관계 면에서: 사울은 하나님과 진정한 개인적 관계를 맺은 적이 없었으나, 다윗은 열정적으로 하나님을 찾았음

19절= "어찌하여 왕이 여호와의 목소리를 청종하지 아니하고 탈취하기에만 급하여 여호와께서 악하게 여기시는 일을 행하였나이까?"

2. 다른 사람들을 다루는 방식에 있어서: 사울은 유능한 사람들을 '자신에게' 불러 모았으나(삼상 14:52), 다윗은 무명한 자들을 취하여 그들을 변화시켰음

14:52= "사울이 사는 날 동안에 블레셋 사람과 큰 싸움이 있었으므로 사울이 힘 센 사람이나 용감한 사람을 보면 그들을 불러모았더라"

3. 주된 관심 면에서: 사울의 주된 관심은 사람들 앞에 좋게 보이는 것이었으나, 다윗의 유일한 관심은 하나님을 기쁘시게 해 드리는 것이었음

30절= "사울이 이르되 내가 범죄하였을지라도 이제 청하옵나니 내 백성의 장로들 앞과 이스라엘 앞에서 나를 높이사 나와 함께 돌아가서 내가 당신의 하나님 여호와께 경배하게 하소서"

◈◈◈

【대지 유형】 주제 함축형 - 본문 수집형 - 대지 심화형
【주제】 (적용) 위조된 왕국에서 진정한 하나님 나라의 모습으로 나아가야 한다.
【FCF】 많은 신앙인의 주된 관심이 사람들에게 잘 보이는 데 있음.

【서론】 그리스도 왕국은 예수님의 초림부터 지금까지, 그리고 예수님의 재림시까지 끊임없이 사탄 왕국을 침노하여 이 땅에 하나님 나라를 세워나가고 있다. 이스라엘의 첫 번째 왕을 중심으로 세워진 사울 왕국은 하나님이 처음 의도하신 하나님 나라와는 거리가 먼 '위조된 하나님 나라'이었다. 오늘 말씀은 위조된 하나님 나라인 사울 왕국에 대한 말씀이다. 사울 왕국의 특징들은 위조된 하나님 나라가 어떤 것인가를 잘 보여준다.
【우산질문】 하나님 나라에 대한 우리의 이해를 돕기 위하여 사울의 집에 맞서서 역경 속에서도 하나님 나라의 비전을 이루어갔던 다윗의 모습과 비교해 보자.

【1대지】 사울은 하나님의 명령에 순종하였지만 온전히 순종하지는 않았다. 온전치 않은 순종, 부분적 순종은 곧 불순종이나 마찬가지다. 그는 아말렉 왕 아각을 살려두었고(명예욕), 짐승 중에서 좋은 것들을 남겨두었다(물욕). 그에 비해 다윗은 열정적으로 하나님을 찾았다. 다윗의 열정은 하나님과 개인적인 관계를 갖는 것이었다.
【2대지】 사울은 다른 사람들을 단지 자신의 프로그램을 성공시키고 자신의 명성을 높이는 데 유용한 존재로 보았다. 그들에 대한 인간적인 부분에는 관심이 없었고 오직 그들이 자기 목적에 어떻게 부합되는지에만 관심이 있었다. 그러나 다윗의 마음을 가진 지도자는 진정한 아비의 마음으로 자기를 따르는 사람들 안에 있는 능력과 은사와 사역을 계속해서 개발해낸다.
【3대지】 사울이 정말로 관심을 가졌던 마지막 것은 사람들 앞에 좋게 보이는 것이었다. 그러나 다윗의 유일한 관심은 하나님을 기쁘시게 해 드리는 것이었다.
【결론】 위조된 하나님 나라의 특징은 한마디로 '불순종'이다. 사울을 향하여 책망하는 사무엘의 말을 잊어서는 안 된다. 여러분의 교회는 다윗 왕국의 스피릿으로 충만한가?

- 절기, 용도, 장르, 특징:
- Key Word: 위조된 왕국, 다윗.
- Remarks:

본문 : **삼상 17:19-26, 41-49**

제목 : **기름부음과 믿음의 승리자**

(The Winner with Faith Anointed)

19.그 때에 사울과 그들과 이스라엘 모든 사람들은 엘라 골짜기에서 블레셋 사람들과 싸우는 중이더
라 **20.**다윗이 아침에 일찍이 일어나서 양을 양 지키는 자에게 맡기고 이새가 명령한 대로 가지고 가
서 진영에 이른즉 마침 군대가 전장에 나와서 싸우려고 고함치며 **21.**이스라엘과 블레셋 사람들이
전열을 벌이고 양군이 서로 대치하였더라 **22.**다윗이 자기의 짐을 짐 지키는 자의 손에 맡기고 군대
로 달려가서 형들에게 문안하고 **23.**그들과 함께 말할 때에 마침 블레셋 사람의 싸움 돋우는 가드 사
람 골리앗이라 하는 자가 그 전열에서 나와서 전과 같은 말을 하매 다윗이 들으니라 **24.**이스라엘 모
든 사람이 그 사람을 보고 심히 두려워하여 그 앞에서 도망하며 **25.**이스라엘 사람들이 이르되 너희
가 이 올라 온 사람을 보았느냐 참으로 이스라엘을 모욕하러 왔도다 그를 죽이는 사람은 왕이 많은
재물로 부하게 하고 그의 딸을 그에게 주고 그 아버지의 집을 이스라엘 중에서 세금을 면제하게 하
시리라 **26.**다윗이 곁에 서 있는 사람들에게 말하여 이르되 이 블레셋 사람을 죽여 이스라엘의 치욕
을 제거하는 사람에게는 어떠한 대우를 하겠느냐 이 할례 받지 않은 블레셋 사람이 누구이기에 살아
계시는 하나님의 군대를 모욕하겠느냐 …… **41.**블레셋 사람이 방패 든 사람을 앞세우고 다윗에게로
점점 가까이 나아가니라 **42.**그 블레셋 사람이 둘러보다가 다윗을 보고 업신여기니 이는 그가 젊고
붉고 용모가 아름다움이라 **43.**블레셋 사람이 다윗에게 이르되 네가 나를 개로 여기고 막대기를 가
지고 내게 나아왔느냐 하고 그의 신들의 이름으로 다윗을 저주하고 **44.**그 블레셋 사람이 또 다윗에
게 이르되 내게로 오라 내가 네 살을 공중의 새들과 들짐승들에게 주리라 하는지라 **45.**다윗이 블레
셋 사람에게 이르되 너는 칼과 창과 단창으로 내게 나아 오거니와 나는 만군의 여호와의 이름 곧 네
가 모욕하는 이스라엘 군대의 하나님의 이름으로 네게 나아가노라 **46.**오늘 여호와께서 너를 내 손
에 넘기시리니 내가 너를 쳐서 네 목을 베고 블레셋 군대의 시체를 오늘 공중의 새와 땅의 들짐승에
게 주어 온 땅으로 이스라엘에 하나님이 계신 줄 알게 하겠고 **47.**또 여호와의 구원하심이 칼과 창에
있지 아니함을 이 무리에게 알게 하리라 전쟁은 여호와께 속한 것인즉 그가 너희를 우리 손에 넘기시
리라 **48.**블레셋 사람이 일어나 다윗에게로 마주 가까이 올 때에 다윗이 블레셋 사람을 향하여 빨리
달리며 **49.**손을 주머니에 넣어 돌을 가지고 물매로 던져 블레셋 사람의 이마를 치매 돌이 그의 이마
에 박히니 땅에 엎드러지니라

1. 비전문가 다윗에게는 기름 부음이 있었음 (= 기름 부음의 중요성)

26절= "다윗이 곁에 섰는 사람들에게 말하여 가로되 이 블레셋 사람을 죽여 이스라엘의 치욕을 제하는 사람에게는 어떠한 대우를 하겠느냐 이 할례 없는 블레셋 사람이 누구관대 사시는 하나님의 군대를 모욕하겠느냐"

2. 사울왕은 전문가였지만 기름 부음이 떠났음 (= 기름 부음 받은 자의 큰 방해세력)

3. 소년 다윗은 기름 부음이 끓어올랐음 (= 믿음의 전사, 하나님의 화살)

45절= "다윗이 블레셋 사람에게 이르되 너는 칼과 창과 단창으로 내게 나아 오거니와 나는 만군의 여호와의 이름 곧 네가 모욕하는 이스라엘 군대의 하나님의 이름으로 네게 나아가노라"

◈◈◈

【대지 유형】 주제 설명형 - 본문 수집형 - 대지 반전형

【주제】 (석의) 다윗은 전투에서 비전문가이었지만 기름 부음(성령 충만)으로 놀라운 승리를 거두었다.

【FCF】 많은 신앙인, 특히 사역자들이 기름 부음에는 관심 없고 전문가에 대한 자부심으로 충만함.

【서론】 본문에는 네 종류의 사람들이 등장하는데, 기름 부음 받은 자인가 아닌가, 전투훈련 받은 전문가인가 아닌가의 여부로 이들을 구분해 볼 수 있다.

· 기름 부음 받은 비전문가= 다윗
· 기름 부음 받지 않은 전문가= 엘리압, 이스라엘의 겁에 질린 군사들
· 기름 부음이 떠난 전문가= 사울 왕
· 기름 부음 받은 자를 대적하는 전문가= 골리앗, 블레셋 군사들

【우산질문】 그리스도인의 영적 전투의 본질이 무엇인지, 이 전투에서 기름 부음이 얼마나 중요한지, 이 전투에서 승리하기 위해 우리는 어떻게 해야 하는지를 함께 살펴보자.

【1대지】 다윗이 하던 일은 들에서 양을 치는 일이었다. 말씀의 강조점은 전투의 경험에 있지 않고 기름 부음의 중요성에 있다. 기름 부음은 지적인 신앙으로 그치지 않고 불타는 신앙이 되도록 만든다.

【2대지】 사탄이 기름 부음 받은 자 예수 그리스도를 죽이려고 했던 것처럼 후일 사울은 기름 부음 받은 다윗을 미칠 듯이 뒤쫓았다. 사울과 부하 장수들의 비웃음을 뒤로 하고 전투장으로 달려나가던 다윗처럼, 오직 하나님만 의지하고 영혼을 건지는 영적 전투의 현장으로 달려나가자.

【3대지】 이스라엘의 적지 않은 사람들은 믿음은 있었지만 행동이 따르지 못했다. 이에 비해 기름 부음 받은 다윗은 하나님의 영이 자신을 뒤흔드는 것을 느꼈다. 천만 성도를 자랑하면서도, 다른 모든 것을 하면서도, 마귀에게서 영혼을 건져내는 전도에는 이처럼 인색한 한국 교회의 모습이 어쩌면 그리도 엘라 골짜기의 이스라엘 군대를 닮았지 않은가?

【결론】 문제는 기름 부음이다. 다윗이 다른 모든 사람과 달랐던 것은 그에게 기름 부음이 있었기 때문이다. 얼마 지나지 않아 다윗은 전투에도 전문가가 되었다. 그것도 기름 부음 받은 전문가가 되었다.

- 절기, 용도, 장르, 특징:
- Key Word: 기름 부음, 영적 전투.
- Remarks:

본문 : **삼상 22:1-2**
제목 : **아둘람 교회**

1.그러므로 다윗이 그 곳을 떠나 아둘람 굴로 도망하매 그의 형제와 아버지의 온 집이 듣고 그리로 내려가서 그에게 이르렀고 **2.**환난 당한 모든 자와 빚진 모든 자와 마음이 원통한 자가 다 그에게로 모였고 그는 그들의 우두머리가 되었는데 그와 함께 한 자가 사백 명 가량이었더라

1. 환난 당한 자들이 아둘람 굴로 모여들었음 (= 환난 당한 자의 피난처)
2절= "환난 당한 모든 자와… 다 그에게로 모였고 그는 그들의 우두머리가 되었는데 그와 함께 한 자가 사백 명 가량이었더라"

2. 빚진 자들이 모여들었음 (= 경제적 고통 당하는 자의 피난처, 죄짐에 눌린 자들의 피난처)
2절= "… 빚진 모든 자와…"

3. 마음이 원통한 자들이 모여들었음 (= 상처받은 자가 원통함을 토하는 곳)
2절= "… 마음이 원통한 자가 다 그에게로 모였고…"

◈◈◈

【대지 유형】 주제 설명형 - 본문 분석형 - 대지 연결형
【주제】 (적용) 교회는 환난 당한 자와 죄짐에 눌린 자들의 피난처요 원통함을 토할 수 있는 곳이다.
【FCF】 많은 교회들이 고통당하는 자의 피난처 역할을 제대로 하지 못하고 있음.

【서론】 교회는 어떤 곳인가? 하나님은 어떤 자들이 교회로 모이게 될 것인가를 아둘람 굴에 모여든 사람들에 의해 예표하고 있다. 다윗은 사울에 의해 오랜 기간 도망자로 살아야 했다. 한때 이스라엘과 블레셋 경계 지점에 위치한 아둘람 굴로 피신한 다윗. 아둘람= 피난처라는 의미. 이때 400여 명의 사람들이 찾아와 동거했는데 이들이 후일 다윗 왕국의 중요한 인물들로 성장했다. 이 공동체는 아둘람 교회라 할 수 있다.
【우산질문】 아둘람으로 도망간 다윗에게 모여든 사람들은 어떤 사람들이었

나? 아둘람 교회는 어떤 교회인가?

【1대지】 당시 사울의 학정으로 많은 사람들이 고통 가운데 신음하였다. 이들 중 환난 당한 다윗과 동류의식을 느낀 사람들이 아둘람으로 모였다. 교회는 환난 당한 자가 모이는 곳이다. 시 27:5= "여호와께서 환난 날에 나를 그의 초막 속에 비밀히 지키시고 그의 장막 은밀한 곳에 나를 숨기시며 높은 바위 위에 두시리로다" 여기 '초막 속', '장막 은밀한 곳', '바위'는 교회를 상징하는 말이다. 우리 교회는 환난 당한 자를 환영하고 그들에게 피난처가 되어 주고 있는가?

【2대지】 빚진 자들= 사울 왕국의 부당한 세금과 고리대금 등으로 억눌린 사람들. 즉 경제적으로 고통을 당하던 사람들이 아둘람 굴로 모여들었다. 이는 영적으로 죄짐에 눌린 사람을 가리키기도 한다. 사 61:1-2, "주의 성령이 내게 임하신 것은 가난한 자에게 복음을 전하게 하기 위함." 마 11:28, "수고하고 무거운 짐진 자들아, 다 내게로 오라. 내가 너희를 쉬게 하리라" 교회는 그리스도의 피로 값주고 세우신 그리스도의 몸이다. 따라서 무거운 빚과 죄짐을 지고 지친 자들이 안식을 얻을 수 있는 피난처는 오직 하나님의 집인 교회밖에 없다.

【3대지】 마음이 원통한 자= 나라의 비도덕성과 종교적 부패 등으로 심적·영적으로 상처 입은 사람. 또한 억울함을 풀 수 없어서 고통을 느끼는 사람들. 이런 사람들이 아둘람 굴로 모여들었다. 시 142편은 다윗이 아둘람 굴에 피신하고 있을 때 지은 시이다. 2절에 "내가 내 원통함을 그 앞에 토하며 내 우환을 그 앞에 진술하는도다" 교회는 원통한 자가 그 원통함을 하나님께 토하는 곳이다.

【결론】 시 142:5, "내가 주께 부르짖어 말하기를 주는 나의 피난처시요 생존 세계에서 나의 분깃이라 하였나이다" 교회는 아둘람(피난처)이 되어야 한다.

- 절기, 용도, 장르, 특징: 상징주의 해석, 교회론.
- Key Word: 교회.
- Remarks:

본문 : **삼상 30:1-6**
제목 : **시글락의 폐허에 서서 (On the Ruins of Ziklag)**

1.다윗과 그의 사람들이 사흘 만에 시글락에 이른 때에 아말렉 사람들이 이미 네겝과 시글락을 침노하였는데 그들이 시글락을 쳐서 불사르고 **2.**거기에 있는 젊거나 늙은 여인들은 한 사람도 죽이지 아니하고 다 사로잡아 끌고 자기 길을 갔더라 **3.**다윗과 그의 사람들이 성읍에 이르러 본즉 성읍이 불탔고 자기들의 아내와 자녀들이 사로잡혔는지라 **4.**다윗과 그와 함께 한 백성이 울 기력이 없도록 소리를 높여 울었더라 **5.**(다윗의 두 아내 이스르엘 여인 아히노암과 갈멜 사람 나발의 아내였던 아비가일도 사로잡혔더라) **6.**백성들이 자녀들 때문에 마음이 슬퍼서 다윗을 돌로 치자 하니 다윗이 크게 다급하였으나 그의 하나님 여호와를 힘입고 용기를 얻었더라

1. 다윗은 시글락에서 절박한 상황으로 몰렸음 (= 성도에게 닥치는 위기)

3-4절= "다윗과 그의 사람들이 성읍에 이르러 본즉 성읍이 불탔고 자기들의 아내와 자녀들이 사로잡혔는지라 다윗과 그와 함께 한 백성이 울 기력이 없도록 소리를 높여 울었더라"

2. 다윗은 하나님을 힘입고 용기를 얻었음 (= 하나님을 의지할 때 주시는 용기)

6절= "백성들이 자녀들 때문에 마음이 슬퍼서 다윗을 돌로 치자 하니 다윗이 크게 다급하였으나 그의 하나님 여호와를 힘입고 용기를 얻었더라"

3. 시편에 나타난 다윗의 회복 비밀 네 단계

1) "내 하나님은 통치하시는 분이시다" (My God reigns)
2) "내 하나님은 용서하시는 분이시다" (My God forgives)
3) "내 하나님은 돌보시는 목자이시다" (My God cares)
4) "내 하나님은 약속에 신실하신 분이시다" (My God is faithful)

◈◈◈

【대지 유형】 주제 설명형 - 본문 묶음형, 수집형 - 대지 혼재형(2+1)
【주제】 (석의) 시글락의 폐허에 서서 좌절했던 다윗은 하나님을 의지하여 용기를 얻어 다윗 왕국의 길을 열게 되었다.
【FCF】 많은 신앙인이 좌절의 순간에 하나님을 의지하는 법에 대해 무지함.

【서론】 본문의 배경은 블레셋의 시글락이라는 작은 마을. 주인공은 다윗과

그 수하들. 인생의 가장 절박한 상황에서 다윗은 하나님을 의지하여 용기를 얻었고, 아말렉을 추격하여 모든 것을 되찾아 왔고, 이것은 후일 다윗 왕국으로 이어지는 계기가 되었다.

【우산질문】 시글락에서 다윗이 처한 입장, 그가 그 위기를 극복하게 된 경위를 살펴보자.

【1대지】 문맥 설명. 가드와 아기스. 시글락 1년여 거주. 이스라엘과의 전투를 위해 출정. 3일 후 회군. 폐허가 된 시글락. 다윗은 절체절명의 위기 속에 빠졌다. 아말렉의 침공으로 처자식과 재산을 모두 빼앗겼다. 부하들이 다윗을 희생양으로 삼으려고 했다. 오늘 그리스도인들에게도 이런 일이 올 수 있다.

【2대지】 다윗은 어떻게 용기를 얻었는가? 기도했나? 그것보다 다윗은 먼저 하나님의 섭리와 하나님의 능력, 하나님의 성품 등을 깊이 생각하였을 것이다. 우리는 다윗의 마음에 있던 하나님에 대한 믿음을 그가 쓴 시편을 통하여 잘 알고 있다.

【3대지】 다윗은 생각하고 또 생각했다. ①통치하시는 하나님: 전능하신 하나님. 시 93편; 시 135:6. ②용서하시는 하나님: 다윗의 확신, 시 130:3, 4. 모든 성경의 확증= 하나님은 죄를 용서하신다. 요일 1:7-9. ③목자이신 하나님: 시 23:1. 다윗의 과거 목자의 경험. ④신실하신 하나님: 시 91:14-15.

【결론】 하나님의 능력. 하나님은 이를 자기 백성들에게 나누어주신다. 오늘 당신의 문제가 무엇인가? 도대체 우리를 좌절시킬만한 문제가 무엇인가? 당신에게 시글락이 닥치더라도 하나님을 의지하는 자는 능히 이길 수 있다.

- 절기, 용도, 장르, 특징:
- Key Word: 시글락, 위기극복, 다윗.
- Remarks:

본문 : **삼상 30:7-20**
제목 : **다윗의 전리품 (This is David's Plunder)**

7.다윗이 아히멜렉의 아들 제사장 아비아달에게 이르되 원하건대 에봇을 내게로 가져오라 아비아달
이 에봇을 다윗에게로 가져가매 **8.**다윗이 여호와께 묻자와 이르되 내가 이 군대를 추격하면 따라잡
겠나이까 하니 여호와께서 그에게 대답하시되 그를 쫓아가라 네가 반드시 따라잡고 도로 찾으리라
9.이에 다윗과 또 그와 함께 한 육백 명이 가서 브솔 시내에 이르러 뒤떨어진 자를 거기 머물게 했으
되 **10.**곧 피곤하여 브솔 시내를 건너지 못하는 이백 명을 머물게 했고 다윗은 사백 명을 거느리고 쫓
아가니라 **11.**무리가 들에서 애굽 사람 하나를 만나 그를 다윗에게로 데려다가 떡을 주어 먹게 하며
물을 마시게 하고 **12.**그에게 무화과 뭉치에서 뗀 덩이 하나와 건포도 두 송이를 주었으니 그가 밤낮
사흘 동안 떡도 먹지 못하였고 물도 마시지 못하였음이니라 그가 먹고 정신을 차리매 **13.**다윗이 그
에게 이르되 너는 누구에게 속하였으며 어디에서 왔느냐 하니 그가 이르되 나는 애굽 소년이요 아말
렉 사람의 종이더니 사흘 전에 병이 들매 주인이 나를 버렸나이다 **14.**우리가 그렛 사람의 남방과 유
다에 속한 지방과 갈렙 남방을 침노하고 시글락을 불살랐나이다 **15.**다윗이 그에게 이르되 네가 나
를 그 군대로 인도하겠느냐 하니 그가 이르되 당신이 나를 죽이지도 아니하고 내 주인의 수중에 넘기
지도 아니하겠다고 하나님의 이름으로 내게 맹세하소서 그리하면 내가 당신을 그 군대로 인도하리
이다 하니라 **16.**그가 다윗을 인도하여 내려가니 그들이 온 땅에 편만하여 블레셋 사람들의 땅과 유
다 땅에서 크게 약탈하였음으로 말미암아 먹고 마시며 춤추는지라 **17.**다윗이 새벽부터 이튿날 저물
때까지 그들을 치매 낙타를 타고 도망한 소년 사백 명 외에는 피한 사람이 없었더라 **18.**다윗이 아말
렉 사람들이 빼앗아 갔던 모든 것을 도로 찾고 그의 두 아내를 구원하였고 **19.**그들이 약탈하였던 것
곧 무리의 자녀들이나 빼앗겼던 것은 크고 작은 것을 막론하고 아무것도 잃은 것이 없이 모두 다윗이
도로 찾아왔고 **20.**다윗이 또 양 떼와 소 떼를 다 되찾았더니 무리가 그 가축들을 앞에 몰고 가며 이
르되 이는 다윗의 전리품이라 하였더라

1. 다윗은 아말렉에 빼앗겼던 모든 것을 하나님의 이름으로 되찾았음 (= 원수로부터 회복, 예수님이 마귀로부터 자기 백성을 구원해 내심)

18-20절= "다윗이 아말렉 사람들이 빼앗아 갔던 모든 것을 도로 찾고 그의 두 아내를 구원하였고 그들이 약탈하였던 것 곧 무리의 자녀들이나 빼앗겼던 것은 크고 작은 것을 막론하고 아무것도 잃은 것이 없이 모두 다윗이 도로 찾아왔고 다윗이 또 양 떼와 소 떼를 다 되찾았더니…"

2. 다윗은 아무것도 잃은 것 없이 모두 되찾아옴 (= 예수님은 인간의 범죄로 잃은 모든 것을 회복하심)

19-20절= "그들이 약탈하였던 것 곧 무리의 자녀들이나 빼앗겼던 것은 크고 작은 것을 막론하고 아무것도 잃은 것이 없이 모두 다윗이 도로 찾아왔고 다윗이 또 양 떼와 소 떼를 다 되찾았더니…"

3. 무리가 "이는 다윗의 전리품이라"고 공개적으로 외침 (= 성도의 헌신 헌물은 주님 주신 것을 다시 주님께 드림 의미)

20절= "… 무리가 그 가축들을 앞에 몰고 가며 이르되 이는 다윗의 전리품이라 하였더라"

◆◆◆

【대지 유형】 주제 설명형 - 본문 묵상형 - 대지 혼재형(2+1)
【주제】 (적용) 다윗이 아말렉에게서 빼앗았던 전리품은 주님이 십자가 피흘리심을 통해 마귀에 잡혀 있던 인류를 구원해 내신 것을 보여준다.
【FCF】 그리스도의 구속 사건에 감동을 잃은 현대 교회의 세속화.

【서론】 제목은 다윗을 환호하는 말= 다윗의 왕권(kingship) 의미. 다윗은 예수 그리스도의 예표적 인물이다. 다윗이 경험한 두쟁 승리 시련은 하나님이 시명하고 섭리하신 것이다. 인간은 죄로 인해 마귀에게 모든 좋은 것을 빼앗겼다. 이를 예수 그리스도께서 되찾아 주셨다.
【우산질문】 다윗이 아말렉에게서 빼앗았던 전리품의 의미에 대해 살펴보자.

【1대지】 본문의 배경과 내용. 다윗을 사랑하시는 하나님. 6절, "다윗이 크게 군급하였으나 그 하나님 여호와를 힘입고 용기를 얻었더라" 원수에게 빼앗겼던 모든 것을 하나님의 도우심으로 하나님의 이름으로 모두 회복하였다. 예수 그리스도는 사탄의 세력을 철저히 이기셨다. 하나님의 능력의 손은 누구도 막을 수 없다. 이 주님을 의지하고 뒤따라 가자.
【2대지】 주님의 위대한 사역. 인류가 범죄함으로 무엇을 상실?= 양자권 상속권 영적생활 그리고 잃어버린 하나님의 형상. 이 모든 것을 주님이 회복하셨다.
【3대지】 다윗에 의해 예표 되신 예수 그리스도의 사역으로 유추해보자. 우리가 하나님의 자녀로서 누리는 모든 선한 것은 예수께서 우리에게 주신 것이다. 죄로 인해 잃어버린 모든 것은 예수님을 통해 찾게 된다.
【결론】 주님은 사탄을 족쇄 채우고 우리를 건지셨다. 내가 가진 모든 것은 주님이 주신 것. "이는 다윗의 전리품이라" - 이것은 우리의 노래!

- 절기, 용도, 장르, 특징: 상징주의 해석.
- Key Word: 전리품.
- Remarks:

본문 : **삼하 2:8-9, 18-23; 3:20, 27**

제목 : **아사헬과 아브넬의 교훈 (Asahel vs. Abner)**

2:8.사울의 군사령관 넬의 아들 아브넬이 이미 사울의 아들 이스보셋을 데리고 마하나임으로 건너가
9.길르앗과 아술과 이스르엘과 에브라임과 베냐민과 온 이스라엘의 왕으로 삼았더라 사울의 군사령
관 넬의 아들 아브넬이 이미 사울의 아들 이스보셋을 데리고 마하나임으로 건너가 길르앗과 아술과
이스르엘과 에브라임과 베냐민과 온 이스라엘의 왕으로 삼았더라 …… **18.**그 곳에 스루야의 세 아
들 요압과 아비새와 아사헬이 있었는데 아사헬의 발은 들노루 같이 빠르더라 **19.**아사헬이 아브넬을
쫓아 달려가되 좌우로 치우치지 않고 아브넬의 뒤를 쫓으니 **20.**아브넬이 뒤를 돌아보며 이르되 아
사헬아 너냐 대답하되 나로라 **21.**아브넬이 그에게 이르되 너는 왼쪽으로나 오른쪽으로나 가서 청년
하나를 붙잡아 그의 군복을 빼앗으라 하되 아사헬이 그렇게 하기를 원하지 아니하고 그의 뒤를 쫓으
매 **22.**아브넬이 다시 아사헬에게 이르되 너는 나 쫓기를 그치라 내가 너를 쳐서 땅에 엎드러지게 할
까닭이 무엇이냐 그렇게 하면 내가 어떻게 네 형 요압을 대면하겠느냐 하되 **23.**그가 물러가기를 거
절하매 아브넬이 창 뒤 끝으로 그의 배를 찌르니 창이 그의 등을 꿰뚫고 나간지라 곧 그 곳에 엎드러
져 죽으매 아사헬이 엎드러져 죽은 곳에 이르는 자마다 머물러 섰더라 …… **3:20.**아브넬이 부하 이
십 명과 더불어 헤브론에 이르러 다윗에게 나아가니 다윗이 아브넬과 그와 함께 한 사람을 위하여 잔
치를 배설하였더라 …… **27.**아브넬이 헤브론으로 돌아오매 요압이 더불어 조용히 말하려는 듯이 그
를 데리고 성문 안으로 들어가 거기서 배를 찔러 죽이니 이는 자기의 동생 아사헬의 피로 말미암음이
더라

1. 노루발 아사헬과 권력욕으로 가득한 아브넬 (= 열정적 신앙과 세속적 신앙)

2:18= "… 아사헬의 발은 들노루 같이 빠르더라"

2:8-9= "… 아브넬이 이미 사울의 아들 이스보셋을… 온 이스라엘의 왕으로 삼았더라"

2. 적장을 뒤쫓는 아브넬과 거짓 귀순하는 아브넬 (= 용기 있는 신앙과 거짓 신앙)

2:19= "아사헬이 아브넬을 쫓아 달려가되 좌우로 치우치지 않고 아브넬의 뒤를 쫓으니"

3:20= "아브넬이 부하 이십 명과 더불어 헤브론에 이르러 다윗에게 나아가니…"

3. 주군을 위해 죽은 아사헬과 왕의 신하에 대항하다 죽은 아브넬 (= 순교의 죽음과 심판의 죽음)

2:23= "… 아브넬이 창 뒤 끝으로 그의 배를 찌르니 창이 그의 등을 꿰뚫고 나간지라 곧 그 곳에 엎드러져 죽으매…"

3:27= "아브넬이 헤브론으로 돌아오매 요압이… 그를 데리고 성문 안으로 들어가 거기서 배를 찔러 죽이니"

◆◆◆

【대지 유형】 주제 설명형 - 본문 수집형 - 대지 심화형
【주제】 (적용) 열정과 용기를 가지고 순교적인 신앙의 자세로 나아가자.
【FCF】 용기 있는 신앙인이 찾기 어려운 세대.

【서론】 본문은 다윗의 부하 장수들과 사울의 부하 장수들의 갈등에 관한 이야기이다. 성경 상징주의 해석법에 따르면 다윗은 예수님을 상징하고 다윗의 군대장관들은 신약 교회의 직분자들을 상징한다. 아사헬의 모습이 교회 직분자들의 신앙의 모습이라면, 아브넬의 경우는 거짓된 직분자의 모습이다.
【우산질문】 두 사람의 차이점을 통해서 하나님께서 우리에게 주시는 교훈이 무엇인가?

【1대지】 이스라엘의 지도자 그룹에 아사헬과 아브넬 같은 상반된 인물이 있었던 것은 오늘 교회 안에 열정적 신앙과 세속적 신앙의 상반된 모습이 있을 수 있음을 깨닫게 한다. 아브넬의 세속적 탐욕적 모습을 말끔히 털어버리고, 아사헬의 노루 발로 무장하자.
【2대지】 만일 우리가 용기 있는 신앙으로 무장하지 못한다면 결국 세상과 타협할 수밖에 없을 것이다. 종말에 교회를 타락시킬 세속적인 신앙은 음녀와 함께하는 거짓 신앙이다. 여러분은 진리를 사수하기 위해 싸울 용기가 있는가? 여러분은 마귀의 세력을 대적하기 위해 피흘릴 각오가 되어 있는가?
【3대지】 아사헬의 죽음은 주군 다윗을 위한 죽음이었고, 이는 오늘 우리에게 예수 그리스도를 위한 순교의 죽음을 의미한다. 하지만 사울의 군사령관 아브넬의 죽음은 거짓 신앙으로 하나님이 뽑으신 일꾼을 대항하다가 죽임당한 심판의 죽음을 상징한다.
【결론】 우리 모두는 주님의 몸 된 교회를 위한 '노루 발 열심'이 필요하다. '내 몫에 태인 십자가'를 지고 주님을 따르는 일에 순교적인 자세가 필요하다.

- 절기, 용도, 장르, 특징: 상징주의 해석.
- Key Word: 열정, 용기, 순교.
- Remarks:

본문 : **삼하 6:6-11**
제목 : **오벧에돔의 복**

6.그들이 나곤의 타작 마당에 이르러서는 소들이 뛰므로 웃사가 손을 들어 하나님의 궤를 붙들었더니 **7.**여호와 하나님이 웃사가 잘못함으로 말미암아 진노하사 그를 그 곳에서 치시니 그가 거기 하나님의 궤 곁에서 죽으니라 **8.**여호와께서 웃사를 치시므로 다윗이 분하여 그 곳을 베레스웃사라 부르니 그 이름이 오늘까지 이르니라 **9.**다윗이 그 날에 여호와를 두려워하여 이르되 여호와의 궤가 어찌 내게로 오리요 하고 **10.**다윗이 여호와의 궤를 옮겨 다윗 성 자기에게로 메어 가기를 즐겨하지 아니하고 가드 사람 오벧에돔의 집으로 메어 간지라 **11.**여호와의 궤가 가드 사람 오벧에돔의 집에 석 달을 있었는데 여호와께서 오벧에돔과 그의 온 집에 복을 주시니라

1. 오벧에돔은 여호와의 궤가 갈 곳이 없을 때 자기 집으로 메어 갔음 (= 하나님의 일이 어려울 때 충성함)
10절= "다윗이 여호와의 궤를 옮겨 다윗 성 자기에게로 메어 가기를 즐겨하지 아니하고 가드 사람 오벧에돔의 집으로 메어 간지라"

2. 언약궤를 모신 지 석 달 만에 온 집에 복을 받은 것이 알려졌음 (= 다윗과 백성을 깨닫게 하기 위함)
11절= "여호와의 궤가 가드 사람 오벧에돔의 집에 석 달을 있었는데 여호와께서 오벧에돔과 그의 온 집에 복을 주시니라"

3. 여호와께서 온 집에 복을 주셨다고 함 (= 하나님이 복의 근원임을 보여주심)
11절= "… 여호와께서 오벧에돔과 그의 온 집에 복을 주시니라"

◈◈◈

【대지 유형】 주제 설명형 - 본문 묵상형 - 대지 병렬형
【주제】 (석의) 복의 근원이신 하나님은 오벧에돔이 언약궤를 자원하여 자기 집으로 모신 것을 보고 크게 축복하여 다윗과 백성들이 깨닫게 하셨다.
【FCF】 하나님의 일이 어려울 때 충성하지 못하고 비겁한 모습을 보이는 것.

【서론】 오벧에돔은 다윗 왕국의 문지기였다. "하나님은 오벧에돔에게 복을 주셨다" - 성경 여러 곳에서 증언하고 있다(11절, 12절, 대상 3:14, 대상 26:5). 웃사의 사건 후 백성들은 두려워했고, 언약궤를 메어가자 복이 임하기 시작

했다. 언약궤는 교회를 상징한다.
【우산질문】 언약궤를 모신 오벧에돔이 받은 복에 대해 좀더 깊이 살펴보자.

【1대지】 9절, 다윗은 웃사 사건 이후 두려워하여 언약궤를 다윗성으로 모시기를 즐겨하지 않았다. 이때 오벧에돔이 자기 집으로 모셨다. 진정으로 충성스런 사람은 하나님 나라에 꼭 필요할 때 나서는 사람이다. 남들이 거부하고 떠날 때 주님의 십자가를 지는 사람이다. 교회가 어려움을 당할 때 그 어려움에 동참하는 성도를 주님은 기뻐하신다.
【2대지】 웃사 사건으로 다윗에게 두려움이 가득해졌다(9절). 섭섭한 마음을 가진 다윗. 궤를 모신 오벧에돔의 집이 석 달 만에 큰 복을 받았다는 소식은 다윗에게 충격을 주었고, 크게 뉘우치게 된다. 하나님은 다윗을 사랑하신다. 다윗으로 하여금 깨닫게 하기 원하신다. 교회나 주의 종이 어려움을 당할 때 오벧에돔같은 사람이 필요하다!
【3대지】 대상 13:14 "… 여호와께서 오벧에돔의 집과 그 모든 소유에 복을 내리셨더라" 복을 받고 못 받고는 하나님께 달렸다. 삼상 7:1의 아미나답= 법궤를 20년 모셨지만 복을 받지 못했다, Why? 궤를 모실 때 감사와 기쁨으로 모시는가 여부가 중요하다.
【결론】 후일 오벧에돔이 받은 복= 예: 제비뽑기에서 문지기 반열에 뽑힘(대상 16:38), 후손들이 복을 받음(대상 26:4-8).

- 절기, 용도, 장르, 특징:
- Key Word: 복.
- Remarks:

본문 : **삼하 9:1-13**

제목 : **왕의 상에서 먹게 된 므비보셋**
(The Crippled Eating at the King's Table)

1.다윗이 이르되 사울의 집에 아직도 남은 사람이 있느냐 내가 요나단으로 말미암아 그 사람에게 은총을 베풀리라 하니라 **2.**사울의 집에는 종 한 사람이 있으니 그의 이름은 시바라 그를 다윗의 앞으로 부르매 왕이 그에게 말하되 네가 시바냐 하니 이르되 당신의 종이니이다 하니라 **3.**왕이 이르되 사울의 집에 아직도 남은 사람이 없느냐 내가 그 사람에게 하나님의 은총을 베풀고자 하노라 하니 시바가 왕께 아뢰되 요나단의 아들 하나가 있는데 다리 저는 자니이다 하니라 **4.**왕이 그에게 말하되 그가 어디 있느냐 하니 시바가 왕께 아뢰되 로드발 암미엘의 아들 마길의 집에 있나이다 하니라 **5.**다윗 왕이 사람을 보내어 로드발 암미엘의 아들 마길의 집에서 그를 데려오니 **6.**사울의 손자 요나단의 아들 므비보셋이 다윗에게 나아와 그 앞에 엎드려 절하매 다윗이 이르되 므비보셋이여 하니 그가 이르기를 보소서 당신의 종이니이다 **7.**다윗이 그에게 이르되 무서워하지 말라 내가 반드시 네 아버지 요나단으로 말미암아 네게 은총을 베풀리라 내가 네 할아버지 사울의 모든 밭을 다 네게 도로 주겠고 또 너는 항상 내 상에서 떡을 먹을지니라 하니 **8.**그가 절하여 이르되 이 종이 무엇이기에 왕께서 죽은 개 같은 나를 돌아보시나이까 하니라 **9.**왕이 사울의 시종 시바를 불러 그에게 이르되 사울과 그의 온 집에 속한 것은 내가 다 네 주인의 아들에게 주었노니 **10.**너와 네 아들들과 네 종들은 그를 위하여 땅을 갈고 거두어 네 주인의 아들에게 양식을 대주어 먹게 하라 그러나 네 주인의 아들 므비보셋은 항상 내 상에서 떡을 먹으리라 하니라 시바는 아들이 열다섯 명이요 종이 스무 명이라 **11.**시바가 왕께 아뢰되 내 주 왕께서 모든 일을 종에게 명령하신 대로 종이 준행하겠나이다 하니라 므비보셋은 왕자 중 하나처럼 왕의 상에서 먹으니라 **12.**므비보셋에게 어린 아들 하나가 있으니 이름은 미가더라 시바의 집에 사는 자마다 므비보셋의 종이 되니라 **13.**므비보셋이 항상 왕의 상에서 먹으므로 예루살렘에 사니라 그는 두 발을 다 절더라

1. 다윗이 사울의 남은 자손을 찾음 (= 오직 은혜: 하나님과 원수된 우리)

1절= "다윗이 이르되 사울의 집에 아직도 남은 사람이 있느냐"

3절= "왕이 이르되 사울의 집에 아직도 남은 사람이 없느냐 내가 그 사람에게 하나님의 은총을 베풀고자 하노라"

2. 중증 장애인 므비보셋을 불러옴 (= 오직 은혜: 쓸모없는 우리를 부르심)

3절= "시바가 왕께 아뢰되 요나단의 아들 하나가 있는데 다리 저는 자니이다"

3. 왕이 요나단을 인하여 은총을 베풂 (= 오직 은혜: 그리스도의 구속의 은혜)

7절= "다윗이 그에게 이르되 무서워하지 말라 내가 반드시 네 아버지 요나단으로 말미암아 네게 은총을 베풀리라 내가 네 할아버지 사울의 모든 밭을 다 네게 도로 주겠고 또 너는 항상 내 상에서 떡을 먹을지니라"

◈◈◈

【대지 유형】 주제 설명형 - 본문 묶음형 - 대지 진전형
【주제】 (적용) 므비보셋 같이 쓸모없는 우리를 불러 구원하신 하나님의 은혜는 한량없다.
【FCF】 많은 신앙인이 하나님의 은혜를 값싸게 여기는 경향.

【서론】 다윗 왕과 사울의 손자 므비보셋의 사건은 하나님의 은혜를 보여주는 최상의 예(例)가 될 것이다. 은총을 베푸는 다윗 왕과 은총을 받는 장애인의 이야기는 실상은 하나님과 우리의 이야기이다.
【우산질문】 왕의 상에서 먹게 된 므비보셋! 말씀을 통하여 우리의 현주소와 주님의 은혜를 새롭게 조명해보자.

【1대지】 완전히 망해버린 원수의 자손을 찾아 도와주려는 다윗 왕의 따뜻한 마음= 하나님께서 원수된 우리에게 은혜 주시려고 찾아오시는 것.
【2대지】 아무런 효용 가치도 없는 우리를 하나님 나라의 백성으로 불러주신 것은 오직 은혜이다. 다윗 왕에게 므비보셋은 전혀 도움이 되지 못하는 존재였다. 그는 '두 발을 다 저는' 중증 장애인이다. 본질상 진노의 자녀였던 우리가 하나님의 사랑의 자녀가 될 수 있는 것은 오직 하나님의 큰 사랑 때문이다.
【3대지】 다윗이 요나단으로 인하여 쓸모없는 사람 므비보셋에게 큰 은혜를 베풀었던 것처럼, 하나님은 예수 그리스도로 인하여 아무 쓸데 없는 우리에게 이처럼 놀라운 구원의 은혜를 베푸셨다.
【결론】 므비보셋과 같은 우리, 영적으로 철저히 파산했던 우리를 이만큼 세워주신 하나님. 주님의 놀라운 사랑을 받은 우리, 몸으로 산제물(living sacrifice) 삼자.

- 절기, 용도, 장르, 특징: 상징주의 해석.
- Key Word: 은혜.
- Remarks:

본문 : **왕상 8:22-26**
제목 : **솔로몬의 봉헌기도**

22.솔로몬이 여호와의 제단 앞에서 이스라엘의 온 회중과 마주서서 하늘을 향하여 손을 펴고 **23.**이르되 이스라엘의 하나님 여호와여 위로 하늘과 아래로 땅에 주와 같은 신이 없나이다 주께서는 온 마음으로 주의 앞에서 행하는 종들에게 언약을 지키시고 은혜를 베푸시나이다 **24.**주께서 주의 종 내 아버지 다윗에게 하신 말씀을 지키사 주의 입으로 말씀하신 것을 손으로 이루심이 오늘과 같으니이다 **25.**이스라엘의 하나님 여호와여 주께서 주의 종 내 아버지 다윗에게 말씀하시기를 네 자손이 자기 길을 삼가서 네가 내 앞에서 행한 것 같이 내 앞에서 행하기만 하면 네게서 나서 이스라엘의 왕위에 앉을 사람이 내 앞에서 끊어지지 아니하리라 하셨사오니 이제 다윗을 위하여 그 하신 말씀을 지키시옵소서 **26.**그런즉 이스라엘의 하나님이여 원하건대 주는 주의 종 내 아버지 다윗에게 하신 말씀이 확실하게 하옵소서

1. "천지에 주와 같은 신이 없다"고 고백함 (= 하나님만이 참 신이란 고백)

23절= "이스라엘의 하나님 여호와여 위로 하늘과 아래로 땅에 주와 같은 신이 없나이다"

2. "주님은 참 종들에게 언약을 지키시는 분이라"고 고백함 (= 하나님은 언약을 지키는 분이란 고백)

23절= "… 주께서는 온 마음으로 주의 앞에서 행하는 종들에게 언약을 지키시고 은혜를 베푸시나이다"

3. "다윗의 영원한 왕권 약속을 지키시옵소서"라고 기도함 (= 하나님은 계속 은혜를 베푸시는 분이란 신앙 고백)

25절= "이스라엘의 하나님 여호와여 주께서 주의 종 내 아버지 다윗에게 말씀하시기를 네 자손이 자기 길을 삼가서 네가 내 앞에서 행한 것 같이 내 앞에서 행하기만 하면 네게서 나서 이스라엘의 왕위에 앉을 사람이 내 앞에서 끊어지지 아니하리라 하셨사오니 이제 다윗을 위하여 그 하신 말씀을 지키시옵소서"

◈◈◈

【대지 유형】 주제 설명형 - 본문 분석형 - 대지 심화형
【주제】 (석의) 솔로몬은 하나님만이 참 하나님이시고 언약을 베푸시며 계속 은혜를 베푸시는 분이라고 고백한다.

【FCF】 많은 신앙인이 기도시 간구에 매달리다 보니 하나님에 대한 신앙고백이 부족하다.

【서론】 솔로몬의 제일 업적은 성전건축. 7년간의 기간. 어마어마한 자료를 들여서. 금이 약 10만 달란트(=3조 원). 다윗은 성전 건축 자재 준비에 평생을 진력했다. 성전 짓는 백향목 나무 확보. 이런 바탕 위에서 솔로몬은 주전 960년 8월에 해발 744m의 모리아산 정상에 성전을 건축하였다. 성전 봉헌기도는 8장 전체를 차지하는 긴 내용이다. 여기에 솔로몬의 신앙이 담겨 있다.
【우산질문】 솔로몬의 기도 가운데 나타난 하나님에 관한 신앙을 살펴보자.

【1대지】 이스라엘이 가나안에 정착해서 가나안의 우상인 바알과 아스다롯을 버리지 못한 이유는 그 신들이 농경의 신들이었기 때문이다. 다신론 시대. 가나안의 우상 숭배 경향 가운데서 솔로몬은 오직 하나님 신앙을 강조한다. 쉬운 일이 아니다. 믿음의 양다리는 안 된다. 한 발은 세상에 한 발은 교회에? 우리는 오직 하나님만을 나의 힘으로 삼겠다는 결단을 해야 한다.
【2대지】 언약을 지키시는 하나님! 솔로몬은 체험적으로 알았다. 왕상 3:16-22, 창기 두 계집의 사건. 한 아이를 서로 자신의 아이라 우기며 재판을 요구한 것. 하나님이 주신 하늘의 지혜가 솔로몬에게 임했다. 말씀대로 살아보라. 그러면 하나님이 언약을 지키시는 분인 것을 알게 될 것이다.
【3대지】 당시 왕위에 11년간 있었던 솔로몬. 왕의 자리가 얼마나 타락하기 쉬운가를 알았을 것이다. 후손을 위한 기도= 민족을 위한 기도. 주님의 은혜로 약속을 이루어 달라고 기도했다. 왕권 유지와 번성은 오직 하나님의 은혜임을 알았다.
【결론】 오직 하나님만이 참 하나님이시며, 성실하게 언약을 지키시고 계속적으로 은혜를 베푸시는 하나님. 우리도 이렇게 풍성한 하나님을 체험하게 해 달라고 기도하자.

- 절기, 용도, 장르, 특징:
- Key Word: 신앙고백.
- Remarks:

본문 : **왕상 10:1-10; 마 12:42**

제목 : **왕을 찾아온 스바 여왕**

(Solomon and the Queen of Sheba)

1.스바의 여왕이 여호와의 이름으로 말미암은 솔로몬의 명성을 듣고 와서 어려운 문제로 그를 시험하고자 하여 **2.**예루살렘에 이르니 수행하는 자가 심히 많고 향품과 심히 많은 금과 보석을 낙타에 실었더라 그가 솔로몬에게 나아와 자기 마음에 있는 것을 다 말하매 **3.**솔로몬이 그가 묻는 말에 다 대답하였으니 왕이 알지 못하여 대답하지 못한 것이 하나도 없었더라 **4.**스바의 여왕이 솔로몬의 모든 지혜와 그 건축한 왕궁과 **5.**그 상의 식물과 그의 신하들의 좌석과 그의 시종들이 시립한 것과 그들의 관복과 술 관원들과 여호와의 성전에 올라가는 층계를 보고 크게 감동되어 **6.**왕께 말하되 내가 내 나라에서 당신의 행위와 당신의 지혜에 대하여 들은 소문이 사실이로다 **7.**내가 그 말들을 믿지 아니하였더니 이제 와서 친히 본즉 내게 말한 것은 절반도 못되니 당신의 지혜와 복이 내가 들은 소문보다 더하도다 **8.**복되도다 당신의 사람들이여 복되도다 당신의 이 신하들이여 항상 당신 앞에 서서 당신의 지혜를 들음이로다 **9.**당신의 하나님 여호와를 송축할지로다 여호와께서 당신을 기뻐하사 이스라엘 왕위에 올리셨고 여호와께서 영원히 이스라엘을 사랑하시므로 당신을 세워 왕으로 삼아 정의와 공의를 행하게 하셨도다 하고 **10.**이에 그가 금 일백이십 달란트와 심히 많은 향품과 보석을 왕에게 드렸으니 스바의 여왕이 솔로몬 왕에게 드린 것처럼 많은 향품이 다시 오지 아니하였더라 …… **마12:42.**심판 때에 남방 여왕이 일어나 이 세대 사람을 정죄하리니 이는 그가 솔로몬의 지혜로운 말을 들으려고 땅 끝에서 왔음이거니와 솔로몬보다 더 큰 이가 여기 있느니라

1. 왕에게 마음에 있는 것을 다 말했음 (= 예수님과의 교제)

2절= "… 그가 솔로몬에게 나아와 자기 마음에 있는 것을 다 말하매"

2. 왕의 지혜와 복에 감탄하였음 (= 예수님의 부요하심 발견)

6절= "왕께 말하되 내가 내 나라에서 당신의 행위와 당신의 지혜에 대하여 들은 소문이 사실이로다"

7절= "내가 그 말들을 믿지 아니하였더니 이제 와서 친히 본즉 내게 말한 것은 절반도 못되니 당신의 지혜와 복이 내가 들은 소문보다 더하도다"

3. 많은 보화를 왕에게 드렸음 (= 예수님께 헌신)

10절= "이에 그가 금 일백이십 달란트와 심히 많은 향품과 보석을 왕에게 드렸으니 스바의 여왕이 솔로몬 왕에게 드린 것처럼 많은 향품이 다시 오지 아니하였더라"

◈◈◈

【대지 유형】 주제 설명형 - 본문 수집형 - 대지 심화형

【주제】(적용) 성도는 예수님과의 교제를 나누며 예수님의 부요하심을 발견하고 예수님께 헌신하는 자이다.
【FCF】 많은 성도가 예수님과의 교제를 누리지 못하고 있음.

【서론】 본문의 솔로몬 왕과 스바 여왕의 사건도 사실은 예수님을 보여주는 이야기이다. 여기 솔로몬과 스바 여왕의 관계는 예수 그리스도와 성도와의 관계를 상징한다. 스바의 여왕이 솔로몬 왕을 직접 방문했다는 것은 그만큼 솔로몬의 지혜의 명성이 대단했음을 시사한다.
【우산질문】 스바 여왕은 솔로몬에게서 무엇을 보았고 어떻게 헌신하게 되었는가?

【1대지】 솔로몬을 만난 스바 여왕은 자기 마음에 있는 말을 모두 쏟아놓았다. 우리는 마음속에 있는 모든 것을 예수님께 아뢰어야 한다. 솔로몬 왕은 스바 여왕의 질문에 막히는 것이 없었다. 연약한 우리가 거룩하고 높으신 하나님의 아들과 교통하게 된 것은 얼마나 감격스러운 일인가!
【2대지】 스바 여왕이 솔로몬의 지혜와 복에 감탄한 것은 예수님께 가까이 나아가는 성도가 예수님의 부요하심을 발견하고 감탄하게 되는 것과 비교할 수 있다. 주님을 진정으로 만난 성도의 입에서는 스바 여왕이 솔로몬 왕에게 고백했던 경외와 부러움의 말이 저절로 나오게 된다. 주님의 지혜와 사랑의 부요하심은 측량할 수 없다!
【3대지】 스바 여왕이 자신이 가진 많은 보화를 왕에게 드린 것은 오늘날 성도가 우리의 주님이신 예수님께 어떻게 헌신해야 하는가를 보여주는 장면이다.
【결론】 여러분은 예수 그리스도께 나아가 자신의 모든 것을 낱낱이 아뢰어본 적이 있는가? 여러분의 슬픔과 기쁨, 성공과 실패, 그리고 미래의 꿈에 대하여 예수님과 깊은 대화를 나누어본 적이 있는가?

- 절기, 용도, 장르, 특징: 상징주의 해석.
- Key Word: 교제.
- Remarks:

본문 : **왕상 17:1-9; 18:36-40**

제목 : **하나님의 사람 엘리야**

17:1.길르앗에 우거하는 자 중에 디셉 사람 엘리야가 아합에게 말하되 내가 섬기는 이스라엘의 하나님 여호와께서 살아 계심을 두고 맹세하노니 내 말이 없으면 수 년 동안 비도 이슬도 있지 아니하리라 하니라 **2.**여호와의 말씀이 엘리야에게 임하여 이르시되 **3.**너는 여기서 떠나 동쪽으로 가서 요단 앞 그릿 시냇가에 숨고 **4.**그 시냇물을 마시라 내가 까마귀들에게 명령하여 거기서 너를 먹이게 하리라 **5.**그가 여호와의 말씀과 같이 하여 곧 가서 요단 앞 그릿 시냇가에 머물매 **6.**까마귀들이 아침에도 떡과 고기를, 저녁에도 떡과 고기를 가져왔고 그가 시냇물을 마셨으나 **7.**땅에 비가 내리지 아니하므로 얼마 후에 그 시내가 마르니라 **8.**여호와의 말씀이 엘리야에게 임하여 이르시되 **9.**너는 일어나 시돈에 속한 사르밧으로 가서 거기 머물라 내가 그 곳 과부에게 명령하여 네게 음식을 주게 하였느니라 …… **18:36.**저녁 소제 드릴 때에 이르러 선지자 엘리야가 나아가서 말하되 아브라함과 이삭과 이스라엘의 하나님 여호와여 주께서 이스라엘 중에서 하나님이신 것과 내가 주의 종인 것과 내가 주의 말씀대로 이 모든 일을 행하는 것을 오늘 알게 하옵소서 **37.**여호와여 내게 응답하옵소서 내게 응답하옵소서 이 백성에게 주 여호와는 하나님이신 것과 주는 그들의 마음을 되돌이키심을 알게 하옵소서 하매 **38.**이에 여호와의 불이 내려서 번제물과 나무와 돌과 흙을 태우고 또 도랑의 물을 핥은지라 **39.**모든 백성이 보고 엎드려 말하되 여호와 그는 하나님이시로다 여호와 그는 하나님이시로다 하니 **40.**엘리야가 그들에게 이르되 바알의 선지자를 잡되 그들 중 하나도 도망하지 못하게 하라 하매 곧 잡은지라 엘리야가 그들을 기손 시내로 내려다가 거기서 죽이니라

1. "내 말이 없으면 수 년 동안 비도 이슬도 있지 아니하리라"고 했음 (= 한마디 말로 하늘 문을 닫은 사람)

1절= "길르앗에 우거하는 자 중에 디셉 사람 엘리야가 아합에게 말하되 내가 섬기는 이스라엘의 하나님 여호와께서 살아 계심을 두고 맹세하노니 내 말이 없으면 수 년 동안 비도 이슬도 있지 아니하리라 하니라"

2. 말씀에 순종하여 그릿 시냇가로 사르밧 과부에게로 갔음 (= 하나님과 더불어 산 사람)

3절= "너는 여기서 떠나 동쪽으로 가서 요단 앞 그릿 시냇가에 숨고"

9절= "너는 일어나 시돈에 속한 사르밧으로 가서 거기 머물라 내가 그 곳 과부에게 명령하여 네게 음식을 주게 하였느니라"

3. 갈멜산 전투에서 기도로 여호와의 불이 떨어지게 했음 (= 엄청난 기도의 능력을 소유한 사람)

37-38절= "여호와여 내게 응답하옵소서 내게 응답하옵소서 이 백성에게 주 여호와는 하나님이신 것과 주는 그들의 마음을 되돌이키심을 알게 하옵소서 하매 이에 여호와의 불이 내려서 번제물과 나무와 돌과 흙을 태우고 또 도랑의 물을 핥은지라"

◈◈◈

【대지 유형】 주제 설명형 - 본문 수집형 - 대지 연결형
【주제】 (석의) 하나님의 사람 엘리야는 영적 전투에서 승리한 기도의 사람이었다.
【FCF】 현대 교회에서 하나님의 엘리야를 찾기 쉽지 않음.

【서론】 엘리야와 엘리사. 불수레와 불말. 엘리사의 외침, "엘리야의 하나님은 어디 계시나이까?"(왕하 2:14). 그러나 이 시대 필요한 외침은 "하나님의 엘리야는 어디 있는가?" 하나님은 지금도 엘리야와 같은 기도의 사람을 찾고 계신다. 엘리야가 무대에 출현했을 때는 온통 흑암의 세상이었다. 아합과 이세벨. 바알과 아세라. 성경은 엘리야를 가리켜 "그는 기도했다"(약 5:17)라고 한다.
【우산질문】 본문을 통해 기도의 사람 엘리야를 좀 더 살펴보자.

【1대지】 그는 믿음의 열쇠로 하늘 문을 잠그고 열쇠를 주머니에 넣어버렸다. 아합왕이 떨기 시작했고, 3년 6개월 동안 비가 오지 않았다. 하나님이 사람을 붙잡아 일할 때도 놀라운 일이 일어나지만, 사람이 하나님을 붙잡아 (기도로) 일할 때 세상은 더 큰 기적을 보게 된다. 진리의 말씀은 사람을 움직이나 믿음의 기도는 하나님을 움직인다.
【2대지】 그는 하나님처럼 민족의 죄악을 근심했고, 담대한 마음으로 죄에 맞서 싸웠다. 우린 엘리야의 성공은 좋아하지만 추방은 좋아하지 않는 경향이 있다. 요 15:20. 그는 사회의 악을 보고 하나님의 분노를 느끼고 기도했다. 그는 부드러운 설교를 하지 않았다. 그는 아합을 피하여 그릿 시냇가로 숨어야 했고, 사탄의 본거지인 사르밧까지 가서 숨어야 했다.
【3대지】 그의 기도의 능력은 갈멜산에서 나타났다. 간결한 기도. 오직 하나님의 영광과 능력이 나타나도록 간구하는 기도.
【결론】 우리 시대는 더욱 죄악이 관영한 시대, 더욱 어둡고 메마른 시대이다. 우리가 엘리야의 하나님을 찾기 전에 오히려 하나님께서 하나님의 엘리야를 찾으신다. 루터, 칼빈, 에드워드, 피니, 웨슬레… 성령 충만한 그리스도인들은 모두 하나님의 엘리야가 될 수 있다.

- 절기, 용도, 장르, 특징:
- Key Word: 엘리야, 기도, 성령 충만.
- Remarks:

본문 : **왕상 17:1-14; 19:4-8**

제목 : **엘리야의 떡 (Elijah and the Bread)**

17:1.길르앗에 우거하는 자 중에 디셉 사람 엘리야가 아합에게 말하되 내가 섬기는 이스라엘의 하나님 여호와께서 살아 계심을 두고 맹세하노니 내 말이 없으면 수 년 동안 비도 이슬도 있지 아니하리라 하니라 **2.**여호와의 말씀이 엘리야에게 임하여 이르시되 **3.**너는 여기서 떠나 동쪽으로 가서 요단 앞 그릿 시냇가에 숨고 **4.**그 시냇물을 마시라 내가 까마귀들에게 명령하여 거기서 너를 먹이게 하리라 **5.**그가 여호와의 말씀과 같이 하여 곧 가서 요단 앞 그릿 시냇가에 머물매 **6.**까마귀들이 아침에도 떡과 고기를, 저녁에도 떡과 고기를 가져왔고 그가 시냇물을 마셨으나 **7.**땅에 비가 내리지 아니하므로 얼마 후에 그 시내가 마르니라 **8.**여호와의 말씀이 엘리야에게 임하여 이르시되 **9.**너는 일어나 시돈에 속한 사르밧으로 가서 거기 머물라 내가 그 곳 과부에게 명령하여 네게 음식을 주게 하였느니라 **10.**그가 일어나 사르밧으로 가서 성문에 이를 때에 한 과부가 그 곳에서 나뭇가지를 줍는지라 이에 불러 이르되 청하건대 그릇에 물을 조금 가져다가 내가 마시게 하라 **11.**그가 가지러 갈 때에 엘리야가 그를 불러 이르되 청하건대 네 손의 떡 한 조각을 내게로 가져오라 **12.**그가 이르되 당신의 하나님 여호와께서 살아 계심을 두고 맹세하노니 나는 떡이 없고 다만 통에 가루 한 움큼과 병에 기름 조금 뿐이라 내가 나뭇가지 둘을 주워다가 나와 내 아들을 위하여 음식을 만들어 먹고 그 후에는 죽으리라 **13.**엘리야가 그에게 이르되 두려워하지 말고 가서 네 말대로 하려니와 먼저 그것으로 나를 위하여 작은 떡 한 개를 만들어 내게로 가져오고 그 후에 너와 네 아들을 위하여 만들라 **14.**이스라엘의 하나님 여호와의 말씀이 나 여호와가 비를 지면에 내리는 날까지 그 통의 가루가 떨어지지 아니하고 그 병의 기름이 없어지지 아니하리라 하셨느니라 …… **19:4.**자기 자신은 광야로 들어가 하룻길쯤 가서 한 로뎀 나무 아래에 앉아서 자기가 죽기를 원하여 이르되 여호와여 넉넉하오니 지금 내 생명을 거두시옵소서 나는 내 조상들보다 낫지 못하니이다 하고 **5.**로뎀 나무 아래에 누워 자더니 천사가 그를 어루만지며 그에게 이르되 일어나서 먹으라 하는지라 **6.**본즉 머리맡에 숯불에 구운 떡과 한 병 물이 있더라 이에 먹고 마시고 다시 누웠더니 **7.**여호와의 천사가 또 다시 와서 어루만지며 이르되 일어나 먹으라 네가 갈 길을 다 가지 못할까 하노라 하는지라 **8.**이에 일어나 먹고 마시고 그 음식물의 힘을 의지하여 사십 주 사십 야를 가서 하나님의 산 호렙에 이르니라

1. 까마귀가 가져온 떡의 의미 (= 생명의 말씀)

6절= "까마귀들이 아침에도 떡과 고기를, 저녁에도 떡과 고기를 가져왔고 그가 시냇물을 마셨으나"

2. 사르밧 과부의 떡의 의미 (= 예수 그리스도의 복음으로 새생명 얻음)

13절= "엘리야가 그에게 이르되 두려워하지 말고 가서 네 말대로 하려니와 먼저 그것으로 나를 위하여 작은 떡 한 개를 만들어 내게로 가져오고 그 후에 너와 네 아들을 위하여 만들라"

3. 천사가 숯불로 구운 떡의 의미 (= 성령으로 조명된 말씀)

19:5-7= "로뎀 나무 아래에 누워 자더니 천사가 그를 어루만지며 그에게 이르되 일어나서 먹으라 하는지라 본즉 머리맡에 숯불에 구운 떡과 한 병 물이 있더라 이에 먹고 마시고 다시 누웠더니 여호와의 천사가 또 다시 와서 어루만지며 이르되 일어나 먹으라 네가 갈 길을 다 가지 못할까 하노라 하는지라"

◆◆◆

【대지 유형】 주제 함축형 - 본문 수집형, 묵상형 - 대지 심화형
【주제】 (적용) 엘리야 선지자의 영적 전투의 현장에서 떡과 관련된 세 가지 경우를 통하여 생명의 말씀이 중요함을 보인다.
【FCF】 많은 신앙인이 말씀의 중요함을 아직 크게 깨닫지 못함.

【서론】 예수님은 자신을 일컬어 생명의 떡이라 분명히 밝히셨다. 출애굽한 이스라엘 백성들이 광야에서 40년 동안 매일 먹었던 만나, 그들이 무교절에 누룩을 제하고 먹은 무교병, 예수께서 이적을 베풀어 많은 사람들을 먹이셨던 오병이어와 칠병이어 사건의 떡, 그리고 유월절 성만찬에 제자들과 함께 나누셨던 떡 등은 모두 영적으로 같은 맥락에 있다. 떡의 궁극적 의미는 생명의 수이신 예수님과 그분의 말씀이다.
【우산질문】 엘리야 선지자와 떡에 관한 주목할 만한 기적들을 통하여 각 사건에서 보여주는 떡의 상징적 의미를 살펴보고 우리에게 적용해 보자.

【1대지】 엘리야가 떡을 먹었다는 것은 우리가 말씀을 먹는 것의 예표이다. 시내에 물이 흐름은 교회 안에 생명의 말씀이 넘쳐 흐름과 비교된다. 말씀의 생수를 마셔야 한다. 영의 말씀을 먹고 또 먹어야 한다.
【2대지】 엘리야가 만난 과부의 모습은 너무나 비참한 상태(12절)= 구약교회의 최후의 모습을 연상케 함. 과부와 선지자를 살리기 위해 기적까지 동원하신 의도가 무엇인가?= 예수 그리스도를 통해 이방 교회 안에 하나님의 말씀이 풍족히 공급됨을 의미. 여인이 가졌던 마지막 떡은 의문(儀文)에 의해 죽게 하는 율법의 떡= 이를 먹고서는 결코 구원에 이르지 못함. 이제 예수께서 육신을 입고 오셔서 이 율법의 떡을 십자가에서 친히 해결하셨다.
【3대지】 숯불= 성령의 불. 천사는 엘리야를 위해 떡을 구워 주었다. 천사가 숯불에 구워준 떡= 성령으로 조명된 말씀을 의미.
【결론】 우리는 엘리야 선지자의 영적 전투의 현장에서 떡과 관련된 세 가지 경우를 살펴보았다. 우리의 삶에 생명의 말씀이신 예수님이 무엇보다 최우선이 되어야 한다. 새 밀가루와 새 기름이 끊임없이 흘러넘치는 성령 충만한 성도의 삶이 되어야 한다.

- 절기, 용도, 장르, 특징: 상징주의 해석.
- Key Word: 떡.
- Remarks:

본문 : **왕상 17:8-16**
제목 : **사르밧 과부의 순종 이야기**

8.여호와의 말씀이 엘리야에게 임하여 이르시되 **9.**너는 일어나 시돈에 속한 사르밧으로 가서 거기
머물라 내가 그 곳 과부에게 명령하여 네게 음식을 주게 하였느니라 **10.**그가 일어나 사르밧으로 가
서 성문에 이를 때에 한 과부가 그 곳에서 나뭇가지를 줍는지라 이에 불러 이르되 청하건대 그릇에
물을 조금 가져다가 내가 마시게 하라 **11.**그가 가지러 갈 때에 엘리야가 그를 불러 이르되 청하건대
네 손의 떡 한 조각을 내게로 가져오라 **12.**그가 이르되 당신의 하나님 여호와께서 살아 계심을 두고
맹세하노니 나는 떡이 없고 다만 통에 가루 한 움큼과 병에 기름 조금 뿐이라 내가 나뭇가지 둘을 주
워다가 나와 내 아들을 위하여 음식을 만들어 먹고 그 후에는 죽으리라 **13.**엘리야가 그에게 이르되
두려워하지 말고 가서 네 말대로 하려니와 먼저 그것으로 나를 위하여 작은 떡 한 개를 만들어 내게
로 가져오고 그 후에 너와 네 아들을 위하여 만들라 **14.**이스라엘의 하나님 여호와의 말씀이 나 여호
와가 비를 지면에 내리는 날까지 그 통의 가루가 떨어지지 아니하고 그 병의 기름이 없어지지 아니하
리라 하셨느니라 **15.**그가 가서 엘리야의 말대로 하였더니 그와 엘리야와 그의 식구가 여러 날 먹었
으나 **16.**여호와께서 엘리야를 통하여 하신 말씀 같이 통의 가루가 떨어지지 아니하고 병의 기름이
없어지지 아니하니라

1. 하나님은 엘리야를 사르밧 과부에게 보내셨음 (= 원수들 속, 은밀한 곳, 도움이 필요한 곳)

9절= "너는 일어나 시돈에 속한 사르밧으로 가서 거기 머물라 내가 그 곳 과부에게 명령하여 네게 음식을 주게 하였느니라"

2. 선지자는 과부에게 염치없이 마지막 떡을 달라 하였음 (= 주의 종의 용기 있는 순종)

11절= "엘리야가 그를 불러 이르되 청하건대 네 손의 떡 한 조각을 내게로 가져오라"

13절= "엘리야가 그에게 이르되 두려워하지 말고 가서 네 말대로 하려니와 먼저 그것으로 나를 위하여 작은 떡 한 개를 만들어 내게로 가져오고 그 후에 너와 네 아들을 위하여 만들라"

3. 과부의 순종으로 기근이 끝날 때까지 가루와 기름이 떨어지지 아니함 (= 순종이 가져온 놀라운 결실)

15-16절= "그가 가서 엘리야의 말대로 하였더니 그와 엘리야와 그의 식구가 여러 날 먹었으나 여호와께서 엘리야를 통하여 하신 말씀 같이 통의 가루가 떨어지지 아니하고 병의 기름이 없어지지 아니하니라"

◆◆◆

【대지 유형】 주제 설명형 - 본문 묶음형 - 대지 진전형
【주제】 (석의) 하나님은 순종의 사람 엘리야와 사르밧의 가난한 과부를 사용하여 불순종하는 이스라엘을 심판하시는 모습을 보여주신다.
【FCF】 하나님의 섭리에 대한 절대적인 순종을 알지도 실행하지도 못하는 의심 많은 현대교회의 모습.

【서론】 본문에 여러 가지 오해의 소지가 있음: 왜 시돈 땅 사르밧 과부에게로?, 왜 하필 지독하게 가난한 과부에게로?, 그 과부에게 먹을 것을 가져오라고, 젊은 과부 집에서 오랫동안 함께 살았다는 점. 본문에서 주의 종의 순종과 여인의 순종을 본다. 절대적인 순종. 하나님의 섭리는 놀랍다.
【우산질문】 본문에 나타난 사르밧 과부의 순종 이야기, 그리고 그 순종의 결과가 어떠한지 살펴보자.

【1대지】 하필 사르밧 같은 그런 곳으로? 이세벨의 고향, 바알의 원산지. 원수의 땅에서 이세벨의 눈을 피하게 하신다. 인간적으로 보면 부당하고 위험천만한 일이다. 하나님의 일은 항상 이렇다. 하나님은 풍랑 속에서 고요함을 준비하신다. 그곳에서 주의 종을 주인처럼 공궤받게 하심. 동시에 가난한 과부를 살리기 위해. 만일 부잣집으로 갔다면? 그곳은 은신처가 될 수 없고, 주의 종으로서 공궤받기 어렵다.
【2대지】 상식적으로는 말이 안 된다. 오해의 소지 크다. 죽음 직전의 여인에게 자식 외에 보이는 것이 있겠는가? 엘리야는 오해의 소지를 안고도 용기 있게 요청한다. 여기 하나님의 오묘한 뜻이 있다. 절대 순종의 선지자. 눈치나 보는 목회자 밑에서는 사르밧 과부와 같은 신앙의 인물이 나올 수 없다.
【3대지】 여인의 순종으로 과부 가족도 엘리야도 살았다. 그러나 이스라엘은 작은 떡 하나를 위해 하나님의 위대한 약속을 저버렸다. 백성들은 엘리야를 숨겨주기보다 고발하고 잡으려고 했다. 주의 종 엘리야를 믿어주지 않았고 받아주지도 않았다. 엘리야가 공궤받을 만한 곳은 자기 나라에는 없었다. 이스라엘의 수치요 심판이다. 이 여인을 통해 아합과 이스라엘의 어리석음을 심판한다. 이 사건은 이스라엘의 불순종을 심판하는 효과, 바알의 단 붕괴의 시작이다.
【결론】 한 여인의 순종이 가져온 엄청난 결실! 하나님의 기막힌 섭리! 하나님은 순종하는 자들을 통하여 영광을 받으시고 역사를 이끌어 가신다.

- 절기, 용도, 장르, 특징:
- Key Word: 순종, 사르밧 과부.
- Remarks:

본문 : **왕상 18:36-46**
제목 : **하늘 문을 여는 사람 (Why Christians Don't Have Revival)**

36.저녁 소제 드릴 때에 이르러 선지자 엘리야가 나아가서 말하되 아브라함과 이삭과 이스라엘의
하나님 여호와여 주께서 이스라엘 중에서 하나님이신 것과 내가 주의 종인 것과 내가 주의 말씀대
로 이 모든 일을 행하는 것을 오늘 알게 하옵소서 **37.**여호와여 내게 응답하옵소서 내게 응답하옵소
서 이 백성에게 주 여호와는 하나님이신 것과 주는 그들의 마음을 되돌이키심을 알게 하옵소서 하매
38.이에 여호와의 불이 내려서 번제물과 나무와 돌과 흙을 태우고 또 도랑의 물을 핥은지라 **39.**모든
백성이 보고 엎드려 말하되 여호와 그는 하나님이시로다 여호와 그는 하나님이시로다 하니 **40.**엘리
야가 그들에게 이르되 바알의 선지자를 잡되 그들 중 하나도 도망하지 못하게 하라 하매 곧 잡은지라
엘리야가 그들을 기손 시내로 내려다가 거기서 죽이니라 **41.**엘리야가 아합에게 이르되 올라가서 먹
고 마시소서 큰 비 소리가 있나이다 **42.**아합이 먹고 마시러 올라가니라 엘리야가 갈멜 산 꼭대기로
올라가서 땅에 꿇어 엎드려 그의 얼굴을 무릎 사이에 넣고 **43.**그의 사환에게 이르되 올라가 바다쪽
을 바라보라 그가 올라가 바라보고 말하되 아무것도 없나이다 이르되 일곱 번까지 다시 가라 **44.**일
곱 번째 이르러서는 그가 말하되 바다에서 사람의 손 만한 작은 구름이 일어나나이다 이르되 올라
가 아합에게 말하기를 비에 막히지 아니하도록 마차를 갖추고 내려가소서 하라 하니라 **45.**조금 후
에 구름과 바람이 일어나서 하늘이 캄캄해지며 큰 비가 내리는지라 아합이 마차를 타고 이스르엘로
가니 **46.**여호와의 능력이 엘리야에게 임하매 그가 허리를 동이고 이스르엘로 들어가는 곳까지 아합
앞에서 달려갔더라

1. 하나님을 높이는 간절한 기도를 드림 (= 믿음의 기도)

36절= "… 주께서 이스라엘 중에서 하나님이신 것과 내가 주의 종인 것과 내가 주의 말씀대로 이 모든 일을 행하는 것을 오늘 알게 하옵소서"

2. 비를 기대하며 간절한 기도를 드림 (= 축복 기대, 인내의 기도)

42-43절= "엘리야가 갈멜산 꼭대기로 올라가서 땅에 꿇어 엎드려 그의 얼굴을 무릎 사이에 넣고 그의 사환에게 이르되 올라가 바다쪽을 바라보라…"

3. 작은 구름을 보고 응답을 확신함 (= 부흥의 징조에 민감, 실천)

44절= "일곱 번째 이르러서는 그가 말하되, (보라!) 바다에서 사람의 손만한 작은 구름이 일어나나이다 이르되 올라가 아합에게 말하기를 비에 막히지 아니하도록 마차를 갖추고 내려가소서 하라"

◈◈◈

【대지 유형】 주제 증명형 - 본문 묶음형 - 대지 진전형

【주제】 (석의) 엘리야를 하늘 문을 여는 사람이라고 할 수 있는 것은 그가 믿음의 기도자요 인내의 기도자요 작은 징조에 민감한 자였기 때문이다.
【FCF】 오늘날 교회에서도 믿음의 기도를 찾아보기 어렵다.

【서론】 신앙의 부흥(Revival of the Faith)은 먼저 교회 안에서부터 시작되어야 한다. 부흥은 그리스도인들, 특히 퇴보된 그리스도인들 안에서 먼저 일어나야 한다. 오늘의 주제는 '하나님의 능력의 나타남'이라 할 수 있다. 본문을 통하여 엘리야가 어떻게 하늘 문을 열어 하나님의 능력을 끄집어 내렸는지 살펴보자. 이 시대 교회가 부흥을 경험하지 못하는 이유가 무엇인가? 어떻게 하면 하늘 문을 열고 하나님의 축복을 받을 수 있을까?
【우산질문】 엘리야가 하늘 문을 열고 불과 비를 내리게 할 수 있었던 비결이 무엇인가?

【1대지】 믿음의 기도는 하늘 문이 열리게 한다. 그에게 있어 하나님은 이스라엘의 조상 아브라함에게 언약을 맺어주신 바로 그 하나님이셨다. 선지자는 이 하나님에 대해 너무나 분명한 믿음이 있었다.
【2대지】 응답을 기대하지 않는 기도, 간절한 마음이 없이 형식적으로 드리는 기도는 하늘 문을 열 수 없다. 하나님은 엘리야의 기도에 즉시로 비를 주시지는 않았다. 엘리야가 여섯 번이나 기도할 때까지 침묵하셨고 일곱 번째의 기도가 있은 후에야 비로소 비를 내리시겠다는 징조를 보여주셨다. 여러분은 하나님의 축복을 기대하며 인내하며 기도하는 사람인가?
【3대지】 사환이 본 것은 '손바닥처럼 작은 구름'에 불과했지만 엘리야 선지자에게는 그것으로 충분했다.
【결론】 지금은 성령께서 교회에 임재하시며 우리 모두를 하늘 문을 여는 사람으로 부르시는 성령의 시대이다. 하늘 문을 여는 사람이 되고 싶은가? 여러분의 기도가 믿음의 기도, 인내의 기도가 되게 하라. 부흥의 징조를 찾으라. 그것이 작은 손바닥만한 것이라도 좋다. 믿고 실천하라. 거기에 불을 붙이라.

- 절기, 용도, 장르, 특징:
- Key Word: 부흥.
- Remarks:

본문 : **왕상 19:1-8, 15-18**
제목 : **엘리야의 좌절과 회복**
(What Are You Doing Here, Elijah?)

1.아합이 엘리야가 행한 모든 일과 그가 어떻게 모든 선지자를 칼로 죽였는지를 이세벨에게 말하니
2.이세벨이 사신을 엘리야에게 보내어 이르되 내가 내일 이맘때에는 반드시 네 생명을 저 사람들 중
한 사람의 생명과 같게 하리라 그렇게 하지 아니하면 신들이 내게 벌 위에 벌을 내림이 마땅하니라
한지라 **3.**그가 이 형편을 보고 일어나 자기의 생명을 위해 도망하여 유다에 속한 브엘세바에 이르
러 자기의 사환을 그 곳에 머물게 하고 **4.**자기 자신은 광야로 들어가 하룻길쯤 가서 한 로뎀 나무 아
래에 앉아서 자기가 죽기를 원하여 이르되 여호와여 넉넉하오니 지금 내 생명을 거두시옵소서 나는
내 조상들보다 낫지 못하니이다 하고 **5.**로뎀 나무 아래에 누워 자더니 천사가 그를 어루만지며 그에
게 이르되 일어나서 먹으라 하는지라 **6.**본즉 머리맡에 숯불에 구운 떡과 한 병 물이 있더라 이에 먹
고 마시고 다시 누웠더니 **7.**여호와의 천사가 또 다시 와서 어루만지며 이르되 일어나 먹으라 네가
갈 길을 다 가지 못할까 하노라 하는지라 **8.**이에 일어나 먹고 마시고 그 음식물의 힘을 의지하여 사
십 주 사십 야를 가서 하나님의 산 호렙에 이르니라 …… **15.**여호와께서 그에게 이르시되 너는 네 길
을 돌이켜 광야를 통하여 다메섹에 가서 이르거든 하사엘에게 기름을 부어 아람의 왕이 되게 하고
16.너는 또 님시의 아들 예후에게 기름을 부어 이스라엘의 왕이 되게 하고 또 아벨므홀라 사밧의 아
들 엘리사에게 기름을 부어 너를 대신하여 선지자가 되게 하라 **17.**하사엘의 칼을 피하는 자를 예후
가 죽일 것이요 예후의 칼을 피하는 자를 엘리사가 죽이리라 **18.**그러나 내가 이스라엘 가운데에 칠
천 명을 남기리니 다 바알에게 무릎을 꿇지 아니하고 다 바알에게 입맞추지 아니한 자니라

1. 엘리야는 광야로 도망하여 죽기를 원함 (= 연약하여 낙담하는 주의 종)

4절= "자기 자신은 광야로 들어가 하룻길쯤 가서 한 로뎀 나무 아래에 앉아서 자기가 죽기를 원하여 이르되 여호와여 넉넉하오니 지금 내 생명을 거두시옵소서…"

2. 천사를 보내어 음식물을 공급하며 원기를 북돋워 주심 (= 주의 종에 대한 하나님의 자비)

5절= "로뎀 나무 아래에 누워 자더니 천사가 그를 어루만지며 그에게 이르되 일어나서 먹으라 하는지라"

3. 하사엘과 예후와 엘리사에게 기름을 붓도록 지시하심 (= 더 큰 사명을 주심)

15절= "너는 네 길을 돌이켜 광야를 통하여 다메섹에 가서 이르거든 하사엘에게 기름을 부어 아람의 왕이 되게 하고"

16절= "너는 또 님시의 아들 예후에게 기름을 부어 이스라엘의 왕이 되게 하고 또 아벨므홀라 사밧의 아들 엘리사에게 기름을 부어 너를 대신하여 선지자가 되게 하라"

◈◈◈

【대지 유형】 주제 설명형 - 본문 묶음형 - 대지 반전형
【주제】 (적용) 하나님은 주의 종이 연약해질 때 은혜로 회복시키신다.
【FCF】 낙담하는 주의 종들이 하나님의 은혜의 손길을 믿지 못함.

【서론】 본문은 큰 성공 후에 찾아오는 시험, 좌절을 그리고 있다. 엘리야의 드라마틱한 삶. 우리는 선지자의 이야기를 통해 의욕 넘치는 일꾼의 삶을 되찾는다.
【우산질문】 본문에서 엘리야 선지자의 좌절과 회복의 모습을 살펴보자.

【1대지】 그처럼 용감했던 엘리야. 하나님의 능력으로 바알선지자들을 이겼지만, 이세벨의 위협 앞에 크게 낙담하여 이제는 형편없이 약해진 도망자로 전락했다. 엘리야 같은 신앙의 영웅이 어떻게 이처럼 추락하는가? 성도는 절망하지 않도록 평소에 신앙 무장이 필요하다. 성경은 이 기록을 통해 우리에게 경종을 울리고 있다. 누구에게나 영적 슬럼프는 올 수 있다!
【2대지】 5절과 7절, 포기하지 않으시고 끝까지 보호 지도하심. 자기 종을 사랑하시는 하나님의 모습은 얼마나 감동적인가! 사역지를 멀리 떠난 선지자= 초라한 종= 그러나 잊지 않고 찾아오시는 하나님. 우리를 다시 회복시키시는 주님을 찬양해야 한다.
【3대지】 세 가지 중요한 사명을 부여하신다. 하나님은 우리에게 사명을 주심으로 더욱 강하게 하신다. "엘리야야, 너는 지금 무엇을 하고 있느냐?" - 주님의 질문에 대답해야 한다. 사도 바울의 고백= 행 20:24.
【결론】 여러분은 지금 어디에 있는가? 인생의 목적을 분명히 붙잡고 있는가? 하나님의 은혜의 손길을 살펴보라!

- 절기, 용도, 장르, 특징:
- Key Word: 낙담과 회복, 엘리야.
- Remarks:

본문 : **왕상 19:3-4, 8-9; 왕하 2:11**
제목 : **엘리야의 일생과 종말 신앙**
(The Life of Elijah and Eschatological Faith)

왕상 19:3.그가 이 형편을 보고 일어나 자기의 생명을 위해 도망하여 유다에 속한 브엘세바에 이르러 자기의 사환을 그 곳에 머물게 하고 **4.**자기 자신은 광야로 들어가 하룻길쯤 가서 한 로뎀 나무 아래에 앉아서 자기가 죽기를 원하여 이르되 여호와여 넉넉하오니 지금 내 생명을 거두시옵소서 나는 내 조상들보다 낫지 못하니이다 하고 …… **8.**이에 일어나 먹고 마시고 그 음식물의 힘을 의지하여 사십 주 사십 야를 가서 하나님의 산 호렙에 이르니라 **9.**엘리야가 그 곳 굴에 들어가 거기서 머물더니 여호와의 말씀이 그에게 임하여 이르시되 엘리야야 네가 어찌하여 여기 있느냐 …… **왕하 2:11.**두 사람이 길을 가며 말하더니 불수레와 불말들이 두 사람을 갈라놓고 엘리야가 회오리 바람으로 하늘로 올라가더라

1. 갈멜산에서 격렬한 전투를 벌임 (= 대환란시 영적 전쟁과 비교)

왕상 18:21= "엘리야가 모든 백성에게 가까이 나아가 이르되 너희가 어느 때까지 두 사이에서 머뭇머뭇 하려느냐 여호와가 만일 하나님이면 그를 좇고 바알이 만일 하나님이면 그를 좇을지니라…"

2. 호렙산 굴 속에 피신함 (= 예비처의 모형, 계 12:6)

왕상 8-9= "이에 일어나 먹고 마시고 그 식물의 힘을 의지하여 사십주 사십야를 행하여 하나님의 산 호렙에 이르니라 엘리야가 그곳 굴에 들어가 거기서 유하더니…"

3. 회리바람을 타고 승천함 (= 성도의 공중 휴거 예표, 살전 4:17)

왕하 2:11= "두 사람이 행하며 말하더니 홀연히 불수레와 불말들이 두 사람을 격하고 엘리야가 회리바람을 타고 승천하더라"

◈◈◈

【대지 유형】 주제 설명형 - 본문 수집형 - 대지 심화형
【주제】 (적용) 엘리야의 일생은 종말 성도가 당할 대환난과 예비처, 그리고 휴거를 보여준다.
【FCF】 종말 준비에 깨어 있지 못한 현대교회 모습.

【서론】 영적으로 하면 구약과 초림과 재림은 짝으로 되어 있다. 수천 년 전 선

지자의 삶에 개입하셨던 영원하신 하나님의 섭리의 손길은 오늘날에도 동일한 패턴으로 역사하신다. 그러므로 우리는 엘리야의 승리와 실패 사건 속에서 종말 성도에게 주시는 하나님의 위로와 약속을 발견할 수 있다.

【우산질문】 본문 말씀을 통하여 엘리야의 일생이 말세 성도들에게 주는 교훈을 살펴보자.

【1대지】 하나님의 백성들 사이에 독버섯처럼 피어오른 우상숭배자들과의 목숨을 건 혈투를 주님은 요구하셨다. 엘리야 선지자는 장차 대환란의 때에 적그리스도의 세력과 더불어 용감하게 싸울 두 증인의 예표다. 환란의 때에 성도들은 적그리스도의 세력과 목숨을 건 혈투를 벌여야 할 것이고, 그 싸움의 전면에 '두 증인'이 능력의 종으로 서게 될 것이다.

【2대지】 엘리야를 호렙산 굴 속에 피신하도록 하신 것은 마치 장차 대환란 기간에 적그리스도의 세력을 피해 자기 백성을 예비처로 피신시키는 것과 비교된다.

【3대지】 엘리야의 승천은 장차 예수님께서 재림하실 때 주 안에서 죽었던 자들이 부활하고, 살아 있는 성도들이 홀연히 변화하여 공중으로 올리우게 될 휴거(rapture)를 예표하는 사건이다.

【결론】 인류 역사를 운행하시는 하나님의 패턴은 반복적이다. 하나님은 구약의 인물들과 사건들을 통하여 그리스도 초림의 예표로 삼으셨고, 동시에 종말의 그림자로 삼으셨다.

- 절기, 용도, 장르, 특징: 상징주의 해석.
- Key Word: 엘리야.
- Remarks:

본문 : **왕상 19:19-21**
제목 : **은혜의 세 단계 (Three Stages of God's Grace)**

19.엘리야가 거기서 떠나 사밧의 아들 엘리사를 만나니 그가 열두 겨릿소를 앞세우고 밭을 가는데
자기는 열두째 겨릿소와 함께 있더라 엘리야가 그리로 건너가서 겉옷을 그의 위에 던졌더니 **20.**그
가 소를 버리고 엘리야에게로 달려가서 이르되 청하건대 나를 내 부모와 입맞추게 하소서 그리한 후
에 내가 당신을 따르리이다 엘리야가 그에게 이르되 돌아가라 내가 네게 어떻게 행하였느냐 하니라
21.엘리사가 그를 떠나 돌아가서 한 겨릿소를 가져다가 잡고 소의 기구를 불살라 그 고기를 삶아 백
성에게 주어 먹게 하고 일어나 엘리야를 따르며 수종 들었더라

1. 엘리사가 스승을 만남 (= 만남의 단계)

19절= "엘리야가 거기서 떠나 사밧의 아들 엘리사를 만나니…"

2. 스승의 부름에 따르기로 결단함 (= 결단의 단계)

19, 20절= "… 엘리야가 그리로 건너가서 겉옷을 그의 위에 던졌더니 저가 소를 버리고 엘리야에게로 달려가서 이르되… 내가 당신을 따르리이다"

3. 스승의 뒤를 이어 은혜를 전함 (= 전달의 단계)

◈◈◈

【대지 유형】 주제 설명형 - 본문 수집형 - 대지 진전형
【주제】 (석의) 엘리사에게 임한 은혜는 만남과 결단 그리고 전달의 단계로 나타난다.
【FCF】 많은 신앙인이 은혜의 만남을 가진 후 결단 단계에서 머뭇거리고 있음.

【서론】 본문은 시골의 농부였던 엘리사가 위대한 하나님의 선지자 엘리야를 만나 일생이 바뀌는 이야기이다. 짧은 글이지만, 이 속에는 평범한 한 사람이 역사에 길이 남는 위대한 주의 종으로 부름 받는 과정이 선명하게 나타나 있다. 엘리사에게 임한 은혜의 단계가 분명하다. 나는 어느 단계에 와 있는가? 다음 단계로 나가지 못하고 있는 이유는 어디에 있는가? 주님은 나를 어느 단계로 이끌고 계시는가?
【우산질문】 엘리사에게 임한 은혜의 단계에 대해 살펴보자.

【1대지】 시골의 평범한 농부에게 찾아온 첫 번째 은혜의 단계는 만남의 은혜 단계이었다. 주님의 사람 엘리야가 엘리사를 찾아와 만나 준 것이 놀라운 은혜이다. 넓은 밭을 소유하고 있는 큰 부자가 손수 한 겨리 소를 몰고 밭을 갈고 있었다. 엘리사는 일상생활 속에서 부지런하고 성실한 사람이었다. 하나님은 바로 이런 사람을 엘리야를 이을 당신의 일꾼으로 부르신 것이다. 이 만남을 통해서 엘리사는 엘리야 선지자의 제자가 되었고, 스승의 사역을 계승하게 된 것이다. 성경에서 만남의 은혜를 맛본 사람들: 구레네 시몬, 시몬 베드로, 세리 마태, 여리고 세리장 삭개오 등등. 여러분은 언제 예수님을 만났나? 주님이 찾아와 주신 기회를 여러분은 어떻게 사용했나? 가장 최근에 나의 삶 속에 찾아온 주님의 만남의 은혜는 어떤 것이었나? 그때 나는 어떤 마음의 자세로 주님을 대하였나?

【2대지】 엘리사가 취한 결단의 모습. 엘리야가 자신의 겉옷을 던지자 엘리사는 조금의 망설임도 없이 즉각 행동을 취했다. 그는 '소를 버리고' 엘리야에게로 '달려' 갔다. 가족들과의 간단한 작별 인사조차도 간곡한 어조로 허락을 구했다. 엘리사는 엘리야의 마음을 즉시 읽었고, 즉각적인 반응을 보였다. "내가 당신을 따르리이다." 결단의 단계에서 머뭇거린 사람들의 예: 헤롯, 빌라도 등.

【3대지】 엘리사는 굳은 결심으로 스승 엘리야를 그림자처럼 따라다니며 섬겼고, 스승의 모든 것을 배워 자기 것으로 삼았다. 그리고 받은바 그 은혜를 자기 백성에게 나누어주는 전달의 은혜를 받았다. 엘리야가 시작한 구원의 역사는 엘리사에 의해 매듭지어지고 완성되었다. 우리가 하나님 앞에 은혜를 받은 후 필요한 것은 그 은혜를 올바르게 전달하는 것이다. 우리 한국교회는 초기에 만남의 은혜를 경험한 소수의 신실한 성도들에 의해 복음 전달의 은혜를 크게 받았다.

【결론】 첫째는 예수님과 만나는 만남의 은혜 단계, 둘째는 예수님을 만날 때 우리가 스스로 결단하는 결단의 은혜 단계, 그리고 다음 단계는 우리가 받은바 그 은혜를 전달하는 전달의 은혜 단계. 중요한 것은 얼마나 많은 은혜를 받았느냐가 아니고 받은바 은혜를 어떻게, 그리고 얼마나 열심히 전달했느냐 하는 점이다.

- 절기, 용도, 장르, 특징:
- Key Word: 은혜.
- Remarks:

본문 : **왕하 2:1-14**
제목 : **갑절의 영감을 받은 엘리사**

1.여호와께서 회오리 바람으로 엘리야를 하늘로 올리고자 하실 때에 엘리야가 엘리사와 더불어 길갈에서 나가더니 **2.**엘리야가 엘리사에게 이르되 청하건대 너는 여기 머물라 여호와께서 나를 벧엘로 보내시느니라 하니 엘리사가 이르되 여호와께서 살아 계심과 당신의 영혼이 살아 있음을 두고 맹세하노니 내가 당신을 떠나지 아니하겠나이다 하는지라 이에 두 사람이 벧엘로 내려가니 **3.**벧엘에 있는 선지자의 제자들이 엘리사에게로 나아와 그에게 이르되 여호와께서 오늘 당신의 선생을 당신의 머리 위로 데려가실 줄을 아시나이까 하니 이르되 나도 또한 아노니 너희는 잠잠하라 하니라 **4.**엘리야가 그에게 이르되 엘리사야 청하건대 너는 여기 머물라 여호와께서 나를 여리고로 보내시느니라 엘리사가 이르되 여호와께서 살아 계심과 당신의 영혼이 살아 있음을 두고 맹세하노니 내가 당신을 떠나지 아니하겠나이다 하니라 그들이 여리고에 이르매 **5.**여리고에 있는 선지자의 제자들이 엘리사에게 나아와 이르되 여호와께서 오늘 당신의 선생을 당신의 머리 위로 데려가실 줄을 아시나이까 하니 엘리사가 이르되 나도 아노니 너희는 잠잠하라 **6.**엘리야가 또 엘리사에게 이르되 청하건대 너는 여기 머물라 여호와께서 나를 요단으로 보내시느니라 하니 그가 이르되 여호와께서 살아 계심과 당신의 영혼이 살아 있음을 두고 맹세하노니 내가 당신을 떠나지 아니하겠나이다 하는지라 이에 두 사람이 가니라 **7.**선지자의 제자 오십 명이 가서 멀리 서서 바라보매 그 두 사람이 요단 가에 서 있더니 **8.**엘리야가 겉옷을 가지고 말아 물을 치매 물이 이리 저리 갈라지고 두 사람이 마른 땅 위로 건너더라 **9.**건너매 엘리야가 엘리사에게 이르되 나를 네게서 데려감을 당하기 전에 내가 네게 어떻게 할지를 구하라 엘리사가 이르되 당신의 성령이 하시는 역사가 갑절이나 내게 있게 하소서 하는지라 **10.**이르되 네가 어려운 일을 구하는도다 그러나 나를 네게서 데려가시는 것을 네가 보면 그 일이 네게 이루어지려니와 그렇지 아니하면 이루어지지 아니하리라 하고 **11.**두 사람이 길을 가며 말하더니 불수레와 불말들이 두 사람을 갈라놓고 엘리야가 회오리 바람으로 하늘로 올라가더라 **12.**엘리사가 보고 소리 지르되 내 아버지여 내 아버지여 이스라엘의 병거와 그 마병이여 하더니 다시 보이지 아니하는지라 이에 엘리사가 자기의 옷을 잡아 둘로 찢고 **13.**엘리야의 몸에서 떨어진 겉옷을 주워 가지고 돌아와 요단 언덕에 서서 **14.**엘리야의 몸에서 떨어진 그의 겉옷을 가지고 물을 치며 이르되 엘리야의 하나님 여호와는 어디 계시니이까 하고 그도 물을 치매 물이 이리 저리 갈라지고 엘리사가 건너니라

1. 엘리사는 끝까지 엘리야를 따라갔음 (= 소명을 가진 제자)

2절= "엘리야가 엘리사에게 이르되 청하건대 너는 여기 머물라 여호와께서 나를 벧엘로 보내시느니라 하니 엘리사가 이르되 여호와께서 살아 계심과 당신의 영혼이 살아 있음을 두고 맹세하노니 내가 당신을 떠나지 아니하겠나이다 하는지라"

2. 갑절의 영감을 구하였음 (= 성령의 능력을 구하는 제자)

9절= "엘리야가 엘리사에게 이르되 나를 네게서 데려감을 당하기 전에 내가 네게 어떻게 할지를 구하라 엘리사가 이르되 당신의 성령이 하시는 역사가 갑절이나 내게 있게 하소서…"

3. 하나님이 스승을 데려가는 장면을 끝까지 주목하였음 (= 끝까지 주님 의지하고 따라갈 때 성령의 충만을 받음)

10절= "… 나를 네게서 데려가시는 것을 네가 보면 그 일이 네게 이루어지려니와 그렇지 아니하면 이루어지지 아니하리라"
12절= "엘리사가 보고 소리 지르되 내 아버지여 내 아버지여 이스라엘의 병거와 그 마병이여 하더니 다시 보이지 아니하는지라…"

◈◈◈

【대지 유형】 주제 설명형 - 본문 묶음형 - 대지 진전형
【주제】 (석의) 엘리사는 스승을 끝까지 따라가 하나님이 주시는 성령의 능력을 갑절이나 받았다.
【FCF】 많은 신앙인이 성령 충만을 원하나 끝까지 주님을 따르지 않으므로 성령 충만을 받지 못함.

【서론】 위대한 주의 종 엘리야의 승천 장면. 그는 능력의 종, 바알 선지자와의 전투의 승리자, 기도의 종… 여전히 할 일이 많은 세상인데 능력의 종이 떠나가는 것은 안타까운 일이 아닌가.
【우산질문】 이런 때 엘리사가 보여준 모습은 귀한 교훈을 준다. 본문에서 찾아보자.

【1대지】 왜 끝까지 따랐나? 너무 안타까와서. 그리고 하나님의 능력을 받으려고. 엘리사는 다른 50명의 생도들과 달랐다. 역사는 소명을 가진 사람들이 이끌어 간다.
【2대지】 엘리사의 궁극적인 목적은 갑절의 영감을 얻는 것. 시대는 악한데 엘리사는 능력이 부족함을 통감했다. 오늘 많은 사람이 봉사하다가 실패하는 것은 주의 능력으로가 아니라 자신의 힘으로 하려 하기 때문이다.
【3대지】 갑절의 영감은 하나님을 보고 하나님을 만날 때 하나님이 주신다. 예수님, "구하는 자에게 성령을 주시지 않겠느냐?" 얍복나루의 야곱, "당신이 내게 축복하지 않으면 당신을 놓지 않겠습니다."
【결론】 이 시대 가장 필요한 사람은 갑절의 영감을 받은 자이다. 엘리사의 하나님을 찾는 것도 중요하지만, 하나님의 엘리사를 찾는 것이 더 중요하지 않는가?

- 절기, 용도, 장르, 특징:
- Key Word: 성령의 능력, 갑절의 영감.
- Remarks:

본문 : **왕하 4:1-7**

제목 : **기름병 기적의 은혜**

1.선지자의 제자들의 아내 중의 한 여인이 엘리사에게 부르짖어 이르되 당신의 종 나의 남편이 이미 죽었는데 당신의 종이 여호와를 경외한 줄은 당신이 아시는 바니이다 이제 빚 준 사람이 와서 나의 두 아이를 데려가 그의 종을 삼고자 하나이다 하니 **2.**엘리사가 그에게 이르되 내가 너를 위하여 어떻게 하랴 네 집에 무엇이 있는지 내게 말하라 그가 이르되 계집종의 집에 기름 한 그릇 외에는 아무것도 없나이다 하니 **3.**이르되 너는 밖에 나가서 모든 이웃에게 그릇을 빌리라 빈 그릇을 빌리되 조금 빌리지 말고 **4.**너는 네 두 아들과 함께 들어가서 문을 닫고 그 모든 그릇에 기름을 부어서 차는 대로 옮겨 놓으라 하니라 **5.**여인이 물러가서 그의 두 아들과 함께 문을 닫은 후에 그들은 그릇을 그에게로 가져오고 그는 부었더니 **6.**그릇에 다 찬지라 여인이 아들에게 이르되 또 그릇을 내게로 가져오라 하니 아들이 이르되 다른 그릇이 없나이다 하니 기름이 곧 그쳤더라 **7.**그 여인이 하나님의 사람에게 나아가서 말하니 그가 이르되 너는 가서 기름을 팔아 빚을 갚고 남은 것으로 너와 네 두 아들이 생활하라 하였더라

1. 여인의 죽은 남편은 여호와를 경외한 선지생도였음 (= 주님을 위한 억울함은 주님이 책임져 주심)

1절= "선지자의 제자들의 아내 중의 한 여인이 엘리사에게 부르짖어 이르되 당신의 종 나의 남편이 이미 죽었는데 당신의 종이 여호와를 경외한 줄은 당신이 아시는 바니이다"

2. 함께 들어가서 문을 닫고 아무도 보지 못하게 했음 (= 하나님의 은혜는 은밀하게 임함)

4절= "너는 네 두 아들과 함께 들어가서 문을 닫고 그 모든 그릇에 기름을 부어서 차는 대로 옮겨 놓으라"

3. 준비한 그릇을 다 채우자 기름이 그쳤음 (= 믿음의 분량만큼 채워주심)

5-6절= "… 그들은 그릇을 그에게로 가져오고 그는 부었더니 그릇에 다 찬지라 여인이 아들에게 이르되 또 그릇을 내게로 가져오라 하니 아들이 이르되 다른 그릇이 없나이다 하니 기름이 곧 그쳤더라"

◈◈◈

【대지 유형】 주제 설명형 - 본문 묶음형 - 대지 연결형

【주제】 (석의) 선지 생도의 가정에 주신 기적의 기름병의 은혜는 은밀하게, 그릇의 분량대로 임하였다.

【FCF】 많은 신앙인이 믿음의 분량을 채우지 못하고 있음.

【서론】 불행은 누구에게나 찾아온다. 선지생도의 갑작스런 죽음. 가족들에게 불행이 닥쳐옴. 빚쟁이들이 아들들을 종으로 끌고 가려고 함. 이런 사건이 하나님의 종의 가정에 닥쳐왔다. 답답한 마음으로 선지자를 찾아온 여인. 그리고 놀라운 기적을 본다.
【우산질문】 기적의 기름병 사건이 주는 교훈에 대해 찾아보자.

【1대지】 선지생도에 관한 자세한 정보는 알 수 없다. 그러나 "당신의 종 나의 남편"이란 표현이 힌트를 준다. 오바댜 이후 주의 종들을 공궤하는 삶, 빚을 갚지 못한 채 죽었음. 마 19:29 "또 내 이름을 위하여 집이나 형제나 자매나 부모나 자식이나 전토를 버린 자마다 여러 배를 받고 또 영생을 상속하리라." 은혜의 기적은 아무에게나 주어지지 않는다. 여러분은 주님 때문에 무엇을 잃어버렸는가? 의롭게 살아가도 고난은 찾아온다. 하지만 하나님의 도우심이 있다.
【2대지】 "문을 닫고…" 하나님의 은혜와 축복은 개인적이요 받은 자밖에 알 수 없다. 사르밧 과부의 죽은 아들을 살릴 때도 그렇고, 베드로가 죽은 다비다를 살릴 때도 문을 닫고 은밀한 중에… 마귀로 틈타지 못하게, 교만에 빠지지 않게 등의 이유. 영적 세계는 비밀이다. 천국도 믿음도 진리도 비밀이다. 육신의 사람은 알 수 없다. 영적인 생활에 방해를 받지 않아야 기적이 일어난다.
【3대지】 3절, "그릇을 빌리되 조금 빌리지 말고…" 그릇은 믿음의 분량을 나타낸다. 하나님의 은혜와 축복은 무한하다. 믿음의 그릇이 커야 큰 은혜와 큰 축복과 기적을 볼 수 있다. 많은 신앙인에게 그릇 준비하기가 힘이 든다. 어떤 사람은 3년, 또 어떤 사람은 10년이 걸리기도 한다.
【결론】 당신의 그릇은? 주를 위해 살다가 억울한 경험은? 고백하자, 책임져 주시는 하나님께!

- 절기, 용도, 장르, 특징: 상징주의 해석.
- Key Word: 기적.
- Remarks:

본문 : **왕하 4:17-22, 32-37**
제목 : **수넴 여인의 믿음 (The Great Faith of the Shunammite)**

17.여인이 과연 잉태하여 한 해가 지나 이 때쯤에 엘리사가 여인에게 말한 대로 아들을 낳았더라
18.그 아이가 자라매 하루는 추수꾼들에게 나가서 그의 아버지에게 이르렀더니 **19.**그의 아버지에
게 이르되 내 머리야 내 머리야 하는지라 그의 아버지가 사환에게 말하여 그의 어머니에게로 데려가
라 하매 **20.**곧 어머니에게로 데려갔더니 낮까지 어머니의 무릎에 앉아 있다가 죽은지라 **21.**그의 어
머니가 올라가서 아들을 하나님의 사람의 침상 위에 두고 문을 닫고 나와 **22.**그 남편을 불러 이르되
청하건대 사환 한 명과 나귀 한 마리를 내게로 보내소서 내가 하나님의 사람에게 달려갔다가 돌아오
리이다 하니 …… **32.**엘리사가 집에 들어가 보니 아이가 죽었는데 자기의 침상에 눕혔는지라 **33.**들
어가서는 문을 닫으니 두 사람 뿐이라 엘리사가 여호와께 기도하고 **34.**아이 위에 올라 엎드려 자기
입을 그의 입에, 자기 눈을 그의 눈에, 자기 손을 그의 손에 대고 그의 몸에 엎드리니 아이의 살이 차
차 따뜻하더라 **35.**엘리사가 내려서 집 안에서 한 번 이리 저리 다니고 다시 아이 위에 올라 엎드리
니 아이가 일곱 번 재채기 하고 눈을 뜨는지라 **36.**엘리사가 게하시를 불러 저 수넴 여인을 불러오라
하니 곧 부르매 여인이 들어가니 엘리사가 이르되 네 아들을 데리고 가라 하니라 **37.**여인이 들어가
서 엘리사의 발 앞에서 땅에 엎드려 절하고 아들을 안고 나가니라

1. 선지자의 예언대로 아들을 낳음 (= 하나님 나라 중심의 가치관, 주의 종 환대)

17절= "여인이 과연 잉태하여 돐이 돌아오매 엘리사의 말한 대로 아들을 낳았더라"

2. 죽은 아들을 눕혀두고 선지자에게 달려감 (= 닫힌 문, 믿음의 문)

21, 21절= "그 어미가 올라가서 아들을 하나님의 사람의 침상 위에 두고 문을 닫고 나와서… 내가 하나님의 사람에게 달려갔다가 돌아오리이다"

3. 살아난 아들을 안고 나옴 (= 열려진 문, 믿음의 응답)

37절= "여인이 들어가서 엘리사의 발 앞에서 땅에 엎드려 절하고 아들을 안고 나가니라"

◈◈◈

【대지 유형】 주제 설명형 - 본문 수집형 - 대지 진전형

【주제】 (석의) 수넴 여인의 믿음은 아들을 얻고 아들의 죽음과 살아난 과정에서 확연히 드러나고 있다.

【FCF】 어려움을 당할 때 하나님께 전적으로 매달리는 믿음을 찾아보기 어려운 상황.

【서론】 본문의 수넴 여인(Shunammite)이 두드러진 것은 오직 한 가지 이유, 곧 그녀의 믿음 때문이다. 이 여인은 믿음의 자물쇠를 가지고 있었고, 이를 통해 소망의 문을 열 수 있었다.
【우산질문】 말씀을 통해 수넴 여인의 평소 믿음 생활, 그가 받은 복, 아들 잃은 시련, 아들 소생의 축복 등에 나타난 여인의 믿음을 살펴보자.

【1대지】 주의 종을 환대하며 하나님 나라 중심의 삶을 살았던 이 여인은 선지자의 예언대로 오랜 숙원이었던 아들을 선물로 받게 되었다. 하나님은 여인의 믿음에 대한 응답으로 그녀에게 아들을 주셨다.
【2대지】 아들이 죽은 사실을 아무에게도 알리지 않은 채 '문을 닫고' 나와 선지자를 향해 달려간 것은 하나님의 사람에 의하여 죽은 아들이 살아날 수 있을 것이라는 강한 믿음을 가졌음을 나타낸다. 여인에게 있어서 '닫힌 문'은 곧 믿음의 문이었다. 하나님은 그때나 지금이나 닫힌 문 뒤에 기다리고 계시고, 우리는 그 문을 열 수 있는 열쇠를 우리의 손에 가지고 있다. 그것이 바로 믿음이다.
【3대지】 "여인이 들어가서 엘리사의 발 앞에서 땅에 엎드려 절하고 아들을 안고 나가니라"(37절). 그것은 죽은 자의 방 밖으로, 그리고 선지자 자신의 방 밖으로 나오는 것이었다. 굳게 닫혔던 문이 열려졌다. 열려진 문은 곧 믿음의 응답이었다. 그리고 이 열려진 문은 장차 예수 그리스도 재림의 때에 무덤들이 열리고 주 안에서 죽었던 자들이 살아 일어나며 살아서 주를 섬기던 성도들이 홀연히 변화하여 영광의 나라로 들어가는 것을 상징한다.
【결론】 하나님께서 엘리사를 통해서 수넴 여인 가정에 베푸신 은혜의 형태를 살펴보자. 하나님은 먼저 위대한 생명의 선지자를 그 가정에 보내주셨다(8절). 선지자로 하여금 거기서 한 식구처럼 머물게 하셨고(10, 11절), 엘리사를 통하여 아들을 주셨다(12-17절). 그리고 이 가정의 신앙 성숙을 위하여 잠시 아이의 생명을 거두셨다가 다시 소생시켜 주시는 은혜를 베푸셨다. 수넴 여인을 향한 하나님의 은혜가 갈수록 커지고 새로워지고 있다.

- 절기, 용도, 장르, 특징: 상징주의 해석.
- Key Word: 믿음.
- Remarks:

본문 : **왕하 5:1-17**
제목 : **나아만 치유 사건의 교훈**

1.아람 왕의 군대 장관 나아만은 그의 주인 앞에서 크고 존귀한 자니 이는 여호와께서 전에 그에게
아람을 구원하게 하셨음이라 그는 큰 용사이나 나병환자더라 **2.**전에 아람 사람이 떼를 지어 나가서
이스라엘 땅에서 어린 소녀 하나를 사로잡으매 그가 나아만의 아내에게 수종들더니 **3.**그의 여주인
에게 이르되 우리 주인이 사마리아에 계신 선지자 앞에 계셨으면 좋겠나이다 그가 그 나병을 고치리
이다 하는지라 **4.**나아만이 들어가서 그의 주인께 아뢰어 이르되 이스라엘 땅에서 온 소녀의 말이 이
러이러하더이다 하니 **5.**아람 왕이 이르되 갈지어다 이제 내가 이스라엘 왕에게 글을 보내리라 하더
라 나아만이 곧 떠날새 은 십 달란트와 금 육천 개와 의복 열 벌을 가지고 가서 **6.**이스라엘 왕에게 그
글을 전하니 일렀으되 내가 내 신하 나아만을 당신에게 보내오니 이 글이 당신에게 이르거든 당신은
그의 나병을 고쳐 주소서 하였더라 **7.**이스라엘 왕이 그 글을 읽고 자기 옷을 찢으며 이르되 내가 사
람을 죽이고 살리는 하나님이냐 그가 어찌하여 사람을 내게로 보내 그의 나병을 고치라 하느냐 너희
는 깊이 생각하고 저 왕이 틈을 타서 나와 더불어 시비하려 함인줄 알라 하니라 **8.**하나님의 사람 엘
리사가 이스라엘 왕이 자기의 옷을 찢었다 함을 듣고 왕에게 보내 이르되 왕이 어찌하여 옷을 찢었나
이까 그 사람을 내게로 오게 하소서 그가 이스라엘 중에 선지자가 있는 줄을 알리이다 하니라 **9.**나
아만이 이에 말들과 병거들을 거느리고 이르러 엘리사의 집 문에 서니 **10.**엘리사가 사자를 그에게
보내 이르되 너는 가서 요단 강에 몸을 일곱 번 씻으라 네 살이 회복되어 깨끗하리라 하는지라 **11.**나
아만이 노하여 물러가며 이르되 내 생각에는 그가 내게로 나와 서서 그의 하나님 여호와의 이름을 부
르고 그의 손을 그 부위 위에 흔들어 나병을 고칠까 하였도다 **12.**다메섹 강 아바나와 바르발은 이스
라엘 모든 강물보다 낫지 아니하냐 내가 거기서 몸을 씻으면 깨끗하게 되지 아니하랴 하고 몸을 돌려
분노하여 떠나니 **13.**그의 종들이 나아와서 말하여 이르되 내 아버지여 선지자가 당신에게 큰 일을
행하라 말하였더면 행하지 아니하였으리이까 하물며 당신에게 이르기를 씻어 깨끗하게 하라 함이리
이까 하니 **14.**나아만이 이에 내려가서 하나님의 사람의 말대로 요단 강에 일곱 번 몸을 잠그니 그의
살이 어린 아이의 살 같이 회복되어 깨끗하게 되었더라 **15.**나아만이 모든 군대와 함께 하나님의 사
람에게로 도로 와서 그의 앞에 서서 이르되 내가 이제 이스라엘 외에는 온 천하에 신이 없는 줄을 아
나이다 청하건대 당신의 종에게서 예물을 받으소서 하니 **16.**이르되 내가 섬기는 여호와께서 살아
계심을 두고 맹세하노니 내가 그 앞에서 받지 아니하리라 하였더라 나아만이 받으라고 강권하되 그
가 거절하니라 **17.**나아만이 이르되 그러면 청하건대 노새 두 마리에 실을 흙을 당신의 종에게 주소
서 이제부터는 종이 번제물과 다른 희생제사를 여호와 외 다른 신에게는 드리지 아니하고 다만 여호
와께 드리겠나이다

1. 요단 강에 일곱 번 씻으라고 지시함 (= 자존심을 꺾기 위함)

10절= "엘리사가 사자를 그에게 보내 이르되 너는 가서 요단 강에 몸을 일곱 번 씻으라 네 살이 회복되어 깨끗하리라 하는지라"

2. 나아만이 노하여 돌아가려 하였음 (= 자기 생각에 사로잡혀 큰 복을 놓칠 뻔 하였음)

11절= "나아만이 노하여 물러가며 이르되 내 생각에는 그가 내게로 나와 서서 그의 하나님 여호와의 이름을 부르고 그의 손을 그 부위 위에 흔들어 나병을 고칠까 하였도다"

역사서

3. 치유 받은 나아만이 이스라엘을 위해 전쟁을 막게 됨 (= 은혜 기억, 하나님을 위한 증인의 삶)

14절= "나아만이 이에 내려가서 하나님의 사람의 말대로 요단 강에 일곱 번 몸을 잠그니 그의 살이 어린 아이의 살 같이 회복되어 깨끗하게 되었더라"
17절= "나아만이 이르되 그러면 청하건대 노새 두 마리에 실을 흙을 당신의 종에게 주소서 이제부터는 종이 번제물과 다른 희생제사를 여호와 외 다른 신에게는 드리지 아니하고 다만 여호와께 드리겠나이다"

◆◆◆

【대지 유형】 주제 설명형 - 본문 묶음형 - 대지 진전형
【주제】 (석의) 나아만의 치유 사건에서 엘리사와 나아만의 용기 있는 모습은 귀감이 된다.
【FCF】 하나님 앞에서 자기 생각을 놓지 못하는 신앙인들이 많음.

【서론】 엘리사 시대에 북방 아람은 이스라엘과 적대적 관계에 있었다. 아람의 장군이 자신의 나병을 고침받기 위해 이스라엘 왕에게로 온다. 이 소식을 듣고 엘리사가 나아만을 자기에게로 오게 한다(8절, 주의 종의 권위 보임).
【우산질문】 나아만 장군의 치유 사건이 주는 교훈은 무엇인가?

【1대지】 엘리사가 취한 자세는 매우 위험한 모험이었다. 환영은커녕 얼굴도 내밀지 않고 종을 시켜 명령한다. 오늘의 주의 종들은 어땠을까? 인간적으로는, 나가서 영접, 안수하고, 고치려 했을 것이다. 그리고 예물을 받았을 것이다. 그러나 엘리사는 왜 이렇게 했나? 나아만의 자존심을 꺾기 위해. 나병은 나아만과 아람에 대한 징계이다. 나아만의 자만심이 더 큰 병이다. 요단강에 들어가라는 말은 죽어라, 회개하라, 겸손하라는 말과 같다. 자기 아집이 먼저 부서져야 나병도 고칠 수 있다.
【2대지】 나아만의 생각과 엘리사의 생각은 엄청난 차이가 있었다. 우리의 생각과 하나님의 생각은 다를 때가 많다. 만일 나아만이 돌아갔다면? 평생 나병환자로, 후일 군대를 이끌고 이스라엘을 침략하였을 것이다. 엘리사는 대단한 믿음의 종이었다.
【3대지】 선물도 받지 않고 돌려보냄. 새사람이 된 나아만. 이스라엘의 하나님을 영원히 잊지 못함. 두 사람 모두 훌륭하다. 용기 있는 사람들.
【결론】 주님 앞에서 우리의 자존심을 모두 내려놓자. 받은바 은혜에 보답하자.

- 절기, 용도, 장르, 특징:
- Key Word: 겸손.
- Remarks:

본문 : **왕하 6:1-7**
제목 : **잃어버린 도끼 사건의 교훈**

1.선지자의 제자들이 엘리사에게 이르되 보소서 우리가 당신과 함께 거주하는 이 곳이 우리에게는 좁으니 **2.**우리가 요단으로 가서 거기서 각각 한 재목을 가져다가 그 곳에 우리가 거주할 처소를 세우사이다 하니 엘리사가 이르되 가라 하는지라 **3.**그 하나가 이르되 청하건대 당신도 종들과 함께 하소서 하니 엘리사가 이르되 내가 가리라 하고 **4.**드디어 그들과 함께 가니라 무리가 요단에 이르러 나무를 베더니 **5.**한 사람이 나무를 벨 때에 쇠도끼가 물에 떨어진지라 이에 외쳐 이르되 아아, 내 주여 이는 빌려온 것이니이다 하니 **6.**하나님의 사람이 이르되 어디 빠졌느냐 하매 그 곳을 보이는지라 엘리사가 나뭇가지를 베어 물에 던져 쇠도끼를 떠오르게 하고 **7.**이르되 너는 그것을 집으라 하니 그 사람이 손을 내밀어 그것을 집으니라

1. 쇠도끼가 자루에서 빠져 물에 떨어짐 (= 경건의 능력을 상실한 성도)
5절= "한 사람이 나무를 벨 때에 쇠도끼가 물에 떨어진지라"

2. "아아, 내 주여 이는 빌려온 것이니이다"라고 외침 (= 하나님의 기적 필요)
5절= "… 이에 외쳐 이르되 아아, 내 주여 이는 빌려온 것이니이다 하니"

3. 엘리사가 나뭇가지를 던져 도끼를 떠오르게 함 (= 십자가로 회복)
6절= "엘리사가 나뭇가지를 베어 물에 던져 쇠도끼를 떠오르게 하고"

◈◈◈

【대지 유형】 주제 설명형 - 본문 수집형 - 대지 진전형
【주제】 (적용) 물에 떨어진 도끼가 떠오른 것처럼 우리도 십자가의 능력으로 잃어버린 경건과 영적 능력을 회복할 수 있다.
【FCF】 많은 신앙인이 주의 종과 십자가의 능력을 무시하거나 과소평가함.

【서론】 모든 성경은 예수님으로 보아야 한다. 예수님의 초림 사건, 예수님의 재림 사건, 그리고 예수 믿는 신앙의 사건으로 해석해야 한다(성경적 상징주의). 본문은 선지생도 중의 한 사람이 나무를 베다가 도끼가 물에 빠져 건져내는 내용이다. 주의 종의 이적인 동시에 영적 교훈의 말씀이다.
【우산질문】 본문의 잃어버린 도끼 사건이 주는 의미를 살펴보자.

【1대지】 도끼가 빠진 것의 의미= 신앙 잃고 세상에 빠짐, 사명을 잃어버림, 영적 능력 상실한 주의 종들과 경건의 능력을 상실한 성도들을 의미한다. 물에 떨어뜨려 잃어버린 까닭= ①남의 것을 빌려온 것이 문제. 나의 지식, 나의 노력, 나의 신앙체험이 필요하다. ②조심성 부족, 선 줄로 생각하는 자는 넘어질까 조심하라. 늘 기도하고 깨어 있어야 한다. ③위험한 곳에서 일하지 말라. 선택이 중요하다. 교회생활 하다가 시험에 빠지는 사람들의 대부분은 위험한 환경에 노출된 사람들이다.

【2대지】 기적을 베풀어야 했던 이유: 빌려온 것이기 때문에 찾아야 함. 죄의 종이 되지 않기 위해 되찾아야 한다. 잃어버린 사명을 되찾아야 한다. 도끼가 있어야 계속 일을 할 수 있다. 하나님의 역사를 중단할 수 없다. 주님이 함께 하지 않으면 안 된다는 것을 알게 하기 위해서 이런 이적이 필요하다. 하나님은 우리 모두에게 겸손을 배우게 하신다.

【3대지】 잃어버린 도끼를 찾게 된 비결: 그곳에 선지자(주의 종)가 있었음. 사명자는 주님과 동행해야 한다. 6절, "엘리사가 나뭇가지를 베어 물에 던져 쇠도끼를 떠오르게 하고" 나무가지를 던짐= 예수님의 십자가 상징. 물에 빠진 영혼을 건져낼 수 있는 방법은 예수님의 십자가밖에 없다.

【결론】 지금 여러분의 모습은? 도끼자루에서 도끼날이 빠져 있지 않나? 경건의 능력, 사명감 등은 어디에 갔나? 왜 이렇게 되었나? 주여 우리에게 기적을 베푸소서. 하나님께 고백하자. 나뭇가지를 던져라.

- 절기, 용도, 장르, 특징: 상징주의 해석.
- Key Word: 십자가.
- Remarks:

본문 : **왕하 6:14-19**
제목 : **우리의 눈을 여시는 하나님 (God Opens Our Eyes)**

14.왕이 이에 말과 병거와 많은 군사를 보내매 그들이 밤에 가서 그 성읍을 에워쌌더라 **15.**하나님
의 사람의 사환이 일찍이 일어나서 나가보니 군사와 말과 병거가 성읍을 에워쌌는지라 그의 사환이
엘리사에게 말하되 아아, 내 주여 우리가 어찌하리이까 하니 **16.**대답하되 두려워하지 말라 우리와
함께 한 자가 그들과 함께 한 자보다 많으니라 하고 **17.**기도하여 이르되 여호와여 원하건대 그의 눈
을 열어서 보게 하옵소서 하니 여호와께서 그 청년의 눈을 여시매 그가 보니 불말과 불병거가 산에
가득하여 엘리사를 둘렀더라 **18.**아람 사람이 엘리사에게 내려오매 엘리사가 여호와께 기도하여 이
르되 원하건대 저 무리의 눈을 어둡게 하옵소서 하매 엘리사의 말대로 그들의 눈을 어둡게 하신지라
19.엘리사가 그들에게 이르되 이는 그 길이 아니요 이는 그 성읍도 아니니 나를 따라 오라 내가 너희
를 인도하여 너희가 찾는 사람에게로 나아가리라 하고 그들을 인도하여 사마리아에 이르니라

1. 사환이 적병을 보고 두려워함 (= 자연의 눈은 하늘 비밀을 못 봄)

15절= "하나님의 사람의 사환이 일찍이 일어나서 나가보니 군사와 말과 병거가 성읍을 에워쌌는지라 그의 사환이 엘리사에게 말하되 아아, 내 주여 우리가 어찌하리이까 하니"

2. 여호와께서 사환의 눈을 여심 (= 하나님만이 인간의 눈 뜨게 함)

17절= "기도하여 이르되 여호와여 원하건대 그의 눈을 열어서 보게 하옵소서 하니 여호와께서 그 청년의 눈을 여시매 그가 보니 불말과 불병거가 산에 가득하여 엘리사를 둘렀더라"

3. 우리는 사람들이 눈을 뜨도록 기도해야 함 (= 눈먼 자 위해 기도)

17절= "여호와여 원하건대 그의 눈을 열어서 보게 하옵소서…"

◈◈◈

【대지 유형】 주제 설명형 - 본문 수집형 - 대지 연결형
【주제】 (적용) 하나님은 인간의 눈을 뜨게 해서 진리를 보게 하시므로 우리는 다른 사람들이 눈을 뜨도록 기도해야 한다.
【FCF】 많은 신앙인이 눈 뜨는 문제를 소홀히 여김.

【서론】 본문의 배경= 아람과 이스라엘의 갈등, 수시로 침범해 오는 아람 군대의 동향을 엘리사의 활약으로 대비하는 이스라엘 군대, "엘리사는 침실에서

라도…" 아람군대가 도단성을 에워쌈. 사환의 놀람과 엘리사의 대답.
【우산질문】 본문을 통해 사람의 눈을 여시는 하나님에 관하여 살펴보자.

【1대지】 눈은 제한적 기능을 가진다. 못 보는 것 더 많다. 자연의 눈은 영적인 것은 전혀 볼 수 없다. 무소부재하신 하나님을 볼 수 없다. 영적 통찰력의 결핍은 인간을 무지로 이끈다. 진리에 대해 깜깜하다(은혜가 무엇인지, 성령의 감동이나 말씀의 능력이 어떤 것인지 깜감함). 요 1:5, "빛이 어두움에 비취되 어두움이 깨닫지 못하더라." 특히 자신의 모습에 대해, 자신이 어떤 위험에 처해 있는지, 자신이 얼마나 하잘 것 없는 일 때문에 큰 것을 놓치고 있는지 알지 못한다.
【2대지】 우리는 소경을 인도할 수는 있지만, 보게 할 수는 없다. 우리는 진리를 제시할 수는 있지만 눈을 뜨게 할 수는 없다. 오직 치료하시는 하나님만이 소경을 보게 하신다. 행 26:18, "그 눈을 뜨게 하여 어두움에서 빛으로 사탄의 권세에서 하나님께로 돌아가게 하고…" 보게 하는 일은 창조와 같은 기적이다.
【3대지】 우리는 사람들의 눈을 뜨게 해 달라고 마땅히 기도해야 한다. 엘리사는 자신이 이미 보고 있던 하나님의 능력을 사환에게 보여주고 싶어했다. "하나님, 내게 보여주신 하나님의 능력을 그에게도 보여주옵소서." 다른 이들의 눈을 뜨게 하는 것은 하나님께 영광이 된다. 하나님은 아들을 영화롭게 하기 위해 역사하신다. 주님의 보혈이 헛되지 않게, 주님의 죽음이 헛되지 않게….
【결론】 하나님은 사람들의 눈을 열어주신다. 시간이 걸리지 않는다. (예: 엠마오의 두 제자의 눈을 식탁에서 여심.) 이미 눈이 열린 자도 더 많이 보아야 한다. 사울의 눈에서 비늘이 떨어져 나오게 해야 한다.

- 절기, 용도, 장르, 특징:
- Key Word: 눈 뜨기.
- Remarks:

본문 : **왕하 6:14-23**
제목 : **믿음의 사람 엘리사**

14.왕이 이에 말과 병거와 많은 군사를 보내매 그들이 밤에 가서 그 성읍을 에워쌌더라 **15.**하나님
의 사람의 사환이 일찍이 일어나서 나가보니 군사와 말과 병거가 성읍을 에워쌌는지라 그의 사환이
엘리사에게 말하되 아아, 내 주여 우리가 어찌하리이까 하니 **16.**대답하되 두려워하지 말라 우리와
함께 한 자가 그들과 함께 한 자보다 많으니라 하고 **17.**기도하여 이르되 여호와여 원하건대 그의 눈
을 열어서 보게 하옵소서 하니 여호와께서 그 청년의 눈을 여시매 그가 보니 불말과 불병거가 산에
가득하여 엘리사를 둘렀더라 **18.**아람 사람이 엘리사에게 내려오매 엘리사가 여호와께 기도하여 이
르되 원하건대 저 무리의 눈을 어둡게 하옵소서 하매 엘리사의 말대로 그들의 눈을 어둡게 하신지라
19.엘리사가 그들에게 이르되 이는 그 길이 아니요 이는 그 성읍도 아니니 나를 따라 오라 내가 너희
를 인도하여 너희가 찾는 사람에게로 나아가리라 하고 그들을 인도하여 사마리아에 이르니라 **20.**사
마리아에 들어갈 때에 엘리사가 이르되 여호와여 이 무리의 눈을 열어서 보게 하옵소서 하니 여호와
께서 그들의 눈을 여시매 그들이 보니 자기들이 사마리아 가운데에 있더라 **21.**이스라엘 왕이 그들
을 보고 엘리사에게 이르되 내 아버지여 내가 치리이까 내가 치리이까 하니 **22.**대답하되 치지 마소
서 칼과 활로 사로잡은 자인들 어찌 치리이까 떡과 물을 그들 앞에 두어 먹고 마시게 하고 그들의 주
인에게로 돌려보내소서 하는지라 **23.**왕이 위하여 음식을 많이 베풀고 그들이 먹고 마시매 놓아보내
니 그들이 그들의 주인에게로 돌아가니라 이로부터 아람 군사의 부대가 다시는 이스라엘 땅에 들어
오지 못하니라

1. 엘리사에게도 위기가 찾아왔음 (= 위기는 누구에게나 찾아옴)

14절= "왕이 이에 말과 병거와 많은 군사를 보내매 그들이 밤에 가서 그 성읍을 에워쌌더라"

2. "우리와 함께한 자가 많다"고 함 (= 위기 속에서 하나님을 바라봄)

15-16절= "… 그의 사환이 엘리사에게 말하되 아아, 내 주여 우리가 어찌하리이까 하니 대답하되 두려워하지 말라 우리와 함께 한 자가 그들과 함께 한 자보다 많으니라"

3. 아람 군대에게 자비를 베풀었음 (= 믿음에서 오는 여유)

21-22절= "이스라엘 왕이 그들을 보고 엘리사에게 이르되 내 아버지여 내가 치리이까… 대답하되 치지 마소서… 떡과 물을 그들 앞에 두어 먹고 마시게 하고 그들의 주인에게로 돌려보내소서"

◆◆◆

【대지 유형】 주제 설명형 – 본문 묶음형 – 대지 진전형
【주제】 (석의) 엘리사는 위기 앞에서 하나님만 바라보며 믿음으로 여유 있게 위기를 극복하였다.
【FCF】 많은 신앙인이 위기 앞에서 허둥대며 믿음의 여유를 갖지 못함.

【서론】 선지자 엘리사. 아람 군대의 침공으로 위기가 닥쳤을 때 오히려 사환의 눈을 열어 하나님의 도움을 보게 하였다. 엘리사는 포로로 잡은 아람 군대에게 자비를 베푸는 여유를 가졌다.
【우산질문】 본문을 통해 믿음의 사람 엘리사의 모습을 살펴보자.

【1대지】 갑절의 능력을 받은 엘리사. 위대한 인물. 그런데 자고 일어나니 적군이 자신을 포위하고 있었음. 기도한다고 위기가 오지 않는 것이 아니다. 벧전 4:12-13, 위기와 시험이 오는 이유 설명.
【2대지】 위기 앞에서 허둥대는 사환. 마 8장의 풍랑 앞의 제자들. 믿음이 문제이다. 믿음의 사람은 남이 보지 못하는 것을 본다. 히 11:1-2. 기라성같은 믿음의 사람들은 모두 하나님을 보았다. "나의 작은 신음에도 응답하시는 주만 볼찌라."
【3대지】 아람 군대의 눈을 어둡게 해 달라고 기도. 눈이 먼 아람군대를 사마리아 가운데로 인도. '내가 치리이까?' '그들을 대접하여 돌려보내소서' 믿음의 사람은 여유가 있다. 다윗이 조바심치는 것을 본 적이 있나? 하나님이 주시는 평안과 기쁨을 가진 사람.
【결론】 하나님을 바라보는 사람은 다르다. 푸른 초장, 쉴만한 물가를 보게 된다. 시험과 위기가 파도같이 몰려와도 하나님만 바라보면….

- 절기, 용도, 장르, 특징:
- Key Word: 엘리사, 위기 속 여유, 믿음의 사람.
- Remarks:

본문 : **왕하 7:3-10**
제목 : **그들이 전해야 하는 이유 (Let's Go and Preach)**

3.성문 어귀에 나병환자 네 사람이 있더니 그 친구에게 서로 말하되 우리가 어찌하여 여기 앉아서 죽
기를 기다리랴 **4.**만일 우리가 성읍으로 가자고 말한다면 성읍에는 굶주림이 있으니 우리가 거기서
죽을 것이요 만일 우리가 여기서 머무르면 역시 우리가 죽을 것이라 그런즉 우리가 가서 아람 군대에
게 항복하자 그들이 우리를 살려 두면 살 것이요 우리를 죽이면 죽을 것이라 하고 **5.**아람 진으로 가
려 하여 해 질 무렵에 일어나 아람 진영 끝에 이르러서 본즉 그 곳에 한 사람도 없으니 **6.**이는 주께
서 아람 군대로 병거 소리와 말 소리와 큰 군대의 소리를 듣게 하셨으므로 아람 사람이 서로 말하기
를 이스라엘 왕이 우리를 치려 하여 헷 사람의 왕들과 애굽 왕들에게 값을 주고 그들을 우리에게 오
게 하였다 하고 **7.**해질 무렵에 일어나서 도망하되 그 장막과 말과 나귀를 버리고 진영을 그대로 두
고 목숨을 위하여 도망하였음이라 **8.**그 나병환자들이 진영 끝에 이르자 한 장막에 들어가서 먹고 마
시고 거기서 은과 금과 의복을 가지고 가서 감추고 다시 와서 다른 장막에 들어가 거기서도 가지고
가서 감추니라 **9.**나병환자들이 그 친구에게 서로 말하되 우리가 이렇게 해서는 아니되겠도다 오늘
은 아름다운 소식이 있는 날이거늘 우리가 침묵하고 있도다 만일 밝은 아침까지 기다리면 벌이 우리
에게 미칠지니 이제 떠나 왕궁에 가서 알리자 하고 **10.**가서 성읍 문지기를 불러 그들에게 말하여 이
르되 우리가 아람 진에 이르러서 보니 거기에 한 사람도 없고 사람의 소리도 없고 오직 말과 나귀만
매여 있고 장막들이 그대로 있더이다 하는지라

1. 자신들은 음식과 은 금 의복들을 가지게 되었기 때문 (= 우리는 보화를 가짐)
8절= "그 나병환자들이 진영 끝에 이르자 한 장막에 들어가서 먹고 마시고 거기서 은과 금과 의복을 가지고 가서 감추고 다시 와서 다른 장막에 들어가 거기서도 가지고 가서 감추니라"

2. 자신들이 가진 것은 성읍 사람들이 급히 필요로 하는 것이기 때문 (= 복음 없이 죽어감)
4절= "… 성읍에는 굶주림이 있으니…"

3. 자신들이 알리지 않으면 벌을 받을 것이기 때문 (= 전도의 의무)
9절= "… 오늘은 아름다운 소식이 있는 날이거늘 우리가 침묵하고 있도다 만일 밝은 아침까지 기다리면 벌이 우리에게 미칠지니 이제 떠나 왕궁에 가서 알리자"

◆◆◆

【대지 유형】 이유 제시형 - 본문 수집형, 묵상형 - 대지 심화형
【주제】 (석의) 나병환자들은 자신들이 갖게 된 놀라운 복된 소식을 성 중 사람들에게 속히 알려야 했다.

【FCF】 많은 신앙인이 '성 안 사람들의 굶주림'에 관심을 두지 않고 있음.

【서론】 복음은 '복된 소식'이다. 이 소식은 사람으로부터가 아니라 하나님으로부터 온다. 본문은 복음의 소식을 전하던 사건. 장소는 사마리아 성문 밖. 때는 황혼녘. 네 사람의 나병환자. 성 중의 위급한 상황. 아람 군대에 항복하러 갔다가 뜻밖의 횡재. 엄청난 일이 벌어지고 있었다. 정신없이 이득을 챙기던 그들의 모습, "그 나병환자들이 진영 끝에 이르자 한 장막에 들어가서 먹고 마시고 거기서 은과 금과 의복을 가지고 가서 감추고 다시 와서 다른 장막에 들어가 거기서도 가지고 가서 감추니라"(8절). 자신의 행동을 반성하는 이들. "가서 사람들에게 말하자." 이것은 우리가 서로 주고 받아야 할 말이요 그리스도께서 우리에게 명령하신 말씀이다.

【우산질문】 나병 환자들은 성 중 사람들에게 무엇을 왜 전해야 하는가?

【1대지】 우리가 가진 것은 매우 큰 보화이다. 우리의 경우 육체적인 것이 아니라 영적인 것. 죄의 능력에서 해방된 것. 이것들은 우리가 거저 받았다. 우리가 받은 것의 가치를 측량할 수 없다. 하나님 자녀의 권세, 대속의 은혜, 영원한 소망, 하나님의 말씀, 보혜사 성령….

【2대지】 성 내에서는 식량이 부족하여 카니발리즘까지 일어나고 있었다. 자녀를 삶아먹기까지! 오늘날 많은 사람은 생명의 빵을 필요로 한다. 세계 방방곡곡에서 복음이 없어 죽어가고 있다. 현재보다 더 급히 죽어가는 적은 없었다. 그러면서도 필요성조차 모르고 있다. 몇몇 나라들의 교회들만 계속 포식하고 있다. 이럴 수 없다!

【3대지】 고전 9:16, "화가 있다." 우리의 위험이라 함은?= ①우리 자신의 냉냉함, ②하나님의 저주. 침묵하는 자에 대한 하나님의 경고를 보라(겔 33장). 그리스도인에 대한 하나님의 목적은 영혼구원에 있다. 롬 10:14, "그런즉 그들이 믿지 아니하는 이를 어찌 부르리요 듣지도 못한 이를 어찌 믿으리요 전파하는 자가 없이 어찌 들으리요 보내심을 받지 아니하였으면 어찌 전파하리요 기록된 바 아름답도다 좋은 소식을 전하는 자들의 발이여 함과 같으니라."

【결론】 그리스도인은 보내심을 받은 자. 교회는 이런 그리스도인들의 모임이다. 침묵하지 말라. 가서 사람들에게 전하라.

- 절기, 용도, 장르, 특징:
- Key Word: 전도.
- Remarks:

본문 : **왕하 13:14-19**

제목 : **승리의 세 가지 법칙 (The Law of Victory by the Prophet)**

14.엘리사가 죽을 병이 들매 이스라엘의 왕 요아스가 그에게로 내려와 자기의 얼굴에 눈물을 흘리며
이르되 내 아버지여 내 아버지여 이스라엘의 병거와 마병이여 하매 **15.**엘리사가 그에게 이르되 활
과 화살들을 가져오소서 하는지라 활과 화살들을 그에게 가져오매 **16.**또 이스라엘 왕에게 이르되
왕의 손으로 활을 잡으소서 하매 그가 손으로 잡으니 엘리사가 자기 손을 왕의 손 위에 얹고 **17.**이
르되 동쪽 창을 여소서 하여 곧 열매 엘리사가 이르되 쏘소서 하는지라 곧 쏘매 엘리사가 이르되 이
는 여호와를 위한 구원의 화살 곧 아람에 대한 구원의 화살이니 왕이 아람 사람을 멸절하도록 아벡에
서 치리이다 하니라 **18.**또 이르되 화살들을 집으소서 곧 집으매 엘리사가 또 이스라엘 왕에게 이르
되 땅을 치소서 하는지라 이에 세 번 치고 그친지라 **19.**하나님의 사람이 노하여 이르되 왕이 대여섯
번을 칠 것이니이다 그리하였더면 왕이 아람을 진멸하기까지 쳤으리이다 그런즉 이제는 왕이 아람
을 세 번만 치리이다 하니라

1. 승리의 제1법칙: 강력한 전투 의지 (= "활과 살들을 가져오소서"라고 함)

15절= "엘리사가 그에게 이르되 활과 살들을 가져오소서…"

2. 승리의 제2법칙: 우리의 손이 무기를 잡고 그 손을 하나님이 잡아주는 것 (= 엘리사가 활을 잡은 왕의 손을 안찰함)

16절= "또 이스라엘 왕에게 이르되 왕의 손으로 활을 잡으소서 하매 그가 손으로 잡으니 엘리사가 자기 손을 왕의 손 위에 얹고"

3. 승리의 제3법칙: 말씀에 따라 행동하고 순종하는 믿음 (= 활을 쏘고 땅을 치라는 말을 순종함)

17절= "가로되 동쪽 창을 여소서 하여 곧 열매, 엘리사가 이르되, 쏘소서 하는지라 곧 쏘매…"

18절= "또 이르되 화살들을 집으소서. 곧 집으매, 엘리사가 또 이스라엘 왕에게 이르되, 땅을 치소서 하는지라 이에 세 번 치고…"

◈◈◈

【대지 유형】 주제 함축형 - 본문 묶음형 - 대지 연결형

【주제】 (적용) 승리의 비결은 엘리사가 요아스에게 취한 상징적인 행동을 통해 나타났듯이 강력한 전투의지를 가지고 하나님의 능력에 힘입어 순종하는 것에 있다.

【FCF】 영적 전투에 나선 성도에게 강력한 도전 의지가 부족함.

【서론】 본문에서 만나는 '두 병든 사람의 이야기'를 통해서 승리를 얻는 방법을 배울 수가 있다. 하나님을 경외하지 않던 요아스 왕은 선지자 엘리사를 찾는다. 엘리사 선지자가 왕에게 제시한 상징적인 행위들 속에 영적 승리의 비결이 들어 있다.

【우산질문】 본문에서 발견하는 영적 승리의 법칙은 어떤 것인가?

【1대지】 전쟁에서 강력한 전투 의지만큼 중요한 것은 없다. 군인에게 훌륭한 무기는 필수적이지만, 그보다 더 중요한 것은 '사기(士氣)'이다. 무기를 철저히 준비해야 한다. 거침없는 선전포고로 마귀의 간담을 서늘하게 할 수 있어야 한다.

【2대지】 엘리사는 여호와의 능력이 자신을 통해 요아스에게로 전달되고 있음을 확증하기 위해 자신의 손을 왕의 손 위에 얹은 것이다. 무기를 잡고 있는 요아스 왕의 손을 엘리사가 잡아주듯이, 영적 전투에 참여한 우리에게 하나님의 손이 함께 해야 참된 승리를 얻을 수 있다.

【3대지】 이스라엘의 병거와 마병은 결코 유형적 전투력에 있는 것이 아니라 영적 전투력에 있는 것이다. 하물며 영적 이스라엘인 오늘의 그리스도인들의 싸움은 처음부터 끝까지 영적 전투력으로 진행된다. 우리에게 주어지는 승리의 분량도 순종하는 믿음 만큼이다.

【결론】 영적 싸움의 현장에서 가장 요구되는 것은 강력한 전투의지이다. 내 안의 정욕과 더불어 싸워 이기고자 하는 의지가 있어야 한다. 세상의 유행이나 불결한 문화들과 더불어 싸워 이기고자 하는 의지를 불태워야 한다. 사탄과 귀신들의 세력들에 대항하여 직접 싸우고자 하는 불퇴전의 용기를 갖추어야 한다.

- 절기, 용도, 장르, 특징: 상징주의 해석.
- Key Word: 전투, 승리 법칙.
- Remarks:

본문 : **왕하 13:20-21**
제목 : **살리는 뼈**

20.엘리사가 죽으니 그를 장사하였고 해가 바뀌매 모압 도적 떼들이 그 땅에 온지라 **21.**마침 사람을 장사하는 자들이 그 도적 떼를 보고 그의 시체를 엘리사의 묘실에 들이던지매 시체가 엘리사의 뼈에 닿자 곧 회생하여 일어섰더라

1. 엘리사의 뼈에는 죽은 자를 살리는 생명이 있었음 (= 예수님 안에 있는 생명)

21절= "마침 사람을 장사하는 자들이 그 도적 떼를 보고 그의 시체를 엘리사의 묘실에 들이던지매 시체가 엘리사의 뼈에 닿자 곧 회생하여 일어섰더라"

2. 하나님은 살리는 뼈들을 세우심 (= 예수의 증인)

21절= "… 시체가 엘리사의 뼈에 닿자 곧 회생하여 일어섰더라 "

◈◈◈

【대지 유형】 주제 설명형 - 본문 분석형 - 대지 대조형
【주제】 (적용) 성도는 예수님으로부터 생기를 받아 성령 충만하여 살리는 뼈가 되어야 한다.
【FCF】 많은 신앙인이 산 뼈의 수준에서 만족하고 있음.

【서론】 모든 성경은 예수님 이야기이다. 구약과 신약의 저자들은 하나님의 영감을 받아 성령님의 인도대로 성경을 기록했는데, 이 성경이 예수님에 대하여 증언하고 있다. 요 5:39, "너희가 성경에서 영생을 얻는 줄 생각하고 성경을 연구하거니와 이 성경이 곧 내게 대하여 증언하는 것이니라." 눅 24:27, "이에 모세와 모든 선지자의 글로 시작하여 모든 성경에 쓴 바 자기에 관한 것을 자세히 설명하시니라." 엘리사 선지자= 66년의 선지자 사역, 능력의 사람. 그는 은혜를 사모한 사람. 수많은 이적. 그도 사람인지라 죽었고, 무덤에 장사 되었음. 모압의 도적들의 노략질을 피해 시체를 엘리사의 묘실에 던짐. 본문은 엄청난 사건을 담담히 기록하고 있다. "시체가 엘리사의 뼈에 닿자 곧 회생하여 일어섰더라."
【우산질문】 본문이 주는 충격을 메시지로 표현해 보자.

【1대지】 뼈가 많았으나 엘리사의 뼈에는 생명이 있었다. 무덤이 많았으나 엘리사의 무덤에는 생명이 있었다. 엘리사의 뼈는 산 뼈. 그는 죽었으나 산 자. 물론 엘리사 자신의 능력이 아니라 하나님의 능력. 하나님은 엘리사의 뼈를 사용하기를 기뻐하셨다. 살아 있을 때 은혜를 사모하던 자. 엘리사는 죽었어도 생명을 나타내었고, 살리는 뼈가 되었다. 이 생명은 그리스도 안에 있는 생명. 이 생명은 그리스도를 부활시킨 능력이고, 장차 우리를 부활시킬 생명이다. 엘리사의 뼈에 생명이 있었다는 것은 예수 그리스도 안에 생명이 있음을 상징하고, 엘리사의 뼈에 닿은 시체가 회생한 것은 예수님에게 부딪치는 자마다 그 영혼이 살아나는 것을 상징한다. 예수님의 생명을 받는 자마다 완전히 새로운 존재가 된다. 고후 5:17, "그런즉 누구든지 그리스도 안에 있으면 새로운 피조물이라 이전 것은 지나갔으니 보라 새 것이 되었도다"

【2대지】 본문의 이적 사건을 통하여 우리에게 주시는 또 다른 교훈은 우리 성도들도 살리는 뼈가 되어야 한다는 것이다. 하나님은 시대마다 살리는 뼈들을 세워오셨고, 지금도 세우고 계신다. 이것은 주님께서 예수 그리스도의 증인을 세우심을 의미한다. 우리는 원래 세상 사람과 조금도 다를 바 없다. 그러나 우린 예수 그리스도에게 부딪쳐 살아난 자들. 우리가 믿음으로 그리스도의 산 말씀에 부딪힐 때 우리도 산 뼈가 되고 살리는 뼈가 된다. 교회사의 수많은 사람이 살리는 뼈가 되었다. 구하는 자에게 주님은 성령을 주신다. 성령이 오시면 내게 생기와 활력이 된다.

【결론】 먼저 우리가 산 뼈가 되고, 성령을 충만히 받아야 한다. 귀한 생명력을 받아 살리는 뼈가 되어야 한다.

- 절기, 용도, 장르, 특징: 상징주의 해석.
- Key Word: 뼈, 살리는 뼈.
- Remarks:

본문 : **왕하 20:1-7**
제목 : **히스기야 눈물의 의미**

1.그 때에 히스기야가 병들어 죽게 되매 아모스의 아들 선지자 이사야가 그에게 나아와서 그에게 이
르되 여호와의 말씀이 너는 집을 정리하라 네가 죽고 살지 못하리라 하셨나이다 **2.**히스기야가 낯을
벽으로 향하고 여호와께 기도하여 이르되 **3.**여호와여 구하오니 내가 진실과 전심으로 주 앞에 행하
며 주께서 보시기에 선하게 행한 것을 기억하옵소서 하고 히스기야가 심히 통곡하더라 **4.**이사야가
성읍 가운데까지도 이르기 전에 여호와의 말씀이 그에게 임하여 이르시되 **5.**너는 돌아가서 내 백성
의 주권자 히스기야에게 이르기를 왕의 조상 다윗의 하나님 여호와의 말씀이 내가 네 기도를 들었고
네 눈물을 보았노라 내가 너를 낫게 하리니 네가 삼 일 만에 여호와의 성전에 올라가겠고 **6.**내가 네
날에 십오 년을 더할 것이며 내가 너와 이 성을 앗수르 왕의 손에서 구원하고 내가 나를 위하고 또 내
종 다윗을 위하므로 이 성을 보호하리라 하셨다 하라 하셨더라 **7.**이사야가 이르되 무화과 반죽을 가
져오라 하매 무리가 가져다가 그 상처에 놓으니 나으니라

1. 젊은 나이에 후사 없이 죽게 된 것이 안타까웠음 (= 인생의 허무함 때문에 흘린 눈물)

1절= "그 때에 히스기야가 병들어 죽게 되매…"

2. 하나님의 심판의 말씀을 받고 낯을 벽으로 향하고 기도함 (= 회개와 겸손의 눈물)

1-2절= "… 선지자 이사야가 그에게 나아와서 그에게 이르되 여호와의 말씀이 너는 집을 정리하라 네가 죽고 살지 못하리라 하셨나이다 히스기야가 낯을 벽으로 향하고 여호와께 기도하여 이르되…"

3. 나라를 위하여 히스기야의 수(壽)를 15년 더하시겠다 하심 (= 민족의 앞날을 생각한 눈물)

6절= "내가 네 날에 십오 년을 더할 것이며 내가 너와 이 성을 앗수르 왕의 손에서 구원하고 내가 나를 위하고 또 내 종 다윗을 위하므로 이 성을 보호하리라 하셨다 하라"

◈◈◈

【대지 유형】 주제 설명형 - 본문 묵상형 - 대지 혼재형(2+1), 진전형
【주제】 (적용) 성도의 눈물은 회개의 눈물, 나라와 교회를 위한 눈물이어야 한다.
【FCF】 많은 신앙인이 하나님이 긍휼히 여기실 눈물을 보이지 못하고 있음.

【서론】 "히스기야가 심히 통곡하더라" 눈물에는 많은 의미가 있다. 특히 왕의 눈물. 39세의 히스기야, 훌륭한 통치자. 전쟁에서 많은 승리를 거두었고, 왕국을 튼튼하게 세웠다. 그런데 날벼락이 떨어졌다. 그는 울지 않을 수 없었다.
【우산질문】 히스기야 왕이 통곡하며 흘렸던 눈물의 의미를 묵상해보자.

【1대지】 54세-15년=39세. 므낫세는 3년 후 잉태. 히스기야는 25세에 왕이 되어 25년 통치. 잘 나가다가 갑자기 날벼락. 1절, "여호와의 말씀이 너는 집을 정리하라 네가 죽고 살지 못하리라." 한창 젊은 나이에 부귀영화를 다 버리고 떠나야하다니! 출세의 가도를 달리는 중에 갑자기 찾아온 청천벽력같은 소식. 인생의 허무함. 인생은 그런 것이다. 전도서 기자의 깨달음을 보라. 성도의 참 믿음은 여기서 출발한다.
【2대지】 자신에게 찾아온 병이 하나님으로부터 온 것임을 알았음(대하 32:23, 25). 그의 교만은 단순히 세상적인 의미에서가 아닌 신앙적인 교만이 포함됨. 그동안 하나님 앞에 신실한 행동= 자신도 모르게 교만해짐. 하나님의 은혜를 망각하고 자신이 세상에서 최고인양 교만해 있었던 히스기야. 선지자의 책망을 듣는 순간 즉시 교만을 물리치고 회개의 눈물을 흘림.
【3대지】 단순히 자신의 목숨 하나 더 오래 살고 싶어서 흘리는 눈물은 아니었음. 하나님의 응답의 말씀 속에 나라를 위해 수명 연장을 허락하신다는 말씀이 있음. 대표자의 눈물은 이렇게 소중한 것. 가장의 눈물, 사장의 눈물, 목회자의 눈물, 대표의 눈물. 왜 15년? 더 이상은 안 되나?= 하나님이 필요한 기간. 그의 후계자가 될 아들이 준비될 기간. 히스기야는 살아야 할 분명한 명분이 있었다. 여러분은 더 살아야 할 명분이 있는가?
【결론】 여러분은 혹시 사명을 잃어버리지는 않았는가? 혹시 교만에 빠져 있지는 않은가? 혹시 어려운 일에 당면하고 있지는 않은가? 주님께 필요한 사람이 되라. 여러분의 기도와 눈물이 하나님께 상달될 것이다.

- 절기, 용도, 장르, 특징:
- Key Word: 눈물.
- Remarks:

본문 : **대상 4:9-10**
제목 : **야베스의 기도**

9.야베스는 그의 형제보다 귀중한 자라 그의 어머니가 이름하여 이르되 야베스라 하였으니 이는 내
가 수고로이 낳았다 함이었더라 **10.**야베스가 이스라엘 하나님께 아뢰어 이르되 주께서 내게 복을
주시려거든 나의 지역을 넓히시고 주의 손으로 나를 도우사 나로 환난을 벗어나 내게 근심이 없게 하
옵소서 하였더니 하나님이 그가 구하는 것을 허락하셨더라

1. "나의 지역을 넓혀 주옵소서"라고 함 (= 세상적 삶 축복)
10절= "주께서 내게 복을 주시려거든 나의 지역을 넓히시고"

2. "주의 손으로 나를 도우소서"라고 함 (= 하나님의 도움받아 사는 삶)
10절= "… 주의 손으로 나를 도우사…"

3. "환난을 벗어나 내게 근심이 없게 하옵소서"라고 함 (= 악한 자로부터 보존)
10절= "… 나로 환난을 벗어나 내게 근심이 없게 하옵소서 하였더니 하나님이 그가 구하는 것을 허락하셨더라"

◈◈◈

【대지 유형】 주제 적용형 - 본문 분석형 - 대지 병렬형
【주제】 (석의) 야베스는 세상적인 축복과 하나님의 도우심, 그리고 악한 자로부터 보호해 주실 것을 기도하여 응답받았다.
【FCF】 하나님의 도우심과 마귀로부터의 보호를 기도하기보다 주로 세상적인 필요를 위한 기도에 치우쳐 있는 교인들의 세속화.

【서론】 신년 메시지. 본문은 짧지만 간결하면서도 압축된 메시지를 준다. 야베스의 전기= 족보 중 간단한 서술. 고대 근동에 흔히 있던 일. 야베스(=슬픔, 비탄) - 후일 형제보다 존귀한 자가 되었음. 그는 '이스라엘의 하나님'께 기도함. 그분은 '언약의 하나님'. 하나님의 이름이 중요하다. 내가 여호와의 위대함에 압도될 때 - "하늘의 하나님", "영광의 하나님". 내가 하나님의 사랑과 은총에 감사할 때 - "사랑의 하나님", "자비와 은총의 하나님". 그리고 내 마음이 구원받은 기쁨으로 넘칠 때 - "구원의 하나님", "소망의 하나님". 우리의

기도와 비교해보자.
【우산질문】 야베스의 기도는 어떤 내용의 기도인가?

【1대지】 세상적인 우리의 삶에 필요한 것들(earthly good), 정신적 축복(재능, 은사들, 위로), 육체적 축복(건강, 의식주의 문제). 이것들은 분명히 영적 축복에 비해 부차적이어야 한다.
【2대지】 하나님의 도우시는 손= 섭리적인 임재. 야베스 자신의 약함, 위험, 부족을 통감했다. 하나님의 도움 없이 살 수 있는 자는 아무도 없다. 예수 믿는 삶은 하나님의 도움 받아 사는 삶이다. 자기 힘으로 살기를 포기하고, 하나님 없이는 살 수 없음을 고백해야 한다. 마치 광야의 이스라엘이 하나님이 보내신 구름기둥과 불기둥의 인도대로 살아갔듯이. 하나님의 도우시는 이 손이 우리를 세우고 인도하고 부족을 공급하고 승리케 하신다.
【3대지】 악한 자는 항상 존재한다. 우리는 하나님의 능력으로 악한 자의 시험에 넘어가지 않도록 기도해야 한다. 주기도문에도 "다만 악에서 구하옵소서." 세상의 악 + 내 속에 있는 악한 생각들 + 마귀와 귀신들. 그러나 하나님은 자신이 정하신 방법대로 행하신다: 야베스가 기도 - 하나님의 뜻에 합당 - 믿음을 동반한 열심 있는 기도 - "하나님이 그가 구하는 것을 허락하셨더라." 모든 슬픔의 요소가 물러가고, 형제 중 존귀한 자가 되었다.
【결론】 야베스의 기도제목은 우리 모두가 확실히 필요로 하는 것이다. 먼저 하나님과의 관계를 제대로 확립하자. 그리고 겸손하게 온 마음을 다하여 구하자. 금년 말의 우리의 신앙 간증= "하나님이 그가 구하는 것을 허락하셨더라."

- 절기, 용도, 장르, 특징: 신년예배.
- Key Word: 기도, 야베스.
- Remarks:

본문 : **대하 10:1; 12:1, 12-14**

제목 : **르호보암의 실패가 주는 교훈**
(Setting Your Heart on Seeking the Lord)

10:1.르호보암이 세겜으로 갔으니 이는 온 이스라엘이 그를 왕으로 삼고자 하여 세겜에 이르렀음이더라 …… **12:1.**르호보암의 나라가 견고하고 세력이 강해지매 그가 여호와의 율법을 버리니 온 이스라엘이 본받은지라 …… **12.**르호보암이 스스로 겸비하였고 유다에 선한 일도 있으므로 여호와께서 노를 돌이키사 다 멸하지 아니하셨더라 **13.**르호보암 왕은 예루살렘에서 스스로 세력을 굳게 하여 다스리니라 르호보암이 왕위에 오를 때에 나이가 사십일 세라 예루살렘 곧 여호와께서 이스라엘의 모든 지파 중에서 택하여 그의 이름을 두신 성에서 십칠 년 동안 다스리니라 르호보암의 어머니의 이름은 나아마요 암몬 여인이더라 **14.**르호보암이 악을 행하였으니 이는 그가 여호와를 구하는 마음을 굳게 하지 아니함이었더라

1. 왕위에 오를 때부터 하나님을 구하지 않고 시작했음 (= 기름 부음 없이 직분 시작)

10:1= "르호보암이 세겜으로 갔으니 이는 온 이스라엘이 그를 왕으로 삼고자 하여 세겜에 이르렀음이더라"

2. 하나님이 주신 기회를 계속적으로 사용하지 못했음 (= 교만으로 하나님 떠남)

12:1= "르호보암의 나라가 견고하고 세력이 강해지매 그가 여호와의 율법을 버리니 온 이스라엘이 본받은지라"

3. 여호와를 구하는 마음을 굳게 하지 아니하였음 (= 오직 예수 신앙에 무관심)

14절= "르호보암이 악을 행하였으니 이는 그가 여호와를 구하는 마음을 굳게 하지 아니함이었더라"

◈◈◈

【대지 유형】 이유 제시형 - 본문 수집형 - 대지 심화형

【주제】 (석의) 왕위에 오를 때부터 하나님을 구하지 않았던 르호보암은 교만으로 하나님을 떠나 결국 실패한 왕이 되었다.

【FCF】 많은 신앙인이 조금 잘되면 교만해져서 하나님을 찾지 않게 됨.

【서론】 하나님은 개인 개인을 평가하신다. 14절은 르호보암의 생애를 요약하는 말. 마치 비석의 비문을 읽는 것 같음. "악을 행하였다" - 하나님 보시기에 실패작. 솔로몬 왕국 말기. 왕위에 오른 르호보암, 지혜로운 노인들의 충고를 외면하고 젊은이들의 말 청종, 결국 실패한 왕이 됨. 실제로 르호보암은 다른 왕들(여로보암, 아합, 므낫세 등)에 비해 그리 악하진 않았으나, 태만하고 우둔하고, '마음을 오로지 하여 여호와를 구하지 않았다.'
【우산질문】 르호보암이 실패한 왕이 된 까닭이 무엇인가?

【1대지】 하나님 없이 왕위에(10:1), 노인의 지혜로운 말 배척했음(8절). 기도하지 않고, 자기 아버지의 지혜도 부족 - 하나님 따르지 않은 결과임(13, 14절). 남왕국과 북왕국으로 분열되는 비극을 초래했음.
【2대지】 하나님은 남왕국에 절호의 기회를 주셨다. 북방 여로보암의 우상숭배로 제사장과 레위인들이 남방으로 몰려왔던 것. 11:16, "마음을 오로지 하여 하나님을 구하는 자들" "3년동안"(17절) - 이것은 하나님의 축복이었다. 그러나 르호보암의 교만(12:1). 하나님의 율법을 버림. 오늘도 수많은 성도가 이 전철을 따르고 있다. 애굽왕 시삭을 사용하시는 하나님. 르호보암은 원래 악질은 아니었으나… 12절= 유다에 선한 일도 있으므로… 오늘 이 땅에도 선한 일도 좀 있으므로….
【3대지】 사람은 우연히 선하게 될 수 없다. 힘쓰지 않으면 안 된다. 롬 11:11, "부지런하여 게으르지 말고 열심을 품고 주를 섬겨라" 마음을 오로지 하여… 하나님을 철저히 구해야 할 필요: 하나님의 도우심과 지혜를 얻기 위해, 하나님의 인도하심, 지배받기 위해. 그래야 무익한 자들의 영향을 안 받을 수 있다.
【결론】 하나님 나라는 결코 값싼 게 아니다. 처음부터 끝까지 하나님께 충성하자. 당신의 일생은 어떻게 평가되겠는가?

- 절기, 용도, 장르, 특징:
- Key Word: 일생 평가.
- Remarks:

본문 : **대하 20:20-30**
제목 : **브라가 골짜기 (The Valley of Beracha)**

20.이에 백성들이 아침에 일찍이 일어나서 드고아 들로 나가니라 나갈 때에 여호사밧이 서서 이르되 유다와 예루살렘 주민들아 내 말을 들을지어다 너희는 너희 하나님 여호와를 신뢰하라 그리하면 견고히 서리라 그의 선지자들을 신뢰하라 그리하면 형통하리라 하고
21.백성과 더불어 의논하고 노래하는 자들을 택하여 거룩한 예복을 입히고 군대 앞에서 행진하며 여호와를 찬송하여 이르기를 여호와께 감사하세 그의 인자하심이 영원하도다 하게 하였더니
22.그 노래와 찬송이 시작될 때에 여호와께서 복병을 두어 유다를 치러 온 암몬 자손과 모압과 세일 산 주민들을 치게 하시므로 그들이 패하였으니
23.곧 암몬과 모압 자손이 일어나 세일 산 주민들을 쳐서 진멸하고 세일 주민들을 멸한 후에는 그들이 서로 쳐죽였더라
24.유다 사람이 들 망대에 이르러 그 무리를 본즉 땅에 엎드러진 시체들뿐이요 한 사람도 피한 자가 없는지라
25.여호사밧과 그의 백성이 가서 적군의 물건을 탈취할새 본즉 그 가운데에 재물과 의복과 보물이 많이 있으므로 각기 탈취하는데 그 물건이 너무 많아 능히 가져갈 수 없을 만큼 많으므로 사흘 동안에 거두어들이고
26.넷째 날에 무리가 브라가 골짜기에 모여서 거기서 여호와를 송축한지라 그러므로 오늘날까지 그 곳을 브라가 골짜기라 일컫더라
27.유다와 예루살렘 모든 사람이 다시 여호사밧을 선두로 하여 즐겁게 예루살렘으로 돌아왔으니 이는 여호와께서 그들이 그 적군을 이김으로써 즐거워하게 하셨음이라
28.그들이 비파와 수금과 나팔을 합주하고 예루살렘에 이르러 여호와의 전에 나아가니라
29.이방 모든 나라가 여호와께서 이스라엘의 적군을 치셨다 함을 듣고 하나님을 두려워하므로
30.여호사밧의 나라가 태평하였으니 이는 그의 하나님이 사방에서 그들에게 평강을 주셨음이더라

1. 군대 앞에 찬양대를 앞세워 찬양하며 행진함 (= 믿음의 찬양)

21절= "노래하는 자들을 택하여 거룩한 예복을 입히고 군대 앞에서 행진하며 여호와를 찬송하여 이르기를 여호와께 감사하세 그의 인자하심이 영원하도다"

2. 여호와께서 적군들의 내전으로 유다군을 이기게 하셨음 (= 하나님의 적극적 간섭, 찬송 생활의 능력)

22절= "그 노래와 찬송이 시작될 때에 여호와께서 복병을 두어 유다를 치러 온 암몬 자손과 모압과 세일 산 주민들을 치게 하시므로 그들이 패하였으니"

23절= "곧 암몬과 모압 자손이 일어나 세일 산 주민들을 쳐서 진멸하고 세일 주민들을 멸한 후에는 그들이 서로 쳐죽였더라"

3. 무리가 브라가 골짜기에서 여호와를 송축하였음 (= 회중 찬양의 중요성)

26절= "넷째 날에 무리가 브라가 골짜기에 모여서 거기서 여호와를 송축한지라 그러므로 오늘날까지 그 곳을 브라가 골짜기라 일컫더라"

◈◈◈

【대지 유형】 주제 설명형 – 본문 묶음형 – 대지 진전형
【주제】 (석의) 하나님의 도움을 받은 유다 군대는 브라가 골짜기에서 연합군을 물리치고 여호와를 송축하였음.
【FCF】 많은 신앙인이 위기 앞에서 하나님을 믿고 찬송하는 수준으로 성장하지 못하고 있음.

【서론】 하나님은 이스라엘의 찬송 중에 거하신다. 성경의 찬양의 역사를 보라(멜기세덱, 모세의 찬양, 드보라, 다윗의 찬양 등), 본문은 찬양의 모범 중 특이한 사건. 모압 암몬 세일산 거민의 연합군. 여호사밧은 여호와께 낯을 향했다. 하나님의 응답과 저들의 믿음.
【우산질문】 브라가 골짜기의 전투는 어떻게 진행되었는가?

【1대지】 기묘한 행진. 전쟁터에서는 일찍이 볼 수 없는 현상. 선두에 거룩한 예복을 입은 노래하는 자들이 믿음의 찬양을 올렸다. 오늘 우리가 불러야 할 찬송이다.
【2대지】 찬송의 능력은 우리 상상을 초월한다. 하나님의 즉각적인 도우심. 적국 연합군들이 자기들끼리 내전을 일으킴. 그들은 아예 유다 땅에 거주하기 위해 많은 재물을 가져 왔음. 하나님의 약속의 땅을 빼앗으러 - 하나님의 진노, 하나님의 직접적인 복수.
【3대지】 제4일째 골짜기에 모인 유다 백성들. 여호와를 송축. 브라가 골짜기. 찬송하는 입술에 능력이 있다. 하나님의 도우심. 여호사밧의 예 외에도 많다. (예: 바울과 실라)
【결론】 우린 너무도 많은 찬양의 이유들을 가지고 있다. 구원, 성령, 교회… 그러므로 우리의 브라가 골짜기를 만들자.

- 절기, 용도, 장르, 특징:
- Key Word: 찬송.
- Remarks:

본문 : **대하 30:6-12**
제목 : **히스기야 개혁의 성공 원리**

6.보발꾼들이 왕과 방백들의 편지를 받아 가지고 왕의 명령을 따라 온 이스라엘과 유다에 두루 다니
며 전하니 일렀으되 이스라엘 자손들아 너희는 아브라함과 이삭과 이스라엘의 하나님 여호와께로
돌아오라 그리하면 그가 너희 남은 자 곧 앗수르 왕의 손에서 벗어난 자에게로 돌아오시리라 **7.**너희
조상들과 너희 형제 같이 하지 말라 그들은 그의 조상들의 하나님 여호와께 범죄하였으므로 여호와
께서 멸망하도록 버려 두신 것을 너희가 똑똑히 보는 바니라 **8.**그런즉 너희 조상들 같이 목을 곧게
하지 말고 여호와께 돌아와 영원히 거룩하게 하신 전에 들어가서 너희 하나님 여호와를 섬겨 그의 진
노가 너희에게서 떠나게 하라 **9.**너희가 만일 여호와께 돌아오면 너희 형제들과 너희 자녀가 사로잡
은 자들에게서 자비를 입어 다시 이 땅으로 돌아오리라 너희 하나님 여호와는 은혜로우시고 자비하
신지라 너희가 그에게로 돌아오면 그의 얼굴을 너희에게서 돌이키지 아니하시리라 하였더라 **10.**보
발꾼이 에브라임과 므낫세 지방 각 성읍으로 두루 다녀서 스불론까지 이르렀으나 사람들이 그들을
조롱하며 비웃었더라 **11.**그러나 아셀과 므낫세와 스불론 중에서 몇 사람이 스스로 겸손한 마음으로
예루살렘에 이르렀고 **12.**하나님의 손이 또한 유다 사람들을 감동시키사 그들에게 왕과 방백들이 여
호와의 말씀대로 전한 명령을 한 마음으로 준행하게 하셨더라

1. 하나님께로 돌아오라 그리하면 그가 돌아오시리라 함 (= 무조건적인 신뢰)
6절= "이스라엘 자손들아 너희는 아브라함과 이삭과 이스라엘의 하나님 여호와께로 돌아오라 그리하면 그가 너희 남은 자 곧 앗수르 왕의 손에서 벗어난 자에게로 돌아오시리라"

2. 성전에서 하나님께 예배하라 그리하면 그의 진노가 떠나리라 함 (= 자원하는 예배)
8절= "… 여호와께 돌아와 영원히 거룩하게 하신 전에 들어가서 너희 하나님 여호와를 섬겨 그의 진노가 너희에게서 떠나게 하라"

3. 너희가 그에게로 돌아오라 그리하면 그의 얼굴을 돌이키지 아니하시리라 함 (= 용서와 회복의 기도)
9절= "… 너희가 그에게로 돌아오면 그의 얼굴을 너희에게서 돌이키지 아니하시리라 하였더라"

◈◈◈

【대지 유형】 주제 설명형 - 본문 분석형 - 대지 연결형
【주제】 (석의) 히스기야의 편지에 있는 부흥의 원리는 하나님을 무조건적으로 신뢰하고 자원하여 예배하며 용서와 회복의 기도를 올리는 것이다.
【FCF】 많은 신앙인이 하나님 앞에 무조건적인 신뢰를 보이지 못하고 있음.

【서론】 본문은 히스기야 시대의 놀라운 부흥 기록 중 일부분. 대하 29장-32장

에 보면, 히스기야는 왕 즉위 첫해부터 개혁의 깃발을 높이 들었다. 성전 정화 사업과 유월절 준수, 제사장과 레위인 조직정비와 십일조 제도 복원, 성물 분배제도 재정비 등의 굵직한 사업을 전개해나갔다. 히스기야가 거국적인 부흥을 성공시킨 비결이 무엇일까? 그 핵심에는 신앙인 히스기야가 있었다. 6절 후반, "여호와께로 돌아오라. 그리하면 그가 너희에게로 돌아오시리라"
【우산질문】 우리에게 제시된 대안들이 어떤 것인지 살펴보며, 새로운 각오를 다지는 은혜의 시간이 되기 바란다.

【1대지】 히스기야는 대대적인 유월절 행사를 계획하고 이를 위하여 온 이스라엘에게 왕명을 반포한다. "너희는 조건없는 믿음으로 유월절 행사에 참여하라." "너희는 무조건적인 신뢰를 가지고 하나님께로 돌아오라." 진정한 부흥을 위하여 오늘 우리가 해야 할 첫 번째 의무는 무조건적 신뢰를 가지고 하나님께로 돌아오는 것이다.
【2대지】 북왕국 이스라엘의 조상들은 하나같이 하나님께 대하여 목을 곧게 하고 범죄하였다. 그 결과 나라를 잃게 되었고 후손들은 이제 정처없는 백성이 되었다. 그러므로 이제 그들은 조상들과는 달리 전심의 순종으로, 자원하는 마음으로 하나님께로 돌아와야 했다. 하나님의 청지기에게는 성실이 요구된다. 불성실은 결국 하나님의 진노를 불러온다: "저희가 그 열조의 하나님 여호와께 범죄한 고로 여호와께서 멸망에 붙이신 것을 너희가 목도하는 바니라" 8절: 첫째로 '그에게 귀순하라', 둘째로 '그의 성소로 나아오라', 그리고 셋째로 '여호와를 섬기라'이다.
【3대지】 9절에서 부흥을 위한 또 다른 대안을 제시한다. 그것은 용서의 기도요 회복의 기도이다. 하나님은 '은혜로우시고 자비로우신 분'이므로 자기 백성이 겸손히 구하면 얼굴을 돌이키지 않으시리라고 증언한다. 우리는 하나님의 용서와 치유를 바라보고 기도해야 한다. 그리하면 하나님은 그 얼굴을 우리에게로 향하여 드시고, 용서와 회복의 미소를 보여줄 것이다.
【결론】 오늘 우리의 진정한 필요는 주님이 우리 교회와 자기 백성들에게로 돌아오시는 것이다. 그러나 그 전에 먼저 우리가 여호와께로 돌아오지 않으면 안 된다. 회개가 먼저다. 회개는 하나님의 모든 축복의 조건이다. 회개 없이는 부흥도 없다. 회개의 부르심 앞에서 기회를 잃고 회개하지 않았을 때 위험과 위기가 온다는 것은 하나님 말씀의 중요한 주장들 중의 하나이다. 하나님 말씀은 영구하다.

- 절기, 용도, 장르, 특징:
- Key Word: 개혁, 부흥.
- Remarks:

본문 : **느 1:1-11**
제목 : **느헤미야의 기도**

1.하가랴의 아들 느헤미야의 말이라 아닥사스다 왕 제이십년 기슬르월에 내가 수산 궁에 있는데 **2.**내 형제들 가운데 하나인 하나니가 두어 사람과 함께 유다에서 내게 이르렀기로 내가 그 사로잡힘을 면하고 남아 있는 유다와 예루살렘 사람들의 형편을 물은즉 **3.**그들이 내게 이르되 사로잡힘을 면하고 남아 있는 자들이 그 지방 거기에서 큰 환난을 당하고 능욕을 받으며 예루살렘 성은 허물어지고 성문들은 불탔다 하는지라 **4.**내가 이 말을 듣고 앉아서 울고 수일 동안 슬퍼하며 하늘의 하나님 앞에 금식하며 기도하여 **5.**이르되 하늘의 하나님 여호와 크고 두려우신 하나님이여 주를 사랑하고 주의 계명을 지키는 자에게 언약을 지키시며 긍휼을 베푸시는 주여 간구하나이다 **6.**이제 종이 주의 종들인 이스라엘 자손을 위하여 주야로 기도하오며 우리 이스라엘 자손이 주께 범죄한 죄들을 자복하오니 주는 귀를 기울이시며 눈을 여시사 종의 기도를 들으시옵소서 나와 내 아버지의 집이 범죄하여 **7.**주를 향하여 크게 악을 행하여 주께서 주의 종 모세에게 명령하신 계명과 율례와 규례를 지키지 아니하였나이다 **8.**옛적에 주께서 주의 종 모세에게 명령하여 이르시되 만일 너희가 범죄하면 내가 너희를 여러 나라 가운데에 흩을 것이요 **9.**만일 내게로 돌아와 내 계명을 지켜 행하면 너희 쫓긴 자가 하늘 끝에 있을지라도 내가 거기서부터 그들을 모아 내 이름을 두려고 택한 곳에 돌아오게 하리라 하신 말씀을 이제 청하건대 기억하옵소서 **10.**이들은 주께서 일찍이 큰 권능과 강한 손으로 구속하신 주의 종들이요 주의 백성이니이다 **11.**주여 구하오니 귀를 기울이사 종의 기도와 주의 이름을 경외하기를 기뻐하는 종들의 기도를 들으시고 오늘 종이 형통하여 이 사람들 앞에서 은혜를 입게 하옵소서 하였나니 그 때에 내가 왕의 술 관원이 되었느니라

1. 기도의 대상: 언약과 긍휼의 하나님께 간구함

5절= "하늘의 하나님 여호와 크고 두려우신 하나님이여 주를 사랑하고 주의 계명을 지키는 자에게 언약을 지키시며 긍휼을 베푸시는 주여 간구하나이다"

2. 자백: 자신과 민족의 범죄를 자복함

6-7절= "… 나와 내 아버지의 집이 범죄하여 주를 향하여 크게 악을 행하여 주께서 주의 종 모세에게 명령하신 계명과 율례와 규례를 지키지 아니하였나이다"

3. 기도의 근거: "약속의 말씀을 기억하옵소서"라고 함

8-9절= "옛적에 주께서 주의 종 모세에게 명령하여 이르시되…내가 거기서부터 그들을 모아 내 이름을 두려고 택한 곳에 돌아오게 하리라 하신 말씀을 이제 청하건대 기억하옵소서"

◆◆◆

【대지 유형】 주제 함축형 – 본문 묶음형 – 대지 진전형
【주제】 (석의) 느헤미야는 언약의 하나님께 먼저 자신의 죄를 자백하고, 언약의 말씀을 근거로 조국을 위해 기도했다.
【FCF】 많은 신앙인이 언약의 말씀에 근거하는 기도의 비밀을 잘 알지 못함.

【서론】 느헤미야: 주전 5C 유대 멸망 후 아닥사스다왕 통치시기. 바사왕국의 고관. 그러나 느헤미야는 항상 고국 유대 땅을 그리워했다. 쉽지 않은 일이다. 그는 고국의 소식을 접하고 슬퍼하며 금식했다. 4절, "내가 이 말을 듣고 앉아서 울고 수일 동안 슬퍼하며 하늘의 하나님 앞에 금식하며 기도하여"
【우산질문】 느헤미야가 하나님께 기도한 내용을 살펴보자.

【1대지】 느헤미야는 하나님의 백성의 고난 소식에 서러노 슬퍼했다. 그러나 울고만 있지 않았다. 하나님 앞에 금식하고 기도하는 느헤미야. 그가 믿는 하나님은 언약과 자비의 하나님! 막연한 초월자가 아님. 조상 아브라함의 하나님, 역사의 하나님, 살아계신 하나님.
【2대지】 그는 먼저 자신이 죄인임을 고백하였다. 남의 죄 지적은 쉬우나 자신의 죄를 고백하는 것은 어렵다.
【3대지】 그의 기도는 막연한 기도가 아니고 확실한 말씀을 근거로 한 기도였다. 하나님의 언약에 근거한 기도는 하나님도 듣지 아니할 수 없다. "… 기억하옵소서" 우리의 기도도 그러해야 한다. 요 14:13, "너희가 내 이름으로 무엇을 구하든지 내가 시행하리라." 우리의 특권이다.
【결론】 지금은 느헤미야처럼 나라를 위해 기도할 때이다. 영적으로 캄캄함, 이단 창궐, 동성애, 성적 문란, 강단의 해이… 지금이야말로 금식하고 기도할 때이다.

- 절기, 용도, 장르, 특징:
- Key Word: 기도, 간구.
- Remarks:

본문 : **느 8:1-12, 17**

제목 : **기쁨은 언제 어느 때 오는가? (It's Time to Rejoice the Lord)**

1.이스라엘 자손이 자기들의 성읍에 거주하였더니 일곱째 달에 이르러 모든 백성이 일제히 수문 앞 광장에 모여 학사 에스라에게 여호와께서 이스라엘에게 명령하신 모세의 율법책을 가져오기를 청하매 **2.**일곱째 달 초하루에 제사장 에스라가 율법책을 가지고 회중 앞 곧 남자나 여자나 알아들을 만한 모든 사람 앞에 이르러 **3.**수문 앞 광장에서 새벽부터 정오까지 남자나 여자나 알아들을 만한 모든 사람 앞에서 읽으매 뭇 백성이 그 율법책에 귀를 기울였는데 **4.**그 때에 학사 에스라가 특별히 지은 나무 강단에 서고 그의 곁 오른쪽에 선 자는 맛디댜와 스마와 아나야와 우리야와 힐기야와 마아세야요 그의 왼쪽에 선 자는 브다야와 미사엘과 말기야와 하숨과 하스밧다나와 스가랴와 므술람이라 **5.**에스라가 모든 백성 위에 서서 그들 목전에 책을 펴니 책을 펼 때에 모든 백성이 일어서니라 **6.**에스라가 위대하신 하나님 여호와를 송축하매 모든 백성이 손을 들고 아멘 아멘 하고 응답하고 몸을 굽혀 얼굴을 땅에 대고 여호와께 경배하니라 **7.**예수아와 바니와 세레뱌와 야민과 악굽과 사브대와 호디야와 마아세야와 그리다와 아사랴와 요사밧과 하난과 블라야와 레위 사람들은 백성이 제자리에 서 있는 동안 그들에게 율법을 깨닫게 하였는데 **8.**하나님의 율법책을 낭독하고 그 뜻을 해석하여 백성에게 그 낭독하는 것을 다 깨닫게 하니 **9.**백성이 율법의 말씀을 듣고 다 우는지라 총독 느헤미야와 제사장 겸 학사 에스라와 백성을 가르치는 레위 사람들이 모든 백성에게 이르기를 오늘은 너희 하나님 여호와의 성일이니 슬퍼하지 말며 울지 말라 하고 **10.**느헤미야가 또 그들에게 이르기를 너희는 가서 살진 것을 먹고 단 것을 마시되 준비하지 못한 자에게는 나누어 주라 이 날은 우리 주의 성일이니 근심하지 말라 여호와로 인하여 기뻐하는 것이 너희의 힘이니라 하고 **11.**레위 사람들도 모든 백성을 정숙하게 하여 이르기를 오늘은 성일이니 마땅히 조용하고 근심하지 말라 하니 **12.**모든 백성이 곧 가서 먹고 마시며 나누어 주고 크게 즐거워하니 이는 그들이 그 읽어 들려 준 말을 밝히 앎이라……**17.**사로잡혔다가 돌아온 회중이 다 초막을 짓고 그 안에서 거하니 눈의 아들 여호수아 때로부터 그 날까지 이스라엘 자손이 이같이 행한 일이 없었으므로 이에 크게 기뻐하며

1. 말씀에 대한 굶주림이 채워질 때 (= 말씀이 주는 기쁨)

3절= "수문 앞 광장에서 새벽부터 정오까지 남자나 여자나 알아들을 만한 모든 사람 앞에서 읽으매 뭇 백성이 그 율법책에 귀를 기울였는데"

2. 여호와가 우리의 힘이라는 것을 발견할 때 (= 하나님과의 교제에서 오는 기쁨)

10절= "… 이 날은 우리 주의 성일이니 근심하지 말라 여호와로 인하여 기뻐하는 것이 너희의 힘이니라 "

3. 여호와의 신실하심을 선포하기 위하여 연합할 때 (= 연합에서 오는 기쁨)

17절= "사로잡혔다가 돌아온 회중이 다 초막을 짓고 그 안에서 거하니 눈의 아들 여호수아 때로부터 그 날까지 이스라엘 자손이 이같이 행한 일이 없었으므로 이에 크게 기뻐하며"

◈◈◈

【대지 유형】 주제 설명형 – 본문 수집형 – 대지 병렬형
【주제】 (적용) 수문 앞 광장의 부흥에서 보듯이, 진정한 기쁨은 말씀을 깨닫고 하나님과 교제할 때, 그리고 성도들이 연합할 때 온다.
【FCF】 현대교회는 하나님 나라의 진정한 기쁨을 잘 알지 못하고 있음.

【서론】 이 시대의 가장 절실한 주제는 부흥이다. 부흥은 하나님의 영광을 드러내고 하나님 나라를 확장하는 데 있어 최상의 방법이다. 이 부흥에 동반되는 것은 회개의 눈물만이 아니라 감당할 수 없는 기쁨과 즐거움의 찬송이다.
【우산질문】 본문을 통하여 부흥의 기쁨을 맛보게 되는 세 가지 길을 찾아보자.

【1대지】 수문 앞 광장에서 백성들이 부흥의 기쁨을 만끽하게 된 것은 먼저 그들에게 하나님의 말씀에 대한 굶주림이 있었기 때문이고, 그 굶주림이 채워졌을 때 놀라운 기쁨을 맛보게 되었다. 말씀에 대하여 지속적으로 배고파하는 교회는 행복하다.
【2대지】 백성들은 하나님의 말씀을 듣고 자신들의 죄를 깨닫고 울기 시작했다. 그들이 너무 많이 울었기 때문에 느헤미야와 에스라는 오히려 "슬퍼하지 말며 울지 말라"고 했다. 통곡했던 사람들은 용서의 기쁨을 맛보게 되었다.
【3대지】 백성들이 연합하는 데 있어서 진정한 기초가 된 것은 하나님의 말씀이었다. 성령 안에서 발견할 수 있는 연합. 우리에게는 다른 선택이 주어지지 않았다. 오직 성령께서 하나 되게 하신 것을 지키는 일만 남아 있다.
【결론】 우리가 하나님의 말씀에 대한 욕구를 상실할 때마다, 하나님과의 교제에 실패할 때 주님이 주시는 부흥의 기쁨을 맛볼 수 있는 기회도 사라진다. 온 교회 성도들이 연합하여 주님의 나라 확장 사역에 뛰어들 때, 하나님은 연합된 성도들 위에 성령이 주시는 기쁨을 마음껏 부어주신다.

- 절기, 용도, 장르, 특징: 감사절.
- Key Word: 기쁨, 부흥.
- Remarks:

본문 : **에 7:1-10**
제목 : **에스더 팀의 역전승**

1.왕이 하만과 함께 또 왕후 에스더의 잔치에 가니라 **2.**왕이 이 둘째 날 잔치에 술을 마실 때에 다시 에스더에게 물어 이르되 왕후 에스더여 그대의 소청이 무엇이냐 곧 허락하겠노라 그대의 요구가 무엇이냐 곧 나라의 절반이라 할지라도 시행하겠노라 **3.**왕후 에스더가 대답하여 이르되 왕이여 내가 만일 왕의 목전에서 은혜를 입었으며 왕이 좋게 여기시면 내 소청대로 내 생명을 내게 주시고 내 요구대로 내 민족을 내게 주소서 **4.**나와 내 민족이 팔려서 죽임과 도륙함과 진멸함을 당하게 되었나이다 만일 우리가 노비로 팔렸더라면 내가 잠잠하였으리이다 그래도 대적이 왕의 손해를 보충하지 못하였으리이다 하니 **5.**아하수에로 왕이 왕후 에스더에게 말하여 이르되 감히 이런 일을 심중에 품은 자가 누구며 그가 어디 있느냐 하니 **6.**에스더가 이르되 대적과 원수는 이 악한 하만이니이다 하니 하만이 왕과 왕후 앞에서 두려워하거늘 **7.**왕이 노하여 일어나서 잔치 자리를 떠나 왕궁 후원으로 들어가니라 하만이 일어서서 왕후 에스더에게 생명을 구하니 이는 왕이 자기에게 벌을 내리기로 결심한 줄 앎이더라 **8.**왕이 후원으로부터 잔치 자리에 돌아오니 하만이 에스더가 앉은 걸상 위에 엎드렸거늘 왕이 이르되 저가 궁중 내 앞에서 왕후를 강간까지 하고자 하는가 하니 이 말이 왕의 입에서 나오매 무리가 하만의 얼굴을 싸더라 **9.**왕을 모신 내시 중에 하르보나가 왕에게 아뢰되 왕을 위하여 충성된 말로 고발한 모르드개를 달고자 하여 하만이 높이가 오십 규빗 되는 나무를 준비하였는데 이제 그 나무가 하만의 집에 섰나이다 왕이 이르되 하만을 그 나무에 달라 하매 **10.**모르드개를 매달려고 한 나무에 하만을 다니 왕의 노가 그치니라

1. 에스더는 하만을 향하여 '대적과 원수'라 하였음 (= 신앙생활은 영적 전투임)

6절= "에스더가 이르되 대적과 원수는 이 악한 하만이니이다…"

2. 하만은 모르드개를 나무에 달아 죽이려 하였음 (= 성도에게 주시는 시련과 연단)

9절= "… 왕을 위하여 충성된 말로 고발한 모르드개를 달고자 하여 하만이 높이가 오십 규빗 되는 나무를 준비하였는데 이제 그 나무가 하만의 집에 섰나이다…"

3. 모르드개를 매달려고 한 나무에 하만이 달려 죽었음 (= 진리는 결국 승리함)

9-10절= "… 왕이 이르되 하만을 그 나무에 달라 하매 모르드개를 매달려고 한 나무에 하만을 다니 왕의 노가 그치니라"

◈◈◈

【대지 유형】 주제 설명형 - 본문 수집형 - 대지 반전형

【주제】 (적용) 진리에 굳게 선 성도는 시련을 당하나 하나님의 도우심을 입어 궁극적인 승리를 거둔다.
【FCF】 많은 신앙인이 시련이나 유혹 앞에서 절개를 지키지 못하고 타협함.

【서론】 에스더서의 배경: 이스라엘이 바벨론에서 포로생활 하던 때. 유대인들의 민족정신은 그대로였다. 모르드개= 왕국 문지기. 사촌동생 에스더. 왕비로 간택. 왕의 수하에 하만이란 악인. 모르드개와 유대인들에 대한 악감정. 본문은 왕 앞에서 하만을 고소하는 에스더의 일사각오의 믿음의 행위를 기록.
【우산질문】 본문에 나타난 에스더와 모르드개 팀의 역전승하는 과정을 살펴보자.

【1대지】 모르드개는 하나님의 사람, 하만은 사탄의 사람을 상징한다. 빛과 어두움은 하나가 될 수 없다. 사랑과 미움, 겸손과 교만, 진실과 거짓, 빛과 어두움은 서로 대립할 수밖에 없다. 주님을 따르는 길은 전쟁을 하는 것과 같다. 마 10:34-39, 세상은 영적 전투의 장. 우리가 그들을 미워하는 것이 아니라 그들이 우리를 미워한다. 예수 믿는다는 그 한 가지 때문에 오는 미움과 핍박. 그리스도인의 영적 전투의 필수 무기는 기도. 양자는 싸울 수밖에 없다.
【2대지】 모르드개를 나라의 2인자로 세우기 전에 엄청난 시련을 주심. 롬 8:18= "현재의 고난은 장차 우리에게 나타날 영광과 족히 비교할 수 없도다." 시련 후에는 항상 빛나는 영광이 있다. 욥의 시련을 보라. 하나님은 우리를 높여주시기 위해 먼저 낮추신다.
【3대지】 엄청난 반전이다. 기독교는 최후에 승리하는 종교요, 영원히 승리하는 종교이다. 하만과 모르드개의 반전을 누가 상상이나 했겠는가. 우리는 일시적으로 패배할 수 있다. 그러나 궁극적인 승리는 우리의 것이다. 다만 우리가 할 일은 진리의 편에 굳게 서는 것. 롬 8:31-34. 우리는 영원히 살기 위해 일시적으로 목숨까지도 버릴 수 있어야 한다. 순교적 신앙.
【결론】 4:16, "죽으면 죽으리이다" 우리의 승리는 물리적인 승리가 아니라 희생을 통한 궁극적인 승리를 의미한다.

- 절기, 용도, 장르, 특징: 상징주의 해석.
- Key Word: 에스더, 영적 전투.
- Remarks:

본문 : **시 16:8-11**
제목 : **흔들리지 않는 사람**

8.내가 여호와를 항상 내 앞에 모심이여 그가 나의 오른쪽에 계시므로 내가 흔들리지 아니하리로다 **9.**이러므로 나의 마음이 기쁘고 나의 영도 즐거워하며 내 육체도 안전히 살리니 **10.**이는 주께서 내 영혼을 스올에 버리지 아니하시며 주의 거룩한 자를 멸망시키지 않으실 것임이니이다 **11.**주께서 생명의 길을 내게 보이시리니 주의 앞에는 충만한 기쁨이 있고 주의 오른쪽에는 영원한 즐거움이 있나이다

1. 여호와를 항상 내 앞에 모심 (= 하나님을 가장 귀한 분으로 모신 자, 오직 예수 신앙의 성도)

8절= "내가 여호와를 항상 내 앞에 모심이여 그가 나의 오른쪽에 계시므로 내가 흔들리지 아니하리로다"

2. 여호와께서 나의 오른쪽에 계심을 믿음 (= 하나님과 동행하는 자, 임마누엘 신앙의 성도)

8절= "… 그가 나의 오른쪽에 계시므로 내가 흔들리지 아니하리로다"

3. 주께서 내 영혼을 스올에 버리지 않으실 것을 믿음 (= 부활의 소망이 있는 자, 부활 신앙의 성도)

10절= "이는 주께서 내 영혼을 스올에 버리지 아니하시며 주의 거룩한 자를 멸망시키지 않으실 것임이니이다"

◈◈◈

【대지 유형】 주제 적용형 - 본문 분석형 - 대지 병렬형
【주제】 (적용) 하나님과 동행하며 오직 예수 신앙, 부활 신앙으로 무장한 성도는 흔들리지 않는다.
【FCF】 신앙 생활에 굴곡이 심하고 확신이 부족한 교인들의 모습.

【서론】 세상은 갈수록 더 요동하고 있다. "내가 흔들리지 아니하리로다" 세상과 인생은 흔들릴 수밖에 없으나, 주님 안에 있는 사람에게는 요동치 않을 힘을 주신다. 인생은 이처럼 연약하다. 바람 앞에 무력한 것이 인생이다. 그런데 이렇게 불안한 세상에서도 안전한 길이 있고 요동치 않는 사람이 있다.

【우산질문】 시인은 자신이 어떤 사람이기에 흔들리지 않는다고 하는가?

【1대지】 하나님을 가슴에, 가정에, 기업에 항상 모시는 사람은 요동하지 않는다. 인생의 불행을 막을 수 있는 분은 오직 하나님밖에 없다. 예수님은 갈릴리 바다의 바람과 풍랑을 잠잠케 하셨다(마 8장). 다윗에게처럼 주님이 나보다 더 귀하고 더 높은 곳에 계셔야 한다. 주님은 다윗에게 산성이요 피할 바위요 방패였다. 인생에게 닥쳐올 불행을 막을 수 있는 분은 천지를 주관하시는 전능하신 하나님밖에는 없다. 어떤 풍랑도 하나님의 손안에 있다. 주님을 우리 가정의 가장으로, 회사의 사장으로, 민족의 왕으로 모셔야 한다. 주님을 모시되 항상 우리 앞에 모셔야 한다.

【2대지】 우편= 힘과 보호의 상징. 왜 요동하나? 힘이 없기 때문. 우리가 주님을 포기하지 않는 한 주님은 결코 우리를 포기하지 않는다. 시 118:6-7, "여호와는 내 편이시라…" 시 121:5, "여호와는 너를 지키시는 자라…" 우리가 주님을 의지하기만 하면 주님은 항상 우리 우편에서 우리를 도우시겠다고 하신다.

【3대지】 왜 요동하는가? 죽음 때문이다. 하지만 부활의 소망이 있으면 요동치 않는다. 주님은 우리의 육체도 지키시지만 특히 영혼을 책임져 주신다. 다윗에게 이 믿음이 있었다. 그는 장래 되어질 주님의 부활을 미리 바라보았다. (예: 다니엘의 세 친구들= 분명한 죽음 앞에서 "그리하지 아니하실지라도…")

【결론】 우리는 이 땅에서 절망하거나 낙심할 이유가 없다. 우리에게는 부활의 소망이 있다. 스데반도 야고보도 세례요한도, 그리고 우리에게도 부활의 소망이 있다. 시 112:6, "저가 영영히 요동치 아니함이여, 의인은 영원히 기념하게 되리로다."

- 절기, 용도, 장르, 특징:
- Key Word: 요동하지 않는 사람.
- Remarks:

본문 : **시 18:1-6, 28-30**
제목 : **담을 뛰어넘는 신앙**

1.나의 힘이신 여호와여 내가 주를 사랑하나이다 **2.**여호와는 나의 반석이시요 나의 요새시요 나를 건지시는 이시요 나의 하나님이시요 내가 그 안에 피할 나의 바위시요 나의 방패시요 나의 구원의 뿔이시요 나의 산성이시로다 **3.**내가 찬송 받으실 여호와께 아뢰리니 내 원수들에게서 구원을 얻으리로다 **4.**사망의 줄이 나를 얽고 불의의 창수가 나를 두렵게 하였으며 **5.**스올의 줄이 나를 두르고 사망의 올무가 내게 이르렀도다 **6.**내가 환난 중에서 여호와께 아뢰며 나의 하나님께 부르짖었더니 그가 그의 성전에서 내 소리를 들으심이여 그의 앞에서 나의 부르짖음이 그의 귀에 들렸도다 …… **28.**주께서 나의 등불을 켜심이여 여호와 내 하나님이 내 흑암을 밝히시리이다 **29.**내가 주를 의뢰하고 적군을 향해 달리며 내 하나님을 의지하고 담을 뛰어넘나이다 **30.**하나님의 도는 완전하고 여호와의 말씀은 순수하니 그는 자기에게 피하는 모든 자의 방패시로다

1. "내가 주를 의뢰하고 적군에 달린다"고 함 (= 하나님을 전폭적으로 의지하는 삶)

29절= "내가 주를 의뢰하고 적군을 향해 달리며 내 하나님을 의지하고 담을 뛰어넘나이다"

2. "하나님이 내 흑암을 밝히신다"고 함 (= 하나님을 빛으로 삼는 삶)

28절= "주께서 나의 등불을 켜심이여 여호와 내 하나님이 내 흑암을 밝히시리이다"

3. 다윗은 환난 중에 하나님께 부르짖어 응답받았다고 함 (= 말씀과 기도 중심의 삶)

6절= "내가 환난 중에서 여호와께 아뢰며 나의 하나님께 부르짖었더니 그가 그의 성전에서 내 소리를 들으심이여 그의 앞에서 나의 부르짖음이 그의 귀에 들렸도다"

◈◈◈

【대지 유형】 주제 적용형 - 본문 수집형 - 대지 연결형
【주제】 (석의) 다윗은 하나님을 전폭적으로 의지하며 빛으로 삼으면서 환난 중에 기도하는 "담을 뛰어넘는 신앙"의 사람이었다.
【FCF】 많은 신앙인이 담을 뛰어넘을 정도의 역동적인 신앙에 이르지 못하고 있음.

【서론】 새해 우리가 처한 국제·국내 정세는 만만치 않다. 우리 앞에 놓인 여러 가지 장애물과 역경을 뛰어넘고 모든 일이 잘 풀리기를 소망한다. 우리 그리스도인은 신앙의 힘으로 모든 담을 뛰어넘는 승리의 삶을 살아야 한다. 본문은 다윗이 모든 역경을 극복한 후에 부른 승리의 찬가이다. 평소 다윗이 가진 신앙= 1, 2절.

【우산질문】 다윗은 어떻게 하여 담을 뛰어넘는 승리를 얻을 수 있었나?

【1대지】 다윗이 모든 역경을 극복하고 승리할 수 있었던 것은 무엇보다 하나님을 의지했기 때문. 다윗의 고백(2절)= "여호와는 나의 반석, 나의 요새, 나를 건지시는 자, 나의 피할 바위, 나의 구원의 뿔, 나의 산성. "우리도 다윗처럼 하나님을 온전히 의지해야 모든 시련을 뛰어넘을 수 있다. 신앙이란 그 자체가 하나님을 믿고 의지하는 것을 뜻한다. 국내 문제나 국제 문제나 그 어느 것도 하나님의 능력을 벗어날 수 없다.

【2대지】 아무리 어둡고 험한 길이라도 빛이 있으면 길을 찾아갈 수 있다. 누가 어둠을 밝혀 주는 빛이 되는가? 하나님이시다. 요 8:12, "나는 세상의 빛이니 나를 따르는 자는 어두움에 다니지 아니하고 생명의 빛을 얻으리라." 우리도 주님과 주님의 말씀을 나의 빛으로 삼을 때 캄캄하고 거친 인생길을 헤치며 살아갈 수 있다.

【3대지】 시편에서 환난 중에 부르짖는 다윗의 기도를 많이 발견한다. 하나님은 환난 속에서 부르짖는 성도의 기도를 외면하지 않으신다. 그리고 기도는 말씀과 함께해야 한다.

【결론】 하나님을 전폭적으로 의지하고, 하나님을 나의 빛으로 삼고, 기도와 말씀으로 살아가자.

- 절기, 용도, 장르, 특징: 신년 메시지, 헌신예배.
- Key Word: 환난 극복.
- Remarks:

본문 : **시 23:1-6**

제목 : **축복의 잔이 넘치는 사람 (The LORD Is My Shepherd)**

1.여호와는 나의 목자시니 내게 부족함이 없으리로다 **2.**그가 나를 푸른 풀밭에 누이시며 쉴 만한 물 가로 인도하시는도다 **3.**내 영혼을 소생시키시고 자기 이름을 위하여 의의 길로 인도하시는도다 **4.**내가 사망의 음침한 골짜기로 다닐지라도 해를 두려워하지 않을 것은 주께서 나와 함께 하심이라 주의 지팡이와 막대기가 나를 안위하시나이다 **5.**주께서 내 원수의 목전에서 내게 상을 차려 주시고 기름을 내 머리에 부으셨으니 내 잔이 넘치나이다 **6.**내 평생에 선하심과 인자하심이 반드시 나를 따르리니 내가 여호와의 집에 영원히 살리로다

1. "여호와는 나의 목자시니"라고 노래함 (= 예수님을 자신의 목자로 모신 사람)

1절= "여호와는 나의 목자시니 내게 부족함이 없으리로다"

2. "푸른 풀밭에 누이시며 쉴 만한 물 가로 인도하시는도다"라고 노래함 (= 목자의 인도를 철저히 받는 사람)

2절= "그가 나를 푸른 풀밭에 누이시며 쉴 만한 물 가로 인도하시는도다"

3. "주께서 기름을 내 머리에 부으셨으니"라고 노래함 (= 기름 부음을 받은 사람)

5절= "주께서 내 원수의 목전에서 내게 상을 차려 주시고 기름을 내 머리에 부으셨으니 내 잔이 넘치나이다"

◈◈◈

【대지 유형】 주제 적용형 - 본문 수집형 - 대지 심화형

【주제】 (적용) 축복의 잔이 넘치는 사람은 목자 되신 예수님의 인도를 철저히 받고 성령 충만한 성도이다.

【FCF】 많은 신앙인이 기름 부음의 의미도 잘 모르고 기름부음의 경험도 갖지 못함.

【서론】 시편 23편은 6절밖에 되지 않은 짧은 시임에도 불구하고 시편 가운데 백미(白眉)로 꼽히며, 시·공간을 초월하여 많은 독자에게 감동을 주고 애송되고 있다. 그 이유가 무엇일까? 그것은 이 시편이 하나님과 시인 자신, 그리고 하나님과 백성들과의 관계를 더할 나위 없이 친밀감 있게 표현하고 있기 때문이다. 목자 되신 하나님의 인도로 말미암아 시인은 자신을 축복의 잔이 넘

치는 사람이라고 고백하고 있다. 5절 하반부에서 그는 "내 잔이 넘치나이다"라고 노래한다. 사실 다윗의 생애 전체는 하나님으로 말미암아 축복이 넘치는 삶이었다.

【우산질문】 어떤 사람이 축복 넘치는 삶을 살 수 있나? 하나님은 어떤 사람에게 잔이 넘치도록 부어 주시는가? 축복의 잔이 넘치는 삶을 살아간 다윗은 어떤 사람인가?

【1대지】 1절은 '여호와는 나의 목자시다'란 선언적 의미를 담고 있는 '여호와 로이'로 시작한다. 다윗에게 축복의 잔이 넘쳤던 것은 여호와께서 친히 그의 목자가 되어 주셨기 때문이었다. 다윗은 실제로 양을 치던 목동이었다. 그는 양에게 있어서 목자가 얼마나 소중한 존재인가를 뼈저리게 느끼고 있었다. 양에게 목자는 왜 그렇게도 중요한가? 그것은 양은 착하지만 우둔하기 짝이 없기 때문이다. 양은 방향 감각이 없는 동물이다. 양은 무력한 존재이다. 양은 옳고 그른 것을 분간 못 한다. 사 53:6절에 "우리는 다 양 같아서 그릇 행하여 각기 제 길로 갔거늘…"이라고 했다. 그러므로 목자가 반드시 필요하다. 여러분의 목자는 누구인가? 여러분은 누구를 따라가고 있나? 예수님을 우리의 목자로 모시고 그 목자를 따르기만 한다면 우리는 축복이 넘치는 삶을 살 수 있다.

【2대지】 주변에 사나운 맹수들이 호시탐탐 양들의 생명을 노리고 있다. '물가'는 필요하지만 그곳은 '쉴만한' 곳, 양들이 안전하게 쉴 수 있는 물가이어야 한다. 주님은 바로 이곳으로 우리를 인도하신다. 축복이 넘치는 사람이 되려면 우리를 푸른 풀밭, 쉴만한 물가로 인도하시는 예수님에게 확실하게 소속되어야 한다(요 15:5). 복을 받기 위해 우리가 해야 할 일은 아무것도 없다. 다만 포도나무에 붙어 있기만 하면 풍성한 열매는 자연적으로 맺히게 되어 있다.

【3대지】 축복의 잔이 넘치는 사람이 되려면 무엇보다 성령의 충만함을 입어야 한다. 성령이 오시면 우리의 가슴은 기쁨과 환희로 터져나갈 듯 넘쳐난다. 기쁨의 샘이 터진 것처럼 우리 마음속에는 생수의 강이 흘러나온다.

【결론】 축복의 잔이 넘치는 성도이기 원하는가? 그렇다면 푸른 초장인 주님의 몸된 교회에 철저히 속해야 한다.

- 절기, 용도, 장르, 특징:
- Key Word: 목자.
- Remarks:

본문 : **시 24:1-6**
제목 : **여호와의 산에 오를 자**

1.땅과 거기에 충만한 것과 세계와 그 가운데에 사는 자들은 다 여호와의 것이로다 **2.**여호와께서 그 터를 바다 위에 세우심이여 강들 위에 건설하셨도다 **3.**여호와의 산에 오를 자가 누구며 그의 거룩한 곳에 설 자가 누구인가 **4.**곧 손이 깨끗하며 마음이 청결하며 뜻을 허탄한 데에 두지 아니하며 거짓 맹세하지 아니하는 자로다 **5.**그는 여호와께 복을 받고 구원의 하나님께 의를 얻으리니 **6.**이는 여호와를 찾는 족속이요 야곱의 하나님의 얼굴을 구하는 자로다 (셀라)

1. 손과 마음이 깨끗해야 함 (= 마음과 행동이 청결한 사람)

4절= "곧 손이 깨끗하며 마음이 청결하며 뜻을 허탄한 데에 두지 아니하며…"

2. 거짓 맹세하지 않아야 함 (= 하나님의 거룩과 의 앞에 견딜 수 있는 사람)

4절= "… 거짓 맹세하지 아니하는 자로다"

3. 하나님을 찾고 구해야 함 (= 하나님을 간절히 원하는 사람)

6절= "이는 여호와를 찾는 족속이요 야곱의 하나님의 얼굴을 구하는 자로다"

◈◈◈

【대지 유형】 주제 적용형 - 본문 분석형 - 대지 병렬형
【주제】 (석의) 거룩하신 하나님의 면전에 설 수 있는 사람은 청결한 마음으로 하나님을 간절히 원하는 자이다.
【FCF】 이 시대 하나님 앞에 설 수 있는 신앙인을 찾기 쉽지 않음.

【서론】 하나님은 창조주, 온 땅은 여호와의 것. 대자연 앞에서 겸손히 옷깃을 여며 본 적이 있는가? 자연 속에 가득한 하나님의 영광. 1-2절에서 참 하나님을 찬송하던 시인은 이제 하나님과 영교할 수 있는 참이스라엘에 대해 말한다. 3절의 엄숙한 질문= "여호와의 산에 오를 자가 누구며 그의 거룩한 곳에 설 자가 누구인가?"
【우산질문】 여호와의 산에 오르는 자는 어떤 사람인가?

【1대지】 하나님은 거룩하신 분이지만 우리는 그렇지 못한 자들. 우리는 시인의 감동과 함께할 필요가 있다. 행동(깨끗한 손)과 마음(청결한 마음)은 분리할 수 없다. 예수 그리스도의 보혈로 씻어야. 마음은 인간 영혼의 중심이요 종교의 자리이다. 뜻을 우상이나 세속에 두지 않고 위의 것에, 참 하나님께 두어야 한다.

【2대지】 하나님 앞에 설 수 있는 자는 하나님의 거룩과 의에 견딜 수 있는 자여야 한다. 위증은 큰 죄이다, 9계명. 히 10:19-22, "몸을 맑은 물로 씻었으니…" 하나님께서 은혜로 주신 것들. 성도는 은혜받은 자들이다. 보혈로 말미암아 깨끗함 받아 하나님의 거룩한 성소에 들어갈 수 있다.

【3대지】 성도는 하나님과의 영교 안에 있는 자다. 그러나 여전히 찾아야 한다. 대자연 속에서 하나님의 영광을 찾고(일반은총), 그리스도의 사역을 통해 하나님을 찾고 또 찾아야(특별은총) 한다.

【결론】 누가 하나님의 성산에 오를 수 있나? 깨끗한 몸과 마음으로 주님의 영광과 은혜를 간절히 구하는 사람! 우리를 의롭다 칭해 주시는 하나님 아버지의 이름을 찬양하자. 우리를 영원히 하나님의 거룩한 처소로 인도하러 오실 재림주 예수님을 기다리며 소망하자.

- 절기, 용도, 장르, 특징:
- Key Word: 여호와의 산.
- Remarks:

본문 : **시 40:1-4**
제목 : **다윗의 위기 극복 (Crying and Waiting)**

1.내가 여호와를 기다리고 기다렸더니 귀를 기울이사 나의 부르짖음을 들으셨도다 **2.**나를 기가 막힐 웅덩이와 수렁에서 끌어올리시고 내 발을 반석 위에 두사 내 걸음을 견고하게 하셨도다 **3.**새 노래 곧 우리 하나님께 올릴 찬송을 내 입에 두셨으니 많은 사람이 보고 두려워하여 여호와를 의지하리로다 **4.**여호와를 의지하고 교만한 자와 거짓에 치우치는 자를 돌아보지 아니하는 자는 복이 있도다

1. 다윗은 웅덩이에 빠져 여호와께 부르짖었음 (= 기도 신앙)
1절= "내가 여호와를 기다리고 기다렸더니 귀를 기울이사 나의 부르짖음을 들으셨도다"

2. 기다리고 기다렸음 (= 인내 신앙)
1절= "내가 여호와를 기다리고 기다렸더니…"

3. 다윗의 걸음을 견고하게 하셨음 (= 하나님의 품 안에서 매일 동행)
2절= "… 발을 반석 위에 두사 내 걸음을 견고하게 하셨도다"

◈◈◈

【대지 유형】 주제 설명형 - 본문 분석형 - 대지 진전형
【주제】 (석의) 다윗은 위기에 빠졌을 때 간절히 부르짖어 기도하고 기다려서 응답받았다.
【FCF】 많은 신앙인이 위기를 만나 대처법을 잘 모르고 있음.

【서론】 우리는 인생을 살면서 예측할 수 없는 수많은 위기를 직면하게 된다. 이것들은 우리를 절망하게 하고 좌절하게 만들기도 하며, 어떤 것들은 평생을 큰 슬픔과 고통 속에 살게 만들기도 한다. 성경 인물 가운데 삶의 위기를 만나 절망적인 상황 속에서 하나님께 부르짖던 인물로는 단연 다윗을 들 수 있다. 우리의 삶에 예기치 않게 찾아오는 위기! 그 위기를 이기고 우리에게 주신 사명을 감당하는 성공적인 삶을 사는 비결은 무엇인가? 어떻게 해야 삶의 위기를 극복할 수 있나?
【우산질문】 다윗이 자신에게 불어닥친 위기를 어떻게 극복했는지 살펴보자.

【1대지】 '부르짖다(쉬아우아)'는 말은 '큰 소리로 외치며 도움을 청하다'는 뜻이다. 다윗은 어려움이 닥쳐왔을 때 먼저 하나님께 큰소리로 기도했다. 본 시편은 다윗이 사울 왕의 핍박을 피해 도망다니면서 기록한 시로 해석된다. 다윗은 이것을 "기가 막힐 웅덩이"와 "수렁"이라고 표현했다. 우리에게는 해결책이 있다. 다윗처럼 부르짖는 것이다.

【2대지】 다윗이 도망 다니던 오랜 세월을 생각하면 그의 기다림이 얼마나 간절했을지 짐작할 수 있다. 그런데 시인이 이토록 애타게 기다린 직접적 대상은 '위기로부터의 구원' 이상이었다. 우리에게 가장 중요한 것은 하나님과의 인격적 관계이다. 비록 우리에게 불어닥친 태풍이 크다 할지라도 하나님과의 깊은 관계를 맺고 있는 사람이라면 두려워할 것이 없다. 위기 속에서 부르짖어 기도하는 것도 중요하지만, 인내하며 기다리는 것 또한 그것 못지않게 중요하다. 기다려야 하는 쪽은 우리만이 아니다. 하나님도 기다리신다.

【3대지】 다윗은 기도하고 기다렸다. 마침내 하나님의 응답이 왔다. 하나님을 믿고 기다리는 신앙에는 반드시 응답의 기쁨이 있다. 하나님이 누구신가? 창조주요 유일하신 분, 전지전능하시며 무소부재하신 분이다. 다윗은 남은 평생 동안 자신을 반석 위에 세워주신 하나님과 동행하는 삶을 살았다. 다윗인들 왜 어려움이 없었겠는가?

【결론】 하나님의 응답의 손길을 체험한 성도는 다윗처럼 새노래로 하나님을 찬송하게 된다. "새 노래 곧 우리 하나님께 올릴 찬송을 내 입에 두셨으니 많은 사람이 보고 두려워하여 여호와를 의지하리로다"(3절). 부르짖어 기도하는 성도가 되자. 위기를 오히려 하나님의 능력을 체험하는 기회로 삼자. 어려움을 통하여 역사하시는 하나님의 섭리의 손길을 기대하며 온 성도들과 함께 부르짖어 기도하는 일에 힘쓰자. 그리고 주의 응답이 올 때까지 지치지 말고 포기하지 말고 기다리고 또 기다리는 성도가 되자.

- 절기, 용도, 장르, 특징:
- Key Word: 위기 극복.
- Remarks:

본문 : **시 41:1-13**

제목 : **약한 자를 보살피는 자의 복**

(Blessed Is He Who Considers the Helpless)

1.가난한 자를 보살피는 자에게 복이 있음이여 재앙의 날에 여호와께서 그를 건지시리로다 **2.**여호와께서 그를 지키사 살게 하시리니 그가 이 세상에서 복을 받을 것이라 주여 그를 그 원수들의 뜻에 맡기지 마소서 **3.**여호와께서 그를 병상에서 붙드시고 그가 누워 있을 때마다 그의 병을 고쳐 주시나이다 **4.**내가 말하기를 여호와여 내게 은혜를 베푸소서 내가 주께 범죄하였사오니 나를 고치소서 하였나이다 **5.**나의 원수가 내게 대하여 악담하기를 그가 어느 때에나 죽고 그의 이름이 언제나 없어질까 하며 **6.**나를 보러 와서는 거짓을 말하고 그의 중심에 악을 쌓았다가 나가서는 이를 널리 선포하오며 **7.**나를 미워하는 자가 다 하나같이 내게 대하여 수군거리고 나를 해하려고 꾀하며 **8.**이르기를 악한 병이 그에게 들었으니 이제 그가 눕고 다시 일어나지 못하리라 하오며 **9.**내가 신뢰하여 내 떡을 나눠 먹던 나의 가까운 친구도 나를 대적하여 그의 발꿈치를 들었나이다 **10.**그러하오나 주 여호와여 내게 은혜를 베푸시고 나를 일으키사 내가 그들에게 보응하게 하소서 이로써 **11.**내 원수가 나를 이기지 못하오니 주께서 나를 기뻐하시는 줄을 내가 알았나이다 **12.**주께서 나를 온전한 중에 붙드시고 영원히 주 앞에 세우시나이다 **13.**이스라엘의 하나님 여호와를 영원부터 영원까지 송축할지로다 아멘 아멘

1. 재앙의 날에 건짐 받음 (= 어려울 때 구원받음)

1절= "가난한 자를 보살피는 자에게 복이 있음이여 재앙의 날에 여호와께서 그를 건지시리로다"

2. 원수들에게서 지켜주심 (= 원수로부터 보호받음)

2절= "여호와께서 그를 지키사 살게 하시리니 그가 이 세상에서 복을 받을 것이라 주여 그를 그 원수들의 뜻에 맡기지 마소서"

3. 병을 고쳐주심 (= 치유)

3절= "여호와께서 그를 병상에서 붙드시고 그가 누워 있을 때마다 그의 병을 고쳐 주시나이다"

◈◈◈

【대지 유형】 주제 설명형 - 본문 분석형 - 대지 병렬형

【주제】 (석의) 약한 자를 보살피는 자에게 하나님은 구원의 복, 보호의 복, 치유의 복을 주신다.

【FCF】 약자를 돌보는 사회 되기에 여전히 부족한 우리 사회의 모습.

【서론】 이웃을 돕고 섬기는 것은 우리 기독교의 본질이다. 왜냐하면 하나님께서 본래 약한 자를 보살피며 돌보기를 기뻐하시는 분이기 때문이다. 시편 41편은 다윗이 병들었을 때에 아들 압살롬이 추종세력을 이끌고 반란을 일으킨 사건을 접하고 지은 시이다. 다윗은 자신의 답답한 처지를 하나님께 아뢰며 하나님께 대한 신뢰를 고백하고 있다.

【우산질문】 약하고 가난한 자를 보살피는 자를 위하여 하나님은 어떤 복을 준비해 두셨나? 사회적인 약자를 위해 헌신하며 희생하는 자에게 하나님은 어떤 복을 내리시는가?

【1대지】 '가난한 자(the weak, the helpless)'는 단지 경제적 궁핍만이 아니라 가난과 질병, 실패와 절망, 가진 자들의 횡포와 억압으로 말미암아 고통을 겪고 있는 자를 가리킨다. 우리 주위의 어려운 분들을 향한 나의 관심은 어떠한가? 그동안 그들에게 베풀었던 나의 선행은 어느 정도인가?

【2대지】 하나님은 약한 자를 보살피는 자를 보호하시되, 원수들의 뜻에 맡기지 않으시고 원수들에게 먹히지 않도록 철저히 보호해 주신다. 하나님 나라 백성의 궁극적인 원수는 눈에 보이는 어느 특정 악인이 아니라 사탄 곧 마귀이다.

【3대지】 하나님은 약자를 보살피는 의인을 도우시되, 그가 혹 병들고 지쳐 병상에 누워 있을 때마다 친히 찾아오셔서 원기를 회복시켜 주시고 병을 완전히 고쳐주신다.

【결론】 약한 자를 보살피는 사람이 왜 복이 있는 사람이겠는가? 그것은 그 사람이야말로 예수님을 닮은 사람이기 때문이다. 우리가 가난하고 힘없는 사람들을 도와야 할 거역할 수 없는 이유는 바로 이것이다.

- 절기, 용도, 장르, 특징:
- Key Word: 약한 자 도우기.
- Remarks:

본문 : **시 77:1-9**
제목 : **환난 날에 부르짖는 기도**

1.내가 내 음성으로 하나님께 부르짖으리니 내 음성으로 하나님께 부르짖으면 내게 귀를 기울이시리로다 **2.**나의 환난 날에 내가 주를 찾았으며 밤에는 내 손을 들고 거두지 아니하였나니 내 영혼이 위로 받기를 거절하였도다 **3.**내가 하나님을 기억하고 불안하여 근심하니 내 심령이 상하도다(셀라) **4.**주께서 내가 눈을 붙이지 못하게 하시니 내가 괴로워 말할 수 없나이다 **5.**내가 옛날 곧 지나간 세월을 생각하였사오며 **6.**밤에 부른 노래를 내가 기억하여 내 심령으로, 내가 내 마음으로 간구하기를 **7.**주께서 영원히 버리실까, 다시는 은혜를 베풀지 아니하실까, **8.**그의 인자하심은 영원히 끝났는가, 그의 약속하심도 영구히 폐하였는가, **9.**하나님이 그가 베푸실 은혜를 잊으셨는가, 노하심으로 그가 베푸실 긍휼을 그치셨는가 하였나이다 (셀라)

1. "내 음성으로 부르짖으리라" 함 (= 나의 기도는 내가 직접 해야)

1절= "내가 내 음성으로 하나님께 부르짖으리니 내 음성으로 하나님께 부르짖으면 내게 귀를 기울이시리로다"

2. "내 손을 들고 부르짖었다" 함 (= 상한 마음으로 주님을 찾음, 회개)

2절= "나의 환난 날에 내가 주를 찾았으며 밤에는 내 손을 들고 거두지 아니하였나니"

3. "옛날을 생각하며 간구했다" 함 (= 나의 경험을 가지고 부르짖음)

5-6절= "내가 옛날 곧 지나간 세월을 생각하였사오며 밤에 부른 노래를 내가 기억하여 내 심령으로, 내가 내 마음으로 간구하기를"

◈◈◈

【대지 유형】 주제 적용형 - 본문 수집형 - 대지 심화형
【주제】 (석의) 환난 중에 드리는 기도는 회개하는 상한 마음으로 예전 경험을 가지고 간구하는 기도여야 한다.
【FCF】 많은 신앙인이 환난을 만나면 하나님께 기도하기보다 인간적인 방법을 차고 있음.

【서론】 저자= 아삽, 다윗과 동시대의 음악가. 본문은 환난 중에 어떻게 기도해야 하는가를 밝히고 있음. 여기 환난은 인간이 겪는 고통과 시련을 의미한

다. 환난 때는 기도보다 다른 방법을 찾기 쉽다. 하지만 하나님께 부르짖는 일보다 중요한 것은 없다.

【우산질문】 환난 중의 나의 기도는 어떠해야 하며 어떻게 기도하는가?

【1대지】 내 음성으로 기도해야 응답받는다. 시 3:4, "내가 나의 목소리로 여호와께 부르짖으리니…" 나의 목소리로 직접. 내 목소리가 중요하다. 하나님은 내 음성을 듣기 원하신다. 물론 중보기도도 중요하다. 하지만 나의 고통은 내가 가장 뼈저리게 느끼는 법이다. 나의 기도는 내가 직접 해야 한다.

【2대지】 환난 중에 무엇보다 손을 들어야. 손을 들다= 회개할 때, 항복할 때 사용. 자기를 포기하고 구원을 요청하는 경우에 손을 든다. "천부여 의지 없어서 손들고 옵니다…" 자만했던 마음을 내려놓고 항복해야 한다. 시 51:17, "하나님이 구하시는 제사는 상한 심령이라 하나님이여 상하고 통회하는 마음을 주께서 멸시치 아니 하시리이다." 우리의 기도는 입술에 있는 것이 아니고 손에 있는 것이다. 내 손을 믿고 내 방법대로 살았던 자세에서 이제는 나의 손을 들고 하나님이 붙들어주시지 않으면 살 수 없다고 항복해야 한다.

【3대지】 시련 중에는 갑자기 낙심이 되어 자포자기하기 쉬운데, 이때 특히 나의 체험적 신앙이 필요하다. 과거에 내가 지극히 어려운 상황에서 나를 지켜주신 하나님, 그 하나님의 동행과 능력을 기억하고, 간절한 마음으로 부르짖어야 한다(7-9절). 본문의 시인은 하나님에 대한 은혜의 체험이 많았다. 엄청난 고난 중에 하나님을 만났던 성경의 인물들을 보라. 모세도 다윗도 욥도 엘리야도 모두 절망적인 상황에서도 포기하지 않고 끝까지 인내하여 하나님을 만났고 축복을 받았지 않은가! 체험이 없는 기도는 확신이 부족하다.

【결론】 나의 음성으로, 내 손을 들고, 나의 경험을 가지고, 포기하지 말고 끝까지 부르짖자.

- 절기, 용도, 장르, 특징:
- Key Word: 환난 날의 기도.
- Remarks:

본문 : **시 84:1-12**
제목 : **순례자의 노래**

1.만군의 여호와여 주의 장막이 어찌 그리 사랑스러운지요 **2.**내 영혼이 여호와의 궁정을 사모하여 쇠약함이여 내 마음과 육체가 살아 계시는 하나님께 부르짖나이다 **3.**나의 왕, 나의 하나님, 만군의 여호와여 주의 제단에서 참새도 제 집을 얻고 제비도 새끼 둘 보금자리를 얻었나이다 **4.**주의 집에 사는 자들은 복이 있나니 그들이 항상 주를 찬송하리이다 (셀라) **5.**주께 힘을 얻고 그 마음에 시온의 대로가 있는 자는 복이 있나이다 **6.**그들이 눈물 골짜기로 지나갈 때에 그 곳에 많은 샘이 있을 것이며 이른 비가 복을 채워 주나이다 **7.**그들은 힘을 얻고 더 얻어 나아가 시온에서 하나님 앞에 각기 나타나리이다 **8.**만군의 하나님 여호와여 내 기도를 들으소서 야곱의 하나님이여 귀를 기울이소서 (셀라) **9.**우리 방패이신 하나님이여 주께서 기름 부으신 자의 얼굴을 살펴 보옵소서 **10.**주의 궁정에서의 한 날이 다른 곳에서의 천 날보다 나은즉 악인의 장막에 사는 것보다 내 하나님의 성전 문지기로 있는 것이 좋사오니 **11.**여호와 하나님은 해요 방패이시라 여호와께서 은혜와 영화를 주시며 정직하게 행하는 자에게 좋은 것을 아끼지 아니하실 것임이니이다 **12.**만군의 여호와여 주께 의지하는 자는 복이 있나이다

1. "내 영혼이 여호와의 궁정을 사모하여 쇠약함이여"라고 노래함 (= 간절한 교회 사랑)

1-2절= "만군의 여호와여 주의 장막이 어찌 그리 사랑스러운지요 내 영혼이 여호와의 궁정을 사모하여 쇠약함이여 내 마음과 육체가 살아 계시는 하나님께 부르짖나이다"

2. "마음에 시온의 대로가 있는 자는 복이 있나이다"라고 노래함 (= 주님께 가까이 나아감)

5절= "마음에 시온의 대로가 있는 자는 복이 있나이다"

3. "주의 궁정에서의 한 날이 다른 곳에서의 천 날보다 낫다"라고 노래함 (= 주님과의 교제를 기뻐함)

10절= "주의 궁정에서의 한 날이 다른 곳에서의 천 날보다 나은즉 악인의 장막에 사는 것보다 내 하나님의 성전 문지기로 있는 것이 좋사오니"

◆◆◆

【대지 유형】 주제 설명형 - 본문 묶음형 - 대지 진전형
【주제】 (적용) 순례자가 성전을 사모하듯 성도는 교회를 사모하며 하나님과의 교제를 즐거워하는 자이다.

【**FCF**】 교회 사모하는 마음이 식어버린 현대 성도들의 모습.

【**서론**】 우리는 이 땅의 나그네. 믿음을 가진 자들은 모두 순례자의 삶을 살았다. 구약의 성도들은 예루살렘 성전을 사모하였다. 시 84편은 대표적 시. 시인은 믿음으로 먼 길을 와서 성전에 올라가는 감격을 노래한다.
【**우산질문**】 성전에 올라가는 시인의 감격이 어떻게 표현되고 있나?

【**1대지**】 "주의 장막"= 만군의 여호와께서 거주하시는 곳= 사랑스러울 수밖에 없다. "내 마음과 육체가… 부르짖나이다"= 전인적으로… 소리치지 않을 수 없다. 1-4절= 하나님의 장막을 그리워하는 시인의 마음= 오늘 우리의 마음이어야 한다. 교회 사모의 강도. 성전 처마에 항상 거하는 참새와 제비를 부러워할 정도로 시인은 성전에 거하기를 사모함.
【**2대지**】 6절= 시온을 향해 올라가는 길= 많은 어려움, 눈물 골짜기. 우리 주님도 그 눈물 골짜기를 지나셨다. 그 길에 많은 샘과 이른 비가 준비되어 있다 = 하나님의 놀라우신 축복.
【**3대지**】 축제일. 성전 문 앞에서 순례자의 감격은 최대로 올라간다. "한 날이 천 날보다 낫다"= 삶은 양보다는 질이다. 당신의 가치관은 어떤가? 악인의 장막과 하나님 문지기의 대조= 참 성도의 모습.
【**결론**】 교회, 지금 우리에게 코람 데오(하나님 앞에서)의 삶을 연습케 한다. 여기서 성공한 사람은 장차 새 예루살렘에서 왕노릇 한다.

- 절기, 용도, 장르, 특징:
- Key Word: 교회 사랑.
- Remarks:

본문 : **시 87:1-7**
제목 : **시온의 노래 (God's Regards for Zion)**

1.그의 터전이 성산에 있음이여 **2.**여호와께서 야곱의 모든 거처보다 시온의 문들을 사랑하시는도다 **3.**하나님의 성이여 너를 가리켜 영광스럽다 말하는도다 (셀라) **4.**나는 라합과 바벨론이 나를 아는 자 중에 있다 말하리라 보라 블레셋과 두로와 구스여 이것들도 거기서 났다 하리로다 **5.**시온에 대하여 말하기를 이 사람, 저 사람이 거기서 났다고 말하리니 지존자가 친히 시온을 세우리라 하는도다 **6.**여호와께서 민족들을 등록하실 때에는 그 수를 세시며 이 사람이 거기서 났다 하시리로다 (셀라) **7.**노래하는 자와 뛰어 노는 자들이 말하기를 나의 모든 근원이 네게 있다 하리로다

1. "여호와께서 시온을 특별히 사랑하신다"라고 함 (= 하나님의 교회 사랑)
2절= "여호와께서 야곱의 모든 거처보다 시온의 문들을 사랑하시는도다"

2. 순례자들이 '시온은 영광스런 하나님의 성'이라고 탄성을 지름 (= 교회의 영광)
3절= "하나님의 성이여, 너를 가리켜 영광스럽다 말하는도다"

3. 시온은 열국의 어머니로서 그들을 낳았다고 함 (= 세계 선교 비전)
6절= "여호와께서 민족들을 등록하실 때에는 그 수를 세시며 이 사람이 거기서 났다 하시리로다"
7절= "노래하는 자와 뛰어 노는 자들이 말하기를 나의 모든 근원이 네게 있다 하리로다"

◈◈◈

【대지 유형】 주제 설명형 - 본문 수집형 - 대지 심화형
【주제】 (석의) 하나님의 특별한 사랑을 받는 시온은 순례자들도 영광스런 성이라고 노래하며, 장차 열방의 어머니 역할을 감당할 것이다.
【FCF】 많은 교인이 교회가 얼마나 영광스런 존재인지 잘 모르고 있음.

【서론】 시편 87편은 시온의 축제에 사용되던 8편의 시온의 노래 중 하나이다. 여기에는 백성들이 행진하며 춤추며 노래하는 예식이 묘사되고 있다. 당시의 순례자들은 예루살렘으로 올라오면서 이 노래를 불렀을 것이다.
【우산질문】 말씀을 통해 시온을 향한 하나님의 사랑이 어떠한지, 그리고 우

리에게 주시는 교훈이 무엇인지 함께 살펴보자.

【1대지】 여호와 하나님은 이스라엘의 모든 땅을 사랑하시지만, 그중 특별히 시온을 사랑하신다. 구약의 시온은 궁극적으로는 예수님 재림 후 이루어질 '새 예루살렘'을 가리키며, 신약시대의 '교회'를 의미한다. 우리 주님은 회중의 기도와 찬양을 기뻐 받으시고 응답하신다. 주님은 세상의 어떤 모임보다 자기 백성들의 모임을 사랑하신다.
【2대지】 시온의 영광은 교회의 영광이다. 우리 모두는 영적 눈을 뜨고 예수님의 교회의 영광스런 모습을 볼 수 있어야 한다. 교회는 진리의 기둥과 터이다. 교회는 세상에서 진리를 발견할 수 있는 유일한 곳이다. 교회는 진리를 드러내고 진리를 수호하는 곳이다.
【3대지】 여기 '노래하는 자와 춤추는 자'는 시온산 축제에 참여한 자들을 가리킨다. 이들은 주께로 돌아와 하나님의 백성으로 판정받은 자들이다. 이들은 감사와 감격으로 축제를 벌이지 않을 수 없다. 시온은 구속받은 자 모두의 어머니이다.
【결론】 우리에게도 시온의 노래가 흘러나와야겠다. 하나님은 교회 회중들의 예배 모임을 특별히 사랑하신다고 외쳐야겠다. 교회는 영광스런 하나님의 도성이요, 교회는 구속받은 자 모두의 어머니라고 소리높여 노래해야겠다.

- 절기, 용도, 장르, 특징: 상징주의 해석.
- Key Word: 시온, 교회, 영광.
- Remarks:

본문 : **시 90:10-12**
제목 : **지혜로운 사람**

10.우리의 연수가 칠십이요 강건하면 팔십이라도 그 연수의 자랑은 수고와 슬픔뿐이요 신속히 가니 우리가 날아가나이다 **11.**누가 주의 노여움의 능력을 알며 누가 주의 진노의 두려움을 알리이까 **12.**우리에게 우리 날 계수함을 가르치사 지혜로운 마음을 얻게 하소서

1. 시인은 세월이 빨리 지나감을 깨달았음 (= 지난날을 반성하며 사는 사람)

10절= "우리의 연수가 칠십이요 강건하면 팔십이라도 그 연수의 자랑은 수고와 슬픔뿐이요 신속히 가니 우리가 날아가나이다"

2. 하나님의 진노의 두려움을 깨달았음 (= 하나님 심판의 엄위함을 아는 사람)

11절= "누가 주의 노여움의 능력을 알며 누가 주의 진노의 두려움을 알리이까"

3. 남은 날을 생각하고 지혜롭게 살기를 기도함 (= 남은 날을 즐거운 마음으로 사는 사람)

12절= "우리에게 우리 날 계수함을 가르치사 지혜로운 마음을 얻게 하소서"

◈◈◈

【대지 유형】 주제 설명형 - 본문 분석형 - 대지 병렬형
【주제】 (석의) 지혜로운 사람은 세월이 빠름을 알고 하나님 심판의 날을 준비하며 남은 날을 즐거운 마음으로 사는 사람이다.
【FCF】 많은 신앙인이 남은 날을 하나님 의지하며 즐겁게 사는 법에 익숙하지 못함.

【서론】 우리에게 살 수 있는 시간은 이미 주어져 있다. 하나님이 부여하신 시간을 잘 활용하는 것보다 중요한 것은 없다. 인생을 지혜롭게 사는 것은? 주어진 시간에 최선을 다하는 것. 우리의 남은 날 수가 얼마 되지 않는다. 자신의 운명에 대해 누가 알 수 있나? 본문의 시인은 우리에게 '지혜로운 마음을 달라'고 노래한다.
【우산질문】 어떻게 살아야 지혜롭게 사는 것인가?

【1대지】 과거를 돌아보고 반성할 줄 알아야 더 좋은 삶을 살 수 있다. 지혜로운 사람은 어제보다 오늘, 오늘보다 내일을 더 나은 삶으로 만들어가는 자이다. 당신은 이 면에서 지혜로운 사람인가? 자기를 반성하지 않아도 될 정도로 깨끗한 사람이나 완전한 인간은 없다. 과거에 매여서도 안 되지만 과거에 대한 진정한 뉘우침이 있어야 남은 시간을 지혜롭게 사용할 수 있다. 과거의 역사에서 교훈을 받지 못하는 사람은 우매한 사람이다. 신앙인은 반드시 회개를 동반해야 한다. 업보에서 벗어나는 것이 아니다. 그리스도의 보혈로 허물을 씻고 앞으로 전진해야 한다.

【2대지】 시인의 깨달음은 이제 하나님의 심판의 엄위함 쪽으로 나아간다. 거룩하신 하나님 앞에 선 우리의 모습은 그지없이 추하고 부족하다. 주님의 중보가 없이는 하나님의 심판을 면할 길이 없다. 성경에 가장 강조되고 있는 것은 죄의 결과는 심판이며, 하나님은 결코 죄인을 간과하지 않으신다는 점이다. 구약의 선지서를 많이 읽어라. 성경 인물들의 일생을 잘 살펴보라. 계시록의 마지막 심판을 많이 연구하라.

【3대지】 남은 날을 즐거운 마음으로 긍정적으로 사는 것이 왜 중요한가? 왜냐하면 인생이 짧기 때문이다. 원망하고 불평할 시간이 없다. 가장 행복한 삶은 즐겁게 시간을 보내는 것이다. 서로 사랑하며, 서로 따뜻한 말을 나누며, 서로 배려하는 삶. 시간은 짧다. 낙심하고 절망할 시간이 없다. 전도서에도 "해 아래서는 마음으로 즐거워하는 것보다 더 나은 것이 없다." 살전 5:16-18, "항상 기뻐하라 쉬지 말고 기도하라 범사에 감사하라." 인생을 살다 보면 어찌 좋은 일만 있겠는가? 어차피 잠시 잠깐이면 모든 것이 지나가고, 우리에게 영원한 천국이 기다리고 있다. 그러므로 즐겁게 사는 것이 지혜로운 삶이다.

【결론】 더 나은 세계를 소망하며 사는 것이 지혜로운 삶이다. 그런 의미에서 그리스도인은 지혜로운 삶의 길에 들어선 자들이다. 보이는 것은 잠깐이요 보이지 않는 것은 영원하다. 땅의 것에는 소망이 없다. 영원한 미래를 위해 주님의 십자가와 부활, 재림을 확신하며 영원한 천국 소망으로 살아가자. 마라나타!

- 절기, 용도, 장르, 특징:
- Key Word: 지혜로운 사람.
- Remarks:

본문 : **시 91:1-16**
제목 : **약속된 길에서의 보호하심**

1.지존자의 은밀한 곳에 거주하며 전능자의 그늘 아래에 사는 자여, **2.**나는 여호와를 향하여 말하기를 그는 나의 피난처요 나의 요새요 내가 의뢰하는 하나님이라 하리니 **3.**이는 그가 너를 새 사냥꾼의 올무에서와 심한 전염병에서 건지실 것임이로다 **4.**그가 너를 그의 깃으로 덮으시리니 네가 그의 날개 아래에 피하리로다 그의 진실함은 방패와 손 방패가 되시나니 **5.**너는 밤에 찾아오는 공포와 낮에 날아드는 화살과 **6.**어두울 때 퍼지는 전염병과 밝을 때 닥쳐오는 재앙을 두려워하지 아니하리로다 **7.**천 명이 네 왼쪽에서, 만 명이 네 오른쪽에서 엎드러지나 이 재앙이 네게 가까이 하지 못하리로다 **8.**오직 너는 똑똑히 보리니 악인들의 보응을 네가 보리로다 **9.**네가 말하기를 여호와는 나의 피난처시라 하고 지존자를 너의 거처로 삼았으므로 **10.**화가 네게 미치지 못하며 재앙이 네 장막에 가까이 오지 못하리니 **11.**그가 너를 위하여 그의 천사들을 명령하사 네 모든 길에서 너를 지키게 하심이라 **12.**그들이 그들의 손으로 너를 붙들어 발이 돌에 부딪히지 아니하게 하리로다 **13.**네가 사자와 독사를 밟으며 젊은 사자와 뱀을 발로 누르리로다 **14.**하나님이 이르시되 그가 나를 사랑한즉 내가 그를 건지리라 그가 내 이름을 안즉 내가 그를 높이리라 **15.**그가 내게 간구하리니 내가 그에게 응답하리라 그들이 환난 당할 때에 내가 그와 함께 하여 그를 건지고 영화롭게 하리라 **16.**내가 그를 장수하게 함으로 그를 만족하게 하며 나의 구원을 그에게 보이리라 하시도다

1. 지존자의 은밀한 곳은 성도의 피난처임 (= 안전이 보장되는 길)

1-2절= "지존자의 은밀한 곳에 거주하며 전능자의 그늘 아래에 사는 자여, 나는 여호와를 향하여 말하기를 그는 나의 피난처요 나의 요새요 내가 의뢰하는 하나님이라 하리니"

2. 성도가 보호받는 길은 밤의 공포와 낮의 화살, 전염병과 재앙들처럼 다양함 (= 이 길은 변화무쌍함)

5-6절= "너는 밤에 찾아오는 공포와 낮에 날아드는 화살과 어두울 때 퍼지는 전염병과 밝을 때 닥쳐오는 재앙을 두려워하지 아니하리로다"

3. 하나님은 천사를 보내어 이 길에서 보호하심 (= 천사를 동원하여 보호하심)

11절= "그가 너를 위하여 그의 천사들을 명령하사 네 모든 길에서 너를 지키게 하심이라"

◈◈◈

【대지 유형】 주제 설명형 - 본문 묶음형 - 대지 진전형

【주제】 (석의) 하나님과 함께하는 길에는 다양한 어려움이 찾아오지만 주님

은 천사들을 파송해서라도 반드시 지켜주신다.
【FCF】 많은 신앙인이 잠시의 어려움 앞에서 이 길을 신뢰하지 못하고 흔들림.

【서론】 우리는 본향을 찾아가는 나그네. 더 나은 본향을 찾아간다. 언약의 자녀들은 하나님이 안전히 보호해 주시는 약속된 길로 가야 한다. 그런데 어떤 길은 약속의 길이 아니다. 하나님을 시험하는 길, 세속적, 이기적, 외고집, 자기 뜻에 맞춘 예배의 길, 그릇된 교리… 이런 길들이 내게 없었나 돌아보자.
【우산질문】 본문을 통하여 안전이 보장된 약속의 길을 찾아보자.

【1대지】 하나님의 은밀한 곳= 예수 안에서 겸손한 신앙의 길, 말씀에 순종하는 길, 성령의 인도하심에 신뢰를 두는 길, 하나님 영광을 구하는 길, 하나님과의 동행의 길. 이런 길들이 내게 있었나 돌아보자.
【2대지】 참으로 다양하다. 11절, 네 모든 길에서… 각인각색. 가끔 어려움이 있고, 견디기 쉽지 않다. 수많은 시험과 유혹, 원수들, 새사냥꾼의 올무, 심한 전염병… 젊은 사자와 뱀(13절). 참으로 어려운 길. 그러나 근본적으로는 주님이 이것들을 이용해 단련시키는 가장 안전한 길이다.
【3대지】 시인의 신앙고백을 보라. 1,2,4절. 참 하나님의 사람은 안전하다. 천사동원. 히 1:14. (예: 롯과 두 천사, 엘리야, 엘리사) 특히 마지막 때 하나님의 보호하심은 놀랍다. 계 9:1-4. 하나님의 인 맞은 자를 보호하심. 주님은 bondslave(주의 종) 된 자들을 반드시 보호하신다.
【결론】 그러므로 우리는 안전이 보장되는 길로 가자. 자원하여 하나님의 종 된 자들의 길. 어떤 어려움도 이긴다.

- 절기, 용도, 장르, 특징:
- Key Word: 약속된 길.
- Remarks:

본문 : **시 100:1-5**

제목 : **여호와께 나아가는 자의 자세**
(Serve the Lord with Gladness)

1.온 땅이여 여호와께 즐거운 찬송을 부를지어다 **2.**기쁨으로 여호와를 섬기며 노래하면서 그의 앞에 나아갈지어다 **3.**여호와가 우리 하나님이신 줄 너희는 알지어다 그는 우리를 지으신 이요 우리는 그의 것이니 그의 백성이요 그의 기르시는 양이로다 **4.**감사함으로 그의 문에 들어가며 찬송함으로 그의 궁정에 들어가서 그에게 감사하며 그의 이름을 송축할지어다 **5.**여호와는 선하시니 그의 인자하심이 영원하고 그의 성실하심이 대대에 이르리로다

1. 여호와께 즐거운 찬송을 부르자고 함 (= 즐거운 찬송을 부르면서, 입으로)

1절= "온 땅이여 여호와께 즐거운 찬송을 부를지어다"

2. 기쁨으로 여호와를 섬기자고 함 (= 주님을 섬기는 삶으로, 몸으로)

2절= "기쁨으로 여호와를 섬기며 노래하면서 그의 앞에 나아갈지어다"

3. 감사함으로 그 문에 들어가자고 함 (= 감사와 찬송을 열배나 더 많이)

4절= "감사함으로 그의 문에 들어가며 찬송함으로 그의 궁정에 들어가서 그에게 감사하며 그의 이름을 송축할지어다"

◈◈◈

【대지 유형】 주제 적용형 - 본문 분석형 - 대지 진전형
【주제】 (석의) 하나님께 나아가는 자는 주님의 선하심을 즐거운 마음으로 찬송하며 섬기며 감사하는 자세로 예배에 참여해야 한다.
【FCF】 많은 신앙인의 예배 자세에서 즐거움과 감사가 부족함.

【서론】 하나님은 인간 창조시 감사를 알도록 하셨다. 감사는 사람이 사람 되는 가치이다. 하나님의 법칙: 감사→기쁨→찬송→행복! 하나님의 백성에게 감사의 생활이 특히 중요하다. 이스라엘에게 감사의 절기를 주시고 감사의 예배를 하게 하시고 감사제를 드리도록 하셨다. 시 100편은 대표적 감사노래. 노래하면서 들어가서 감사하고 축제의 고기를 나누어 먹음. 그 이유는? 하나님이 선하시기 때문(5절). 창조 속에, 자기 백성을 돌보심에, 선하신 하나님은

자기 백성에게 선함과 성실함을 기대하신다.
【우산질문】 하나님의 선하심을 깨닫는 성도는 어떤 모습으로 하나님께 나아가는가?

【1대지】 여호와께 나아가는 자는 즐거움에 찬 소리로 노래해야 한다. 잔칫집의 시끄러운 소리= 즐거운 소리. 유대인들은 대체로 시끄럽다. 어깨동무 춤을 좋아하고 즐거움의 화음을 잘 만든다. 심지어 고통과 슬픔 가운데서도. 하나님은 자기 백성이 이처럼 기쁨과 감사에 차 노래하는 것을 원하신다.
【2대지】 여호와께 나아가는 자는 몸으로 섬기는 자세를 갖춘 자여야 한다. 섬기다(아바드)= 일하다, 예배하다. 매사에 적극적, 긍정적인 것이 바람직하다. 주위 사람들에게 즐거움과 용기를 부여하는 자. 여러분의 삶은? 올라가고 있나?(1, 2절의 사람). 기울어지고 있는 증세= 짜증, 불평, 험담, 움직이기 싫어하고 말만 하게 되는 자, 불평이 많을수록 실천은 적은 사람, 봉사할수록 요구는 많은 사람.
【3대지】 살전 5:16ff("항상 기뻐하라…범사에 감사하라 이는 그리스도 예수 안에서 너희를 향한 하나님의 뜻이니라"). 우리에게 이미 주신 것을 돌아보라. 참으로 엄청나다. 나 자신의 이제까지의 모습, 내 주위 사람들과 주위 환경을 돌아보자. 지금보다 열 배나 더 찬송해야 하지 않겠는가!
【결론】 감사가 충만한 자는 더욱 적극적으로 신앙생활을 한다. 소속된 것(belong)에서 더 나아가 참가해야(participate) 한다. 믿는 것(believe)에서 생활화(practice)로, 기독교인에서 주님의 종(bondslave)의 수준으로, 그리고 말로만 기도하는 데서 나아가 땀으로 기도(labor)하는 성도로.

- 절기, 용도, 장르, 특징: 감사절.
- Key Word: 예배, 찬양.
- Remarks:

본문 : **시 103:1-5**
제목 : **잊지 말아야 할 하나님의 은총 (Divine Goodness Celebrated)**

1.내 영혼아 여호와를 송축하라 내 속에 있는 것들아 다 그의 거룩한 이름을 송축하라 **2.**내 영혼아 여호와를 송축하며 그의 모든 은택을 잊지 말지어다 **3.**그가 네 모든 죄악을 사하시며 네 모든 병을 고치시며 **4.**네 생명을 파멸에서 속량하시고 인자와 긍휼로 관을 씌우시며 **5.**좋은 것으로 네 소원을 만족하게 하사 네 청춘을 독수리 같이 새롭게 하시는도다

1. 나의 모든 죄악을 사하심 (= 사죄의 은총)
3절= "그가 네 모든 죄악을 사하시며…"

2. 나의 모든 병을 고치심 (= 치유의 은총)
3절= "… 네 모든 병을 고치시며…"

3. 나의 생명을 파멸에서 속량하심 (= 구속의 은총)
4절= "네 생명을 파멸에서 속량하시고…"

4. 나에게 인자와 긍휼로 관을 씌우심 (= 언약의 사랑)
4절= "… 인자와 긍휼로 관을 씌우시며"

◈◈◈

【대지 유형】 주제 증명형 – 본문 분석형 – 대지 병렬형
【주제】 (적용) 우리가 잊지 말아야 할 하나님의 은택은 사죄와 치유와 구속의 은총, 그리고 언약의 사랑이다.
【FCF】 많은 신앙인이 하나님이 베푸시는 은택에 대해 너무 모르고 있음.

【서론】 유럽의 청교도들은 신앙의 자유를 찾아 메이플라워호를 타고 신대륙 미국에 도착한지 얼마 지나지 않아 반 이상이 굶거나 병들어 죽었다. 또 해마다 겹치는 흉년으로 엄청난 고통을 견뎌야 했다. 도무지 밝은 전망이 보이지 않자 전국적으로 금식기도를 선포하고 하나님께 매달렸다. "하나님, 이 상황을 돌보아 주십시오. 우리를 도와주옵소서." 여러 번의 금식기도를 드렸다. 어떤 농부가 이렇게 제의했다. "비록 흉년이 들고 병으로 쓰러지는 어려움을 겪고 있지만 이런 상황에서도 감사할 것이 있다고 생각합니다. 신앙의 자유와 정치적인 자유가 있고 광대한 대지가 있습니다. 금식 대신에 감사 기간을 정하고 하나님께 감사드리는 것이 어떻습니까?" 그래서 감사 주간을 선포하

고 하나님 앞에 감사한 것이 감사 주일의 기본 동기였다. 우리가 극한 상황 속에 놓여있을 때 기도와 금식은 하기 쉽지만 감사를 드리기는 참으로 힘들고 어려울 것이다. 시인은 하나님의 은택(恩澤)을 잊지 말자고 다짐한다. 성도는 자기 내면을 향하여 끝없이 하나님에 대한 찬양을 독려해야 하고, 하나님께서 베푸신 은택을 잊지 않도록 스스로 경계해야 한다.

【우산질문】 우리에게 베푸시는 하나님의 은택은 어떻게 나타나고 있나?

【1대지】 가장 먼저 제시되고 있는 것은 '죄사함'이다. 다윗은 여호와 앞에 큰 죄를 범한 후 깊은 회개를 통하여 죄사함의 은총을 체험하였다. 우리의 죄악은 결코 작지 않다. 이 모든 죄악과 허물들을 하나님께서 용서하신다. 죄사함의 은택. 우리 모두 하나님의 은택을 잊지 말아야 하겠고, 놀라운 은혜를 인하여 주님을 송축해야겠다.

【2대지】 여기 '병(타할루)'은 단순히 육체적·정신적 질병만을 의미하는 것이 아니라 '죄로 인한 심판으로서의 질병'이라는 의미를 포함하는 독특한 단어로서, 구약에서 모두 5회밖에 사용되지 않았다(신 29:21; 대하 21:19 등). 용서와 치유의 관계는 분명하다. 우리의 죄를 용서하시는 하나님은 우리의 질병을 고쳐주신다.

【3대지】 여기 '파멸(솨하트)'은 죽음을 가리킨다. '속량하다(까알)'는 신약에서 예수 그리스도의 구속(救贖) 사역을 나타내는 단어(뤼트로마이)와 동일하다(눅 24:21; 롬 3:24). 본문에는 죄인들을 피로 값주고 사신 예수 그리스도의 구속사역이 암시되어 있다. 다윗은 자신의 생명을 파멸에서 구속하신 하나님을 송축한다. 과연 우리 하나님은 임박한 위험으로부터도 우리를 건져내시는 분이시다.

【4대지】 하나님은 언약의 사랑으로 우리를 지키시고 보호하신다. 다윗이 노래하고 있는 하나님은 가장 부드럽고 온유하신 하나님, 사랑과 연민으로 충만하신 하나님, 그리고 이 세상 그 어느 누구보다 인자하신 우리의 하나님이시다.

【결론】 주님이 베푸신 은택을 하나하나 손꼽아보며, 주님 앞에 마음으로 감사하며 물질로 감사하고 매일의 삶으로 감사하는 진정한 감사자가 되어야 하겠다.

- 절기, 용도, 장르, 특징: 감사절.
- Key Word: 감사, 은택, 송축.
- Remarks:

본문 : **시 107:1-9**

제목 : **감사의 노래 (Let the Redeemed Praise the Lord)**

1.여호와께 감사하라 그는 선하시며 그 인자하심이 영원함이로다 **2.**여호와의 속량을 받은 자들은
이같이 말할지어다 여호와께서 대적의 손에서 그들을 속량하사 **3.**동서 남북 각 지방에서부터 모으
셨도다 **4.**그들이 광야 사막 길에서 방황하며 거주할 성읍을 찾지 못하고 **5.**주리고 목이 말라 그들
의 영혼이 그들 안에서 피곤하였도다 **6.**이에 그들이 근심 중에 여호와께 부르짖으매 그들의 고통에
서 건지시고 **7.**또 바른 길로 인도하사 거주할 성읍에 이르게 하셨도다 **8.**여호와의 인자하심과 인생
에게 행하신 기적으로 말미암아 그를 찬송할지로다 **9.**그가 사모하는 영혼에게 만족을 주시며 주린
영혼에게 좋은 것으로 채워주심이로다

1. 여호와께서 대적의 손에서 속량하심을 찬양 (= 구속하신 은혜)

2절= "여호와의 속량을 받은 자들은 이같이 말할지어다 여호와께서 대적의 손에서 그들을 속량하사"

2. 이스라엘을 각 지방에서부터 모으셨음을 찬양 (= 교회로 모이게 하심)

3절= "동서남북 각 지방에서부터 모으셨도다"

3. 위기 속에 부르짖어 고통에서 건짐 받음을 찬양 (= 기도 응답)

6절= "이에 그들이 근심 중에 여호와께 부르짖으매 그들의 고통에서 건지시고"

4. 영혼을 만족케 하심을 찬양 (= 영혼의 만족)

9절= "그가 사모하는 영혼에게 만족을 주시며 주린 영혼에게 좋은 것으로 채워주심이로다"

◈◈◈

【대지 유형】 주제 설명형 - 본문 묶음형 - 대지 병렬형

【주제】 (적용) 우리의 찬양은 하나님의 구원의 은혜와 교회와 기도 응답과 영혼의 만족을 주심에 대해 감사하는 것이다.

【FCF】 많은 신앙인이 하나님의 은혜에 대해 진심으로 감사하는 노래에 인색함.

【서론】 이 시대 우리에게 필요한 것은 하나님이 자기 교회를 회복하심과 성

령님을 부어주시는 것이다. 과거 이스라엘 또한 역사를 통해 부흥이 필요했고, 주셨다. 하나님은 언약에 신실하셨다. 시 107편은 이 신실함을 반향한다(하나님의 개입, 회복, 고토로 돌아오게. 다시 자기 백성으로). 1절= 구속함을 받은 자에게 감사하라는 명령.

【우산질문】 본문에서 감사 찬송의 내용에 대해 무엇이라 하는가?

【1대지】 이스라엘은 헤아릴 수 없는 많은 구원의 경험이 있음(애굽의 400년, 바벨론 70년, 블레셋, 미디안, 모압…). 그리스도인들은 죄로부터, 죄의 속박으로부터 구원받았다. 저항할 수 없는 은혜. 날마다 감사하자. "죄에서 자유를 얻게 함은 보혈의 능력"

【2대지】 이스라엘을 고토로 회복= 교회로 모이게 하심. 의미심장하다. 교회는 신령한 공동체이다. 서로 다른 사람들의 모임, 수많은 불일치의 요소에도 불구하고 하나되는 공동체이다.

【3대지】 부르짖었다= 차아크, 네 번씩이나. 누구에게? 여호와 하나님께. 그리스도인들은 예수 이름으로 무엇이든지 언제든지 어디서든지 구하여 응답받는다. 과거 응답받은 것, 현재 함께하심, 미래 응답 주실 것 믿고 감사하자.

【4대지】 사모하는 영혼, 주린 영혼= 영적 갈망→이를 채워주시는 하나님. 이스라엘이 받은 은혜를 인해 감사드렸다면, 그들과는 비교할 수 없을 정도로 큰 은혜를 누리고 있는 우리는 더욱 감사해야 하지 않겠는가!

【결론】 우린 구속받은 자. 시인을 따라 우리도 감사의 노래를 드높이자. 성령의 역사는 찬송생활의 능력을 체험하고 있는 자를 통해 이루어진다!

- 절기, 용도, 장르, 특징: 추수감사절.
- Key Word: 감사.
- Remarks:

본문 : **시 118:1-7**
제목 : **하나님께 감사하는 이유**

1.여호와께 감사하라 그는 선하시며 그의 인자하심이 영원함이로다 **2.**이제 이스라엘은 말하기를 그의 인자하심이 영원하다 할지로다 **3.**이제 아론의 집은 말하기를 그의 인자하심이 영원하다 할지로다 **4.**이제 여호와를 경외하는 자는 말하기를 그의 인자하심이 영원하다 할지로다 **5.**내가 고통 중에 여호와께 부르짖었더니 여호와께서 응답하시고 나를 넓은 곳에 세우셨도다 **6.**여호와는 내 편이시라 내가 두려워하지 아니하리니 사람이 내게 어찌할까 **7.**여호와께서 내 편이 되사 나를 돕는 자들 중에 계시니 그러므로 나를 미워하는 자들에게 보응하시는 것을 내가 보리로다

1. 하나님은 선하시기 때문에 (= 선하신 하나님)

1절= "여호와께 감사하라 그는 선하시며…"

2. 그의 인자하심이 영원하기 때문에 (= 영원히 인자하신 하나님)

1절= "… 그의 인자하심이 영원함이로다"

3. 하나님이 내 편이시기 때문에 (= 내 편이신 하나님)

6절= "여호와는 내 편이시라 내가 두려워하지 아니하리니 사람이 내게 어찌할까"

◈◈◈

【대지 유형】 이유 제시형 - 본문 수집형 - 대지 연결형
【주제】 (석의) 하나님은 선하시고 인자하시고 내 편이시기에 우리는 하나님께 감사해야 한다.
【FCF】 많은 신앙인이 감사의 삶에서 부족함을 보임.

【서론】 무신론자들이나 우상 섬기는 자들은 감사의 대상이 없다. 오직 부르심을 받은 성도만이 마땅히 감사받아야 할 대상(하나님)에게 감사할 수 있다. 하나님께 우리가 받은 은혜를 어떻게 다 감사할 수 있으랴! "하늘을 두루마리 삼고 바다를 먹물 삼아도 한 없는 하나님의 사랑 다 기록할 수 없겠네. 하나님의 크신 사랑 어찌 다 쓸까…" 본문에는 우리가 하나님께 영원히 감사해야 할 이유들을 구체적으로 열거하고 있다.
【우산질문】 여호와 하나님께 우리가 감사해야 할 이유는 무엇인가?

【1대지】 하나님의 선하심이 우리의 감사의 첫째 이유이다. 인간의 도덕성은 언제나 상대적이다. 그러나 하나님은 절대 거룩하고 의로우며 선하신 분이다. 주님이 선하지 않다면 우리는 그분을 결코 신뢰하거나 감사할 수 없다. 시 25:8, "여호와는 선하시고 정직하시니 그러므로 그 도로 죄인을 교훈하시리로다." 시 119:68, "주는 선하사 선을 행하시오니 주의 율례로 나를 가르치소서." 선하신 하나님을 굳게 믿으면 극한 상황에서도 감사할 수 있다. 하나님은 모든 것을 합력하여 선을 이루신다(롬 8:28).

【2대지】 하나님의 인자하심은 감사의 또 다른 이유이다. 4차례나 반복하는 말씀. 시인은 지금 하나님의 성전을 향해 올라가고 있으면서 험난한 자신의 과거를 회상한다. 고난과 역경 속에서 하나님의 인자하심을 깨달았다. 주님의 인자하심은 앞으로도 영원무궁하실 것이다.

【3대지】 그동안 하나님은 항상 시인의 편에 서 주셨다. 실상 원수들은 시인이 가지고 있지 못한 강력한 군대, 막강한 무기, 풍성한 물자를 가지고 있었다. 단 하나 원수들이 갖지 못한 것을 시인이 가진 것= 하나님을 소유. 강한 원수들을 막아주시고 승리케 하신 하나님. 롬 8:31, "만일 하나님이 우리를 위하시면 누가 우리를 대적하리요"

【결론】 우리의 삶은 전투의 현장이다. 선하고 인자하시고 내 편이 되신 하나님, 우리에게 영생을 주신 하나님, 그분이 우리를 영적 싸움에서 이기게 하신다. 교회는 감사하는 자들의 모임. 찬양과 헌신과 섬김으로 주님께 영광 돌리자.

- 절기, 용도, 장르, 특징: 감사절.
- Key Word: 감사.
- Remarks:

본문 : **시 122:1-9**
제목 : **여호와의 집을 사모하는 자**
(For the Sake of the House of the Lord)

1.사람이 내게 말하기를 여호와의 집에 올라가자 할 때에 내가 기뻐하였도다 **2.**예루살렘아 우리 발이 네 성문 안에 섰도다 **3.**예루살렘아 너는 잘 짜여진 성읍과 같이 건설되었도다 **4.**지파들 곧 여호와의 지파들이 여호와의 이름에 감사하려고 이스라엘의 전례대로 그리로 올라가는도다 **5.**거기에 심판의 보좌를 두셨으니 곧 다윗의 집의 보좌로다 **6.**예루살렘을 위하여 평안을 구하라 예루살렘을 사랑하는 자는 형통하리로다 **7.**네 성 안에는 평안이 있고 네 궁중에는 형통함이 있을지어다 **8.**내가 내 형제와 친구를 위하여 이제 말하리니 네 가운데에 평안이 있을지어다 **9.**여호와 우리 하나님의 집을 위하여 내가 너를 위하여 복을 구하리로다

1. 시인은 여호와의 집에 올라가는 것을 기뻐하였음 (= 교회 사랑)
1절= "사람이 내게 말하기를 여호와의 집에 올라가자 할 때에 내가 기뻐하였도다"

2. 이스라엘이 전례대로 예배하러 올라간다 함 (= 교회 예배 최우선시)
4절= "지파들 곧 여호와의 지파들이 여호와의 이름에 감사하려고 이스라엘의 전례대로 그리로 올라가는도다"

3. "예루살렘을 사랑하는 자는 형통하리로다"라고 함 (= 교회와 예배 중심의 개인과 민족에 형통의 복 주심)
6절= "예루살렘을 위하여 평안을 구하라 예루살렘을 사랑하는 자는 형통하리로다"

◈◈◈

【대지 유형】 주제 설명형 - 본문 묶음형 - 대지 진전형
【주제】 (적용) 교회를 사랑하고 예배를 최우선으로 하는 성도와 민족은 형통의 복을 받는다.
【FCF】 많은 신앙인이 교회사랑 예배사랑의 중요성에 대해 깨닫지 못함.

【서론】 예루살렘은 흩어진 유대인들의 꿈이요 목적지. 과거 중세 시대 십자군 운동의 목표지였다. 지금 이 도시에 일어나는 사건은 세계전쟁을 일으킬 수 있는 폭발력을 가지고 있다. 시편 122편은 이 거룩한 도시의 비밀을 우리에게 말해준다. 하나님께서 예루살렘 성전에 거하고 계신다. 그래서 시인은 예루살렘을 향하여 발걸음을 옮길 때 말할 수 없는 기쁨을 맛보게 된다. 본문

에는 하나님의 집과 그 집이 있는 예루살렘 성을 향한 시인의 관심과 사랑, 그리고 하나님의 집을 사모하는 마음이 진하게 배어있다.
【우산질문】 시인은 어떤 사람인가? 여호와의 집을 사모하는 자는 어떤 모습의 사람인가? 오늘 우리에게 주는 메시지는 무엇인가?

【1대지】 시인은 '여호와의 집에 올라가자'는 초청의 말을 들을 때에 기쁨이 가득했다. 시인의 마음은 항상 여호와의 집에 가 있었고, 시인의 발은 이미 예루살렘 성문 안에 있다고 표현될 정도였다. 교회는 하나님이 거하시는 '여호와의 집'이다. 교회는 하나님의 이름을 두시려고 빼어내신 하나님의 집. 교회는 길이요 진리요 생명이신 예수 그리스도, 그분의 몸. 교회는 예수 믿어 하나님의 백성이 된 무리들이 하나님의 나라를 이루고 있는 공동체. 우리는 늘 교회를 사랑하고, 우리의 발이 교회에 머물러 있기를 좋아해야 한다.
【2대지】 "이스라엘의 전례대로"= "전에 했던 대로" 또는 "규칙적으로"라는 말. 본문의 모습은 하나님의 백성들이 규칙적으로 예배 드리러 하나님의 집으로 향해 가는 아름다운 장면이다. 예배는 교회의 존재 이유이자 핵심적인 사역이다. 성도가 교회에 발을 머물게 하는 가장 큰 이유는 예배드리기 위함이다. 예배는 성도 신앙의 핵심이자 성도 신앙의 생명이다. "전례대로"라고 했다. 조상 대대로 이를 지켜 왔다는 것. 예배는 남녀노소를 불문하고 성도라면 마땅히 최우선의 일이 되어야 한다.
【3대지】 예루살렘에 대한 시인의 애정과 관심. 1절에서 6절까지 예루살렘이 4번 등장. 예루살렘을 사랑하는 자는 어떤 사람인가? 교회를 사랑하고 교회에서 규칙적으로 예배드리기에 힘쓰는 자이다. 이런 성도에게는 형통의 복이 임한다는 것. 하나님의 집이 존중되는 나라는 지금도 복을 받는다. 교회를 사랑하고, 예배를 중시하는 민족과 개인은 하나님께서 복을 주시지만, 그렇지 않을 때 혼돈과 무질서가 찾아온다.
【결론】 모든 그리스도인은 하나님의 성령이 거하시는 하나님의 전이며, 성도들이 모여 이루는 교회 또한 하나님의 성전이다. 교회, 특히 내가 소속되어 섬기며 말씀을 받아먹으며 성도의 교제를 나누는 지교회는 우리의 예사스런 생각보다 훨씬 더 중요한 존재이다.

- 절기, 용도, 장르, 특징: 교회론.
- Key Word: 성전, 교회.
- Remarks:

본문 : **시 126:1-6**

제목 : **광복의 노래 (God Can Do It Again)**

1.여호와께서 시온의 포로를 돌려 보내실 때에 우리는 꿈꾸는 것 같았도다 **2.**그 때에 우리 입에는 웃음이 가득하고 우리 혀에는 찬양이 찼었도다 그 때에 뭇 나라 가운데에서 말하기를 여호와께서 그들을 위하여 큰 일을 행하셨다 하였도다 **3.**여호와께서 우리를 위하여 큰 일을 행하셨으니 우리는 기쁘도다 **4.**여호와여 우리의 포로를 남방 시내들 같이 돌려 보내소서 **5.**눈물을 흘리며 씨를 뿌리는 자는 기쁨으로 거두리로다 **6.**울며 씨를 뿌리러 나가는 자는 반드시 기쁨으로 그 곡식 단을 가지고 돌아오리로다

1. 포로 귀환의 기쁨을 노래함 (= 해방의 기쁨, 구원의 기쁨)

1절= "여호와께서 시온의 포로를 돌려보내실 때에 우리는 꿈꾸는 것 같았도다"

2. 남은 포로의 귀환을 간구함 (= 포로된 자들 위한 기도)

4절= "여호와여 우리의 포로를 남방 시내들 같이 돌려보내소서"

3. 기쁨으로 귀환할 것을 약속하심 (= 해방의 약속)

5절= "눈물을 흘리며 씨를 뿌리는 자는 기쁨으로 거두리로다"

◈◈◈

【대지 유형】 주제 설명형 - 본문 수집형 - 대지 심화형

【주제】 (적용) 하나님의 해방의 약속을 믿는 성도는 구원의 기쁨을 노래하며 사탄의 노예가 되어 있는 자들을 위해 기도한다.

【FCF】 불신자들을 위해 안타까운 마음으로 기도하는 열정이 부족함.

【서론】 우리나라가 일본의 압제에서 해방된 지 벌써 74년이 흘렀다. 1945년 광복의 기쁨을 노래했을 때의 우리나라는 세계 최빈국의 비참한 형편이었다. 그동안 우리는 하나님의 도우심으로 해방 직후의 혼란과 갈등, 6.25 동란과 회복, 7·80년대의 산업화와 민주화의 험난한 과정을 거쳐 오늘 종합 국력 세계 제10위의 위업을 이루었다. 놀랍고 감사한 일이다. 시편 126편은 바벨론 포로 귀환 직후의 상황을 회상하는 시이다. 전반부는 고국으로 돌아올 때의 감격을 회상하며 기쁨을 노래하는 부분이고, 후반부는 아직 예루살렘 공동체가 완전히 회복되지 않은 상황에서 회복을 간구하며 확신을 노래하고 있다.

【우산질문】 말씀을 통하여 우리도 시인처럼 역사를 주관하시며 자기 백성을

구원해 내시는 하나님께 감사하는 신앙을 갖자.

【1대지】 시인은 시온의 포로를 돌려보내시는 분이 여호와이시라는 것을 분명히 고백하고 있다. 표면적으로 보면 포로 귀환은 고레스 왕이 한 일이다. 즉 B.C. 538년 고레스가 포로귀환 칙령을 내렸고(스 1:1-4) 그 이듬해에 스룹바벨의 영도로 제1차 포로귀환이 이루어진 것(스 2장). 그럼에도 불구하고 시인이 이 일을 이루신 분을 여호와로 제시하는 것은 고레스의 배후에 만왕의 왕이신 하나님의 섭리가 있음을 믿는 신본주의적 역사관을 가졌기 때문이다(렘 25:11, 12). 하나님께서 행하신 가장 큰 일은(3절) 독생자 예수 그리스도를 보내신 일이다. 예수님이 오셔서 구속의 일을 완수하시고 십자가로 승리하셨다. 하나님은 전 우주를 합친 것보다 더 귀한 독생자의 핏값으로 우리를 사셨다.

【2대지】 시인은 아직도 포로되어 고생하는 자들의 귀환을 위해 간절한 기도를 드리고 있다. '우리는 이제 자유를 찾았지만, 아직도 자유치 못한 자들이 많습니다. 그들을 남방 시내들같이 돌려보내소서.' 지금은 포로생활에서 돌아오는 행렬이 보이지 않아 끊어진 듯이 보이는 귀환길이지만 이제 하나님의 은혜로 그 길이 고토로 돌아오는 포로들로 가득 채워지게 해 달라는 간구이다. 이것은 오늘 우리 주위에 아직 사탄의 포로된 자들을 위해 기도해야 할 것을 보여주는 말씀이다.

【3대지】 이제 자기 백성을 향한 하나님의 음성이 들려온다. 4절에서 시온을 예전과 같이 온전하게 회복시켜 주실 것을 간구한 시인은 5절, 6절에서 그러한 믿음을 바탕으로 어려운 상황을 초극하는 신앙적 노력을 다짐하고 그 결과에 대한 확신을 선언한다. 그러므로 본 절에서 우리는 하나님께서 우리에게 주시는 해방의 약속을 발견한다. '씨를 뿌리는 자'라는 표현은 포로 귀환 공동체에 속한 모든 이들이 씨를 뿌리는 농부와 같음을 의미한다. 하나님께서 '포로 귀환'이라는 열매를 주셨지만 그들은 또한 미래의 열매를 준비하는 '씨 뿌리는 자'여야 했다.

【결론】 성경이 말하는 궁극적 귀환은 바벨론 포로 귀환도 아니고, 일제 탄압으로부터의 해방도 아니다. 그것은 사탄으로부터, 죄로부터, 그리고 죽음으로부터 해방되는 것이다.

- 절기, 용도, 장르, 특징: 광복절.
- Key Word: 해방, 포로 귀환.
- Remarks:

본문 : **시 127:1-5**
제목 : **세우는 자를 위한 참 지혜**

1.여호와께서 집을 세우지 아니하시면 세우는 자의 수고가 헛되며 여호와께서 성을 지키지 아니하시면 파수꾼의 깨어 있음이 헛되도다 **2.**너희가 일찍이 일어나고 늦게 누우며 수고의 떡을 먹음이 헛되도다 그러므로 여호와께서 그의 사랑하시는 자에게는 잠을 주시는도다 **3.**보라 자식들은 여호와의 기업이요 태의 열매는 그의 상급이로다 **4.**젊은 자의 자식은 장사의 수중의 화살 같으니 **5.**이것이 그의 화살통에 가득한 자는 복되도다 그들이 성문에서 그들의 원수와 담판할 때에 수치를 당하지 아니하리로다

1. 세우고 지키는 일에 여호와께서 함께 안 하시면 헛되다 함 (= 하나님의 주권적 사역)

1절= "여호와께서 집을 세우지 아니하시면 세우는 자의 수고가 헛되며 여호와께서 성을 지키지 아니하시면 파수꾼의 깨어 있음이 헛되도다"

2. 개인과 가정의 일에도 여호와께서 함께하셔야 함 (= 하나님의 도우심은 인간의 모든 능력을 초월함)

2절= "너희가 일찍이 일어나고 늦게 누우며 수고의 떡을 먹음이 헛되도다 그러므로 여호와께서 그의 사랑하시는 자에게는 잠을 주시는도다"

3. 자녀는 여호와의 기업이요 상급이라 함 (= 하나님은 사랑하시는 자에게 상급을 주심)

3절= "보라 자식들은 여호와의 기업이요 태의 열매는 그의 상급이로다"

◈◈◈

【대지 유형】 주제 설명형 - 본문 분석형 - 대지 진전형
【주제】 (적용) 세우고 지키는 인간의 모든 일에 하나님의 도움을 받는 자는 상급을 받는다.
【FCF】 많은 신앙인이 하나님의 능력보다 인간의 노력에 의존하는 경향을 보임.

【서론】 집= 사람이 사는 거처, 또는 여호와의 집. 성= 좁게는 예루살렘 성, 넓게는 이스라엘 나라를 의미. 우리 모두는 어떤 의미에서 세우는 자들이다. 인

간의 두 가지 활동: 집을 세우고(창조적) 성을 지키는 일(보존적). 가정, 교회, 자신의 삶, 이 사회 모두 우리가 세우는 것들이다. 시 127편은 세우고 지키는 일에 대한 하나님의 지혜를 보여준다.

【우산질문】 세우고 지키는 인간의 일에 가장 지혜로운 모습은 어떤 것인가?

【1대지】 본문의 강조점: in vain(헛되며, 허사로다, 헛되도다). 본문에는 두 가지 가능성만 언급한다= 여호와께서 함께하실 때 성공함, 그렇지 않으면 허사가 됨. 창세기의 바벨탑 사건은 하나님이 함께하지 않을 때의 실패를 극명하게 보여줌. 그러나 아브라함의 선택, 그리고 온 세상이 아브라함의 씨를 통해 복을 받게 되는 역사= 하나님의 주권적 사역을 강조. 세우고 지키는 일을 하나님이 직접 하신다.

【2대지】 도시 전체의 일뿐 아니라 개인의 일에도 가정의 일에도 하나님이 함께하셔야 한다. 하나님은 사랑하시는 그의 백성에게 잠을 주신다. 2절은 마치 오늘 우리에게 하시는 말씀 같다. 실제로 국가나 법의 보호보다 하나님의 도우심과 인도하심을 최우선적으로 신뢰해야 한다. 우린 좀 더 긴 안목으로 볼 필요가 있다. 우리의 수고가 하나님과 함께하는 것일 때 금상첨화다. 새 언약의 축복을 받는 우리에게 놀라운 축복이다. 요 15:5, "나는 포도나무요 너희는 가지니, 저가 내 안에 내가 저 안에 있으면 이 사람은 과실을 많이 맺나니…"

【3대지】 당대로 끝나는 신앙과 전승되는 신앙. 고대의 개념으로는 자녀는 하나님의 선물·상급·기업이다. 성문(=court)에서 변론할 때 훌륭한 자녀로 인해 이긴다. 우린 시인의 심정으로 돌아가야.

【결론】 하나님의 절대 주권의 개념이 여기 개입된다. 우리는 하나님께 철저히 순복해야 한다. 공든 탑이라도 하나님 없이 하려 할 때는 실패한다. 모든 성도에게 영적 자녀의 축복이 있기를… 특히 여러분의 '디모데'를 만들라. 가장 놀라운 축복 중 하나이다. 이 일에 헌신할 때 성령께서 도우신다.

- 절기, 용도, 장르, 특징:
- Key Word: 세운다, 지킨다.
- Remarks:

본문 : **시 130:1-8**
제목 : **여호와를 기다리는 성도 (Waiting for the LORD)**

1.여호와여 내가 깊은 곳에서 주께 부르짖었나이다 **2.**주여 내 소리를 들으시며 나의 부르짖는 소리에 귀를 기울이소서 **3.**여호와여 주께서 죄악을 지켜보실진대 주여 누가 서리이까 **4.**그러나 사유하심이 주께 있음은 주를 경외하게 하심이니이다 **5.**나 곧 내 영혼은 여호와를 기다리며 나는 주의 말씀을 바라는도다 **6.**파수꾼이 아침을 기다림보다 내 영혼이 주를 더 기다리나니 참으로 파수꾼이 아침을 기다림보다 더하도다 **7.**이스라엘아 여호와를 바랄지어다 여호와께서는 인자하심과 풍성한 속량이 있음이라 **8.**그가 이스라엘을 그의 모든 죄악에서 속량하시리로다

1. 깊은 데서 부르짖음 (= 깊이 있는 신앙)
1절= "여호와여 내가 깊은 데서 주께 부르짖었나이다"

2. 죄사함이 오직 주께 있음을 고백함 (= 진실한 회개)
3, 4절= "여호와여 주께서 죄악을 감찰하실진대 주여 누가 서리이까 그러나 사유하심이 주께 있음은 주를 경외케 하심이니이다"

3. 파수꾼이 아침을 기다림보다 더 주를 기다림 (= 파수꾼의 간절함과 인내)
6절= "파수꾼이 아침을 기다림보다 내 영혼이 주를 더 기다리나니 참으로 파수꾼의 아침을 기다림보다 더하도다"

◈◈◈

【대지 유형】 주제 증명형 - 본문 묶음형 - 대지 심화형
【주제】 (석의) 깊이 있는 믿음과 진실한 회개, 그리고 간절한 마음으로 주님을 기다리는 것이야말로 여호와를 기다리는 성도의 표지이다.
【FCF】 많은 신앙인이 주님의 재림 소식에 덤덤함.

【서론】 12월은 기다림의 계절. 세상 사람들은 성탄 휴일을 기다리고, 연말 송년회의 질펀한 밤을 기다린다. 그러나 우리 그리스도인들은 다시 오시는 예수 그리스도, 영광의 주님을 기다린다. 지금은 예수님의 오심을 기다리는 대강절기이다. 대강절은 2,000년 전 아기 예수로 오신 주님을 생각함과 동시에 재림하시는 메시아를 기다리는 의미가 있다. 예수 그리스도께서 다시 오실 것을 알고 기다리는 사람과 그렇지 못한 사람 사이의 차이 또한 엄청나게 크다.
【우산질문】 하나님 여호와를 기다리는 성도의 모습은 어떠한가?

【1대지】 '깊은 데'= 인생의 심연(深淵). 시인은 인생의 고난의 심연을 만나 언약에 신실하신 하나님께 부르짖어 기도했다고 고백한다. '깊은 데'란 불순종으로 인해 요나가 들어가야 했던 물고기 뱃속(욘 2:1) 같은 곳. 그곳은 죽음의 장소이고 절망의 장소. 하지만 그러한 장소에 이를 때 사람은 더욱 진실해지고 깊이 있는 사람으로 바뀐다. 깊은 데서 부르짖었다는 것은 시인의 깊이 있는 신앙을 보여주는 표현이다. 하나님을 기다리는 성도는 깊은 부르짖음이 있어야 한다. 깊이 있는 신앙이 아니고는 예수 그리스도와 진정한 교제를 가질 수 없다. 깊이 있는 신앙을 위해 하나님은 성도를 광야로 인도하신다. 우리에게 좀 더 깊이 있는 기도가 있어야 한다. 좀 더 깊이 있는 예배를 드려야 한다.

【2대지】 시인은 부르짖어 기도하면서도 자신의 문제 해결보다 먼저 죄악의 문제를 다룬다. "주께서 죄악을 감찰하실진대 주여 누가 서리이까?" 이것은 시인이 '깊은 데' 처하게 된 정황이 죄악으로 말미암은 것임을 암시하며, 동시에 그 죄를 깊이 절감하고 회개하였음을 보여준다. 여기 '죄악(아노오트)'은 복수명사를 사용했는데, 이것은 모든 사람이 하나님 앞에 도무지 설 수조차 없는 무수한 죄로 얼룩져 있음을 나타낸다. '사유하심이(핫쎌리하)'를 직역하면 '그 용서'이다. 죄에 대한 진실한 회개 없이는 오시는 주님을 맞이할 수 없다. 거룩하신 여호와 하나님을 내 마음에 모셔들이는 길은 하나님 앞에 진실한 회개자로 서는 것뿐이다.

【3대지】 하나님의 강림을 기다리는 시인은 이제 파수꾼의 비유를 통하여 더욱 절절한 심정을 묘사하고 있다. 본 절은 하나님을 사모하는 자, 하나님의 구원을 갈망하는 자의 심경을 반영하는 대표적인 구절로서 많은 사람의 입에 회자(膾炙)되는 아름다운 표현을 담고 있다. 파수꾼이 아침을 기다리는 것은 인간의 기다림 가운데 가장 길고 간절하면서, 극도의 피곤함 가운데 긴장을 늦출 수 없는 기다림이다. 파수꾼의 간절함과 인내, 아니 그보다 더 진한 감동과 소망의 기다림이 필요하다.

【결론】 대강절, 이 기간을 잘 준비하는 성도의 가정에는 육신을 입고 오신 초림 예수의 구원의 은혜가 임할 것이고, 재림 예수의 소망의 은혜가 충만해질 것이다.

- 절기, 용도, 장르, 특징: 대강절.
- Key Word: 파수꾼.
- Remarks:

본문 : **시 136:1-26**
제목 : **성도의 마땅한 감사**

1.여호와께 감사하라 그는 선하시며 그 인자하심이 영원함이로다 **2.**신들 중에 뛰어난 하나님께 감사하라 그 인자하심이 영원함이로다 **3.**주들 중에 뛰어난 주께 감사하라 그 인자하심이 영원함이로다 **4.**홀로 큰 기이한 일들을 행하시는 이에게 감사하라 그 인자하심이 영원함이로다 **5.**지혜로 하늘을 지으신 이에게 감사하라 그 인자하심이 영원함이로다 **6.**땅을 물 위에 펴신 이에게 감사하라 그 인자하심이 영원함이로다 **7.**큰 빛들을 지으신 이에게 감사하라 그 인자하심이 영원함이로다 **8.**해로 낮을 주관하게 하신 이에게 감사하라 그 인자하심이 영원함이로다 **9.**달과 별들로 밤을 주관하게 하신 이에게 감사하라 그 인자하심이 영원함이로다 **10.**애굽의 장자를 치신 이에게 감사하라 그 인자하심이 영원함이로다 **11.**이스라엘을 그들 중에서 인도하여 내신 이에게 감사하라 그 인자하심이 영원함이로다 **12.**강한 손과 펴신 팔로 인도하여 내신 이에게 감사하라 그 인자하심이 영원함이로다 **13.**홍해를 가르신 이에게 감사하라 그 인자하심이 영원함이로다 **14.**이스라엘을 그 가운데로 통과하게 하신 이에게 감사하라 그 인자하심이 영원함이로다 **15.**바로와 그의 군대를 홍해에 엎드러뜨리신 이에게 감사하라 그 인자하심이 영원함이로다 **16.**그의 백성을 인도하여 광야를 통과하게 하신 이에게 감사하라 그 인자하심이 영원함이로다 **17.**큰 왕들을 치신 이에게 감사하라 그 인자하심이 영원함이로다 **18.**유명한 왕들을 죽이신 이에게 감사하라 그 인자하심이 영원함이로다 **19.**아모리인의 왕 시혼을 죽이신 이에게 감사하라 그 인자하심이 영원함이로다 **20.**바산 왕 옥을 죽이신 이에게 감사하라 그 인자하심이 영원함이로다 **21.**그들의 땅을 기업으로 주신 이에게 감사하라 그 인자하심이 영원함이로다 **22.**곧 그 종 이스라엘에게 기업으로 주신 이에게 감사하라 그 인자하심이 영원함이로다 **23.**우리를 비천한 가운데에서도 기억해 주신 이에게 감사하라 그 인자하심이 영원함이로다 **24.**우리를 우리의 대적에게서 건지신 이에게 감사하라 그 인자하심이 영원함이로다 **25.**모든 육체에게 먹을 것을 주신 이에게 감사하라 그 인자하심이 영원함이로다 **26.**하늘의 하나님께 감사하라 그 인자하심이 영원함이로다

1. 여호와의 선하심과 인자하심이 영원함을 감사하라 함 (= 하나님 자신을 주심 감사)

1절= “여호와께 감사하라 그는 선하시며 그 인자하심이 영원함이로다”

2. 만물을 지으시고 우리에게 주신 것을 감사하라 함 (= 창조와 자연 주심 감사)

5절= “지혜로 하늘을 지으신 이에게 감사하라 그 인자하심이 영원함이로다”

3. 이스라엘을 애굽의 노예생활로부터 건져 내심을 감사하라 함 (= 구속과 영생을 주심 감사)

11절= “이스라엘을 그들 중에서 인도하여 내신 이에게 감사하라 그 인자하심이 영원함이로다”

◈◈◈

【대지 유형】 주제 설명형 - 본문 묶음형 - 대지 심화형

【주제】 (적용) 우리는 하나님께서 자신을 주시고 자연을 주시고 구원의 생명을 주심을 항상 감사해야 한다.

【FCF】 많은 신앙인이 마땅히 드려야 할 감사 생활에 부족함이 많음.

【서론】 감사는 사람의 사람된 품격을 말해주는 척도이다. 여러분은 하루에 몇 번이나 실제로 감사하면서 사는가? 하나님을 알고, 하나님의 섭리를 깨달은 사람은 감사치 않을 수 없다. 본문은 이스라엘이 하나님 앞에 모였을 때 드리는 찬양의 시이다. 아삽 자손인 지휘자가 각 구절의 전반부를 낭송하면 회중이 후렴구로 화답하는 아름다운 시이다.

【우산질문】 본문을 통하여 하나님 앞에 선 우리가 어떤 자세로 무엇을 어떻게 감사해야 하는지 살펴보자.

【1대지】 하나님은 우리에게 모든 것을 다 주셨다. 우주에서 외아들에 이르기까지. 이것은 곧 하나님 자신을 우리에게 주신 것과 같다. 하나님은 자신의 영원하고 변함 없으신 인자하심과 선하심을 우리에게 주셨다. 2-3절= 모든 신에 뛰어나신 능력, 4절= 홀로 큰 기사.

【2대지】 우리에게 주신 자연은 불평의 재료가 아니라 감사의 재료이다. 우리는 조금만 더워도 추워도 비가 와도 비가 안 와도 불평하기 쉽다. 이스라엘은 자연의 조화와 경이로움을 잘 알았기에 자연을 바라보며 감사의 파노라마를 펼치고 있다.

【3대지】 애굽의 장자를 치시고 홍해를 가르시고 홍해 사건, 광야 통과, 땅을 기업으로 주심 감사.

【결론】 한없는 은혜를 펼쳐주신 하나님께 끝없는 감사를 드리자.

- 절기, 용도, 장르, 특징: 감사절.
- Key Word: 감사.
- Remarks:

본문 : **시 139:1-24**
제목 : **하나님 사랑의 찬가 (What We Love about God)**

1.여호와여 주께서 나를 살펴 보셨으므로 나를 아시나이다 **2.**주께서 내가 앉고 일어섬을 아시고 멀
리서도 나의 생각을 밝히 아시오며 **3.**나의 모든 길과 내가 눕는 것을 살펴 보셨으므로 나의 모든 행
위를 익히 아시오니 **4.**여호와여 내 혀의 말을 알지 못하시는 것이 하나도 없으시니이다 **5.**주께서
나의 앞뒤를 둘러싸시고 내게 안수하셨나이다 **6.**이 지식이 내게 너무 기이하니 높아서 내가 능히 미
치지 못하나이다 **7.**내가 주의 영을 떠나 어디로 가며 주의 앞에서 어디로 피하리이까 **8.**내가 하늘
에 올라갈지라도 거기 계시며 스올에 내 자리를 펼지라도 거기 계시니이다 **9.**내가 새벽 날개를 치
며 바다 끝에 가서 거주할지라도 **10.**거기서도 주의 손이 나를 인도하시며 주의 오른손이 나를 붙드
시리이다 **11.**내가 혹시 말하기를 흑암이 반드시 나를 덮고 나를 두른 빛은 밤이 되리라 할지라도
12.주에게서는 흑암이 숨기지 못하며 밤이 낮과 같이 비추이나니 주에게는 흑암과 빛이 같음이니이
다 **13.**주께서 내 내장을 지으시며 나의 모태에서 나를 만드셨나이다 **14.**내가 주께 감사하옴은 나를
지으심이 심히 기묘하심이라 주께서 하시는 일이 기이함을 내 영혼이 잘 아나이다 **15.**내가 은밀한
데서 지음을 받고 땅의 깊은 곳에서 기이하게 지음을 받은 때에 나의 형체가 주의 앞에 숨겨지지 못
하였나이다 **16.**내 형질이 이루어지기 전에 주의 눈이 보셨으며 나를 위하여 정한 날이 하루도 되기
전에 주의 책에 다 기록이 되었나이다 **17.**하나님이여 주의 생각이 내게 어찌 그리 보배로우신지요
그 수가 어찌 그리 많은지요 **18.**내가 세려고 할지라도 그 수가 모래보다 많도소이다 내가 깰 때에도
여전히 주와 함께 있나이다 **19.**하나님이여 주께서 반드시 악인을 죽이시리이다 피 흘리기를 즐기는
자들아 나를 떠날지어다 **20.**그들이 주를 대하여 악하게 말하며 주의 원수들이 주의 이름으로 헛되
이 맹세하나이다 **21.**여호와여 내가 주를 미워하는 자들을 미워하지 아니하오며 주를 치러 일어나는
자들을 미워하지 아니하나이까 **22.**내가 그들을 심히 미워하니 그들은 나의 원수들이니이다 **23.**하
나님이여 나를 살피사 내 마음을 아시며 나를 시험하사 내 뜻을 아옵소서 **24.**내게 무슨 악한 행위가
있나 보시고 나를 영원한 길로 인도하소서

1. 여호와께서 나에 대해 모든 것을 아신다고 노래함 (= 주님의 지식의 경이로움)

1절= "여호와여 주께서 나를 살펴 보셨으므로 나를 아시나이다"
6절= "이 지식이 내게 너무 기이하니 높아서 내가 능히 미치지 못하나이다"

2. 여호와의 낯을 피해 숨을 곳이 없다고 노래함 (= 주님의 무소부재하심의 경이로움)

7절= "내가 주의 영을 떠나 어디로 가며 주의 앞에서 어디로 피하리이까"

3. 나를 지으심과 주께서 하시는 일이 기이하다고 노래함 (= 주님의 창조와 섭리의 경이로움)

14절= "내가 주께 감사하옴은 나를 지으심이 심히 기묘하심이라 주께서 하시는 일이 기이함을 내 영혼이 잘 아나이다"

4. 악인을 징벌하시는 주님을 찬양하며 이에 동참하리라고 고백함 (= 주님의 의로우심의 경이로움)

19절= "… 주께서 반드시 악인을 죽이시리이다 피 흘리기를 즐기는 자들아 나를 떠날지어다"

◈◈◈

【대지 유형】 주제 설명형 – 본문 묶음형 – 대지 연결형
【주제】 (석의) 시인은 하나님의 지식과 임재, 섭리와 공의의 경이로움을 노래한다.
【FCF】 하나님에 대한 경이로움의 찬양에 인색한 포스트모던 사회의 병적인 모습.

【서론】 현대사회는 커뮤니티 정신이 깨어지고 있다. 서로 간의 친교가 되려면 먼저 하나님과 가까워져야 한다. 본 시편은 성도가 하나님에 대해 어떤 면을 노래해야 하는가를 명확히 보여준다.
【우산질문】 본문을 통해 우리가 하나님에 대해 무엇을 사랑하는가를 깊이 살펴보자.

【1대지】 1-6절= 하나님은 우리의 의사요 가까운 친구가 되신다. 하나님은 우리의 모든 하는 일을 아신다. 하나님은 우리가 생각하는 것도 아신다. 그리고 주님은 우리를 세밀히 돌보신다.
【2대지】 7-12절= 우린 피할 길이 없다. 하나님은 어디나 계신다. 11절, 흑암까지도. 우리는 무소부재하신 하나님을 사랑한다.
【3대지】 13-18절= 이 주제는 성경 전체에 걸쳐 거듭거듭 강조되고 있다. 심히 기묘하신 하나님. 17-18절= 생각해보라, 매일 올려지는 기도와 응답 횟수, 성령의 인도 횟수.
【4대지】 19-24절= 시인은 돌연 주제를 바꾸어 하나님의 의로우심을 노래한다. 19절, 21절, 22절= 시인의 마음속에 불타는 열심! 23절= 스스로 하나님의 의로운 심판하에 자신을 맡긴다. 진정한 경배의 자세.
【결론】 그러므로 오직 하나님을 경배, 찬양, 그리고 헌신하자!

- 절기, 용도, 장르, 특징:
- Key Word: 찬양.
- Remarks:

본문 : **시 146:1-10**
제목 : **찬양의 태도와 방법**

1.할렐루야 내 영혼아 여호와를 찬양하라 **2.**나의 생전에 여호와를 찬양하며 나의 평생에 내 하나님
을 찬송하리로다 **3.**귀인들을 의지하지 말며 도울 힘이 없는 인생도 의지하지 말지니 **4.**그의 호흡이
끊어지면 흙으로 돌아가서 그 날에 그의 생각이 소멸하리로다 **5.**야곱의 하나님을 자기의 도움으로
삼으며 여호와 자기 하나님에게 자기의 소망을 두는 자는 복이 있도다 **6.**여호와는 천지와 바다와 그
중의 만물을 지으시며 영원히 진실함을 지키시며 **7.**억눌린 사람들을 위해 정의로 심판하시며 주린
자들에게 먹을 것을 주시는 이시로다 여호와께서는 갇힌 자들에게 자유를 주시는도다 **8.**여호와께서
맹인들의 눈을 여시며 여호와께서 비굴한 자들을 일으키시며 여호와께서 의인들을 사랑하시며 **9.**여
호와께서 나그네들을 보호하시며 고아와 과부를 붙드시고 악인들의 길은 굽게 하시는도다 **10.**시온
아 여호와는 영원히 다스리시고 네 하나님은 대대로 통치하시리로다 할렐루야

1. 영혼으로 찬양해야 함 (= 마음 깊은 곳에서 우러나오는 찬양)

1절= "할렐루야 내 영혼아 여호와를 찬양하라"

2. 평생에 하나님을 찬양해야 함 (= 살아 있는 동안 계속적인 찬양)

2절= "나의 생전에 여호와를 찬양하며 나의 평생에 내 하나님을 찬송하리로다"

3. 하나님이 행하신 일을 찬양해야 함 (= 하나님의 행적 찬양)

6절= "여호와는 천지와 바다와 그 중의 만물을 지으시며 영원히 진실함을 지키시며"

◈◈◈

【대지 유형】 주제 적용형 - 본문 묶음형 - 대지 연결형
【주제】 (석의) 성도는 하나님을 영혼으로 평생 동안 하나님의 행적을 찬양해야 한다.
【FCF】 많은 신앙인이 진실되고 지속적인 찬양에 미흡한 점이 많음.

【서론】 본 시편은 할렐루야 찬양시 중 하나이다. 동서양의 문화적인 차이 때문에 음악이나 건축, 예술의 표현 방법이 다를 수 있다. 그러나 하나님에 대한 찬양은 그 태도와 표현이 직선적이고 확실해야 한다. 찬양은 하나님께 대한

사랑과 신앙고백을 음악을 통해 표현하는 것이기 때문이다.
【우산질문】 본문을 통해 하나님을 찬양하는 태도와 방법을 살펴보자.

【1대지】 하나님을 찬양할 때는 반드시 영혼으로 찬양해야 한다. 인간의 마음 깊은 곳에서 우러나오는 체화된 감사의 찬양이어야 한다. 찬양은 세속적인 노래와 같지 않다. 세속적인 노래는 스스로의 흥을 돋우고 사람들의 마음을 즐겁게 하기 위해 부른다. 영혼으로 부르는 노래가 아니라 육신의 희락을 위해 부르는 노래이다. 그러나 찬양은 하나님께 대한 감사와 사랑과 신앙고백이 배어 나오는 영혼의 찬가이다. 진전한 찬양은 찬양이 마칠 때쯤이면 큰 감동이 있기 마련이다.
【2대지】 찬양은 우리가 살아 있는 동안 평생 계속되어야 하는 것이다. 시 145:1, "영원히 주의 이름을 송축하리이다." 찬양은 영혼의 맥박이다. 건강한 삶을 살아가려면 영혼의 맥박인 찬양을 멈추어서는 안 된다. 우리는 호흡이 끝날 때까지 하나님을 찬양하는 존재이다.
【3대지】 6-9절= 하나님이 행하신 일에 대한 찬양이다. 우리는 이유 없이 하나님을 찬양하는 것이 아니다. 하나님은 찬양받으실 만한 놀라운 일들을 행하셨다. 놀라운 구원의 역사와 광대한 행적.
【결론】 우리의 찬양은 그 태도와 방법이 매우 중요하다. 신령과 진정으로, 살아 있는 동안 영원히, 우리를 위해 베푼 놀라운 행적을 찬양하자.

- 절기, 용도, 장르, 특징:
- Key Word: 찬양.
- Remarks:

본문 : **시 149:1-5**

제목 : **하나님의 기쁨의 대상 (The Objects of the Divine Delight)**

1.할렐루야 새 노래로 여호와께 노래하며 성도의 모임 가운데에서 찬양할지어다 **2.**이스라엘은 자기를 지으신 이로 말미암아 즐거워하며 시온의 주민은 그들의 왕으로 말미암아 즐거워할지어다 **3.**춤추며 그의 이름을 찬양하며 소고와 수금으로 그를 찬양할지어다 **4.**여호와께서는 자기 백성을 기뻐하시며 겸손한 자를 구원으로 아름답게 하심이로다 **5.**성도들은 영광 중에 즐거워하며 그들의 침상에서 기쁨으로 노래할지어다

1. 여호와께서는 자기 백성을 기뻐하심 (= 교회 성도들은 하나님 기쁨의 대상)
4절= "여호와께서는 자기 백성을 기뻐하시며…"

2. 여호와께서는 겸손한 자를 구원으로 아름답게 하심 (= 교회 성도들의 모든 모습이 기쁨의 대상)
4절= "… 겸손한 자를 구원으로 아름답게 하심이로다"

3. 성도들은 회중 가운데나 침상에서 기쁨으로 노래해야 함 (= 공적·사적 자리에서 기쁨의 찬송을 올림)
5절= "성도들은 영광 중에 즐거워하며 그들의 침상에서 기쁨으로 노래할지어다"

◈◈◈

【대지 유형】 주제 설명형 - 본문 분석형 - 대지 혼재형(2+1)
【주제】 (적용) 하나님의 기쁨의 대상인 교회 성도는 공적·사적 자리에서 항상 기쁨의 찬송을 올려야 한다.
【FCF】 많은 신앙인이 기쁨을 잃어버린 상태로 신앙생활 하고 있음.

【서론】 우리 하나님은 자기 백성들과 언약을 체결하시고, 그 백성들을 기뻐하신다.
【우산질문】 본문에서 하나님의 기쁨의 대상은 어떤 사람인지 살펴보자.

【1대지】 하나님이 기뻐하시는 백성은 어떤 자들인가? 하나님의 백성들이다. 그들은 새 노래를 부르는 성도, 시온의 자민, 곧 언약의 백성이다. 언약의 백

성들은 곧 교회 성도들이다. 고후 5:17, "누구든지 그리스도 안에 있으면 새로운 피조물이라 이전 것은 지나갔으니 보라 새것이 되었도다." 세상의 절대다수는 하나님 없이 살고 있는데, 오직 주님의 은혜에 의해서만 변화되어진다. 주님은 이 변화된 자들을 바라보며 기뻐하신다. 이들은 여호와의 이름을 지닌 자들이고, 주님의 형상을 지닌 자들이다. 이런 성도를 보시고 주님은 기뻐하신다. 주님의 백성들은 주님의 영 곧 성령을 받은 사람들이다. 성령의 영향 = 성도가 하나님의 형상으로 점점 변화되게 하심= 점점 영광스럽게 됨. 참 성도라면 주님의 영광을 위하여 열심 내지 않을 수 없음. 주님은 이런 성도를 보시고 한없이 기뻐하신다.

【2대지】 하나님은 그들의 어떤 모습을 기뻐하시는가? 겸손한 모습을 포함하여 모든 모습을 기뻐하신다. 주님은 성도들의 영혼과 육체를 기뻐하신다. 성도들의 믿음과 변화된 성품을 기뻐하신다= 우리의 소망의 삶, 인내의 삶을 받으시고 기뻐하신다. 성도들의 희생적인 삶과 이웃사랑의 손길을 그리도 기뻐하신다. 언제 어디서나 어떤 환경하에서도 자기 백성을 기뻐하신다= 나이 많아 힘 없을 때도, 성도가 이 땅의 생을 마감할 때도. 시 116:15, "성도의 죽는 것을 여호와께서 귀중히 보시는도다." 이 하나님이 바로 우리의 하나님이시다.

【3대지】 그들은 하나님께 어떻게 응답해야 하는가? 모든 경우에 기쁨의 찬송을 올리는 것이 합당하다. 경건한 백성이라면 공적 모임에서든 은밀한 자리에서든 하나님께 감격의 찬송을 올리는 것이 마땅하다. 시인은 기쁨의 영으로 충만해야 한다. 여러분에게 물어보라. 나는 과연 주님의 백성인가? 그렇다면 내게 거룩한 기쁨과 거룩한 만족이 있어야 한다.

【결론】 우린 하나님의 기쁨의 대상임= 놀라운 소식이다. 그러므로 항상 하나님 영광을 위해 살아야 한다. 주님의 영광을 노래하는 일에 최선을 다해야 한다. 이 하나님은 영원토록 우리의 하나님이시다.

- 절기, 용도, 장르, 특징: 설 명절.
- Key Word: 기쁨, 자기 백성.
- Remarks:

본문 : **잠 22:1-6**
제목 : **마땅히 가르쳐야 할 교훈**

1.많은 재물보다 명예를 택할 것이요 은이나 금보다 은총을 더욱 택할 것이니라 **2.**가난한 자와 부한 자가 함께 살거니와 그 모두를 지으신 이는 여호와시니라 **3.**슬기로운 자는 재앙을 보면 숨어 피하여도 어리석은 자는 나가다가 해를 받느니라 **4.**겸손과 여호와를 경외함의 보상은 재물과 영광과 생명이니라 **5.**패역한 자의 길에는 가시와 올무가 있거니와 영혼을 지키는 자는 이를 멀리 하느니라 **6.**마땅히 행할 길을 아이에게 가르치라 그리하면 늙어도 그것을 떠나지 아니하리라

1. 재물보다 명예를 소중히 여기도록 해야 함 (= 하나님께 인정받음)
1절= "많은 재물보다 명예를 택할 것이요…"

2. 은금보다 은총을 소중히 여기도록 해야 함 (= 하나님께 사랑받음)
1절= "… 은이나 금보다 은총을 더욱 택할 것이니라"

3. 겸손히 여호와를 경외하게 해야 함 (= 겸손과 예배 신앙)
4절= "겸손과 여호와를 경외함의 보상은 재물과 영광과 생명이니라"

◈◈◈

【대지 유형】 주제 적용형 - 본문 분석형 - 대지 혼재형(2+1)
【주제】 (적용) 자녀에게 하나님의 인정과 사랑을 받는 것의 소중함을 가르치고 겸손히 예배하는 자가 되게 해야 한다.
【FCF】 많은 부모들의 자녀 교육의 방향이 세속적으로 치우쳐 있음.

【서론】 6절의 "가르치라"= 어머니가 유아에게 줄 음식을 꼭꼭 씹어 입에 넣어주는 것. 자녀 교육의 시기= 아이 때 가르쳐야 한다= 미개발, 약함, 선천적인 죄성 등을 생각할 때 중요한 포인트. 교회의 주일학교 교육이 필요한 이유이다. 성경에도 자녀 교육에 대한 교훈이 적지 않다.
【우산질문】 본문에서 말하는 자녀들에게 마땅히 가르쳐야 할 교훈들은 무엇인가?

【1대지】 참으로 중요한 것은 재물이 아니라 명예이다. 재물은 일시적인 것.

그러나 명예는 그 생명이 오래간다. 여기 명예라 함은 하나님과 사람에게 의롭다 인정받는 것. "짐승은 죽어서 가죽을 남기고 사람은 죽어서 이름을 남긴다." 어떻게 명예를? 좋은 친구, 좋은 스승, 좋은 책이 중요하다. 많은 사람들이 물질에 너무 집착하는 경향이 있다. 눅 10:20, "너희 이름이 하늘에 기록된 것으로 기뻐하라."

【2대지】 은금은 사람을 황홀케 한다. 그러나 위험하다(예: 황금 찾아 신대륙 남미를 찾은 스페인 사람들의 슬픈 역사). 은총은 사람들로부터, 하나님으로부터 사랑받는 마음이다. 특히 우리 신앙인들은 하나님으로부터 은총을 입어야 한다. 모든 것이 하나님의 것(시 24:1, "땅과 거기 충만한 것과 세계와 그 중에 거하는 자가 다 여호와의 것이로다")이다. 거기로부터 은총이 내려온다. 온 세상의 부귀영화가 다 여호와의 것이다. 그러므로 하나님으로부터 은총을 입은 사람은 모든 것을 가진 것이나 마찬가지이다. 이 은총의 귀중함을 자녀에게 가르쳐야 한다.

【3대지】 가르쳐야 할 것 중 가장 중요한 것은 겸손하게 여호와를 경외하게 하는 것이다. 솔로몬의 일천번제. 왕상 3장의 기록. 그는 하나님께 감사부터 했다. 여러분의 자녀들이 솔로몬처럼 하나님께 지혜를 구하는 마음을 갖도록 하라. 겸손의 최고봉은 예수 그리스도. 빌 2장의 그리스도의 마음을 본받도록 가르치라.

【결론】 많은 성도의 가정에서 자녀에게 신앙 교육보다 세상 교육에 더 관심을 치중하고 있는 작금의 현실. 우리는 명예의 소중함과 은총의 귀중함, 겸손과 여호와 경외를 가르쳐야 한다. 잠 10:1, "지혜로운 아들은 아비로 기쁘게 하거니와 미련한 아들은 어미의 근심이니라."

- 절기, 용도, 장르, 특징: 어린이 주일.
- Key Word: 자녀 교육.
- Remarks:

본문 : **전 1:2-3; 3:1; 12:13**
제목 : **전도자의 외침**

1:2.전도자가 이르되 헛되고 헛되며 헛되고 헛되니 모든 것이 헛되도다 **3.**해 아래에서 수고하는 모든 수고가 사람에게 무엇이 유익한가 …… **3:1.**범사에 기한이 있고 천하 만사가 다 때가 있나니 …… **12:13.**일의 결국을 다 들었으니 하나님을 경외하고 그의 명령들을 지킬지어다 이것이 모든 사람의 본분이니라

1. 해 아래 모든 것이 헛되다 함 (= 하나님 없는 삶의 공허함)
1:2-3= "전도자가 이르되 헛되고 헛되며 헛되고 헛되니 모든 것이 헛되도다 해 아래에서 수고하는 모든 수고가 사람에게 무엇이 유익한가"

2. 천하만사가 때가 있다 함 (= 기회 있을 때 최선을 다할 것)
3:1= "범사에 기한이 있고 천하만사가 다 때가 있나니"

3. 하나님을 경외하고 그의 명령들을 지키라 함 (= 사람의 본분을 지킬 것)
12:13= "일의 결국을 다 들었으니 하나님을 경외하고 그의 명령들을 지킬지어다 이것이 모든 사람의 본분이니라"

◈◈◈

【대지 유형】 주제 설명형 - 본문 수집형 - 대지 반전형
【주제】 (석의) 전도자는 헛된 세상에서 하나님 주시는 기회에 최선을 다하여 본분을 지켜야 한다고 외친다.
【FCF】 많은 교인들이 전도자의 피맺힌 외침에도 무덤덤한 생활을 하고 있음.

【서론】 솔로몬의 전도서는 주로 인생문제를 허심탄회하게 다루고 있다. 이것은 철학적인 이론이 아니라 솔로몬의 인생 체험에서 나온 뼈저린 이야기이다. 솔로몬은 최고의 부귀영화를 누렸고, 최상의 지혜를 가졌고, 가장 출세한 인물이다. "전도자가 가로되…"= 설교자, 코헬레트. 그가 뒤늦게 깨달은 진리를 선포하는 모습을 상상해 보라. 우리는 전도자의 외침에 귀를 기울여 보아야 한다.
【우산질문】 본문의 구절들에서 전도자가 외친 메시지를 살펴보자.

【1대지】 짧은 한 구절에 '헛되다'라는 단어가 5번이나 반복되고 있다. 하나님 없는 삶은 헛될 수밖에 없다. 인생의 모든 일이 바람과 같고, 그것을 붙잡는 것이 바람을 잡는 것과 같다고 한다. 하나님 떠난 인생은 모든 일들이 바람을 잡는 것과 같이 허무할 수밖에 없다. 모든 부귀영화를 경험해 본 사람의 입에서 '헛되다'라는 말이 전도서 전체에 무려 34번이나 나온다. 우리의 가치 있는 삶은 하나님 안에서 하나하나 새롭게 쌓아가는 삶이다.

【2대지】 전도자의 외침= 모든 것은 다 때가 있다는 말이 28회나 거듭된다. 모든 것은 주님의 계획대로 이루어져 간다. 그러므로 우리는 이 땅의 것에만 집착해서는 안 된다. 지금 여러분에게 어려움이 왔는가? 그렇다면 하나님을 찾으라. 기왕이면 일찌감치 하나님을 찾는 것이 좋다. 우리는 부지런히 선을 행해야 한다(11:5, 네 식물을 물 위에 던지라). 기회가 있을 때 최선을 다하라. 하나님을 찾는 기회를 놓치지 말라.

【3대지】 이 말씀은 전도서의 결론이다. 무엇이 인생의 사는 목적인가? 지혜의 왕 솔로몬은 사람이 왜 존재하는지, 무엇을 위해 존재하는지, 사람의 궁극적인 존재 이유가 무엇인지 다방면으로 연구하고 결론짓는다(12:13). 전도자는 사람의 본분이 무엇인가를 알아야 한다고 외치고 있다.

【결론】 전도자가 외치는 소리에 귀를 기울이자. 그리고 우리의 발길을 돌리자. 기다리고 계시는 주님의 품으로 돌아가자. 주님을 떠나서는 안식이 없다.

- 절기, 용도, 장르, 특징:
- Key Word: 헛되다.
- Remarks:

본문 : **전 3:1-13**
제목 : **때를 따라 사는 인생**

1.범사에 기한이 있고 천하 만사가 다 때가 있나니 **2.**날 때가 있고 죽을 때가 있으며 심을 때가 있고 심은 것을 뽑을 때가 있으며 **3.**죽일 때가 있고 치료할 때가 있으며 헐 때가 있고 세울 때가 있으며 **4.**울 때가 있고 웃을 때가 있으며 슬퍼할 때가 있고 춤출 때가 있으며 **5.**돌을 던져 버릴 때가 있고 돌을 거둘 때가 있으며 안을 때가 있고 안는 일을 멀리 할 때가 있으며 **6.**찾을 때가 있고 잃을 때가 있으며 지킬 때가 있고 버릴 때가 있으며 **7.**찢을 때가 있고 꿰맬 때가 있으며 잠잠할 때가 있고 말할 때가 있으며 **8.**사랑할 때가 있고 미워할 때가 있으며 전쟁할 때가 있고 평화할 때가 있느니라 **9.**일하는 자가 그의 수고로 말미암아 무슨 이익이 있으랴 **10.**하나님이 인생들에게 노고를 주사 애쓰게 하신 것을 내가 보았노라 **11.**하나님이 모든 것을 지으시되 때를 따라 아름답게 하셨고 또 사람들에게는 영원을 사모하는 마음을 주셨느니라 그러나 하나님이 하시는 일의 시종을 사람으로 측량할 수 없게 하셨도다 **12.**사람들이 사는 동안에 기뻐하며 선을 행하는 것보다 더 나은 것이 없는 줄을 내가 알았고 **13.**사람마다 먹고 마시는 것과 수고함으로 낙을 누리는 그것이 하나님의 선물인 줄도 또한 알았도다

1. 열심히 해야 할 때와 하지 말아야 할 때를 구분할 수 있어야 함 (= 때에 맞게 사는 지혜로운 삶)

1절= "범사에 기한이 있고 천하만사가 다 때가 있나니"

2. 하나님이 때를 따라 아름답게 모든 것을 지으신 것을 알아야 함 (= 때를 따라 아름답게 사는 삶)

11절= "하나님이 모든 것을 지으시되 때를 따라 아름답게 하셨고…"

3. 하나님이 사람들에게는 영원을 사모하는 마음을 주셨다는 것을 알아야 함 (= 영원하신 하나님을 경외하며 그의 나라를 바라보며 사는 삶)

11절= "… 사람들에게는 영원을 사모하는 마음을 주셨느니라"

◈◈◈

【대지 유형】 주제 적용형 - 본문 묶음형 - 대지 심화형
【주제】 (적용) 하나님의 피조물인 우리는 때에 맞게 때를 따라 아름답게 살며 영원한 나라를 소망하는 삶을 살아야 한다.
【FCF】 많은 인생이 어리석게도 하나님의 때를 구별 못 하고 허비하고 있음.

【서론】 새해= 하나님이 주신 선물. 선물을 주신 분의 뜻= 선물받는 자가 기뻐하며 행복해 하는 것. 본문에는 “모든 일에는 때가 있다.” 범사에 기한이 있다. 천하만사가 다 때가 있다. 그리고 11절에 “하나님이 하시는 일의 시종을 사람으로 측량할 수 없게 하셨도다.”

【우산질문】 이런 인생을 생각할 때 우리가 가져야 할 삶의 자세는 어떠해야 하나?

시가서

【1대지】 1절-8절까지 때에 관해 무려 28가지로 묘사. 크게 보아서 “할 때”와 “하지 말아야 할 때”로 구분할 수 있다. 요셉의 성공을 보라. 신앙생활 잘하는 비결이 여기에 있다. 여러분은 지금 열심히 해야 할 일이 무엇인가? 그리고 하지 말아야 할 일이 무엇인가?

【2대지】 겨울엔 눈이 오는 것이 아름답고 어린 아이는 뛰어다녀야 아름답다. 젊을 때는 열심히 일하는 것이 아름답고, 성도의 아름다움은 서로 사랑하고 격려하며 감싸주는 데서 나타난다. 늘 말씀 앞에 자신을 내려놓고, 늘 무릎 꿇고 기도하는 모습….

【3대지】 전도서 3장은 십계명 1계명을 주제로 한 가르침이다(마틴 루터). 영원을 사모하는 마음을 주신 하나님. 이 마음으로 하나님을 경외하는 자야말로 행복한 자이다.

【결론】 오늘의 때에 하나님을 경외하며 하나님 나라를 소망하는 성도가 되자.

- 절기, 용도, 장르, 특징: 신년.
- Key Word: 때.
- Remarks:

본문 : **아 2:3-7**
제목 : **술람미의 연정(戀情) 고백 (Faint with Love)**

3.남자들 중에 나의 사랑하는 자는 수풀 가운데 사과나무 같구나 내가 그 그늘에 앉아서 심히 기뻐하였고 그 열매는 내 입에 달았도다 **4.**그가 나를 인도하여 잔칫집에 들어갔으니 그 사랑은 내 위에 깃발이로구나 **5.**너희는 건포도로 내 힘을 돕고 사과로 나를 시원하게 하라 내가 사랑하므로 병이 생겼음이라 **6.**그가 왼팔로 내 머리를 고이고 오른팔로 나를 안는구나 **7.**예루살렘 딸들아 내가 노루와 들사슴을 두고 너희에게 부탁한다 내 사랑이 원하기 전에는 흔들지 말고 깨우지 말지니라

1. 솔로몬은 남자들 중 사과나무 같음 (= 우주에 뛰어나신 예수)
3절= "남자들 중에 나의 사랑하는 자는 수풀 가운데 사과나무 같구나…"

2. 술람미는 그 그늘에 앉아서 기뻐하였음 (= 예수 안에 있는 안식과 기쁨)
3절= "… 내가 그 그늘에 앉아서 심히 기뻐하였고…"

3. 그 실과는 술람미의 입에 달았음 (= 말씀에 심취)
3절= "… 그 열매는 내 입에 달았도다"

4. 신랑이 신부를 잔칫집에 인도함 (= 교회로 인도)
4절= "그가 나를 인도하여 잔칫집에 들어갔으니…"

5. 건포도와 사과로 시원케 되기를 원함 (= 은혜 사모)
5절= "너희는 건포도로 내 힘을 돕고 사과로 나를 시원케 하라…"

6. 신랑을 사랑함으로 병이 났음 (= 주님만을 사랑)
5절= "… 내가 사랑하므로 병이 생겼음이라"

7. 신랑이 두 손으로 신부를 안음 (= 예수님의 성도 보호)
6절= "그가 왼팔로 내 머리를 고이고 오른팔로 나를 안는구나"

◈◈◈

【대지 유형】 주제 설명형 - 본문 분석형 - 대지 연결형
【주제】 (적용) 성도는 예수님의 말씀에 심취하여 교회로 인도받고 주님을 사랑함으로 주님의 보호를 받는다.
【FCF】 많은 신앙인이 예수님을 사랑하는 정도가 미미함.

【서론】 아가서(雅歌書)= '쉬르 쉬림(노래들 중의 노래, Song of Songs)'. 아가서에 절절히 묘사되고 있는 남·녀 간의 뜨거운 사랑은 사실은 예수님과 성도 간의 사랑의 관계를 상징적으로 표현한 것이다.
【우산질문】 술람미 여인의 고백을 통하여 주님의 은혜를 보다 깊이 나누자.

【1대지】 '남자들'= 세상의 많은 사람들. '사과나무'= 모든 과수 중에 왕이라고 할 만한 나무. 예수님은 성도에게 감추인 보화요 값진 진주. 이 세상 그 누구와도 비교되지 않는 귀중한 분.
【2대지】 '그늘에 앉아서'= 예수님 안에 있음. 예수님 안에서 누리는 기쁨은 세상의 그 어떤 것보다 크고 넓다.
【3대지】 주님을 연모하는 성도에게는 주님의 말씀이 꿀송이처럼 달 수밖에 없다. 성도 여러분의 입술에서 주님의 말씀이 달고 오묘함을 노래하는 체험의 찬송이 끊이지 않기를 바란다.
【4대지】 성도들은 축하객이나 구경꾼이 아니다. 혼인잔치의 주인공으로, 당당한 신부로서 어린양의 혼인잔치에 인도되는 것이다.
【5대지】 '건포도 떡'= 당분이 많아 길가는 나그네들에게 힘을 돕는 데 유용한 것. 힘이 들 때 우리에게 힘을 주는 은혜를 사모하자.
【6대지】 술람미 여인의 연정이 병이 날 정도로 뜨거웠던 것같이 성도의 주님 사랑은 '예수님에게 미쳤다'는 소리를 들을 정도가 되어야 한다. 세상의 어떤 것보다도 예수님 제일주의로 살자.
【7대지】 예수 그리스도는 자신의 몸된 교회와 교회 성도들을 철저히 보호하시는 분이다. 예수님 품에 안기기를 원하는가? 그렇다면 지금 주 안에서 살아야 한다.
【결론】 여러분 주님을 너무 사랑한 나머지 병들기까지 해 본 경험이 있나? 술람미 여인은 신랑을 만나자마자 '이제는 절대로 놓지 않겠다.'고 마음을 굳게 다짐했다. 성도는 주님의 손을 꼭 붙들고 어느 한순간에도 놓아서는 안 된다.

- 절기, 용도, 장르, 특징: 상징주의 해석.
- Key Word: 술람미.
- Remarks:

본문 : **아 2:10-14**
제목 : **솔로몬의 초대 (The Invitation of Solomon)**

10.나의 사랑하는 자가 내게 말하여 이르기를 나의 사랑, 내 어여쁜 자야 일어나서 함께 가자 **11.**겨
울도 지나고 비도 그쳤고 **12.**지면에는 꽃이 피고 새가 노래할 때가 이르렀는데 비둘기의 소리가 우
리 땅에 들리는구나 **13.**무화과나무에는 푸른 열매가 익었고 포도나무는 꽃을 피워 향기를 토하는구
나 나의 사랑, 나의 어여쁜 자야 일어나서 함께 가자 **14.**바위 틈 낭떠러지 은밀한 곳에 있는 나의 비
둘기야 내가 네 얼굴을 보게 하라 네 소리를 듣게 하라 네 소리는 부드럽고 네 얼굴은 아름답구나

1. 일어나 함께 가자 함 (= 주님의 초청에 결단과 순종 필요)

10절= "나의 사랑하는 자가 내게 말하여 이르기를 나의 사랑, 나의 어여쁜 자야 일어나서 함께 가자"

2. 겨울도 지나고 비도 그쳤으니 함께 가자 함 (= 환란의 때 지났음)

11절= "겨울도 지나고 비도 그쳤고"

3. 온 동산에 봄 내음이 가득하니 함께 가자 함 (= 재림의 때 임박함)

12절= "지면에는 꽃이 피고 새가 노래할 때가 이르렀는데 비둘기의 소리가 우리 땅에 들리는구나"

4. 신부의 아름다운 얼굴을 보고 싶어 함 (= 성도의 행실)

14절= "바위 틈 낭떠러지 은밀한 곳에 있는 나의 비둘기야 내가 네 얼굴을 보게 하라 네 소리를 듣게 하라 네 소리는 부드럽고 네 얼굴은 아름답구나"

5. 신부의 부드러운 음성을 듣고 싶어 함 (= 성도의 아름다운 소리)

14절= "… 네 소리를 듣게 하라 네 소리는 부드럽고…"

◈◈◈

【대지 유형】 주제 설명형 - 본문 분석형 - 대지 연결형
【주제】 (적용) 함께 가자고 초청하시는 주님은 성도의 아름다운 행실을 보고 싶어 하시고 성도의 아름다운 소리를 듣고 싶어 하신다.
【FCF】 많은 신앙인이 자신의 행실과 봉사를 주님께 내보일 자신감이 부족함.

【서론】 본문은 구약 성경 가운데서도 가장 아름다운 노래 중 하나로 꼽힌다. 솔로몬은 사랑하는 여인이 자신의 초대에 응할 것을 간절한 심정으로 호소하고 있다. 말씀을 통하여 우리 주님 예수께서 교회의 성도들을 얼마나 사랑하고 계시는지 느껴보자.
【우산질문】 성도들을 구원의 세계로 초대하시는 예수님의 애정어린 음성을 영의 귀로 듣고 그 사랑에 응답하자.

【1대지】 주님의 사랑을 받는 성도라면 마땅히 순종하여 따라나서야 한다. 주님의 초청에는 오직 결단과 순종이 있을 뿐이다.
【2대지】 우기는 10월에 시작하여 다음 해 4월까지 이어진다. "겨울도 지나고 비도 그쳤다"= '늦은 비가 내리는 4월이 지나고, 꽃이 피고 초목이 자라는 봄이 왔다'= 즉, 시험의 때, 환란의 때가 지나고 새로운 날이 왔으니 복음을 가지고 함께 가자는 초대의 말씀이다.
【3대지】 술람미 여인과 자신의 사랑도 아름답게 꽃 피우게 하실 것이라는 솔로몬의 소망이 담긴 노래이다.
【4대지】 '바위틈'= 피난처이신 예수님을 상징. '비둘기'= 영적으로 순결한 성도. '얼굴'= 인격을 대표하는 것으로 성도의 행실을 가리키는 것.
【5대지】 성도가 발하는 소리는 모두 아름답고 부드러운 소리여야 한다. 감사하는 소리가 아름다운 소리이다. 남을 칭찬하고 세워주는 소리, 함께 모여 합심 기도하는 소리, 전도하는 소리.
【결론】 먼저는 우리 자신이 주님의 초대를 재확인하고, 주님 앞에 우리의 믿음과 행실과 봉사를 보여드려야겠다.

- 절기, 용도, 장르, 특징: 상징주의 해석.
- Key Word: 술람미, 초대.
- Remarks:

본문 : **아 3:1-4**
제목 : **술람미 여인의 솔로몬 사랑**

1.내가 밤에 침상에서 마음으로 사랑하는 자를 찾았노라 찾아도 찾아내지 못하였노라 **2.**이에 내가 일어나서 성 안을 돌아다니며 마음에 사랑하는 자를 거리에서나 큰 길에서나 찾으리라 하고 찾으나 만나지 못하였노라 **3.**성 안을 순찰하는 자들을 만나서 묻기를 내 마음으로 사랑하는 자를 너희가 보았느냐 하고 **4.**그들을 지나치자마자 마음에 사랑하는 자를 만나서 그를 붙잡고 내 어머니 집으로, 나를 잉태한 이의 방으로 가기까지 놓지 아니하였노라

1. 사랑하는 자를 간절히 찾아 헤맴 (=사모하는 사랑, Love in Deep Detachment)

1절= "내가 밤에… 마음으로 사랑하는 자를 찾았노라"
2절= "… 거리에서나 큰 길에서나 찾으리라 하고…"
3절= "성 안을 순찰하는 자들을 만나서 묻기를 내 마음으로 사랑하는 자를 너희가 보았느냐 하고"

2. 사랑하는 자를 붙잡음 (=소유하는 사랑, Love in Posession)

4절= "… 사랑하는 자를 만나서 그를 붙잡고… 놓지 아니하였노라"

3. 사랑하는 자를 어머니 집으로 모셔감 (=친교를 누리는 사랑, Love in Fellowship)

4절= "… 그를 붙잡고 내 어머니 집으로, 나를 잉태한 이의 방으로 가기까지 놓지 아니하였노라"

◈◈◈

【대지 유형】 주제 설명형 - 본문 분석형 - 대지 진전형
【주제】 (석의) 술람미 여인의 사랑은 사모하는 사랑, 소유하는 사랑, 그리고 친교를 누리는 사랑이다.
【FCF】 많은 신앙인이 예수님 사랑의 수준에서 낙제점을 면하지 못하고 있음.

【서론】 아가서는 솔로몬과 술람미 여인과의 사랑 이야기이다. 솔로몬= 예수 그리스도. 술람미 여인= 교회, 성도. 아가서는 예수님과 성도, 주님과 교회 간의 사랑 이야기다. 본문은 왕을 찾아 결국 만나는 술람미 여인의 꿈 이야기다. 노래 속에 여인의 간절한 사랑이 배여 있다.
【우산질문】 솔로몬 왕을 사모하는 술람미 여인의 모습은 어떠한가? 그의 사

랑은 어떤 사랑인가?

【1대지】 성도가 주님을 간절히 찾을 때 주님도 그 모습에 감동하신다(렘 29:13). 사모하는 모습에도 수준의 차이가 있다(침상에서 찾고, 큰길에서 찾고, 순찰하는 자를 만나 묻고…) '성 안'은 예루살렘을 말하는데, 나아가 교회를 의미한다. '거리, 큰길'은 일반대중을 가리킨다. 순찰하는 자를 만나 묻는 수준은 성도가 주의 종을 만나야 함을 보인다. 그러므로 주의 종의 안내가 필요하다.

【2대지】 한번 만난 주님을 붙잡고 놓지 않는 사랑이어야 한다. 이 사랑은 다른 모든 것을 포기하고 주님만을 소유하는 사랑이다. 적극적인 믿음이 중요하다. 끝까지 승리한 성도들을 보라. 욥-다윗-엘리사-바울 등등.

【3대지】 내 어머니 집= 은혜받았던 교회. 교회의 공예배는 연인과 친교의 사랑을 나누는 것과 같다. 주님을 배척해서는 안 된다. 졸고 있는 심령, 두 상전을 섬기는 마음, 경건치 못한 마음, 즐거이 봉헌하지 못하는 마음은 주님이 거하시기 불편한 마음이다.

【결론】 참으로 아름다운 사랑의 노래! 사랑하는 자를 찾아 헤매는 모습은 참으로 아름답다. 그리스도인의 길은 순탄한 것만은 아니다. 그러나 성도가 낙심 않는 이유는 주님이 함께 계시기 때문이다. 당신의 사랑은 어떤 사랑인가?

- 절기, 용도, 장르, 특징: 상징주의 해석.
- Key Word: 사랑.
- Remarks:

본문 : **아 6:10**

제목 : **영광스러운 교회**

10. 아침 빛 같이 뚜렷하고 달 같이 아름답고 해 같이 맑고 깃발을 세운 군대 같이 당당한 여자가 누구인가

1. 아침 빛 같이 뚜렷해야 함 (= 세상의 빛 역할)

10절= "아침 빛 같이 뚜렷하고…"

2. 달 같이 아름다워야 함 (= 그리스도의 빛 반사)

10절= "… 달 같이 아름답고…"

3. 해 같이 맑아야 함 (= 성령의 뜨거운 불, 열정))

10절= "… 해 같이 맑고…"

4. 깃발을 세운 군대 같이 당당해야 함 (= 그리스도의 정병)

10절= "… 깃발을 세운 군대 같이 당당한 여자가 누구인가"

◈◈◈

【대지 유형】 적용형 - 본문 분석형 - 대지 병렬형
【주제】 (적용) 교회는 세상의 빛으로서 열정을 가진 그리스도의 정병이 되어야 한다.
【FCF】 현대 교회는 세상의 빛이 되기는커녕 조롱거리가 되고 있음.

【서론】 아가서 소개= 아가서는 솔로몬과 술람미 여인과의 사랑 이야기이다. 솔로몬= 예수 그리스도. 술람미 여인= 교회 또는 성도. 아가서는 예수님과 성도, 주님과 교회 간의 사랑 이야기다. 성경 여기저기서 그리스도와 교회의 관계를 신랑과 신부의 관계로 묘사하고 있다. (예: 마 25장의 열 처녀 비유, 엡 5장의 남편과 아내, 계 22:17, 성령과 신부.) 아가서는 그리스도와 교회의 거룩하고 신비한 애정의 노래이다. 10절에서 장차 나타날 영광스런 신약교회를 비유하여 외치시던 주님의 음성을 듣는다.

【우산질문】 본문이 상징적으로 표현하고 있는 영광스런 교회의 모습은 어떠한가?

【1대지】 교회는 아침 빛같이 차원 높게 뚜렷해야 한다. 아침 빛은 어두움의 세력을 물리치고 희망과 기쁨을 준다. 나약하고 피곤하고 잠자던 상태에서 활발한 모습으로. 신선한 기상, 선한 행실, 이 빛의 강한 의욕= "암흑천지를 모두 밝게 만들겠다!" 마 5:14, "너희는 세상의 빛이라"= 교회적으로나 성도 개개인의 선한 행실로 빛의 역할을 감당하자.
【2대지】 예로부터 달은 아름다운 것. 화용월태란 말이 있다. 달은 태양의 빛을 받는다. 우리 교회는 영계의 명월이 되어야! 그리스도의 신부인 교회가 달처럼 아름다우려면= 의의 태양이신 그리스도를 세상에 어두운 세상에 보여주는 것. 세상은 어두워도 달은 태양 빛을 받는다. 이것이 우리의 할 일이다.
【3대지】 교회는 태양처럼 뜨거워야 한다. 태양은 지구 크기의 30만 배. 밝기는 만월의 50만 배. 심하게 뜨거움, 표면은 6,000도, 내부는 25,000도. 교회는 성령의 뜨거운 불로 용광로처럼 교회로 들어오는 사람들을 녹여버려야! 만일 교회가 뜨거움을 잃어버린다면… (말씀, 기도, 전도, 봉사) 열심을 품고 주를 섬기자.
【4대지】 우리 교회는 그리스도의 정병이 되어 있는가? 신령한 무장이 필요하다. 교회는 나약한 무리들의 모임이 아니라 용사들의 모임이다. 초대교회의 전투력을 보라. 소수의 사람들이 아무 것도 가진 것 없이 300년 동안 세계 최강의 로마 세력과 싸웠다. 엡 6장의 영적 전투에서 제시된 하나님의 전신갑주를 입자. 내적으로는 우리의 정욕과 싸우고, 외적으로는 교회를 향해 공격해 오는 사탄의 세력들과 용감히 싸우자.
【결론】 우리 교회는 본문의 술람미 여인처럼 아름다운 교회인가?

- 절기, 용도, 장르, 특징: 교회설립기념주일, 상징주의 해석.
- Key Word: 교회.
- Remarks:

본문 : **사 1:1-9**

제목 : **짐승보다 못한 인간**

1.유다 왕 웃시야와 요담과 아하스와 히스기야 시대에 아모스의 아들 이사야가 유다와 예루살렘에
관하여 본 계시라 **2.**하늘이여 들으라 땅이여 귀를 기울이라 여호와께서 말씀하시기를 내가 자식을
양육하였거늘 그들이 나를 거역하였도다 **3.**소는 그 임자를 알고 나귀는 그 주인의 구유를 알건마는
이스라엘은 알지 못하고 나의 백성은 깨닫지 못하는도다 하셨도다 **4.**슬프다 범죄한 나라요 허물 진
백성이요 행악의 종자요 행위가 부패한 자식이로다 그들이 여호와를 버리며 이스라엘의 거룩하신
이를 만홀히 여겨 멀리하고 물러갔도다 **5.**너희가 어찌하여 매를 더 맞으려고 패역을 거듭하느냐 온
머리는 병들었고 온 마음은 피곤하였으며 **6.**발바닥에서 머리까지 성한 곳이 없이 상한 것과 터진 것
과 새로 맞은 흔적뿐이거늘 그것을 짜며 싸매며 기름으로 부드럽게 함을 받지 못하였도다 **7.**너희의
땅은 황폐하였고 너희의 성읍들은 불에 탔고 너희의 토지는 너희 목전에서 이방인에게 삼켜졌으며
이방인에게 파괴됨 같이 황폐하였고 **8.**딸 시온은 포도원의 망대 같이, 참외밭의 원두막 같이, 에워
싸인 성읍 같이 겨우 남았도다 **9.**만군의 여호와께서 우리를 위하여 생존자를 조금 남겨 두지 아니하
셨더면 우리가 소돔 같고 고모라 같았으리로다

1. 짐승도 주인을 알건마는 이스라엘은 알지 못한다 함 (= 하나님이 주인임을 깨닫지 못하는 인간)

3절= "소는 그 임자를 알고 나귀는 그 주인의 구유를 알건마는 이스라엘은 알지 못하고 나의 백성은 깨닫지 못하는도다 하셨도다"

2. 이스라엘은 자신을 양육하신 하나님을 거역하였음 (= 은혜를 배신하는 인간)

2절= "여호와께서 말씀하시기를 내가 자식을 양육하였거늘 그들이 나를 거역하였도다"

3. 이스라엘은 매를 더 맞으려고 패역을 거듭한다고 책망하심 (= 얻어맞아도 깨닫지 못하는 인간)

5-6절= "너희가 어찌하여 매를 더 맞으려고 패역을 거듭하느냐 온 머리는 병들었고 온 마음은 피곤하였으며 발바닥에서 머리까지 성한 곳이 없이 상한 것과 터진 것과 새로 맞은 흔적뿐이거늘 그것을 짜며 싸매며 기름으로 부드럽게 함을 받지 못하였도다"

◈◈◈

【대지 유형】 주제 설명형 - 본문 수집형 - 대지 연결형
【주제】 (적용) 성경이 말하는 짐승 같은 인간이란 하나님의 은혜를 모르고 감사치 않으며 얻어맞아도 깨닫지 못하는 자들을 가리킨다.
【FCF】 많은 신앙인들이 고난을 당하면서도 깨닫지 못하고 있음.

【서론】 사람과 짐승은 비교 대상이 아니다. 인간이 짐승보다 귀한 것은 영혼이 있기 때문이다. 그런데 사람이 짐승보다 못하다 한다면 이것은 인간에 대한 모독적인 발언이라 할 수 있다. 하지만 실제로 짐승보다 못한 인간들이 얼마나 많은가!
【우산질문】 본문에서 우리는 선지자 이사야의 탄식 속에서 하나님 형상을 가진 인간이 짐승보다 못하다는 것이 무슨 의미인지 살펴보자.

【1대지】 하나님은 우리의 주인이시다. 짐승들도 주인의 음성을 알고 순종한다. 주인이신 하나님을 알지 못하는 자들은 지능 미달자. 어찌 창조주를 알지 못하는가?
【2대지】 4절. 본래 짐승은 감사를 모른다. 짐승은 주인을 위해 새끼와 알을 낳고, 짐을 나르고 일을 한다. 인간은 누구를 위해 살고 있는가? 우리의 사는 목적은 우리 자신을 위한 것이 아니라 감사의 보답을 위한 삶이 되어야 한다.
【3대지】 짐승도 채찍의 아픔을 안다. 인간만큼 미련한 동물도 없다. 하나님의 채찍의 아픔을 느낄 줄 아는 자가 하나님께로 돌아와 치료를 받을 수 있다. 당신은 목이 곧은 백성이 아닌가?
【결론】 영혼을 부정하고 내세를 부정하는 사람은 짐승보다 가치 없는 사람이다. 하나님의 오래 참으심을 감사하자. 우리 주님이 육신을 입고 오셨다. 그 육체로 고난 받으시고 피 흘리셨다. 우리의 가치를 깨닫자.

- 절기, 용도, 장르, 특징:
- Key Word: 짐승보다 못한 인간.
- Remarks:

본문 : **사 1:10-17**

제목 : **소돔 백성에게 주시는 권면**

10.너희 소돔의 관원들아 여호와의 말씀을 들을지어다 너희 고모라의 백성아 우리 하나님의 법에 귀
를 기울일지어다 **11.**여호와께서 말씀하시되 너희의 무수한 제물이 내게 무엇이 유익하뇨 나는 숫양
의 번제와 살진 짐승의 기름에 배불렀고 나는 수송아지나 어린 양이나 숫염소의 피를 기뻐하지 아니
하노라 **12.**너희가 내 앞에 보이러 오니 이것을 누가 너희에게 요구하였느냐 내 마당만 밟을 뿐이니
라 **13.**헛된 제물을 다시 가져오지 말라 분향은 내가 가증히 여기는 바요 월삭과 안식일과 대회로 모
이는 것도 그러하니 성회와 아울러 악을 행하는 것을 내가 견디지 못하겠노라 **14.**내 마음이 너희의
월삭과 정한 절기를 싫어하나니 그것이 내게 무거운 짐이라 내가 지기에 곤비하였느니라 **15.**너희가
손을 펼 때에 내가 내 눈을 너희에게서 가리고 너희가 많이 기도할지라도 내가 듣지 아니하리니 이는
너희의 손에 피가 가득함이라 **16.**너희는 스스로 씻으며 스스로 깨끗하게 하여 내 목전에서 너희 악
한 행실을 버리며 행악을 그치고 **17.**선행을 배우며 정의를 구하며 학대 받는 자를 도와 주며 고아를
위하여 신원하며 과부를 위하여 변호하라 하셨느니라

1. 악행하는 자들의 예배를 못 견디겠다 하심 (= 진정한 예배 원리, 예배자의 삶)

13절= “성회와 아울러 악을 행하는 것을 내가 견디지 못하겠노라”

2. 손에 피가 가득한 자들의 기도를 듣지 않겠다 하심 (= 기도 응답의 원리, 기도자의 삶)

15절= “너희가 손을 펼 때에 내가 내 눈을 너희에게서 가리고 너희가 많이 기도할지라도 내가 듣지 아니하리니 이는 너희의 손에 피가 가득함이라”

3. 행악을 그치고 선행을 배우라고 하심 (= 우리 삶의 완전한 개혁)

16절= “너희는 스스로 씻으며 스스로 깨끗하게 하여 내 목전에서 너희 악한 행실을 버리며 행악을 그치고”

17절= “선행을 배우며 정의를 구하며 학대받는 자를 도와주며 고아를 위하여 신원하며 과부를 위하여 변호하라 하셨느니라”

◆◆◆

【대지 유형】 주제 설명형 - 본문 묶음형 - 대지 혼재형(2+1)

【주제】 (적용) 예배와 기도의 응답은 완전한 삶의 개혁으로부터 온다.

【FCF】 종교행위를 통하여 오히려 하나님을 괴롭히는 현대 교인들의 모습.

【서론】 이사야 시대의 백성들은 소돔 백성 같았음. 선지자 이사야는 웃시야, 요담, 아하스, 히스기야 시대에 60년간 예언 활동. 므낫세 치하에서 순교함. 이사야서= 제5복음서. 심판의 메시지(1-39장)와 소망과 위로의 메시지(40-66장)로 구성됨. 본문은 책망과 경고의 메시지.
【우산질문】 하나님은 소돔백성 같이 손에 피가 가득한 교인들에게 어떤 권면의 말씀을 주시는가?

【1대지】 예배를 받으시는 하나님은 예배자의 외식하는 모습을 참지 못하신다. 성회+악행= 어이없는 조합. 예배에 대한 강한 말씀. 이것은 예배행위를 공격하는 것이 아니라 예배와 동시에 악한 길에 있는 자들을 책망하심. 여기 강조점은 교회의 종교적인 행위의 많고 적음이 아니라 예배자의 신실성에 초점이 있다. 마당만 밟고 있는 자(12절). 하나님의 탄식("내가 지기에 곤비하였다"). 매우 강한 표현이다.
【2대지】 하나님의 분노를 생생하게 표현(15절). "내 눈을 가리고, 내 귀를 가리겠다." 본문은 우리에게 질문한다: 왜 교회로 모여야 하는가? 습관 때문에? 설교 들으러? 아니다. 하나님께 경배드리기 위하여! 그런데 주님은 우리 예배에 싫증이 나셨다! 마 23:23-26. 오늘도 하나님은 동일한 모습, 동일한 평가기준으로 우리의 예배에 찾아오신다.
【3대지】 주님의 권고와 명령에 귀 기울이자. 악한 행동을 버리라. 그리고 선행을 배우고 공의를 구하라. 주님은 우리의 삶의 완전한 개혁을 요구하심= 우리 힘으로는 불가능하나 오직 은혜로 가능. 하나님의 용서와 성령의 충만으로.
【결론】 그리스도의 모범은 우리 의의 기초이다. 그의 희생은 우리 죄 해결. 그리스도의 영의 내주는 끊임없는 성화를 가능케 함. 당신은 마당만 밟고 있는 자 아닌가? 성령은 우리의 일상 생활에서 그의 의를 실천하는 힘을 주신다. 그러므로 그리스도의 십자가 앞에 자신을 내맡겨야.

- 절기, 용도, 장르, 특징: 예배론.
- Key Word: 예배, 기도, 선행.
- Remarks:

본문 : **사 2:1-4**
제목 : **말일에 될 일**

1.아모스의 아들 이사야가 받은 바 유다와 예루살렘에 관한 말씀이라 **2.**말일에 여호와의 전의 산이 모든 산 꼭대기에 굳게 설 것이요 모든 작은 산 위에 뛰어나리니 만방이 그리로 모여들 것이라 **3.**많은 백성이 가며 이르기를 오라 우리가 여호와의 산에 오르며 야곱의 하나님의 전에 이르자 그가 그의 길을 우리에게 가르치실 것이라 우리가 그 길로 행하리라 하리니 이는 율법이 시온에서부터 나올 것이요 여호와의 말씀이 예루살렘에서부터 나올 것임이니라 **4.**그가 열방 사이에 판단하시며 많은 백성을 판결하시리니 무리가 그들의 칼을 쳐서 보습을 만들고 그들의 창을 쳐서 낫을 만들 것이며 이 나라와 저 나라가 다시는 칼을 들고 서로 치지 아니하며 다시는 전쟁을 연습하지 아니하리라

1. 시온 산이 높이 서고 만방이 그리로 모여들 것이라 함 (= 그리스도 복음이 모든 타종교를 압도)

2절= "말일에 여호와의 전의 산이 모든 산 꼭대기에 굳게 설 것이요 모든 작은 산 위에 뛰어나리니 만방이 그리로 모여들 것이라"

2. 많은 백성이 "오라 우리가 여호와의 산에 오르자"라고 함 (= 복음 전파에 열심)

3절= "많은 백성이 가며 이르기를 오라 우리가 여호와의 산에 오르며 야곱의 하나님의 전에 이르자 그가 그의 길을 우리에게 가르치실 것이라 우리가 그 길로 행하리라…"

3. 여호와께서 전쟁 무기들을 농사 도구로 만드실 것임 (= 온 땅에 평화를 가져옴)

4절= "그가 열방 사이에 판단하시며 많은 백성을 판결하시리니 무리가 그들의 칼을 쳐서 보습을 만들고 그들의 창을 쳐서 낫을 만들 것이며 이 나라와 저 나라가 다시는 칼을 들고 서로 치지 아니하며 다시는 전쟁을 연습하지 아니하리라"

◆◆◆

【대지 유형】 주제 설명형 - 본문 분석형 - 대지 진전형
【주제】 (석의) 말일에 복음 전파에 열심히 일어나고 온 땅에 평화가 온다.
【FCF】 많은 신앙인이 종말 신앙에 미지근하고 준비되어 있지 않음.

【서론】 이사야의 메시지는 시대를 초월한다. 그의 메시지는 심판 - 남은 자 - 하나님의 백성의 구속과 회복. 본문은 말일에 될 일들에 대한 복음적인 해석. 이것은 오늘 우리시대를 포함한다. 하나님의 이 거대한 경륜은 우리를 압도한다.
【우산질문】 말일에 어떤 일들이 일어날까?

【1대지】 말일에= 메시아 강림 때부터 last days… "시온 산이 굳게 설 것이다." 여호와 믿음이 이스라엘을 넘어 온 인류로 퍼져 나감. "만방의 백성이 시온으로 몰려온다." 선지자 입장에서는 엄청난 일. 여기에 민족주의가 설 자리는 없다. 렘 31:12, "그들이 와서 시온의 높은 곳에서 찬송하며 여호와의 은사로 모일 것이라." 그리스도가 오셨을 때 위대한 변화가 찾아온다. 교회를 설립. 하나님 나라 시작. 이제 전세계를 타락 이전의 모습으로 회복시키기 시작한다. 승천시 그리스도께서는 제자들에게 엄청난 권세를 위임하시고 지상 명령을 주셨다. 막 16:17, "믿는 자들에게 이런 표적이 따르리니…"
【2대지】 말일에 온 교회가 주님의 선교명령에 열심히 헌신할 것이다. 우상과 과거의 세상 습관 버리고… 서로서로 격려하면서… 우리는 믿음의 본질을 가슴속에 간직할 수만은 없다. "가르치실 것이라"= 여러 가지 방법으로. 우리는 진리를 배워야 한다. true evangelism: 하나님의 임재, 구속사, 십자가 중심, 부활 재림 중심. 이 모든 것들은 하나님의 주권적인 개입과 보혜사 성령의 역사로 말미암아 주님이 정하신 때에 일어난다.
【3대지】 놀라운 구절이 계속된다. 재판관이신 하나님, 통치자 하나님, 온 세계가 한 하나님 하에. 그 결과 칼로 보습을… 사 11장, 여호와를 아는 지식이 온 땅에 충만하게 된다. 주님이 선도하는 평화의 시대가 시작된다. 주님의 통치가 무궁하다. 그리스도로 말미암아 아브라함에게 약속하신 씨와 땅과 복의 약속이 이루어진다.
【결론】 말일에 이런 일들이 일어난다. 우리는 지금 이 예언이 실현되고 있는 시대에 살고 있다. 만군의 여호와의 열심이 반드시 이를 이루신다. 완성될 그 날을 바라보며 이 구절을 암송하자. "오라 우리가 여호와의 산에 오르며 야곱의 하나님의 전에 이르자."

- 절기, 용도, 장르, 특징: 종말론.
- Key Word: 예언.
- Remarks:

본문 : **사 2:4; 11:6-9**
제목 : **메시아 왕국의 특징**
(The Characteristics of the Messianic Kingdom)

2:4.그가 열방 사이에 판단하시며 많은 백성을 판결하시리니 무리가 그들의 칼을 쳐서 보습을 만들고 그들의 창을 쳐서 낫을 만들 것이며 이 나라와 저 나라가 다시는 칼을 들고 서로 치지 아니하며 다시는 전쟁을 연습하지 아니하리라 …… **11:6.**그 때에 이리가 어린 양과 함께 살며 표범이 어린 염소와 함께 누우며 송아지와 어린 사자와 살진 짐승이 함께 있어 어린 아이에게 끌리며 **7.**암소와 곰이 함께 먹으며 그것들의 새끼가 함께 엎드리며 사자가 소처럼 풀을 먹을 것이며 **8.**젖 먹는 아이가 독사의 구멍에서 장난하며 젖 뗀 어린 아이가 독사의 굴에 손을 넣을 것이라 **9.**내 거룩한 산 모든 곳에서 해 됨도 없고 상함도 없을 것이니 이는 물이 바다를 덮음 같이 여호와를 아는 지식이 세상에 충만할 것임이니라

1. 사나운 동물과 약한 동물이 함께 거함 (= 적(敵)도 원수도 없음)

11:6= "그 때에 이리가 어린 양과 함께 살며 표범이 어린 염소와 함께 누우며 송아지와 어린 사자와 살진 짐승이 함께 있어 어린 아이에게 끌리며"

2. 무기로 농기구를 만들고 다시는 전쟁을 연습치 아니함 (= 무기도 전쟁도 없음)

2:4= "그가 열방 사이에 판단하시며 많은 백성을 판결하시리니 무리가 그들의 칼을 쳐서 보습을 만들고 그들의 창을 쳐서 낫을 만들 것이며 이 나라와 저 나라가 다시는 칼을 들고 서로 치지 아니하며 다시는 전쟁을 연습하지 아니하리라"

3. 독사의 독이 제거되듯 해를 받는 일이 전혀 없음 (= 해 됨도 상함도 없음)

11:8= "젖 먹는 아이가 독사의 구멍에서 장난하며 젖 뗀 어린 아이가 독사의 굴에 손을 넣을 것이라."

11:9= "내 거룩한 산 모든 곳에서 해 됨도 없고 상함도 없을 것이니 이는 물이 바다를 덮음 같이 여호와를 아는 지식이 세상에 충만할 것임이니라"

◈◈◈

【대지 유형】 주제 설명형 - 본문 수집형 - 대지 병렬형

【주제】 (적용) 메시아 왕국은 원수도 전쟁도 상함도 없는 완벽한 평화의 나라이다.

【FCF】 많은 신앙인이 천년왕국의 존재와 왕국의 도래를 믿지 못함.

【서론】 우리의 진정한 소원은 하나님 나라의 도래이다. 우리 신앙생활의 궁극적인 목적도 완성된 하나님 나라인 천국에 입성하는 것이다. 그러므로 우리는 그 나라에 대해 보다 자세히 알아야 한다.
【우산질문】 메시아 왕국은 어떤 나라인가?

【1대지】 메시아 왕국은 인간의 타락으로 말미암아 파생된 온갖 무질서와 약육강식(弱肉强食)의 법칙이 끝난 나라이다. 그곳은 적자생존(適者生存)의 원칙, 곧 강한 자가 약한 자를 해(害)하고 상(傷)하게 하는 일들이 제거되고 온전한 평화가 실현되는 곳이다. 노아 방주 안에는 하나님으로 말미암은 진정한 평화가 있었다.
【2대지】 전쟁이 없고 무기도 필요 없는 나라인 하나님 나라가 속히 이루어지도록 우리 모두 기도해야 하겠다. 하나님 나라는 대포나 탱크가 필요 없고 미사일도 찾아볼 수 없는 나라이다.
【3대지】 '해됨이 없다'는 것은 단지 해를 끼치는 것만 아니라 악하게 만드는 것, 타락에 떨어뜨리는 것이 없다는 말이다. '상함도 없다'는 것은 외관이나 물리적인 손상이 없다는 의미만 아니라 영적 의미, 즉 타락과 부패가 일어날 수 없음을 나타낸다.
【결론】 하나님 나라는 예수님의 초림으로 이미 시작되었다. 지금 예수님은 온 세상의 참 교회들을 통하여 이처럼 완전한 평화의 나라를 이루어가는 중에 있다. 교회의 성도들은 이 원대한 사역을 위하여 부름 받아 나온 자들이다. 하나님은 교인 한 사람 한 사람을 예수 그리스도의 보혈로 정결케 하시고 하나님 나라 백성으로 삼아 주신다.

- 절기, 용도, 장르, 특징: 대림절기, 종말론.
- Key Word: 하나님 나라, 평화.
- Remarks:

본문 : **사 5:1-7**

제목 : **포도원의 노래**

1.나는 내가 사랑하는 자를 위하여 노래하되 내가 사랑하는 자의 포도원을 노래하리라 내가 사랑하는 자에게 포도원이 있음이여 심히 기름진 산에로다 **2.**땅을 파서 돌을 제하고 극상품 포도나무를 심었도다 그 중에 망대를 세웠고 또 그 안에 술틀을 팠도다 좋은 포도 맺기를 바랐더니 들포도를 맺었도다 **3.**예루살렘 주민과 유다 사람들아 구하노니 이제 나와 내 포도원 사이에서 사리를 판단하라 **4.**내가 내 포도원을 위하여 행한 것 외에 무엇을 더할 것이 있으랴 내가 좋은 포도 맺기를 기다렸거늘 들포도를 맺음은 어찌 됨인고 **5.**이제 내가 내 포도원에 어떻게 행할지를 너희에게 이르리라 내가 그 울타리를 걷어 먹힘을 당하게 하며 그 담을 헐어 짓밟히게 할 것이요 **6.**내가 그것을 황폐하게 하리니 다시는 가지를 자름이나 북을 돋우지 못하여 찔레와 가시가 날 것이며 내가 또 구름에게 명하여 그 위에 비를 내리지 못하게 하리라 하셨으니 **7.**무릇 만군의 여호와의 포도원은 이스라엘 족속이요 그가 기뻐하시는 나무는 유다 사람이라 그들에게 정의를 바라셨더니 도리어 포학이요 그들에게 공의를 바라셨더니 도리어 부르짖음이었도다

1. 포도원을 심히 기름진 산에 주셨음 (= 가장 좋은 환경을 주심)

1절= "내가 사랑하는 자에게 포도원이 있음이여 심히 기름진 산에로다"

2. 극상품 포도나무를 심어 주셨음 (= 좋은 열매 맺기 위한 최고의 조건을 주심, 하나님의 형상)

2절= "… 극상품 포도나무를 심었도다…"

3. 땅을 파서 돌을 제하고 망대를 세워 주심 (= 사탄의 방해 제거와 보호하심)

2절= "땅을 파서 돌을 제하고 극상품 포도나무를 심었도다 그 중에 망대를 세웠고…"

4. 술 틀을 파 주셨음 (= 열매를 기대하심)

2절= "… 또 그 안에 술틀을 팠도다…"

◈◈◈

【대지 유형】 주제 설명형 - 본문 분석형 - 대지 진전형

【주제】 (적용) 하나님은 우리에게 최상의 조건과 환경을 주셨지만 우리가 맺은 열매는 들 포도가 아닌가!

【FCF】 많은 신앙인이 환경 탓만 하면서 좋은 열매를 맺지 못하고 있음.

【서론】 하나님은 우리를 '나의 사랑하는 자'라 하신다. 우리가 하나님을 사랑한다면 그에 합당한 열매를 맺어야 한다. 좋은 열매를 맺기 위해서는 좋은 밭, 좋은 씨, 그리고 잘 가꾸어야 한다.
【우산질문】 이스라엘을 향한 노래인 본문을 통해 하나님이 우리에게 어떤 환경을 주셨는지, 그런데 우리가 맺힌 열매는 어떤 것인지 살펴보자.

【1대지】 기름진 산= 열매 맺기 위한 최적의 토양과 환경. 이스라엘의 역사를 보면 환난당할 때 오히려 회개 운동이 일어났다. 우리에게 정말로 기름진 곳은 어딘가? 고난이 함께하는 시대. 주어진 환경을 불평하기보다 그 환경에서 최선의 열매를 맺어야 한다.
【2대지】 최고의 품종. 하나님의 형상. 예수 그리스도를 통해 죄로 물든 형상을 회복시켜 주신다.
【3대지】 일차적으로 가나안 7족을 제거해주심. 영적 의미는 우리가 열매 맺도록 방해 요소를 다 제거해 주심. 망대를 세워 보호해 주심. 우리의 내비게이션은 오직 하나님 말씀뿐이다.
【4대지】 우리를 믿어 주시고 기대해 주심. 열매 맺는 것은?= 그리스도의 장성한 분량에 이르라. 하나님 형상 회복하는 것.
【결론】 지난 일을 돌아보자. 무슨 열매를 맺었는가?

- 절기, 용도, 장르, 특징: 상징주의 해석.
- Key Word: 열매, 포도원.
- Remarks:

본문 : **사 5:3-7**
제목 : **비를 내리지 않는 구름 (Commanding the Clouds Not to Rain)**

3.예루살렘 주민과 유다 사람들아 구하노니 이제 나와 내 포도원 사이에서 사리를 판단하라 **4.**내가 내 포도원을 위하여 행한 것 외에 무엇을 더할 것이 있으랴 내가 좋은 포도 맺기를 기다렸거늘 들포도를 맺음은 어찌 됨인고 **5.**이제 내가 내 포도원에 어떻게 행할지를 너희에게 이르리라 내가 그 울타리를 걷어 먹힘을 당하게 하며 그 담을 헐어 짓밟히게 할 것이요 **6.**내가 그것을 황폐하게 하리니 다시는 가지를 자름이나 북을 돋우지 못하여 찔레와 가시가 날 것이며 내가 또 구름에게 명하여 그 위에 비를 내리지 못하게 하리라 하셨으니 **7.**무릇 만군의 여호와의 포도원은 이스라엘 족속이요 그가 기뻐하시는 나무는 유다 사람이라 그들에게 정의를 바라셨더니 도리어 포학이요 그들에게 공의를 바라셨더니 도리어 부르짖음이었도다

1. 그 의미 : 진노의 표시
6절= "내가 또 구름에게 명하여 그 위에 비를 내리지 못하게 하리라…"

2. 그 결과 : 영적 기근
6절= "내가 또 구름에게 명하여 그 위에 비를 내리지 못하게 하리라…"

3. 은총의 소나기를 내리게 하는 방편
7절= "… 그들에게 정의를 바라셨더니…그들에게 공의를 바라셨더니…"

◈◈◈

【대지 유형】 주제 함축형 - 본문 묵상형 - 대지 혼재형(2+1)
【주제】 (적용) 우리에게 영적 기근이 올 때 우리는 하나님께 은총의 소나기를 부어달라고 기도해야 한다.
【FCF】 많은 신앙인이 자신들의 영적 기근의 심각성을 깨닫지 못함.

【서론】 비는 씨와 열매의 성장에 있어서 반드시 필요하다. 제때에 내리는 비는 하나님의 은혜를 나타내는 최상의 방법. 반면에 오랫동안 비가 그치고 하늘이 문을 닫아 걸었을 때는, 특별히 뜨거운 기후에서 그러할 때는 참으로 무서운 심판이 아닐 수 없다. 우리가 주의를 기울여 생각하고자 하는 본문은 '비를 내리지 않는 구름'에 관한 말씀이다. 본문의 맥락은 하나님의 기대를 저버린 남유다 왕국에 대한 심판 경고의 말씀이다.

【우산질문】 6절 하반절을 중심으로 비를 내리지 않는 구름의 의미와 결과, 그리고 비를 내리게 하는 방편을 생각하자. 6절하= "… 내가 또 구름을 명하여 그 위에 비를 내리지 말라 하리라 하셨으니"

【1대지】 하나님께서 구름에게 명령을 내려서, 포도원 위에 비를 내리지 못하도록 하시겠다는 말씀. 나무에 비가 내리지 않는 것만큼 더 큰 재앙은 없다. 하나님의 엄청난 진노의 표시이다. "비를 내리지 않는 구름"-즉, 은혜의 수단은 가졌으나 은혜받지 못하는 경우를 가리키는 비유이다. 성경 말씀은 읽지만 마음에 깊숙이 적용되지는 못한다. 기도의 격식을 갖추고 무릎을 꿇지만 하나님께 간청하는 수준이 되지 못한다. 강단에서 설교 말씀을 외치기는 하지만 말씀의 능력은 찾기 어렵다. 찬송 소리는 우렁차게 울려 퍼지는 것 같지만….

【2대지】 하나님께서 은총의 비를 내리지 못하게 하셨을 때 어떤 일이 일어나는가? 이 시대 한국 교회 위에 만연한 영적 기근 현상에서 무엇을 보게 되나? ①회개하지 않는다. ②회복하지 못한다. ③영적 활동이 없다. 우리 가운데 이런 일을 당하시는 분은 없는가? 이런 징조를 보이면서도 정작 자신은 이 사실을 깨닫지 못하고 있는 사람은 없는가?

【3대지】 포도원의 바싹 마른 땅과 시들은 초목을 촉촉이 적시는 비를 내리게 할 방법은 무엇인가? ①우리의 사막과 같은 마음을 주님께 고백하자. ②하늘로부터 내리는 은총의 소나기를 전폭적으로 의지하자. ③엘리야처럼 비가 내릴 때까지 끊임없이 기도하자. ④엘리야처럼 작은 은혜의 징표라도 존중하라. ⑤그리고 오직 예수님만 바라보자.

【결론】 이 시대는 영적 기근이 심하던 유다 말기와 흡사한 때이다. 여러 가지 유사한 징후가 나타나고 있다. 청중들이 습관적인 깊은 잠에 빠져 있을 때 설교자들은 아무것도 성취할 수 없다. 주님께서 은총의 소나기를 부어주셔야 한다. 성령의 강력한 부으심이 있어야 한다. 왜냐하면 오직 성령만이 그들을 잠으로부터 깨게 할 수 있기 때문이다.

- 절기, 용도, 장르, 특징: 상징주의 해석.
- Key Word: 은총, 성령의 부으심.
- Remarks:

본문 : **사 6:1-8**

제목 : **이사야의 삼중 이상 (A Vision in Three Dimensions)**

1.웃시야 왕이 죽던 해에 내가 본즉 주께서 높이 들린 보좌에 앉으셨는데 그의 옷자락은 성전에 가득
하였고 **2.**스랍들이 모시고 섰는데 각기 여섯 날개가 있어 그 둘로는 자기의 얼굴을 가리었고 그 둘
로는 자기의 발을 가리었고 그 둘로는 날며 **3.**서로 불러 이르되 거룩하다 거룩하다 거룩하다 만군
의 여호와여 그의 영광이 온 땅에 충만하도다 하더라 **4.**이같이 화답하는 자의 소리로 말미암아 문지
방의 터가 요동하며 성전에 연기가 충만한지라 **5.**그 때에 내가 말하되 화로다 나여 망하게 되었도다
나는 입술이 부정한 사람이요 나는 입술이 부정한 백성 중에 거주하면서 만군의 여호와이신 왕을 뵈
었음이로다 하였더라 **6.**그 때에 그 스랍 중의 하나가 부젓가락으로 제단에서 집은 바 핀 숯을 손에
가지고 내게로 날아와서 **7.**그것을 내 입술에 대며 이르되 보라 이것이 네 입에 닿았으니 네 악이 제
하여졌고 네 죄가 사하여졌느니라 하더라 **8.**내가 또 주의 목소리를 들으니 주께서 이르시되 내가 누
구를 보내며 누가 우리를 위하여 갈꼬 하시니 그 때에 내가 이르되 내가 여기 있나이다 나를 보내소
서 하였더니

1. 높이 들린 주님의 보좌를 보았음 (= 위로 향한 비전, 높은 이상, Upward vision)

1절= "웃시야 왕이 죽던 해에 내가 본즉 주께서 높이 들린 보좌에 앉으셨는데 그의 옷자락은 성전에 가득하였고"

2. "화로다 나여 망하게 되었도다"라고 함 (= 안으로 향한 비전, 깊은 이상, Inward vision)

5절= "그 때에 내가 말하되 화로다 나여 망하게 되었도다 나는 입술이 부정한 사람이요 나는 입술이 부정한 백성 중에 거주하면서 만군의 여호와이신 왕을 뵈었음이로다 하였더라"

3. "내가 누구를 보낼꼬"라고 하심 (= 밖으로 향한 비전, 넓은 이상, Outward vision)

8절= "내가 또 주의 목소리를 들으니 주께서 이르시되 내가 누구를 보내며 누가 우리를 위하여 갈꼬 하시니 그 때에 내가 이르되 내가 여기 있나이다 나를 보내소서 하였더니"

◈◈◈

【대지 유형】 주제 설명형 - 본문 묶음형 - 대지 진전형

【주제】 (적용) 성도와 교회에 필요한 비전은 높고 깊고 넓은 이상이다.
【FCF】 위로 향한 비전이 부족하여 진정한 회개가 없고 넓은 선교의 비전도 부족한 현대교회의 모습.

【서론】 그리스도인의 삶을 성공적인 삶으로 이끄는 두 가지 불가결한 요소는 이상(Vision)과 열정(Passion)이다. 웃시야 왕이 죽던 해에 선지자 이사야는 이상을 보았다. 그것은 그의 삶을 송두리째 변화시킨 비전 체험이었다. 오늘 우리에게 진정으로 필요한 것은 바로 이런 체험이다.
【우산질문】 말씀을 통하여 이사야 선지자가 보았던 삼중 이상을 살펴보며, 우리 각자에게 주시는 주님의 비전을 찾자.

【1대지】 '웃시야 왕이 죽던 해'에 이사야 선지자는 하늘 보좌의 위대한 영광을 보았다. 선지자가 눈을 들어 위를 보았을 때, 그는 여호와께서 모든 거룩함 가운데 계심을 보았고 성전에 충만한 여호와의 영광에 압도되었다.
【2대지】 우리는 거룩하신 하나님 앞에서 자신의 마음을 철저하게 들여다보아야 한다. 천사가 하늘 제단의 숯을 이사야의 입에 댄 것은 그의 입술의 더러움을 태워버리는 정화의 이미지를 갖고 있다. 이것은 '어린양의 희생으로 죄 용서함 받는 것'을 상징한다.
【3대지】 선지자 이사야가 받은 이상은 유다 백성들에게 나아가 하나님의 경고의 말씀을 전할 헌신된 종을 찾으시는 주님의 모습에 대한 것이다. 선지자가 본 넓은 이상은 그를 준비된 자로 만들었다. 사실 이사야에게 주어진 임무는 매우 어려운 것이었다. 하나님께서 우리에게도 그처럼 가슴 울리는 계시를 위탁하실 수가 있을까?
【결론】 오늘 우리는 어떤 비전을 갖고 있는가? 이상 없는 백성, 이상 없는 교회는 망한다. 우리에게 필요한 것은 선지자가 가졌던 높고 깊고 넓은 3중 이상이다. 높은 이상으로 교회를 향해 침투해 들어오는 세속주의를 이길 수 있고, 깊은 이상으로 사업위주, 행사위주의 관행을 털어낼 수 있으며, 넓은 이상으로 개교회주의와 무사안일주의를 몰아내고 세상을 향해 나아가야 한다.

- 절기, 용도, 장르, 특징: 비전 대회.
- Key Word: 비전, 이사야.
- Remarks:

선
지
서

본문 : **사 9:1-7**

제목 : **네 개의 이름을 가진 아기 (The Child with the Four Names)**

1.전에 고통 받던 자들에게는 흑암이 없으리로다 옛적에는 여호와께서 스불론 땅과 납달리 땅이 멸
시를 당하게 하셨더니 후에는 해변 길과 요단 저쪽 이방의 갈릴리를 영화롭게 하셨느니라 **2.**흑암에
행하던 백성이 큰 빛을 보고 사망의 그늘진 땅에 거주하던 자에게 빛이 비치도다 **3.**주께서 이 나라
를 창성하게 하시며 그 즐거움을 더하게 하셨으므로 추수하는 즐거움과 탈취물을 나눌 때의 즐거움
같이 그들이 주 앞에서 즐거워하오니 **4.**이는 그들이 무겁게 멘 멍에와 그들의 어깨의 채찍과 그 압
제자의 막대기를 주께서 꺾으시되 미디안의 날과 같이 하셨음이니이다 **5.**어지러이 싸우는 군인들
의 신과 피 묻은 겉옷이 불에 섶 같이 살라지리니 **6.**이는 한 아기가 우리에게 났고 한 아들을 우리에
게 주신 바 되었는데 그의 어깨에는 정사를 메었고 그의 이름은 기묘자라, 모사라, 전능하신 하나님
이라, 영존하시는 아버지라, 평강의 왕이라 할 것임이라 **7.**그 정사와 평강의 더함이 무궁하며 또 다
윗의 왕좌와 그의 나라에 군림하여 그 나라를 굳게 세우고 지금 이후로 영원히 정의와 공의로 그것을
보존하실 것이라 만군의 여호와의 열심이 이를 이루시리라

1. 기묘자요 모사(wondeful counseller)라 할 것임 (= 놀라운 기획가)

6절= "이는 한 아기가 우리에게 났고 한 아들을 우리에게 주신 바 되었는데 그의 어깨에는 정사를 메었고 그의 이름은 기묘자라 모사라…"

2. 전능하신 하나님이라 할 것임 (= 전능하신 하나님)

6절= "… 전능하신 하나님이라…"

3, 영존하시는 아버지라 할 것임 (= 아버지처럼 영원히 우리를 지키시는 분)

6절= "… 영존하시는 아버지라…"

4. 평강의 왕이라 할 것임 (= 평화의 왕)

6절= "… 평강의 왕이라 할 것임이라"

◆◆◆

【대지 유형】 주제 설명형 - 본문 분석형 - 대지 병렬형

【주제】 (석의) 육신을 입고 오신 그분은 기묘자요 모사요 전능하신 하나님이요 영존하시는 아버지요 평강의 왕이시다.

【FCF】 많은 신앙인이 그리스도의 이름이 의미하는 진리에 무지함.

【서론】 본문은 웅장한 예언이다. 메시아 예언 중 가장 극치를 이루는 말씀. 당시 북방 앗수르의 디글랏빌레셋 왕은 이스라엘을 침공하고 노략질. 그중 스불론과 납달리 땅이 가장 참혹한 피해를 입는다(왕하 15:29). 이 엄청난 재난의 때에 큰 빛이 비췬다. 2절= 한 아기가 주어진다. 완전한 평화가 온다. 네 개의 이름= 아기의 성격 속성 능력 사역을 표현하는 이름들이다. 7절 끝= "만군의 여호와의 열심이 이를 이루시리라." 6절= 이 아기로 말미암아 백성들에게 큰 빛이 비춰고, 엄청난 즐거움과 놀라운 자유가 주어진다.
【우산질문】 이 아기의 이름들이 주는 의미가 무엇이지 살펴보자.

【1대지】 첫째 이름. 'Wonderful'하실 뿐 아니라 'Wonder' 그 자체. 이 말은 miracle을 설명하는 단어임= 신성을 나타낸다. 사 11:1,2= 지혜와 총명의 신. 다윗의 보좌에 앉은 왕에게 필요한 것은 지혜와 지식이다. 그분은 위대한 기획가. 우리가 믿는 그분은 누구의 조언이나 도움 필요 없는 분.
【2대지】 아기이지만 능력의 하나님이라 표현. 이 분은 삼위일체 하나님의 한 분이다. 모든 구속사역을 완성하실 전능자. 선지자 시대에는 깨닫기 어려웠을 진리이지만, 지금은 밝히 드러났음. 예수 그리스도는 태초부터 계셔서 천지창조 사역을 하신 하나님이요 전능하신 분이시다.
【3대지】 그분은 아버지처럼 백성을 돌보신다. 그분의 따스함과 사랑과 위로. 성경의 아버지상. 그는 목자시요 우리를 돌보시는 분이시다. 예수 그리스도는 아버지의 심정으로 우리를 영원히 지키시는 분이시다.
【4대지】 절정에 이르는 이름 평화의 왕. 그분은 왕으로서 평화를 정착시키고, 전쟁을 종식시키며, 평화를 추구하고 발전시킴, 이제 참 평안이 우리에게 주어졌다. 왜냐하면 한 아기가 태어나셨기 때문.
【결론】 흑암 같은 혼돈의 시대에 참으로 그리워지는 말씀이다. 사 11:1-9. 여호와를 아는 지식이 세상에 충만해지는 시대. 우리는 지금 이 예언이 이루어지는 때에 살고 있다.

- 절기, 용도, 장르, 특징: 강림절, 성탄절.
- Key Word: 메시아의 이름.
- Remarks:

본문 : **사 11:1-9; 53:3-9**
제목 : **이사야의 메시아 예언 (The Stump from Jesse)**

1.이새의 줄기에서 한 싹이 나며 그 뿌리에서 한 가지가 나서 결실할 것이요 **2.**그의 위에 여호와의 영 곧 지혜와 총명의 영이요 모략과 재능의 영이요 지식과 여호와를 경외하는 영이 강림하시리니 **3.**그가 여호와를 경외함으로 즐거움을 삼을 것이며 그의 눈에 보이는 대로 심판하지 아니하며 그의 귀에 들리는 대로 판단하지 아니하며 **4.**공의로 가난한 자를 심판하며 정직으로 세상의 겸손한 자를 판단할 것이며 그의 입의 막대기로 세상을 치며 그의 입술의 기운으로 악인을 죽일 것이며 **5.**공의로 그의 허리띠를 삼으며 성실로 그의 몸의 띠를 삼으리라 …… **9.**내 거룩한 산 모든 곳에서 해 됨도 없고 상함도 없을 것이니 이는 물이 바다를 덮음 같이 여호와를 아는 지식이 세상에 충만할 것임이니라 …… **53:3.**그는 멸시를 받아 사람들에게 버림 받았으며 간고를 많이 겪었으며 질고를 아는 자라 마치 사람들이 그에게서 얼굴을 가리는 것 같이 멸시를 당하였고 우리도 그를 귀히 여기지 아니하였도다 **4.**그는 실로 우리의 질고를 지고 우리의 슬픔을 당하였거늘 우리는 생각하기를 그는 징벌을 받아 하나님께 맞으며 고난을 당한다 하였노라 **5.**그가 찔림은 우리의 허물 때문이요 그가 상함은 우리의 죄악 때문이라 그가 징계를 받으므로 우리는 평화를 누리고 그가 채찍에 맞으므로 우리는 나음을 받았도다 **6.**우리는 다 양 같아서 그릇 행하여 각기 제 길로 갔거늘 여호와께서는 우리 모두의 죄악을 그에게 담당시키셨도다 **7.**그가 곤욕을 당하여 괴로울 때에도 그의 입을 열지 아니하였음이여 마치 도수장으로 끌려 가는 어린 양과 털 깎는 자 앞에서 잠잠한 양 같이 그의 입을 열지 아니하였도다 **8.**그는 곤욕과 심문을 당하고 끌려 갔으나 그 세대 중에 누가 생각하기를 그가 살아 있는 자들의 땅에서 끊어짐은 마땅히 형벌 받을 내 백성의 허물 때문이라 하였으리요 **9.**그는 강포를 행하지 아니하였고 그의 입에 거짓이 없었으나 그의 무덤이 악인들과 함께 있었으며 그가 죽은 후에 부자와 함께 있었도다

1. 이새의 그루터기에서 싹이 날 것이라 함 (= 그리스도의 탄생 예언)

11:1= "이새의 줄기에서 한 싹이 나며 그 뿌리에서 한 가지가 나서 결실할 것이요"

2. 그의 위에 성령이 강림하시리라 함 (= 그리스도의 생애 예언)

11:2= "그의 위에 여호와의 영 곧 지혜와 총명의 영이요 모략과 재능의 영이요 지식과 여호와를 경외하는 영이 강림하시리니"

3. 그가 찔리고 상하리라 함 (= 그리스도의 죽음과 부활 예언)

53:5= "그가 찔림은 우리의 허물 때문이요 그가 상함은 우리의 죄악 때문이라 그가 징계를 받으므로 우리는 평화를 누리고 그가 채찍에 맞으므로 우리는 나음을 받았도다."

4. 모든 곳에서 해 됨도 상함도 없을 것이라 함 (= 그리스도의 천년왕국 예언)

11:9= "내 거룩한 산 모든 곳에서 해 됨도 없고 상함도 없을 것이니 이는 물이 바다를 덮음 같이 여호와를 아는 지식이 세상에 충만할 것임이니라"

◈◈◈

【대지 유형】 주제 설명형 - 본문 수집형 - 대지 진전형
【주제】 (석의) 이사야는 그리스도가 이새의 그루터기에서 나서 성령 충만한 삶을 사시고 고난과 부활을 거쳐 메시아 왕국을 이루실 것을 예언하고 있다.
【FCF】 현대교회는 천년왕국에 대한 소망이 기울고 있음.

【서론】 이사야는 대선지자 중에서도 가장 위대한 선지자이다. 20대의 젊은 나이에 부름받아 60여 년간 하나님을 위해 수고하다가 므낫세 왕에게 톱으로 켜임을 받아 장렬히 순교한 충성된 종이다. 본문(11:1-9; 53:3-9)은 메시아의 신분과 생애, 그리고 그가 건설하게 될 나라의 성격을 확연히 드러내 보이고 있다.
【우산질문】 본문을 통하여 이사야가 그리스도에 대하여 예언한 말씀들을 살펴보며, 다가오는 고난주간과 부활절을 예비하자.

【1대지】 그리스도가 이새의 줄기에서 나온다는 예언은 그리스도의 비천한 태생과 비천한 삶을 예언적으로 암시한다. '그 뿌리에서 한 가지가 나서 결실할 것'이라고 한 것처럼 그리스도의 사역을 통해 무수히 많은 열매가 결실하게 된 것이다.
【2대지】 선지자의 예언대로 예수님은 처음부터 성령으로 충만하셨다. 예수님은 그의 삶 전체가 여호와를 경외하고 정의와 공의, 진실과 정직을 추구하는 삶이었다.
【3대지】 이사야 53장은 '십자가 밑에서 그린 그림'이라는 별명이 붙어 있을 정도로 예수님의 고난받으시는 현장을 상세히 그리고 있다. 그가 그린 십자가 고난의 현장에 대한 기록은 지금도 모든 믿는 자들에게 주님의 십자가가 얼마나 고통스러웠으며 그러면서도 얼마나 위대한 희생이었는가를 보여주고 있다.
【4대지】 참으로 놀라운 세상이 우리를 기다리고 있다. 거기는 약육강식이나 적자생존의 논리가 설 자리가 없는 곳이다. 언제 이런 나라가 이루어지는가? 우리는 메시아 왕국이 예수 그리스도의 재림 이후에 성취된다는 해석을 받아들인다.
【결론】 주님의 십자가 사건, 주님의 부활 사건은 결코 우발적이거나 돌발적인 사건이 아니다. 이제 우리는 주님의 재림을 기다리고 있다. 마침내 주님 오셔서 이 땅에 메시아 왕국을 완성하실 것이다.

- 절기, 용도, 장르, 특징: 고난주간.
- Key Word: 예언, 메시아.
- Remarks:

본문 : **사 14:31-32**
제목 : **묻는 자에게 줄 대답 (What Answer Shall We Give to Them?)**

31.성문이여 슬피 울지어다 성읍이여 부르짖을지어다 너 블레셋이여 다 소멸되리로다 대저 연기가
북방에서 오는데 그 대열에서 벗어난 자가 없느니라 **32.**그 나라 사신들에게 어떻게 대답하겠느냐
여호와께서 시온을 세우셨으니 그의 백성의 곤고한 자들이 그 안에서 피난하리라 할 것이니라

1. 그 나라 사신들이 시온에 관해 질문함의 의미

32절= "그 나라 사신들에게 어떻게 대답하겠느냐…"

2. 질문에 대한 대답 ① : "여호와께서 시온을 세우셨다"

32절= "그 나라 사신들에게 어떻게 대답하겠느냐? 여호와께서 시온을 세우셨으니…"

3. 질문에 대한 대답 ② : "그의 백성의 곤고한 자들이 그 안에서 피난하리라"

32절= "그 나라 사신들에게 어떻게 대답하겠느냐?…그의 백성의 곤고한 자들이 그 안에서 피난하리라 할 것이니라"

◈◈◈

【대지 유형】 주제 설명형 - 본문 분석형 - 대지 혼재형(1+2)
【주제】 (적용) 우리는 주위 사람들에게 교회는 하나님이 세우셨고 곤고한 자들의 피난처가 된다고 증거해야 한다.
【FCF】 많은 신앙인이 교회 존재의 근본 의미와 목적에 대한 확신 부족.

【서론】 하나님의 위대한 사역은 세상 사람들의 관심을 끌기에 충분하다. 하나님의 종 아브라함은 가는 곳마다 하나님께서 함께하심을 드러내었다. 이스라엘 백성이 애굽을 벗어나게 된 과정을 보라. 하나님은 모세를 통해 바로 앞에 큰 이적을 베풀게 하셨고, 하나님의 영광을 크게 드러내셨다. 이를 통해 후일 열방은 여호와 하나님의 이름 앞에 두려워 떨게 되었다. 블레셋 사신들의 눈에는 열국이 멸망하는 가운데서 작은 나라 시온의 보호받는 모습이 매우 신비롭게 보였을 것이다. 그들은 시온의 백성에게 질문할 것이 많았다.
【우산질문】 그들이 무엇을 물었으며 어떻게 대답할 것인지 본문을 통해 알아보자.

【1대지】 작은 고을 시온을 중심으로 작은 나라 유다는 도대체 어떤 나라인가? 그 나라는 어떻게 시작되었으며, 다른 나라에 없는 특별한 비밀은 무엇인가? '시온'은 신약시대의 '하나님의 교회'를 가리킨다. 세상이 교회를 향해 묻고 있는 질문도 동일하다는 것을 기억하자. 때로는 조롱하는 뜻에서 묻는다. 세상은 교회에 대하여, 성도들에 대하여 경멸감을 가지고 부족한 사람, 또는 어리석은 사람으로 취급하기 일쑤이다. 우리의 주위 사람들이 우리 속에 있는 소망에 관한 이유를 물어오는 것이 중요하다.
【2대지】 여호와께서 시온을 세우셨으므로 시온의 주인은 여호와이시다. 그러므로 여호와의 백성인 유다가 주님의 신실하심을 의지할 때 주님은 시온을 반드시 지켜주신다. 앗수르의 위협이 아무리 실제적이고 두렵다 할지라도 유다는 친앗수르 정책을 견지할 필요도 없고, 반앗수르 동맹을 맺을 필요도 없다. 오직 여호와 하나님만을 도움으로 여기고 그에게 의지할 때 모든 어려움에서 벗어날 수 있기 때문이다. 교회의 설립자는 예수 그리스도. 그러므로 예수님께서 교회를 설계하셨고, 인도하시고 지도하시며 마침내 성취하신다. 하나님 나라 백성의 모든 원수들은 마침내 예수님에 의해 정복되고 심판받게 된다. 선한 목자이신 예수님은 교회의 개별 멤버들을 친히 불러내신다. 부름받아 나온 우리는 주님의 소유이며, 따라서 절대적으로 안전하게 보호된다.
【3대지】 여기 '곤고한 자들'은 어려운 환경에 처한 사람들을 나타내는 표현이다. 물론 이들은 이방 민족이 아닌 유다 민족에 속한 자들이며 여호와를 경외하는 자들이다. 그들은 빚진 자들, 억울함을 당한 자들, 가난한 자들, 그리고 힘없는 자들로서 모두 외부의 도움을 필요로 하는 자들이다. 교회는 사탄의 공격과 하나님의 심판으로부터 죄인들이 피신할 수 있는 도피성이다. 교회는 가난하고 곤고한 자들이 와서 심령에 평안함을 얻고 부요함을 얻는 곳이다.
【결론】 하나님께서 이미 대답할 말을 주셨다. 이제 남은 것은 우리 주위에서 우리에게 물어와야 한다. 세상 사람들에게 우리의 소망을 증거하자. 우리 또한 영적으로 무럭무럭 성장하게 될 것이다.

- 절기, 용도, 장르, 특징:
- Key Word: 교회.
- Remarks:

본문 : **사 26:1-7**
제목 : **여호와를 신뢰하라 (Trust in the Lord)**

1.그 날에 유다 땅에서 이 노래를 부르리라 우리에게 견고한 성읍이 있음이여 여호와께서 구원을 성벽과 외벽으로 삼으시리로다 **2.**너희는 문들을 열고 신의를 지키는 의로운 나라가 들어오게 할지어다 **3.**주께서 심지가 견고한 자를 평강하고 평강하도록 지키시리니 이는 그가 주를 신뢰함이니이다 **4.**너희는 여호와를 영원히 신뢰하라 주 여호와는 영원한 반석이심이로다 **5.**높은 데에 거주하는 자를 낮추시며 솟은 성을 헐어 땅에 엎으시되 진토에 미치게 하셨도다 **6.**발이 그것을 밟으리니 곧 빈궁한 자의 발과 곤핍한 자의 걸음이리로다 **7.**의인의 길은 정직함이여 정직하신 주께서 의인의 첩경을 평탄하게 하시도다

1. 여호와를 신뢰하는 자는 심지가 견고하게 됨 (= 흔들리지 않는 마음의 중요성)
3절= "주께서 심지가 견고한 자를 평강하고 평강하도록 지키시리니 이는 그가 주를 신뢰함이니이다"

2. 주님은 심지가 견고한 자를 평강하고 평강하도록 지키심 (= 완전한 평강)
3절= "주께서 심지가 견고한 자를 평강하고 평강하도록 지키시리니…"

3. 영원한 반석이신 여호와를 영원히 신뢰하라 함 (= 여호와 신뢰는 축복의 명령임)
4절= "너희는 여호와를 영원히 신뢰하라 주 여호와는 영원한 반석이심이로다"

◈◈◈

【대지 유형】 주제 설명형 - 본문 분석형 - 대지 진전형
【주제】 (석의) 여호와를 신뢰할 때 심지가 견고해진다. 그러므로 영원히 신뢰하라.
【FCF】 많은 신앙인이 주변 상황으로 마음이 흔들리는 지경에 있음.

【서론】 이 시대는 혼돈과 불안의 시대, 눈물 골짜기, 거친 사막 같은 삶. 이런 시대에 흔들리지 않는 마음을 가진다는 것은 매우 중요하다. 본문 3, 4절은 하나님 백성의 노래!
【우산질문】 본문은 왜 하나님을 신뢰하는 것을 그리도 강조하고 있나?

【1대지】 흔들리지 않는 마음은 ①하나님 성품을 바로 인식할 때 주어짐. 하나님은 공포를 주시는 분이 아니라 은혜와 자비의 하나님이시다. 특히 하나님 말씀에 대한 확신을 가질 때 흔들리지 않는 마음을 주신다. ②산 소망을 가질 때 주심. 하나님의 은혜와 자비에 대한 믿음. ③하나님의 섭리에 모든 것을 맡길 때 찾아온다. 성령의 인도하심에 준비되어야 한다.

【2대지】 '평강하고 평강하도록'. 평강은 황홀경이나 신비지경과 다르고 염려, 초조, 불안, 놀람과는 비교도 할 수 없다. 하나님의 평강은 완전한 평화이다. 우리에게 꼭 적합한 평강, 가장 잘 맞는 선물이다. 넘치는 평강, 파도처럼 계속 줄을 잇는다. 시 23편의 다윗이 노래하는 평강. 빌립보 감옥 속의 바울이 누리던 평강.

【3대지】 "너희는 여호와를 영원히 의뢰하라!" 하나님의 백성에게 주시는 축복의 명령에 순종하자. 우리가 의뢰할 대상은 전지전능하며 무한 자비하신 여호와 하나님이시다. 우리는 그분에게 우리의 몸과 마음을 영원히 맡겨야 한다. 주님은 우리의 영원한 반석이시다.

【결론】 당신의 영혼은 흔들리지 않는가? 주님 주시는 이 평화를 누리고 있는가? 이 주제는 하나님의 백성에게 충분한 위로가 된다. 모든 사람에게 이 소식을 알리자. 노래하자. 하나님을 의뢰하라.

선지서

- 절기, 용도, 장르, 특징:
- Key Word: 흔들리는 마음, 하나님 신뢰.
- Remarks:

본문 : **사 38:1-8**
제목 : **히스기야의 위기 극복 (Overcoming Crises)**

1.그 때에 히스기야가 병들어 죽게 되니 아모스의 아들 선지자 이사야가 나아가 그에게 이르되 여호
와께서 이같이 말씀하시기를 너는 네 집에 유언하라 네가 죽고 살지 못하리라 하셨나이다 하니 **2.**히
스기야가 얼굴을 벽으로 향하고 여호와께 기도하여 **3.**이르되 여호와여 구하오니 내가 주 앞에서 진
실과 전심으로 행하며 주의 목전에서 선하게 행한 것을 기억하옵소서 하고 히스기야가 심히 통곡하
니 **4.**이에 여호와의 말씀이 이사야에게 임하여 이르시되 **5.**너는 가서 히스기야에게 이르기를 네 조
상 다윗의 하나님 여호와께서 이같이 말씀하시기를 내가 네 기도를 들었고 네 눈물을 보았노라 내가
네 수한에 십오 년을 더하고 **6.**너와 이 성을 앗수르 왕의 손에서 건져내겠고 내가 또 이 성을 보호하
리라 **7.**이는 여호와께로 말미암는 너를 위한 징조이니 곧 여호와께서 하신 말씀을 그가 이루신다는
증거이니라 **8.**보라 아하스의 해시계에 나아갔던 해 그림자를 뒤로 십 도를 물러가게 하리라 하셨다
하라 하시더니 이에 해시계에 나아갔던 해의 그림자가 십 도를 물러가니라

1. 여호와께 기도하며 매달렸음 (= 포기하지 않는 의지)

2-3절= "히스기야가 얼굴을 벽으로 향하고 여호와께 기도하여 이르되 여호와여 구하오니…"

2. 기도하며 심히 통곡함 (= 전심으로 드리는 기도)

3절= "여호와여 구하오니 내가 주 앞에서 진실과 전심으로 행하며 주의 목전에서 선하게 행한 것을 기억하옵소서 하고 히스기야가 심히 통곡하니"

3. 주의 목전에서 행한 선행을 기억해달라고 기도함 (= 주의 목전에서 행한 선행)

3절= "내가 주 앞에서 진실과 전심으로 행하며 주의 목전에서 선하게 행한 것을 기억하옵소서"

◈◈◈

【대지 유형】 주제 설명형 - 본문 분석형 - 대지 병렬형
【주제】 (석의) 죽음에 이른 히스기야는 포기하지 않는 의지로 선행을 근거로 기도하여 응답받았다.
【FCF】 포기하지 않고 전심으로 구하는 자세가 아쉬운 현대 교회 성도들의 모습.

【서론】 히스기야는 25세에 유다 왕이 되어 53세에 죽었다. 재위시 하나님의

뜻을 잘 받들어 나라를 통치한 왕이다. 죽을 병이 들어 여호와 앞에 엎드려 기도할 때 두 가지 목표가 분명하였다. 첫째는 병고침 받는 것이었고, 둘째는 앗수르의 무서운 공격을 막는 것이었다. 일생일대의 위기 앞에서 히스기야는 결사적으로 하나님께 매달렸고, 마침내 위기를 극복하는 복을 받았다.
【우산질문】 히스기야가 위기를 극복한 비결은 무엇인가?

【1대지】 히스기야는 극한의 상황에서도 결코 포기하지 않고 하나님께 기도하며 매달렸다. 목표가 있는 사람은 그 목표를 이룰 때까지 어떤 어려운 상황에서도 포기하지 않는 의지를 가져야 한다.
【2대지】 위기가 닥쳐올 때 우리가 할 수 있는 일은 하나님께 전심으로 기도드리는 것이다. 전심으로 기도하는 개인, 가정, 사회, 국가는 그 앞에 어떤 거센 파도가 몰려와도 능히 헤쳐나갈 수 있다.
【3대지】 히스기야는 병들기 전에 주 앞에서 진실과 전심으로 행하였고, 주님 보시기에 선한 일을 많이 하였다. 히스기야는 이런 일들을 행한 것을 기억해 달라고 기도했다. 위기가 닥쳐올 때 우리에게 가장 필요한 것은 전심으로 드리는 기도인데, 이러한 기도를 가능케 하는 것은 평소에 하나님과 친밀한 관계를 유지하는 데 있다.
【결론】 하나님은 히스기야의 회복을 허락하셨을 뿐만 아니라 15년의 수한 연장까지 덤으로 주셨다. 이 사건을 통하여 히스기야는 평소에 가졌던 믿음에 믿음을 더할 수 있었다.

- 절기, 용도, 장르, 특징:
- Key Word: 위기극복.
- Remarks:

본문 : **사 40:27-31**

제목 : **지치지 말아야 할 이유**
(Renew Your Strength with God's Power)

27.야곱아 어찌하여 네가 말하며 이스라엘아 네가 이르기를 내 길은 여호와께 숨겨졌으며 내 송사는
내 하나님에게서 벗어난다 하느냐 **28.**너는 알지 못하였느냐 듣지 못하였느냐 영원하신 하나님 여호
와, 땅 끝까지 창조하신 이는 피곤하지 않으시며 곤비하지 않으시며 명철이 한이 없으시며 **29.**피곤
한 자에게는 능력을 주시며 무능한 자에게는 힘을 더하시나니 **30.**소년이라도 피곤하며 곤비하며 장
정이라도 넘어지며 쓰러지되 **31.**오직 여호와를 앙망하는 자는 새 힘을 얻으리니 독수리가 날개치며
올라감 같을 것이요 달음박질하여도 곤비하지 아니하겠고 걸어가도 피곤하지 아니하리로다

1. 하나님은 영원하신 분이시므로 (= 영원하신 하나님)

28절= "너는 알지 못하였느냐 듣지 못하였느냐 영원하신 하나님 여호와, 땅 끝까지 창조하신 이는 피곤하지 않으시며 곤비하지 않으시며…"

2. 하나님은 땅 끝까지 창조하신 분이시므로 (= 창조주 하나님)

28절= "너는 알지 못하였느냐 듣지 못하였느냐 영원하신 하나님 여호와, 땅 끝까지 창조하신 이는 피곤하지 않으시며 곤비하지 않으시며…"

3. 하나님은 피곤하지도 곤비하지도 않는 분이시므로 (= 무한한 힘과 능력을 가지고 계신 하나님)

28절= "너는 알지 못하였느냐 듣지 못하였느냐 영원하신 하나님 여호와, 땅 끝까지 창조하신 이는 피곤하지 않으시며 곤비하지 않으시며…"

◈◈◈

【대지 유형】 이유 제시형 - 본문 분석형 - 대지 심화형

【주제】 (석의) 우리가 믿는 하나님은 영원하신 창조주요 전능자이시므로 우리는 지치지 말아야 한다.

【FCF】 많은 신앙인이 피상적인 믿음 때문에 쉽게 지치고 있음.

【서론】 본문은 수난과 징계 가운데 있는 하나님의 백성들에게 창조주 여호와를 향한 절대 신앙을 권면하고 위로를 주는 메시지이다. 고난 중에 있는 선민들로 하여금 하나님을 원망하며 낙심하는 대신 하나님을 절대 신뢰하도록 하

기 위하여, 여호와를 앙망하는 자는 독수리와 같은 새 힘을 얻게 될 것이라고 선언하고 있다.

【우산질문】 믿음의 사람들은 결코 지치면 안 된다. 왜 지치면 안 되는가?

【1대지】 하나님은 영원하신 분이시기에 우리는 인생을 길게 보아야 한다. 조급하면 지치게 된다. 문제가 찾아오고 어려움이 닥치면 우리는 그 문제만 보기 쉽다. 그래서 부르짖는다. "주님, 저 골치 아픈 문제 좀 보세요." 그러나 우리 주님은 말씀하신다. "문제만 보지 말고 나를 보아라. 나는 영원하다."

【2대지】 하나님은 가장 끝에 있는 것조차 창조하신 능력의 하나님이시다. 이 하나님은 극단의 위기 가운데 있는 자기 백성을 얼마든지 구원하실 수 있고 새롭게 조성하실 수 있다. 하나님께서 땅 끝까지 창조하신 권능의 하나님이시라는 믿음이 있는데, 어떻게 지칠 수 있겠는가?

【3대지】 지치지 않으시는 하나님을 옆에 모시고 있는 우리는 결코 지치지 말아야 한다. 주님이 늘 우리와 함께하시기 때문이다. 여호와를 앙망하는 자는 '능력 있는 삶'을 살게 된다. 이것은 '어떤 문제와 역경 앞에서도 좌절하지 않고 사명을 다하는 삶'이다.

【결론】 그러므로 우리는 어떤 경우에도 지치지 말아야 한다. 영원하신 하나님, 땅 끝까지 창조하신 하나님, 결코 지치지 않으시는 하나님을 믿는 우리가 아닌가!

- 절기, 용도, 장르, 특징:
- Key Word: 지치지 말라.
- Remarks:

선
지
서

본문 : **사 43:1-7**

제목 : **이스라엘의 구원자 (You Are Mine!)**

1.야곱아 너를 창조하신 여호와께서 지금 말씀하시느니라 이스라엘아 너를 지으신 이가 말씀하시느니라 너는 두려워하지 말라 내가 너를 구속하였고 내가 너를 지명하여 불렀나니 너는 내 것이라
2.네가 물 가운데로 지날 때에 내가 너와 함께 할 것이라 강을 건널 때에 물이 너를 침몰하지 못할 것이며 네가 불 가운데로 지날 때에 타지도 아니할 것이요 불꽃이 너를 사르지도 못하리니 **3.**대저 나
는 여호와 네 하나님이요 이스라엘의 거룩한 이요 네 구원자임이라 내가 애굽을 너의 속량물로, 구스와 스바를 너를 대신하여 주었노라 **4.**네가 내 눈에 보배롭고 존귀하며 내가 너를 사랑하였은즉 내가
네 대신 사람들을 내어 주며 백성들이 네 생명을 대신하리니 **5.**두려워하지 말라 내가 너와 함께 하
여 네 자손을 동쪽에서부터 오게 하며 서쪽에서부터 너를 모을 것이며 **6.**내가 북쪽에게 이르기를 내
놓으라 남쪽에게 이르기를 가두어 두지 말라 내 아들들을 먼 곳에서 이끌며 내 딸들을 땅 끝에서 오
게 하며 **7.**내 이름으로 불려지는 모든 자 곧 내가 내 영광을 위하여 창조한 자를 오게 하라 그를 내가 지었고 그를 내가 만들었느니라

1. "너는 내 것이라" 하심 (= 소유주 하나님)

1절= "야곱아 너를 창조하신 여호와께서 지금 말씀하시느니라 이스라엘아 너를 지으신 이가 말씀하시느니라 너는 두려워하지 말라 내가 너를 구속하였고 내가 너를 지명하여 불렀나니 너는 내 것이라"

2. 하나님은 위험 가운데서 자기 백성을 지키심 (= 보호자 하나님)

2절= "네가 물 가운데로 지날 때에 내가 너와 함께 할 것이라 강을 건널 때에 물이 너를 침몰하지 못할 것이며 네가 불 가운데로 지날 때에 타지도 아니할 것이요 불꽃이 너를 사르지도 못하리니"

3. 하나님은 자기 백성을 세계 각처에서 모으심 (= 회복자 하나님)

5-6절= "내가 너와 함께 하여 네 자손을 동쪽에서부터 오게 하며 서쪽에서부터 너를 모을 것이며 내가 북쪽에게 이르기를 내놓으라 남쪽에게 이르기를 가두어 두지 말라 내 아들들을 먼 곳에서 이끌며 내 딸들을 땅 끝에서 오게 하며"

◆◆◆

【대지 유형】 주제 설명형 - 본문 묶음형 - 대지 심화형

【주제】 (석의) 하나님은 자기 백성을 "내 것"이라 선포하시며 어려움 가운데서 보호하시고 고토로 회복시키신다.

【FCF】 많은 신앙인이 하나님의 보호의 손길을 의심함.

【서론】 본문은 야곱의 자손을 부르시며, 그들을 품에 안으시는 하나님의 모습이 아름답게 펼쳐지고 있다. 이스라엘을 불러내신 하나님은 오늘 예수 그리스도를 믿는 교회의 성도들을 부르시고 품에 안으시며 가까이 교제하신다.
【우산질문】 본문의 말씀을 통하여 이스라엘의 구원자요 교회의 구속자 되신 하나님의 모습을 더욱 깊이 살펴보자.

【1대지】 1절 한 절 속에 구속(救贖)의 신학(theology of redemption)이 완성되어 나타나고 있다: "내가 너를 창조했고, 조성했고, 구속했고, 너의 이름을 불렀느니라!" 이스라엘은 그리스도를 믿는 모든 성도, 곧 교회를 가리키는 말이나. 하나님은 교회의 소유권을 선포하신다: "교회는 내 것이다!"
【2대지】 하나님은 자기 백성이 물 가운데로 지날 때나 강을 건널 때 함께 하시겠다고 약속하신다. 하나님이 자기 백성을 보호하시는 두 가지 방법: 보편적인 방법, 기적의 방법. 우리가 해야 하는 것은 하나님을 붙드는 일이다.
【3대지】 이 예언은 궁극적으로는 마지막 날에 자기 백성을 모으시는 하나님의 구원 역사를 가리키는 소망의 말씀이다.
【결론】 어떤 어려움 속에서도 하나님은 우리를 지켜주시며 보호해 주실 것이다. 그리스도인에게는 좌절이나 포기가 결코 있을 수 없다. 오직 주님의 도우심이 있을 뿐이다.

- 절기, 용도, 장르, 특징:
- Key Word: 보호하심, 구원하심.
- Remarks:

본문 : **사 44:1-5**

제목 : **약속된 부흥**

1.나의 종 야곱, 내가 택한 이스라엘아 이제 들으라 **2.**너를 만들고 너를 모태에서부터 지어 낸 너를 도와 줄 여호와가 이같이 말하노라 나의 종 야곱, 내가 택한 여수룬아 두려워하지 말라 **3.**나는 목마른 자에게 물을 주며 마른 땅에 시내가 흐르게 하며 나의 영을 네 자손에게, 나의 복을 네 후손에게 부어 주리니 **4.**그들이 풀 가운데에서 솟아나기를 시냇가의 버들 같이 할 것이라 **5.**한 사람은 이르기를 나는 여호와께 속하였다 할 것이며 또 한 사람은 야곱의 이름으로 자기를 부를 것이며 또 다른 사람은 자기가 여호와께 속하였음을 그의 손으로 기록하고 이스라엘의 이름으로 존귀히 여김을 받으리라

1. "하나님의 영과 복을 후손에게 부어주리라" 하심 (= 부흥의 약속)

3절= "나는 목마른 자에게 물을 주며 마른 땅에 시내가 흐르게 하며 나의 영을 네 자손에게, 나의 복을 네 후손에게 부어 주리니"

2. "그들이 시냇가의 버들같이 솟아나리라"고 하심 (= 수많은 영혼들이 회심함, 영광스런 결과)

4절= "그들이 풀 가운데에서 솟아나기를 시냇가의 버들 같이 할 것이라"

3. 그들이 '나는 여호와께 속하였다' 할 것이라 함 (= 공개적 고백)

5절= "한 사람은 이르기를 나는 여호와께 속하였다 할 것이며 또 한 사람은 야곱의 이름으로 자기를 부를 것이며 또 다른 사람은 자기가 여호와께 속하였음을 그의 손으로 기록하고 이스라엘의 이름으로 존귀히 여김을 받으리라"

◈◈◈

【대지 유형】 주제 설명형 - 본문 분석형 - 대지 진전형

【주제】 (석의) 하나님은 이스라엘에게 성령을 부으셔서 많은 사람이 회심하리라고 약속하셨다.

【FCF】 지금은 전 교회적으로 진정한 부흥을 알지 못하는 세대임.

【서론】 하나님의 역사 중 가장 중요하고 기쁜 것은 신앙의 부흥이다. 합 3:2, "주는 주의 일을 수년 내에 부흥케 하옵소서." 부흥은 타락한 인간에게 흥분된

욕구, 갈망이 일어나 하나님께 전적으로 순종케 되는 놀라운 변화! 바벨론 포로 후 시편 기자의 노래: 시 85:6, "우리를 다시 살리사 주의 백성으로 주를 기뻐하게 아니하셨나이까?" 지금 이 시대는 부흥이 절실히 필요하다. 부흥만이 교회를 향한 비난을 말소할 수 있다. 부흥만이 교우들 간의 진실한 사랑과 신뢰를 회복할 수 있다. 부흥만이 교회를 성장시키고 은혜 안에서 성장케 한다.
【우산질문】 본문을 통해 교회들이 부흥을 경험하는 모습을 살펴보자.

【1대지】 부흥은 주님의 죽으심 - 부활 - 승천 - 성령의 부으심으로 교회 위에 주시는 주님의 축복이다. 성령님은 교회 가운데 영구히 거하신다. 동시에 우리는 우리 위에 쏟아 부으시는 성령님이 필요하다. 이 축복은 하나님의 약속으로 주어졌다. 이것이 우리 기도의 근거이다. 목마른 자에게 주시는 생수와 같다. 누구에게? 하나님의 자녀에게, 언약의 백성에게, 예수 그리스도를 믿는 성도에게.
【2대지】 성령 부으심의 결과는? 초목 위에 단비처럼 우리의 영적 생명이 강건해지고… 생명이 교회 안에 가정 안에 기도 안에 형제 우애… 시냇가의 비들같이 수많은 영혼이 회심한다. 풀 가운데서 솟아난다. 여러 계층에서 여러 경험을 가진 자들이 교회로 모인다. 참 헌신자는 오직 성령의 부으심 만으로! 만일 우리 교회가 이런 사람들로 가득 차 있다면….
【3대지】 얼마나 적극적인 모습인가! 성령의 부으심을 통해 능력이 주어지고, 공개적으로 고백하며 복음을 전하는 사역에 적극적이 된다.
【결론】 우린 우리의 목마름을 고백해야 한다. 그리고 결사적으로 구해야 한다. 우린 성령의 부으심이 간절히 필요하다. 그리고 우리의 최선을 다해야.

- 절기, 용도, 장르, 특징: 부흥설교.
- Key Word: 부흥.
- Remarks:

본문 : **사 50:4-9**
제목 : **부싯돌 같은 구속주의 얼굴 (To Set My Face Like Flint)**

4.주 여호와께서 학자들의 혀를 내게 주사 나로 곤고한 자를 말로 어떻게 도와 줄 줄을 알게 하시고 아침마다 깨우치시되 나의 귀를 깨우치사 학자들 같이 알아듣게 하시도다 **5.**주 여호와께서 나의 귀를 여셨으므로 내가 거역하지도 아니하며 뒤로 물러가지도 아니하며 **6.**나를 때리는 자들에게 내 등을 맡기며 나의 수염을 뽑는 자들에게 나의 뺨을 맡기며 모욕과 침 뱉음을 당하여도 내 얼굴을 가리지 아니하였느니라 **7.**주 여호와께서 나를 도우시므로 내가 부끄러워하지 아니하고 내 얼굴을 부싯돌 같이 굳게 하였으므로 내가 수치를 당하지 아니할 줄 아노라 **8.**나를 의롭다 하시는 이가 가까이 계시니 나와 다툴 자가 누구냐 나와 함께 설지어다 나의 대적이 누구냐 내게 가까이 나아올지어다
9.보라 주 여호와께서 나를 도우시리니 나를 정죄할 자 누구냐 보라 그들은 다 옷과 같이 해어지며 좀이 그들을 먹으리라

1. "내 얼굴을 부싯돌 같이 굳게 하였다"고 하심 (= 얼굴에 굳은 결심을 나타내심)
7절= "주 여호와께서 나를 도우시므로 내가 부끄러워하지 아니하고 내 얼굴을 부싯돌 같이 굳게 하였으므로 내가 수치를 당하지 아니할 줄 아노라"

2. 고난과 수욕을 당당하게 이겨내심 (= 모욕과 고통으로 도전받은 '굳은 결심')
6절= "나를 때리는 자들에게 내 등을 맡기며 나의 수염을 뽑는 자들에게 나의 뺨을 맡기며 모욕과 침 뱉음을 당하여도 내 얼굴을 가리지 아니하였느니라"

3. "나를 정죄하는 자는 심판을 면치 못하리라" 하심 (= 부싯돌 같은 승리의 확신)
8-9절= "… 나와 다툴 자가 누구냐 나와 함께 설지어다 나의 대적이 누구냐 내게 가까이 나아올지어다… 나를 정죄할 자 누구냐 보라 그들은 다 옷과 같이 해어지며 좀이 그들을 먹으리라"

◈◈◈

【대지 유형】 주제 설명형 - 본문 분석형 - 대지 진전형
【주제】 (석의) 선지자는 십자가 고난에 임하시는 그리스도께서 굳은 결심으로 마귀의 시험을 이기고 승리의 확신을 선포하실 것이라고 예언한다.
【FCF】 많은 신앙인에게 필요한 것은 부싯돌 같은 굳은 결심임.

【서론】 고난주간이 시작된다. 예수 그리스도께서 3년여의 공생애를 마감하시면서 배척과 모욕을 당하시고 고통 속에서 십자가에 달려 돌아가신 한 주간이다. 이사야서는 그리스도께서 받으실 고난에 대하여 마치 그것이 이미 일어난 과거의 사실처럼 과거 시제로 기록하고 있다. 저 유명한 '4대 종의 노래'(이사야 42, 49, 50, 53장)는 신약성경에서 보여주는 것과는 사뭇 다른 감동을 우리에게 안겨 준다. 본문에서 선지자는 분명한 확신을 가지고 먼 후일 그

리스도에게 일어날 일들을 과거형으로 기록하고 있다. 주님은 하나님께서 맡겨주신 인류 구속의 대업을 이루시기 위해 자신의 얼굴을 '부싯돌같이' 굳게 하셔야 했다.

【우산질문】 본문에 나타난 주님의 굳은 결심이 어떠하며, 이 결심을 꺾기 위한 마귀의 시험이 어떠했는가를 살펴보자.

【1대지】 7절은 그토록 견디기 힘든 치욕과 고난 가운데서도 여호와의 종이 그것을 극복할 수 있는 비결이 무엇인지를 말한다. 그것은 자기를 종으로 세우신 주 여호와께서 자신을 돕는다는 확신과 그 여호와께서 자신이 옳다는 사실을 확신하게 하신 것 때문이다. 주님은 여호와의 도우심과 자신의 사명을 확신한 결과 자기의 얼굴을 '부싯돌같이' 굳게 하였다고 했다. 여기 동사(굳게 하다, soom)의 문법적 용례는 '자기 스스로 자기 얼굴을 부싯돌같이 굳게 하였다'는 것을 명백히 한다. 주님이 부싯돌같이 굳게 한 것은 마음이 아니고 그의 얼굴이다. 마음으로는 죄인을 긍휼이 여기시며 인내하시고 온유하셨지만, 그의 얼굴은 단호한 결심으로 굳게 하셨다.

【2대지】 예수님의 굳은 결심은 여러 면에서 시험을 받았고, 주님은 어떤 경우에도 자신의 결심을 흐트러뜨리지 않으셨다. 주님은 엄청난 시험 속에서도 그의 얼굴을 부싯돌같이 굳게 하여 모든 시험을 이겨내셨다. 그 결심은 하나님께 받은 사명에 대한 것이다. 인류를 구원해내기 위한 속죄양으로서 자신의 목숨을 포기하고 피를 뿌려 우리의 죗값을 치루어야 하는 것에는 어떤 타협도 있을 수 없었다. 성경은 주님이 일생을 통해 계속하여 시험받았다는 것을 보여준다.

【3대지】 여호와의 종이 외치는 승리의 함성이다. 실제로 하나님은 그리스도의 의로움을 대적들 앞에서 그리스도를 부활시키심으로 입증하셨다. 본문은 여호와의 종이 지금 법정의 피고석에 서 있는 상황을 설정하고 그와 다투고 대적하는 자들을 검사로, 그를 의롭다고 말씀하시는 여호와를 변호사로 설정한다. 여기서 여호와는 단지 변호사일 뿐 아니라 최종 판단을 내리는 재판관의 자격까지 가지고 계신다. 그리고 여호와께서는 그의 종 가까이 계신다.

【결론】 주님의 얼굴은 부싯돌과 같았다. 아무도, 어떤 상황도 그의 결심을 꺾지 못했다. 우리의 굳은 결심을 가능케 하는 것은 '그리스도와의 접붙임'이고, '하나님 안에서의 신앙'이다. '성령의 충만'만이 이를 이룰 수 있다.

- 절기, 용도, 장르, 특징: 고난주간.
- Key Word: 부싯돌, 굳은 결심.
- Remarks:

본문 : **사 52:13-15; 요일 4:10**

제목 : **상하신 주님의 얼굴**

(His Appearance Was Marred More Than Any Man)

13.보라 내 종이 형통하리니 받들어 높이 들려서 지극히 존귀하게 되리라 **14.**전에는 그의 모양이 타인보다 상하였고 그의 모습이 사람들보다 상하였으므로 많은 사람이 그에 대하여 놀랐거니와 **15.**그가 나라들을 놀라게 할 것이며 왕들은 그로 말미암아 그들의 입을 봉하리니 이는 그들이 아직 그들에게 전파되지 아니한 것을 볼 것이요 아직 듣지 못한 것을 깨달을 것임이라 …… **요일 4:10.**사랑은 여기 있으니 우리가 하나님을 사랑한 것이 아니요 오직 하나님이 우리를 사랑하사 우리 죄를 위하여 화목제로 그 아들을 보내셨음이니라

1. 그의 모양이 사람들보다 상하였다고 함 (= 우리를 대신하여 겪으신 주님의 아픔과 고통)

14절= "전에는 그의 모양이 타인보다 상하였고 그의 모습이 사람들보다 상하였으므로 많은 사람이 그에 대하여 놀랐거니와"

2. 우리 죄를 위해 화목제물이 되셨다고 함 (= 우리를 향한 주님의 사랑)

요일 4:10= "사랑은 여기 있으니 우리가 하나님을 사랑한 것이 아니요 오직 하나님이 우리를 사랑하사 우리 죄를 위하여 화목제로 그 아들을 보내셨음이니라"

3. 후에는 열방을 놀라게 하실 것이라 함 (= 우리 부활의 첫열매 되신 주님의 승리)

15절= "그가 나라들을 놀라게 할 것이며 왕들은 그로 말미암아 그들의 입을 봉하리니 이는 그들이 아직 그들에게 전파되지 아니한 것을 볼 것이요 아직 듣지 못한 것을 깨달을 것임이라"

◈◈◈

【대지 유형】 주제 설명형 - 본문 수집형 - 대지 심화형

【주제】 (적용) 주님의 상하신 얼굴은 우리를 향한 주님의 사랑의 증거요 후일 부활의 위대한 승리로 마감된다.

【FCF】 많은 신앙인이 십자가 고난 메시지에 덤덤해짐.

【서론】 고난의 계절. 예수님의 십자가 고난받으심을 묵상하며 주님의 고난을 내 몸에 채우는 고난주간. 그리스도께서 당하신 고난의 깊은 의미를 묵상하지 않은

사람에게는 부활의 광명한 아침이 와도 큰 의의를 느끼지 못한다. 부활의 환희와 승리의 함성은 고통의 심연에서 절규해 본 사람만이 그 진가를 알 수 있다. 본문은 선지자 이사야가 노래한 네 편의 '여호와의 종의 노래'(42장, 49장, 50장, 53장) 중 마지막인 네 번째 종의 노래(사 52:13-53:12)의 서론 부분. 본문을 통하여 상하신 주님의 얼굴을 우리의 영혼의 눈으로 바라보자. 주님의 환한 얼굴, 자비와 인자로 넘치는 얼굴만 바라보는 것이 아니라 상하신 얼굴도 바라볼 수 있어야 한다.
【우산질문】 상하신 주님의 얼굴! 그 얼굴에 배어 있는 것은 무엇인가? 그 얼굴이 내게 주는 깨달음과 감동은 어떤 것인가?

【1대지】 '상하였고(미쉬하트)'는 '심각한 결점'(레 22:25)과 '신체적인 훼손'을 나타내는 표현. 여호와의 종의 탄생과 신분과 삶 등이 매우 비참할 것임과 정신적·육체적으로 치명적인 큰 고난을 받게 될 것임을 아우르는 표현이다. 그의 몰골은 처참하게 망가져 눈뜨고 보기에도 민망할 정도였다. 그 엄청난 육체적인 고통으로 몰골이 다 망가졌다. 일찍이 그렇게 잔인하게 다루어진 자도 없었다. 그는 우리의 죄 값을 치르기 위해 철저하게 망가져야 했다.
【2대지】 주님의 상하신 얼굴은 우리를 사랑하시기에 만들어진 얼굴이다. 주님의 망가진 모습을 묵상하면 할수록 주님께서 자신을 던져 우리를 사랑하셨음을 느낄 수 있다. 주께서 고난의 잔을 기꺼이 마신 것은 우리를 사랑하신 하나님의 사랑이 아니면 도저히 설명할 수 없다.
【3대지】 주님의 상하신 얼굴이 영원한 주님의 얼굴은 아니었다. 그 상하신 얼굴은 잠시 후 영광스런 얼굴로, 해처럼 밝은 모습으로 변하셨다. 이방 사람들이 이전에는 결코 알지 못한 것. 그것은 메시아의 구속 사역에 포함된 역설적 진리를 가리킨다. 그 진리가 무엇인가? 그것은 죽음으로써 다시 살아나며, 대신하여 죽으심으로써 많은 사람에게 생명을 주며, 철저히 낮아지심으로써 지극히 높아지는 일이다.
【결론】 주님은 오늘 우리들을 향하여 말씀하신다. 그 주님을 바라볼 때 우리가 은혜를 받고, 주님의 사랑을 느낄 수 있다. 주님의 부활을 소망하게 한다. 나의 죄를 위해 십자가의 고통을 당하신 주님의 그 상한 얼굴을 바라보는 성도가 되자.

- 절기, 용도, 장르, 특징: 고난주간.
- Key Word: 고난, 십자가.
- Remarks:

본문 : **사 55:1-5**
제목 : **주님의 초청 (Come and Be Satisfied)**

1.오호라 너희 모든 목마른 자들아 물로 나아오라 돈 없는 자도 오라 너희는 와서 사 먹되 돈 없이, 값 없이 와서 포도주와 젖을 사라 **2.**너희가 어찌하여 양식이 아닌 것을 위하여 은을 달아 주며 배부르게 하지 못할 것을 위하여 수고하느냐 내게 듣고 들을지어다 그리하면 너희가 좋은 것을 먹을 것이며 너희 자신들이 기름진 것으로 즐거움을 얻으리라 **3.**너희는 귀를 기울이고 내게로 나아와 들으라 그리하면 너희의 영혼이 살리라 내가 너희를 위하여 영원한 언약을 맺으리니 곧 다윗에게 허락한 확실한 은혜이니라 **4.**보라 내가 그를 만민에게 증인으로 세웠고 만민의 인도자와 명령자로 삼았나니
5.보라 네가 알지 못하는 나라를 네가 부를 것이며 너를 알지 못하는 나라가 네게로 달려올 것은 여호와 네 하나님 곧 이스라엘의 거룩하신 이로 말미암음이니라 이는 그가 너를 영화롭게 하였느니라

1. 목마른 자들은 와서 마시라 하심 (= 은혜의 복음에로의 초청)

1절= "너희 모든 목마른 자들아 물로 나아오라 돈 없는 자도 오라 너희는 와서 사 먹되 돈 없이, 값 없이 와서 포도주와 젖을 사라"

2. 굶주린 자들은 와서 배불리 먹으라 하심 (= 생명의 양식에로의 초청)

2절= "너희가 어찌하여 양식이 아닌 것을 위하여 은을 달아 주며 배부르게 하지 못할 것을 위하여 수고하느냐 내게 듣고 들을지어다 그리하면 너희가 좋은 것을 먹을 것이며 너희 자신들이 기름진 것으로 즐거움을 얻으리라"

3. 피곤한 자는 와서 즐거움을 얻으리라 하심 (= 영혼의 만족을 주는 믿음에로의 초청)

2절= "… 내게 듣고 들을지어다 그리하면 너희가 좋은 것을 먹을 것이며 너희 자신들이 기름진 것으로 즐거움을 얻으리라"

◆◆◆

【대지 유형】 주제 설명형 - 본문 분석형 - 대지 심화형
【주제】 (석의) 주님은 목마른 자, 굶주린 자, 피곤한 자를 초청하여 좋은 것으로 채워주신다.
【FCF】 많은 신앙인이 주님의 초청에 자원하는 마음으로 응하지 못하고 있음.

【서론】 성경은 '초청의 책'이다. 이사야 55장의 말씀은 목마른 자에게 주시는 놀라운 초청의 말씀이다. 이 위대한 초청을 위하여 그 앞장(54장)에서 위로의 말씀으로 준비하고 있다. 여기에 하나님의 풍성하신 예비가 몇 가지의 말로 나타내져 있다. 물, 포도주, 젖, 건강에 좋은 배부르게 되는 양식, 좋은 것, 기

름진 것 등. 우리들은 그리스도 안에서 모든 영적인 좋은 것들로 축복되어 있는 것이다(엡 1:3).

【우산질문】 본문을 통하여 풍성하고 복된 삶으로 우리를 초청하시는 주님의 음성에 귀 기울이자.

【1대지】 우리는 모두 하나님께서 은혜를 베푸사 새 언약을 통하여 불쌍한 영혼들을 위해 준비하신 식물을 취하도록 초대받았다. 주님의 초대를 받기 위하여 다른 아무것도 필요하지 않지만, 오직 한 가지 조건은 '목마른 자'이어야 한다는 것이다. 본문이 말하는 목마름은 육신적인 것이라기보다 깊은 내면에서 우러나오는 어떤 것이다. 목마름을 해결하기 위하여 사람들이 시도하는 많은 것들은 헛된 것일 뿐이다. 참 해결책은 오직 주님으로부터 온다. 주님께서는 "와서 생수를 마시라"고 우리를 초청하신다.

【2대지】 본문은 목마름뿐 아니라 배고픔에 대하여도 언급하고 있다. 육신의 배고픔이 양식으로 해결받듯이 영적인 기아(飢餓)는 생명의 떡(the Bread of Life)으로만 해결된다. 세상의 많은 사람이 영적 기근을 면해 보려고 노력하지만 모두 실패할 수밖에 없다. 우리의 배고픔은 오직 예수님만이 채워주실 수 있다.

【3대지】 사람들은 영혼의 만족을 얻기 위하여 많은 노력을 기울이고 있다. 그런데 '양식 아닌 것을 위하여 은을 달아주는' 어리석은 사람들이 많다. '배부르게 못할 것을 위하여 수고하는' 불쌍한 사람들이 많다. 영혼의 만족은 그리스도를 믿는 믿음을 통하여 온다. 그 외 어떤 다른 길도 우리를 속이는 길일 뿐이다. 주님만이 우리의 길이요 진리요 생명이다. 그런데 자신의 영혼의 상태가 기아로 인해 빈사지경에 있는데도 그 사실조차 알지 못하는 자들을 어떻게 주님께로 인도할 수 있을까?

【결론】 우리 모두는 주님의 잔치에 초대된 복된 자들이다. 여기에는 우리의 목마름을 해갈시켜줄 생수가 있다. 우리를 배불리 먹여줄 양식이 풍부하다. 우리의 영혼을 만족시켜줄 영적 양식을 얼마든지 얻을 수 있다. 우리는 값없이 제공되는 풍성한 잔치에 초대되었다. 우리는 주님의 약속의 말씀을 믿는 주님의 백성들이다. 그러므로, 우리 모두는 주위의 굶주리고 목마른 자들을 주님께로 인도해야겠다.

- 절기, 용도, 장르, 특징:
- Key Word: 초청, 목마른 자.
- Remarks:

선
지
서

본문 : **사 55:3-9**

제목 : **하나님의 용서, 인간의 용서**
(Contrasting Human and Divine Pardon)

3.너희는 귀를 기울이고 내게로 나아와 들으라 그리하면 너희의 영혼이 살리라 내가 너희를 위하여
영원한 언약을 맺으리니 곧 다윗에게 허락한 확실한 은혜이니라 **4.**보라 내가 그를 만민에게 증인으
로 세웠고 만민의 인도자와 명령자로 삼았나니 **5.**보라 네가 알지 못하는 나라를 네가 부를 것이며
너를 알지 못하는 나라가 네게로 달려올 것은 여호와 네 하나님 곧 이스라엘의 거룩하신 이로 말미암
음이니라 이는 그가 너를 영화롭게 하였느니라 **6.**너희는 여호와를 만날 만한 때에 찾으라 가까이 계
실 때에 그를 부르라 **7.**악인은 그의 길을, 불의한 자는 그의 생각을 버리고 여호와께로 돌아오라 그
리하면 그가 긍휼히 여기시리라 우리 하나님께로 돌아오라 그가 너그럽게 용서하시리라 **8.**이는 내
생각이 너희의 생각과 다르며 내 길은 너희의 길과 다름이니라 여호와의 말씀이니라 **9.**이는 하늘이
땅보다 높음 같이 내 길은 너희의 길보다 높으며 내 생각은 너희의 생각보다 높음이니라

1. 하나님의 길과 생각은 인간의 그것보다 높다 함 (= 하나님과 인간 사이의 본질적 차이)

9절= “하늘이 땅보다 높음 같이 내 길은 너희의 길보다 높으며 내 생각은 너희의 생각보다 높음이니라”

2. 하나님은 악인도 너그럽게 용서하신다 함 (= 용서의 범위와 정도)

7절= “악인은 그의 길을, 불의한 자는 그의 생각을 버리고 여호와께로 돌아오라 그리하면 그가 긍휼히 여기시리라 우리 하나님께로 돌아오라 그가 너그럽게 용서하시리라”

3. 하나님께로 돌아오라고 부르심 (= 용서자 하나님의 넓은 가슴)

7절= “여호와께로 돌아오라… 우리 하나님께로 돌아오라”

◆◆◆

【대지 유형】 주제 설명형 - 본문 수집형 - 대지 연결형

【주제】 (석의) 하나님의 용서는 그 범위와 정도에 있어 인간의 용서와는 차원이 다르다.

【FCF】 많은 신앙인이 하나님의 용서를 받았으면서도 작은 것들을 용서하지 못하고 있음.

【서론】 용서 중에 가장 중요한 것은 죄의 용서이다. 이것은 복음이 가져다주는 모든 특권의 기본적인 축복이기 때문이다. 본문에는 하나님께서 이 용서의 축복을 얼마나 풍성하게 주시는 분인가를 잘 묘사하고 있다. 7절에 "그가 널리 용서하시리라"고 했다. 그러므로 우리 인간들이 기댈 곳은 '널리 용서하시는' 하나님의 긍휼하신 마음뿐이다.
【우산질문】 먼저 용서의 주체로서의 하나님과 용서를 받아야 하는 인간과의 본질적인 차이를 알아보고, 그 각각의 용서의 범위와 정도를 대조해보면서, 하나님의 용서가 얼마나 크고 넓은가를 살펴보자.

【1대지】 하나님과 인간 모두 누군가를 용서할 수 있는 존재이다. 그러나 양자 간에는 절대로 메울 수 없는 간격과 불균형이 있고, 그 차이는 다른 어떤 것으로도 비유할 수 없을 만큼 크고 깊다. 하나님은 영원하시고 스스로 존재하신다. 그분 앞에 우리는 한갓 먼지와 같고, 벌레와 같고, 마른 막대기에 불과한 존재들이다. 하나님은 모든 죄와 허물에서 자유하신 분이다. 그분은 어떤 작은 죄라도 처벌하실 수 있는 모든 자격과 권리를 갖고 계신다. 그럼에도 불구하고 우리 하나님은 "널리 용서하시는" 하나님이시다. 우리는 이 하나님 앞에 겸손할 따름이다!
【2대지】 하나님께서 당신께 범죄한 인류를 용서해 주시는 것은 그 범위와 정도에 있어서 사람의 용서와는 비교할 수 없다. 사람은 용서할 때 어려움을 겪는다. 자기 속에 여러 가지 복잡한 감정과 정욕들을 억누르지 않고서는 용서할 수가 없기 때문이다. 그러나 우리 하나님은 용서를 베푸시는 데에 아무런 어려움을 갖지 않으신다. 하나님은 죄인을 용서하시되 기쁨으로 하신다.
【3대지】 본문의 초청 대상은 뜻밖에도 '악인'이요 '불의한 자'이다. 비록 악인일지라도, 비록 불의한 자일지라도 생각을 버리고 하나님께로 돌아오면 긍휼에 풍성하신 하나님께서 '널리' 용서하실 것이다. 우리는 용서자 하나님의 넓은 가슴에 마음껏 안겨야 한다. 그분의 넓은 품은 인생의 그것과는 차원이 다르다.
【결론】 우리가 믿는 하나님은 이처럼 영광스럽고 이처럼 좋으신 분이다. 주의 선하심이 얼마나 부요하며 주의 자비하심이 얼마나 큰지! 이를 위해 예수께서 오셨다. 이제 우리는 하나님의 넓은 가슴을 배워야겠다. 우리의 용서의 폭을 더욱 넓혀야겠다.

- 절기, 용도, 장르, 특징:
- Key Word: 용서.
- Remarks:

본문 : **사 64:1-12**

제목 : **위기를 만난 교회의 기도 (Rend the Heavens and Come Down)**

1.원하건대 주는 하늘을 가르고 강림하시고 주 앞에서 산들이 진동하기를 **2.**불이 섶을 사르며 불이 물을 끓임 같게 하사 주의 원수들이 주의 이름을 알게 하시며 이방 나라들로 주 앞에서 떨게 하옵소서 **3.**주께서 강림하사 우리가 생각하지 못한 두려운 일을 행하시던 그 때에 산들이 주 앞에서 진동하였사오니 **4.**주 외에는 자기를 앙망하는 자를 위하여 이런 일을 행한 신을 옛부터 들은 자도 없고 귀로 들은 자도 없고 눈으로 본 자도 없었나이다 **5.**주께서 기쁘게 공의를 행하는 자와 주의 길에서 주를 기억하는 자를 선대하시거늘 우리가 범죄하므로 주께서 진노하셨사오며 이 현상이 이미 오래 되었사오니 우리가 어찌 구원을 얻을 수 있으리이까 **6.**무릇 우리는 다 부정한 자 같아서 우리의 의는 다 더러운 옷 같으며 우리는 다 잎사귀 같이 시들므로 우리의 죄악이 바람 같이 우리를 몰아가나이다 **7.**주의 이름을 부르는 자가 없으며 스스로 분발하여 주를 붙잡는 자가 없사오니 이는 주께서 우리에게 얼굴을 숨기시며 우리의 죄악으로 말미암아 우리가 소멸되게 하셨음이니이다 **8.**그러나 여호와여, 이제 주는 우리 아버지시니이다 우리는 진흙이요 주는 토기장이시니 우리는 다 주의 손으로 지으신 것이니이다 **9.**여호와여, 너무 분노하지 마시오며 죄악을 영원히 기억하지 마시옵소서 구하오니 보시옵소서 보시옵소서 우리는 다 주의 백성이니이다 **10.**주의 거룩한 성읍들이 광야가 되었으며 시온이 광야가 되었으며 예루살렘이 황폐하였나이다 **11.**우리 조상들이 주를 찬송하던 우리의 거룩하고 아름다운 성전이 불에 탔으며 우리가 즐거워하던 곳이 다 황폐하였나이다 **12.**여호와여 일이 이러하거늘 주께서 아직도 가만히 계시려 하시나이까 주께서 아직도 잠잠하시고 우리에게 심한 괴로움을 받게 하시려나이까

1. "원하건대 주는 하늘을 가르고 강림하소서"라고 부르짖음 (= 주님의 강림을 간구)

1-2절= "원하건대 주는 하늘을 가르고 강림하시고… 주의 원수들이 주의 이름을 알게 하시며 이방 나라들로 주 앞에서 떨게 하옵소서"

2. "우리가 범죄하므로 주께서 진노하셨습니다"라고 고백함 (= 회개의 기도)

5절= "… 우리가 범죄하므로 주께서 진노하셨사오며 이 현상이 이미 오래 되었사오니 우리가 어찌 구원을 얻을 수 있으리이까"

3. "그러나 여호와여, 이제 주는 우리 아버지시니이다"라고 호소함 (= 언약에 근거한 기도)

8절= "그러나 여호와여, 이제 주는 우리 아버지시니이다 우리는 진흙이요 주는 토기장이시니 우리는 다 주의 손으로 지으신 것이니이다"

◈◈◈

【대지 유형】 주제 적용형 – 본문 묶음형 – 대지 연결형

【주제】 (적용) 위기를 만난 교회는 주님의 강림을 간구하며 언약에 근거하여

회개의 기도를 드려야 한다.
【FCF】 많은 교회가 위기를 당하여도 언약의 하나님께 효과적인 기도를 드리지 못하고 있음.

【서론】 대림절기. 본문에서 유다 왕국이 죄악 때문에 멸망으로 가고 있다(사 64장). 예루살렘 훼파, 성전 소멸, 바벨론 포로! 국가적 위기에서 간절한 기도가 필요하다. 인간은 연약한 존재이다. 범죄에 취약. 하나님의 진노와 심판에 노출. 회개할 수 있는 종교성이 있고, 하나님의 은혜와 구원을 받을 수 있는 존재임. 사 64장은 죄의 노예된 인간이 어떻게 해야 할 것을 가르쳐준다. 북핵 위협에 노출된 한국교회, 북한 동포들의 인권탄압.
【우산질문】 이때 우리는 무엇을 어떻게 해야 하나?

【1대지】 죄악 세력에 붙잡혀 고통당하는 죄인들의 소망은 하나님이 찾아오셔서 구원해 주시는 것. 이스라엘의 고통스런 부르짖음을 들으신 여호와. 우리 민족의 고통을 결코 외면하지 않으신다.
【2대지】 죄인들의 근본적인 부르짖음은 하나님께 고백하는 회개의 기도이다. "우리는 다 부정한 자 같아서 우리의 의는 다 더러운 옷 같으며 우리는 다 잎사귀 같이 시들므로 우리의 죄악이 바람같이 우리를 몰아가나이다"(6절). "주의 이름을 부르는 자가 없으며 스스로 분발하여 주를 붙잡는 자가 없사오니 이는 주께서 우리에게 얼굴을 숨기시며 우리의 죄악으로 말미암아 우리가 소멸되게 하셨음이니이다"(7절). "화로다 나여!"(사 6:5).
【3대지】 "아바, 아버지여"라고 부르짖으라. 탕자와 같은 심정으로 겸손히 호소하라. 죄인이 하나님 앞에서 언약의 관계를 근거로 부르짖는 호소. 10절, "주의 거룩한 성읍들이 광야가 되었으며 시온이 광야가 되었으며 예루살렘이 황폐하였나이다."
【결론】 그 옛날 이스라엘처럼 지금 우리 민족은 하나님의 긍휼을 입고 있는 동시에 하나님의 진노와 심판 앞에 서 있다. 원하건대 주는 하늘을 가르고 강림하시라고 부르짖어 기도하자.

- **절기, 용도, 장르, 특징:** 대림절기.
- Key Word: 강림.
- Remarks:

선지서

본문 : **사 65:17-25**

제목 : **회복되는 새 하늘과 새 땅**

17.보라 내가 새 하늘과 새 땅을 창조하나니 이전 것은 기억되거나 마음에 생각나지 아니할 것이라
18.너희는 내가 창조하는 것으로 말미암아 영원히 기뻐하며 즐거워할지니라 보라 내가 예루살렘을
즐거운 성으로 창조하며 그 백성을 기쁨으로 삼고 **19.**내가 예루살렘을 즐거워하며 나의 백성을 기
뻐하리니 우는 소리와 부르짖는 소리가 그 가운데에서 다시는 들리지 아니할 것이며 **20.**거기는 날
수가 많지 못하여 죽는 어린이와 수한이 차지 못한 노인이 다시는 없을 것이라 곧 백 세에 죽는 자를
젊은이라 하겠고 백 세가 못되어 죽는 자는 저주 받은 자이리라 **21.**그들이 가옥을 건축하고 그 안에
살겠고 포도나무를 심고 열매를 먹을 것이며 **22.**그들이 건축한 데에 타인이 살지 아니할 것이며 그
들이 심은 것을 타인이 먹지 아니하리니 이는 내 백성의 수한이 나무의 수한과 같겠고 내가 택한 자
가 그 손으로 일한 것을 길이 누릴 것이며 **23.**그들의 수고가 헛되지 않겠고 그들이 생산한 것이 재
난을 당하지 아니하리니 그들은 여호와의 복된 자의 자손이요 그들의 후손도 그들과 같을 것임이라
24.그들이 부르기 전에 내가 응답하겠고 그들이 말을 마치기 전에 내가 들을 것이며 **25.**이리와 어린
양이 함께 먹을 것이며 사자가 소처럼 짚을 먹을 것이며 뱀은 흙을 양식으로 삼을 것이니 나의 성산
에서는 해함도 없겠고 상함도 없으리라 여호와께서 말씀하시니라

1. 새 하늘과 새 땅을 창조한다 하심 (= 새 하늘과 새 땅의 비전)

17절= "보라 내가 새 하늘과 새 땅을 창조하나니 이전 것은 기억되거나 마음에 생각나지 아니할 것이라"

2. 그곳은 장수, 평강의 삶, 정의가 강물처럼 흐르는 사회가 될 것임 (= 강력한 위로의 약속)

20-23절= "그들이 가옥을 건축하고 그 안에 살겠고 포도나무를 심고 열매를 먹을 것이며, 그들이 건축한 데에 타인이 살지 아니할 것이며 그들이 심은 것을 타인이 먹지 아니하리니 이는 내 백성의 수한이 나무의 수한과 같겠고 내가 택한 자가 그 손으로 일한 것을 길이 누릴 것이며, 그들의 수고가 헛되지 않겠고 그들이 생산한 것이 재난을 당하지 아니하리니 그들은 여호와의 복된 자의 자손이요 그들의 후손도 그들과 같을 것임이라"

3. 주님은 우리의 기도에 신속한 응답을 약속하심 (= 큰 기도, 믿음의 기도가 필요함. 새 시대의 특징)

24절= "그들이 부르기 전에 내가 응답하겠고 그들이 말을 마치기 전에 내가 들을 것이며"

◈◈◈

【대지 유형】 주제 설명형 – 본문 묶음형 – 대지 진전형
【주제】 (적용) 주님은 새로운 사회, 새로운 주님과의 관계가 시작되는 새 하늘과 새 땅을 여신다.
【FCF】 현세에 치우쳐 새 하늘과 새 땅의 비전에 마음을 닫아걸고 있는 현대 교회의 세속화.

【서론】 지금은 내일을 알 수 없는 시대이다. 이런 때 우리 그리스도인들의 꿈은 거기서 더 나아가야 한다. 우리가 이루어나가야 하는, 꿈꾸는 새 하늘과 새 땅은 어떤 곳인가? 본문의 영광스런 시온성의 비전 제시.
【우산질문】 우리는 이 민족의 심성 속에 새 하늘과 새 땅을 이루기 위해 무엇을 해야 하는가?

【1대지】 17-19절, 우리는 이 비전을 잃지 말아야 한다. 새 하늘과 새 땅을 창조한다는 말씀 세 번씩이나. 이전 것은 기억나지 않을 정도임. 우리가 신약시대에 살고 있음을 감사하자. 주님은 이미 새 하늘과 새 땅을 시작하셨다. 그리고 이제 재림하여 천년왕국을 시작하실 것이다. 놀라운 비전이다.
【2대지】 선지자의 메시지 저변에 흐르는 위로의 음성을 듣자. 메시아 왕국이 시작되어 하나님의 복이 남은 자(the remnant)에게 미쳐지면 20-23절이 이루어진다. 신앙의 선진들은 이런 수준에서 살았다. 현실이 어둡고 실망스럽더라도 주님의 약속의 말씀을 믿어야.
【3대지】 그러므로 우리 모두 하나님의 통치가 민족의 심령 속에 이뤄지기를 믿음으로 기도해야겠다. 24절= 주님의 신속한 응답, 새 시대의 특징. (예: John Knox의 큰 기도, "나에게 Scotland를 주시옵소서. 그렇지 않으면 내 생명을 취하여 가소서.") 렘 33:3, "너는 내게 부르짖으라… 크고 비밀한 일을…"
【결론】 인류 역사는 반드시 하나님의 계획과 섭리대로 이루어진다.

- 절기, 용도, 장르, 특징: 종말론.
- Key Word: 새 하늘과 새 땅.
- Remarks:

본문 : **렘 1:4-10**
제목 : **예레미야에게 임한 하나님의 말씀**

4.여호와의 말씀이 내게 임하니라 이르시되 **5.**내가 너를 모태에 짓기 전에 너를 알았고 네가 배에서 나오기 전에 너를 성별하였고 너를 여러 나라의 선지자로 세웠노라 하시기로 **6.**내가 이르되 슬프도소이다 주 여호와여 보소서 나는 아이라 말할 줄을 알지 못하나이다 하니 **7.**여호와께서 내게 이르시되 너는 아이라 말하지 말고 내가 너를 누구에게 보내든지 너는 가며 내가 네게 무엇을 명령하든지 너는 말할지니라 **8.**너는 그들 때문에 두려워하지 말라 내가 너와 함께 하여 너를 구원하리라 나 여호와의 말이니라 하시고 **9.**여호와께서 그의 손을 내밀어 내 입에 대시며 여호와께서 내게 이르시되 보라 내가 내 말을 네 입에 두었노라 **10.**보라 내가 오늘 너를 여러 나라와 여러 왕국 위에 세워 네가 그것들을 뽑고 파괴하며 파멸하고 넘어뜨리며 건설하고 심게 하였느니라 하시니라

1. "내가 너를 성별하여 선지자로 세웠노라" 하심 (= 새로운 사명 주심)
5절= "내가 너를 모태에 짓기 전에 너를 알았고 네가 배에서 나오기 전에 너를 성별하였고 너를 여러 나라의 선지자로 세웠노라 하시기로"

2. "너는 가서 명령대로 말하라" 하심 (= 사명 실천)
7절= "여호와께서 내게 이르시되 너는 아이라 말하지 말고 내가 너를 누구에게 보내든지 너는 가며 내가 네게 무엇을 명령하든지 너는 말할지니라"

3. "내가 너와 함께 하여 너를 구원하리라" 하심 (= 하나님의 보호를 확신)
8절= "너는 그들 때문에 두려워하지 말라 내가 너와 함께 하여 너를 구원하리라"

4. "보라 내가 내 말을 네 입에 두었노라" 하심 (= 능력의 역사가 함께 하심)
9절= "여호와께서 그의 손을 내밀어 내 입에 대시며 여호와께서 내게 이르시되 보라 내가 내 말을 네 입에 두었노라"

◆◆◆

【대지 유형】 주제 설명형 - 본문 묶음형 - 대지 진전형
【주제】 (석의) 하나님은 예레미야를 선지자로 세워 힘을 주시며 주의 말씀을 전하라 하셨다.
【FCF】 많은 신앙인이 하나님이 주신 사명과 하나님의 능력을 깨닫지 못하고 있음.

【서론】 하나님은 예레미야에게 말씀을 맡아 전달하는 선지자로 살라고 하신다. 예레미야의 목표는 하나님 말씀을 전달하는 데 있다. 하나님은 우리 모두를 분명한 목표를 가지고 만드셨다. 여러분은 지금 어떤 인생을 살아가고 있나? 본문에서 하나님은 예레미야에게 인생의 목표, 할 일, 보호의 약속 등을 말씀하신다.
【우산질문】 선지자에게 주신 하나님의 말씀을 살펴보자.

【1대지】 택함 받고 구원받은 백성은 사명도 받는다. 하나님은 예레미야를 열방의 선지자로 세우셨다. 당신은 새로운 사명을 받았나? 그것이 작아보여도 영광으로 여기고 최선을 다하자.
【2대지】 가서 말하라! 직분을 받는 것도 중요하지만 그것을 실천하여 직분을 감당하는 것이 중요하다. 아무리 큰 은혜를 받았어도 사명감당하지 못하면 하나님의 역사 속에서 사라진다. 성도의 입술은 찬송·전도·기도하는 입술이어야. 행동하는 양심이 되어야.
【3대지】 사명자에게 두려움이 없어야. 하나님은 사명 감당하려는 성도를 지켜주신다. 예레미야를 온갖 어려움 속에서 지켜주셨다.
【4대지】 예레미야의 입은 어린아이의 입. 이제는 능력의 말씀을 선포하는 하나님의 입이 되었다. 하나님의 말씀은 능력이요 복음이다. 치유와 심판과 축복의 말씀이다.
【결론】 우린 정말 중요한 존재가 되었다. 사명자가 되었다. 실천이 중요하다. 주님의 보호하심을 믿고 나가자. 사명을 감당하는 성공적인 인생….

- 절기, 용도, 장르, 특징:
- Key Word: 사명자.
- Remarks:

본문 : **렘 4:19-22, 31; 5:1**
제목 : **예레미야의 '한 사람'**

19.슬프고 아프다 내 마음속이 아프고 내 마음이 답답하여 잠잠할 수 없으니 이는 나의 심령이 나팔
소리와 전쟁의 경보를 들음이로다 **20.**패망에 패망이 연속하여 온 땅이 탈취를 당하니 나의 장막과
휘장은 갑자기 파멸되도다 **21.**내가 저 깃발을 보며 나팔 소리 듣기를 어느 때까지 할꼬 **22.**내 백성
은 나를 알지 못하는 어리석은 자요 지각이 없는 미련한 자식이라 악을 행하기에는 지각이 있으나 선
을 행하기에는 무지하도다 …… **31.**내가 소리를 들은즉 여인의 해산하는 소리 같고 초산하는 자의
고통하는 소리 같으니 이는 시온의 딸의 소리라 그가 헐떡이며 그의 손을 펴고 이르기를 내게 화가
있도다 죽이는 자로 말미암아 나의 심령이 피곤하도다 하는도다 …… **5:1.**너희는 예루살렘 거리로
빨리 다니며 그 넓은 거리에서 찾아보고 알라 너희가 만일 정의를 행하며 진리를 구하는 자를 한 사
람이라도 찾으면 내가 이 성읍을 용서하리라

1. 예레미야는 조국의 멸망을 예언하는 안타까운 사역을 감당해야 했음 (= 우리의 경우와 흡사함)

19-20절= "슬프고 아프다 내 마음속이 아프고 내 마음이 답답하여 잠잠할 수 없으니 이는 나의 심령이 나팔 소리와 전쟁의 경보를 들음이로다 패망에 패망이 연속하여 온 땅이 탈취를 당하니 나의 장막과 휘장은 갑자기 파멸되도다"

2. 예레미야는 백성을 인하여 아파했음 (= 민족의 어리석음과 멸망의 그림자를 인해 고통스러워 함)

19절= "슬프고 아프다 내 마음속이 아프고 내 마음이 답답하여 잠잠할 수 없으니 이는 나의 심령이 나팔 소리와 전쟁의 경보를 들음이로다"

3. 하나님은 예레미야에게 공의와 진리의 '한 사람'을 찾으라고 하심 (= 나라를 구할 '한 사람', 예수님을 닮은 그 '한 사람')

1절= "너희는 예루살렘 거리로 빨리 다니며 그 넓은 거리에서 찾아보고 알라 너희가 만일 정의를 행하며 진리를 구하는 자를 한 사람이라도 찾으면 내가 이 성읍을 용서하리라"

◈◈◈

【대지 유형】 주제 설명형 - 본문 수집형 - 대지 진전형
【주제】 (석의) 하나님은 죄악된 백성을 향한 하나님의 진노를 막아낼 '한 사람'을 찾으신다.

【FCF】 공의와 진리를 행하는 그 '한 사람'을 찾기가 쉽지 않음.

【서론】 나라의 위기, 개인과 가정의 위기를 만날 때 그리스도인들은 성경으로 가야 한다. 성경에서 우리의 나아갈 길을 찾아야. 특히 예레미야서가 주는 교훈이 크다.
【우산질문】 예레미야서와 본문을 통해 나라와 민족을 위한 기도의 제목을 찾자.

【1대지】 눈물의 선지자 예레미야. 민족을 지극히 아끼고 사랑했지만, 조국의 멸망은 기정사실화 된 것. 우리나라의 경우도 예외가 아니다. 재산 가진 자들의 횡포, 뇌물, 전통과 민속의 가면 아래 자행되는 우상 숭배… 예레미야에게 수신 해결책 4:1-2,"이스라엘아 내게로 돌아오라…" 그러나 이스라엘은 우둔한 민족이었다(4:22, "악을 행하기에는 지각이 있으나 선을 행하기에는 무지한 백성들이라.") 문제 해결의 첫걸음은 그리스도인들이 중심이 되어 하나님의 음성에 귀를 기울이는 것.
【2대지】 하나님의 회복의 약속에도 회개치 않는 민족을 보며 아파하는 선지자. 오늘 우리 교회들과 교계 지도자들의 자세는? 미스바로 모여 회개하며 나라와 민족을 위해, 한국교회의 부흥을 위해 기도해야 한다.
【3대지】 공의와 진리의 한 사람은 어디에 있나? 예레미야 선지자는 바로 그 한 사람을 찾을 수가 없었다. 창 18장의 아브라함의 심정(소돔 백성을 위한)을 살펴보라. 우리 민족의 상황은 어떤가? 지금의 어려운 난국 속에서 그 한 사람을 찾고 계신다. 우리 예수님이야말로 하나님이 요구하시는 바로 그분이다. 예수님 닮은 사람. 이 민족을 구할 사람.
【결론】 민족을 위해 기도하기 전에 여러분 자신을 위해 기도하라. "하나님이 찾으시는 바로 그 사람이 되기를 원합니다."

- 절기, 용도, 장르, 특징:
- Key Word: 한 사람.
- Remarks:

본문 : **렘 8:18-22**

제목 : **길르앗의 유향과 의사 (Gilead's Balm and Phsicians)**

18.슬프다 나의 근심이여 어떻게 위로를 받을 수 있을까 내 마음이 병들었도다 **19.**딸 내 백성의 심
히 먼 땅에서 부르짖는 소리로다 여호와께서 시온에 계시지 아니한가, 그의 왕이 그 가운데 계시지
아니한가 그들이 어찌하여 그 조각한 신상과 이방의 헛된 것들로 나를 격노하게 하였는고 하시니
20.추수할 때가 지나고 여름이 다하였으나 우리는 구원을 얻지 못한다 하는도다 **21.**딸 내 백성이 상
하였으므로 나도 상하여 슬퍼하며 놀라움에 잡혔도다 **22.**길르앗에는 유향이 있지 아니한가 그 곳에
는 의사가 있지 아니한가 딸 내 백성이 치료를 받지 못함은 어찌 됨인고

1. 첫 번째 질문: "길르앗에는 유향이 있지 아니한가?"
(= 병든 영혼을 위한 완전한 치료약: 말씀, 보혈)

1) 하나님의 말씀은 병든 영혼의 치료약이다.
2) 예수님의 보혈은 병든 영혼을 치료하는 유향이다.

2. 두 번째 질문: "그곳에는 의사가 있지 아니한가?"
(= 고통받는 영혼을 위한 의사이신 예수님)

1) 의사로서 예수님은 무한한 지식의 소유자이시다.
2) 그분은 말할 수 없이 자비로우신 분이시다.
3) 그분은 언제 어디서나 찾아뵐 수 있는 분이시다.
4) 예수님은 모든 질병을 치유할 수 있는 능력을 갖추신 분이시다.
5) 주님의 은혜로운 부르심을 보라.

"너희 목마른 자들아 물로 나아오라 돈 없는 자도 오라. 너희는 와서 사 먹되 돈 없이, 값 없이 와서 포도주와 젖을 사라(사 55:1).

3. 세 번째 질문: "딸 내 백성이 치료를 받지 못함은 어찜인고?"
(= 그 이유: 병든 사람 자체에 있음)

1) 많은 이들은 스스로 건강하다고 자부하며, 치료를 필요로 하지 않고 있다.
2) 많은 이들은 자신의 병이 위험하지 않다고 결론 짓고, 따라서 무관심하다.
3) 어떤 이들은 스스로 고치려 노력은 하되, 예수님에 대하여는 관심이 없다.
4) 또 어떤 이들은 고침 받기를 원하지만, 도덕적인 나태함이나 무관심 때문에 실패하고 있다.

◈◈◈

【대지 유형】 주제 증명형 - 본문 묵상형 - 대지 진전형
【주제】 (적용) 우리에게는 완전한 치료약인 말씀과 보혈이 있고 완전한 의사인 예수님이 계셔서 우리의 근본 문제를 치료받을 수 있다.
【FCF】 죄로 인해 병든 현대인이 자기의(自己義)나 나태함으로 치료받지 못하고 있음.

【서론】 유다의 부패는 총체적이었으며, 회개의 여지가 없는 암울한 상황이었음= 오늘 한국교회의 현상. 선지자는 조국의 슬픈 현실을 보고 부르짖는다.
【우산질문】 선지자가 제기한 세 가지 질문에 새 언약으로 답해보자.

【1대지】 유향= 치료약. 주님의 말씀과 보혈은 길르앗의 유향과는 비교되지 않는 완전한 치료약이다.
【2대지】 절대로 잊어서는 안 된다. 우리에게는 고통받는 영혼을 위한 완전한 의사가 계신다. 우리에게 필요한 분은 길르앗의 엉터리 의사들이 아니라 새 언약의 중보이신 예수 그리스도이시다.
【3대지】 죽음에 이르는 이 무서운 질병을 속히 고침 받는 것이야말로 가장 시급한 것이 아니겠는가?
【결론】 위대한 의사이신 예수님은 완전한 의약인 말씀과 보혈로 모든 죄인들을 치유하신다.

- 절기, 용도, 장르, 특징: 상징주의 해석.
- Key Word: 말씀, 보혈, 의사, 치료.
- Remarks:

본문 : **렘 18:1-6**
제목 : **토기장이의 손 안에서 (In the Hands of the Master Potter)**

1.여호와께로부터 예레미야에게 임한 말씀에 이르시되 **2.**너는 일어나 토기장이의 집으로 내려가라 내가 거기에서 내 말을 네게 들려 주리라 하시기로 **3.**내가 토기장이의 집으로 내려가서 본즉 그가 녹로로 일을 하는데 **4.**진흙으로 만든 그릇이 토기장이의 손에서 터지매 그가 그것으로 자기 의견에 좋은 대로 다른 그릇을 만들더라 **5.**그 때에 여호와의 말씀이 내게 임하니라 이르시되 **6.**여호와의 말씀이니라 이스라엘 족속아 이 토기장이가 하는 것 같이 내가 능히 너희에게 행하지 못하겠느냐 이스라엘 족속아 진흙이 토기장이의 손에 있음 같이 너희가 내 손에 있느니라

1. 쓰레기 더미에서 토기장이의 집으로 (= 부르심, 세상에서 교회로)

2. 녹로(轆轤)에서 선반 위로 (= 기름 부으심과 시련의 시기)

3, 4절= "내가 토기장이의 집으로 내려가서 본즉 그가 녹로로 일을 하는데 진흙으로 만든 그릇이 토기장이의 손에서 터지매 그가 그것으로 자기 의견에 좋은 대로 다른 그릇을 만들더라"

3. 1차 불가마에서 2차 불가마로 (= 불시험과 연단)

◈◈◈

【대지 유형】 주제 함축형 - 본문 묵상형 - 대지 진전형
【주제】 (적용) 토기장이가 토기를 만들 듯이 하나님은 우리를 불러 연단을 통하여 아름다운 신앙의 그릇을 빚어내신다.
【FCF】 현대교회 많은 교인은 불시험의 연단을 견디지 못함.

【서론】 참 신앙인의 진정한 소망은 성령의 기름 부으심(His Anointing)을 마음껏 받는 데 있다. 그리스도인의 삶은 주님의 임재가 있을 때 넘치는 활력을 경험하게 되고, 주님의 기름 부으심이 있을 때 기적을 체험하게 된다. 주님의 기름 부으심은 하나님께서 성도에게 주시는 최상의 선물이다. 그런데 기름 부음에는 댓가가 필요하다. 우리는 기꺼이 자기 십자가를 지고 자원하여 주님을 따라나서야 한다. 주님은 제자의 길을 따라나서는 성도에게 성령으로 기름을 부어 주신다. 본문은 주님께서 자기 제자를 어떻게 연단시켜 멋진 일꾼으로 만들어 가시는가 하는 것에 대한 말씀이다. 토기장이가 자기 마음에 원하는 대로 진흙을 가지고 토기를 만들듯이, 주님은 자기의 종들을 아름다운 그릇으로 빚으신다.

【우산질문】 말씀을 따라서 진흙이 아름다운 그릇으로 탄생하게 되는 긴 여행에 함께 동행하자.

【1대지】 우리가 죄의식으로 고민하며 고통 가운데서 부르짖을 때 주님이 오셔서 말씀하신다: "나는 너의 삶을 위해 비전을 가지고 있다." 그리고 주님은 우리를 토기장이의 집인 교회로 데려오신다. 하나님의 집의 여러 종류의 그릇들: 주의 말씀을 쏟아 붓는 주전자, 말씀의 떡과 고기를 담는 큰 접시, 치료의 기름을 담는 기름병도, 발 씻는 대야, 왕의 침실을 장식하는 꽃병, 성령의 열매를 가득 담아내는 과일 바구니. 쓰레기 더미에 묻혀 있다가 기적적으로 토기장이의 집으로 옮겨진 깨어진 그릇과 같은 우리는 이제 부서져서 변화받는 긴 여행을 시작한다. 토기장이는 돌을 들어 깨어진 조각을 부서뜨리기 시작한다. 깨어진 조각들은 비명을 지르며 울부짖을 수도 있다.
【2대지】 토기장이는 이제 물에 이겨진 가루를 녹로(= 물레바퀴, Spinninig Wheel) 위에 올려놓고 그릇을 만들기 시작한다. 주님은 으깨어져 가루가 된 우리를 하나님 나라의 일꾼으로 만들기 시작하신다. 토기장이가 진흙을 다듬으며 녹로를 돌려서 그릇의 형태를 갖추기 시작하는 것같이, 주님은 하나님의 말씀으로 우리를 다듬어 일꾼의 형태를 갖추기 시작하신다. 주님은 젖은 토기와 같은 어린 그리스도인을 선반 위에 올려놓고 광야의 바람으로 건조시키신다.
【3대지】 주님은 교회 회중 가운데로 걸어가셔서 토기들을 살펴보신다. 그리고 바싹 마른 그릇들을 골라내셔서 불가마 방으로 옮겨 놓으신다. 토기장이는 1차 불가마 방에서 뜨거운 불로 토기들을 굽기 시작한다. 그릇들의 표면에서는 땀이 비 오듯 한다. 이처럼 주님은 한꺼번에 여러 명에게 불시험을 가하신다. 주님의 불시험은 가정 단위로, 구역 단위로, 혹은 교회 단위로 이루어진다. 불시험을 통해 그릇의 안팎에 섞여 있던 각종 불순물들이 녹아내리기 시작한다. 두 번째 불가마 시련. 이 과정 중 신비하게도 그릇의 표면에는 너무나 밝고 아름다운 빛깔이 생기게 된다.
【결론】 주님은 2차 불가마를 통과한 주님의 자녀에게 새로운 기름 부음을 허락하신다. 성령께서 강력하게 역사하셔서 놀라운 성령의 은사를 부어주신다. 사랑을 가득히 채워주시고, 주님의 능력을 삶 속에서 체험하게 하신다.

- 절기, 용도, 장르, 특징:
- Key Word: 토기장이, 불가마, 연단.
- Remarks:

선지서

본문 : **렘 29:11-14**

제목 : **우리를 향한 하나님의 생각**

11.여호와의 말씀이니라 너희를 향한 나의 생각을 내가 아나니 평안이요 재앙이 아니니라 너희에게 미래와 희망을 주는 것이니라 **12.**너희가 내게 부르짖으며 내게 와서 기도하면 내가 너희들의 기도를 들을 것이요 **13.**너희가 온 마음으로 나를 구하면 나를 찾을 것이요 나를 만나리라 **14.**이것은 여호와의 말씀이니라 나는 너희들을 만날 것이며 너희를 포로된 중에서 다시 돌아오게 하되 내가 쫓아 보내었던 나라들과 모든 곳에서 모아 사로잡혀 떠났던 그 곳으로 돌아오게 하리라 이것은 여호와의 말씀이니라

1. 평안을 주려 하심 (= 평안을 주시는 하나님)

11절= "너희를 향한 나의 생각을 내가 아나니 평안이요 재앙이 아니니라…"

2. 기도를 들어주려 하심 (= 기도에 응답하시는 하나님)

12절= "너희가 내게 부르짖으며 내게 와서 기도하면 내가 너희들의 기도를 들을 것이요"

3. 미래와 희망을 주려 하심 (= 미래와 희망을 주시는 하나님)

11절= "너희를 향한 나의 생각을 내가 아나니… 너희에게 미래와 희망을 주는 것이니라"

◆◆◆

【대지 유형】 주제 설명형 - 본문 분석형 - 대지 병렬형

【주제】 (적용) 성도를 향한 하나님의 생각은 평안을 주시고 기도에 응답하시고 희망을 주시는 것이다.

【FCF】 하나님에 대한 긍정적인 관점을 갖지 못하고 있는 교인들의 의심.

【서론】 렘 29장은 예레미야 선지자가 바벨론에 포로 되어 있는 자들에게 쓴 편지이다. 이스라엘이 회복되어 고국으로 돌아올 것이라는 희망의 말씀이다. 하나님은 사랑하는 주의 백성들을 붙들고 계시며 오늘도 회복시켜 주신다.

【우산질문】 성도를 향한 하나님의 생각은 어떤 것인가?

【1대지】 하나님은 우리가 늘 평안하기를 원하신다. 우리가 범죄하여 주님의 평안을 잃어버리기 쉽고, 세상살이에 분주해서 이 평안을 잃어버리기 쉽다. 어떤 이는 미래에 대한 두려움으로 평안을 잃어버리기도 한다. 특히 마음속에 원망이나 불평이 있을 때 주님의 평안을 유지하기 어렵다. 하나님 예배를 통하여 평안을 찾자.

【2대지】 하나님은 우리 기도에 반드시 응답하신다. 성도가 간절한 마음으로 하나님께 기도할 때 그 기도는 반드시 응답된다. 왜냐하면 하나님은 기도에 응답하시는 분이시기 때문이다. 개인적, 가정적, 교회적 기도에 더욱 헌신하자. 초대교회 성도들은 기도하는 교회였다. 한국교회는 처음 기도하는 교회였지만 지금은 기도의 열기를 많이 잃은 것 같다. 지속적으로 기도하자.

【3대지】 이스라엘 백성을 향한 하나님의 섭리= 잠시 고통과 아픔을 주시나, 그것은 미래에 소망을 주시기 위한 하나님의 섭리였다. 미래에 하나님의 더 큰 계획이 있음을 믿자.

【결론】 하나님은 우리에게 평안 주시고 기도 응답 주시며 미래에 대한 희망을 주신다.

- 절기, 용도, 장르, 특징:
- Key Word: 평안, 소망.
- Remarks:

본문 : **겔 2:1-3:3**

제목 : **에스겔의 소명 (Mission of God's Servant)**

1.그가 내게 이르시되 인자야 네 발로 일어서라 내가 네게 말하리라 하시며 **2.**그가 내게 말씀하실 때에 그 영이 내게 임하사 나를 일으켜 내 발로 세우시기로 내가 그 말씀하시는 자의 소리를 들으니 **3.**내게 이르시되 인자야 내가 너를 이스라엘 자손 곧 패역한 백성, 나를 배반하는 자에게 보내노라 그들과 그 조상들이 내게 범죄하여 오늘까지 이르렀나니 **4.**이 자손은 얼굴이 뻔뻔하고 마음이 굳은 자니라 내가 너를 그들에게 보내노니 너는 그들에게 이르기를 주 여호와의 말씀이 이러하시다 하라 **5.**그들은 패역한 족속이라 그들이 듣든지 아니 듣든지 그들 가운데에 선지자가 있음을 알지니라 **6.**인자야 너는 비록 가시와 찔레와 함께 있으며 전갈 가운데에 거주할지라도 그들을 두려워하지 말고 그들의 말을 두려워하지 말지어다 그들은 패역한 족속이라도 그 말을 두려워하지 말며 그 얼굴을 무서워하지 말지어다 **7.**그들은 심히 패역한 자라 그들이 듣든지 아니 듣든지 너는 내 말로 고할지어다 **8.**너 인자야 내가 네게 이르는 말을 듣고 그 패역한 족속 같이 패역하지 말고 네 입을 벌리고 내가 네게 주는 것을 먹으라 하시기로 **9.**내가 보니 보라 한 손이 나를 향하여 펴지고 보라 그 안에 두루마리 책이 있더라 **10.**그가 그것을 내 앞에 펴시니 그 안팎에 글이 있는데 그 위에 애가와 애곡과 재앙의 말이 기록되었더라 **3:1.**또 그가 내게 이르시되 인자야 너는 발견한 것을 먹으라 너는 이 두루마리를 먹고 가서 이스라엘 족속에게 말하라 하시기로 **2.**내가 입을 벌리니 그가 그 두루마리를 내게 먹이시며 **3.**내게 이르시되 인자야 내가 네게 주는 이 두루마리를 네 배에 넣으며 네 창자에 채우라 하시기에 내가 먹으니 그것이 내 입에서 달기가 꿀 같더라

1. 하나님을 대신하여 사람들에게 말해야 했음 (= 선지자적 사명)

2:4= "내가 너를 그들에게 보내노니 너는 그들에게 이르기를 주 여호와의 말씀이 이러하시다 하라"

2. 백성을 대신하여 하나님께 아뢰어야 했음 (= 제사장적 사명)

4:4= "너는 또 왼쪽으로 누워 이스라엘 족속의 죄악을 짊어지되 네가 눕는 날수대로 그 죄악을 담당할지니라"

3. "네 발로 일어서라 내가 네게 말하리라" 하심 (= 듣고 순종하는 종)

2:1= "그가 내게 이르시되 인자야 네 발로 일어서라 내가 네게 말하리라"

◈◈◈

【대지 유형】 주제 설명형, 적용형 - 본문 수집형 - 대지 병렬형

【주제】 (석의) 하나님은 에스겔에게 선지자적 사명과 제사장적 사명을 주시면서 듣고 순종하는 종이 되기를 원하셨다.

【**FCF**】 말씀을 듣지만 순종하지 못하는 성도들의 나약한 모습.

【**서론**】 본문은 에스겔을 이스라엘 백성에게 파송하시는 장면. 선지자가 만나야 하는 백성들에 대한 묘사, "이 자손은 얼굴이 뻔뻔하고 마음이 굳은 자니라"(4절). 에스겔이 받은 임무: 말씀을 선포, 맹독을 가진 전갈들 가운데 거해야 했음. 선지자로서 성공할 가능성은 희박했음.
【**우산질문**】 선지자 에스겔에게 주신 하나님의 소명은 무엇인가?

【**1대지**】 에스겔 36:22-23. 거룩하라는 명령 전달. "인자야 슬피 탄식하라"
【**2대지**】 자신과 그의 백성을 동일시하며, 백성과 함께 백성을 위해 고난을 당하라는 강력한 요청이다.
【**3대지**】 첫째, "네 발로 일어서라 내가 네게 말하리라"(2:1). 둘째, "그 영이 내게 임하사 나를 일으켜 내 발로 세우시기로"(2:2). 셋째, 두루마리에 기록된 하나님의 말씀을 먹었음. "나는 정말 거룩하길 원하는가?" "나는 어떤 희생을 무릅쓰고라도 거룩한 하나님의 말씀대로 살기 원하는가?"
【**결론**】 만일 당신이 하나님을 본받는 자로서 예수님처럼 살면서 하나님을 대신하여 사람들에게 말한다면, 그리고 그 사람들을 위하여 하나님께 중보기도하기를 힘쓴다면, 사람들은 불원간에 자신들 가운데 한 선지자가 있다는 것을 알게 될 것이다.

- 절기, 용도, 장르, 특징:
- Key Word: 소명.
- Remarks:

본문 : **겔 16:48-50; 창 18:32**
제목 : **소돔성 멸망의 교훈 (The Righteous in the City)**

겔 16:48.주 여호와의 말씀이니라 내가 나의 삶을 두고 맹세하노니 네 아우 소돔 곧 그와 그의 딸들은 너와 네 딸들의 행위 같이 행하지 아니하였느니라 **49.**네 아우 소돔의 죄악은 이러하니 그와 그의 딸들에게 교만함과 음식물의 풍족함과 태평함이 있음이며 또 그가 가난하고 궁핍한 자를 도와 주지 아니하며 **50.**거만하여 가증한 일을 내 앞에서 행하였음이라 그러므로 내가 보고 곧 그들을 없이 하였느니라 …… **창 18:32.**아브라함이 또 이르되 주는 노하지 마옵소서 내가 이번만 더 아뢰리이다 거기서 십 명을 찾으시면 어찌 하려 하시나이까 이르시되 내가 십 명으로 말미암아 멸하지 아니하리라

1. 소돔성은 현대 도시 공동체를 상징함 (= 도시의 중요성, 하나님의 관심)

겔 16:48= "… 내가 나의 삶을 두고 맹세하노니 네 아우 소돔 곧 그와 그의 딸들은… "

2. 소돔의 죄악은 하나님의 진노를 불러왔음 (= 도시의 죄악, 무서운 결과)

49절= "네 아우 소돔의 죄악은 이러하니 그와 그의 딸들에게 교만함과 음식물의 풍족함과 태평함이 있음이며 또 그가 가난하고 궁핍한 자를 도와주지 아니하며"
50절= "거만하여 가증한 일을 내 앞에서 행하였음이라 그러므로 내가 보고 곧 그들을 없이 하였느니라"

3. "의인 십 명으로 말미암아 멸하지 않겠다" 하심 (= 경건한 자의 중요성)

창 18:32= "아브라함이 또 이르되 주는 노하지 마옵소서 내가 이번만 더 아뢰리이다 거기서 십 명을 찾으시면 어찌 하려 하시나이까 이르시되 내가 십 명으로 말미암아 멸하지 아니하리라"

◆◆◆

【대지 유형】 주제 설명형 - 본문 수집형 - 대지 심화형
【주제】 (적용) 도시에 관심 많으신 하나님은 죄악의 도성을 심판하시나 소수의 의인만으로도 심판을 면케 하신다.
【FCF】 신앙인 중 경건한 소수의 중요성을 인식하지 못하는 사람이 많음.

【서론】 하나님은 온 세상을 사랑하신다. 세상의 모든 사람, 동식물, 사물들이

모두 하나님의 사랑의 대상이다. 그 중에도 사람들이 많이 모여 사는 도시 위에 하나님의 특별한 관심이 집중되어 왔다. 성경에는 도시에 관하여 적어도 1,250회 이상 언급되고 있다. 본문은 저 유명한 소돔성 심판의 사건을 기록하고 있다. 우리는 이 사건 속에서 도시를 향한 하나님의 심정을 알 수 있다.
【우산질문】 소돔성 멸망을 통해 우리는 무엇을 배울 수 있을까?

【1대지】 우리는 소돔성의 멸망이 역사적 사실임과 동시에 모든 시대의 도시들에게 주시는 하나님의 경고의 사건으로 받아들여야 한다. 전 세계적으로 도시화(Urbanization)의 진행이 매우 빠르게 진행되고 있다. 하나님은 친히 천사들을 파송하셔서 소돔성의 죄악을 조사케 하셨고, 이를 통하여 도시의 총체적인 영적 상황에 큰 관심을 보이셨다.
【2대지】 두 번째 대지는 '소돔은 왜 멸망되었는가?'라는 질문의 대답이다. 하나님을 그토록 진노케 한 소돔성의 무서운 죄가 무엇인가? 가장 먼저 제시되고 있는 것은 '교만함'. 두 번째 죄악의 목록으로 나열되는 것은 '음식물의 풍족함'. 세 번째는 '태평함'.
【3대지】 "이르시되 내가 십 명으로 말미암아 멸하지 아니하리라." 이것은 죄악의 도성 안에 살고 있는 경건한 자의 존재 자체가 하나님께 얼마나 중요한가를 단적으로 보여준다. 예루살렘의 죄악을 인하여 마음 아파하시는 주님! 이제 주님은 의인 열 명까지는 원하지도 않으시고, 오직 한 사람만 있어도 도시 전체를 용서하시겠다고 하셨다.
【결론】 하나님은 이 도성의 죄악상에 진노하시며, 무서운 심판을 계획하고 있는지도 모른다. 확실한 것은 주님은 여러분들이 소돔성의 의인 열 명이 되어주길 바라고 계신다는 사실이다. 주님은 예루살렘의 멸망을 막아낼 '정의를 행하며 진리를 구하는' 주의 사람을 찾고 계신다.

- 절기, 용도, 장르, 특징:
- Key Word: 도시.
- Remarks:

본문 : **겔 22:23-31**
제목 : **누가 성 무너진 데를 막아설 것인가?**

23.여호와의 말씀이 내게 임하여 이르시되 **24.**인자야 너는 그에게 이르기를 너는 정결함을 얻지 못
한 땅이요 진노의 날에 비를 얻지 못한 땅이로다 하라 **25.**그 가운데에서 선지자들의 반역함이 우는
사자가 음식물을 움킴 같았도다 그들이 사람의 영혼을 삼켰으며 재산과 보물을 탈취하며 과부를 그
가운데에 많게 하였으며 **26.**그 제사장들은 내 율법을 범하였으며 나의 성물을 더럽혔으며 거룩함
과 속된 것을 구별하지 아니하였으며 부정함과 정한 것을 사람이 구별하게 하지 아니하였으며 그의
눈을 가리어 나의 안식일을 보지 아니하였으므로 내가 그들 가운데에서 더럽힘을 받았느니라 **27.**그
가운데에 그 고관들은 음식물을 삼키는 이리 같아서 불의한 이익을 얻으려고 피를 흘려 영혼을 멸하
거늘 **28.**그 선지자들이 그들을 위하여 회를 칠하고 스스로 허탄한 이상을 보며 거짓 복술을 행하며
여호와가 말하지 아니하였어도 주 여호와께서 이같이 말씀하셨느니라 하였으며 **29.**이 땅 백성은 포
악하고 강탈을 일삼고 가난하고 궁핍한 자를 압제하고 나그네를 부당하게 학대하였으므로 **30.**이 땅
을 위하여 성을 쌓으며 성 무너진 데를 막아 서서 나로 하여금 멸하지 못하게 할 사람을 내가 그 가운
데에서 찾다가 찾지 못하였으므로 **31.**내가 내 분노를 그들 위에 쏟으며 내 진노의 불로 멸하여 그들
행위대로 그들 머리에 보응하였느니라 주 여호와의 말씀이니라

1. 하나님의 눈에 비친 이스라엘의 죄악상

1) 선지자들, 25절
2) 제사장들, 26절
3) 고관들, 27절
4) 백성들, 29절

2. 성 쌓는 사람을 찾으시는 하나님

30절= "이 땅을 위하여 성을 쌓으며… 찾다가…"

3. 누가 성 무너진 데를 막아설 것인가?

30절= "이 땅을 위하여… 성 무너진 데를 막아 서서 나로 하여금 멸하지 못하게 할 사람을 내가 그 가운데에서 찾다가 찾지 못하였으므로"

◈◈◈

【대지 유형】 주제 설명형 - 본문 분석형 - 대지 혼재형(2+1).
【주제】 (석의) 하나님은 자기 백성의 타락상을 보시고 심판하시기 전에 성 무너진 데를 막아서는 종을 찾으신다.
【FCF】 성 무너진 데를 막아서는 용기를 가진 사람들을 찾기 힘듦.

【서론】 우리 한민족(韓民族)과 구약 이스라엘 백성 간에는 유사점이 많다. 세계의

강대국 사이에 끼여 고통을 당한 역사라든지, 동족이 남북으로 분단되어 서로 다툼이 끊임없이 일어났던 일이라든지, 다른 나라의 속국(屬國)이 되었다가 자유를 되찾은 역사 같은 것이 공통점이다. 우리 민족이 36년간 자유를 빼앗기고 일본의 종살이를 했던 것처럼 이스라엘도 430년간 애굽의 노예로 살았고, 그후 출애굽 해서 자유를 얻게 되었다. 후일 그들은 바벨론의 침략으로 나라가 망하고 70년간이나 포로생활을 하기까지 했다. 본문은 유다 말기 예루살렘이 바벨론에 의해 멸망당하기 바로 직전에, 하나님께서 그의 종 에스겔에게 주신 주님의 애타는 말씀이다. 유다 멸망에 대한 구체적인 이유가 나와 있다. 타락한 자기 백성을 향한 하나님의 경고의 음성: "이 땅을 위하여 성을 쌓으며 성 무너진 데를 막아 서서 나로 하여금 멸하지 못하게 할 사람을 내가 그 가운데에서 찾다가 찾지 못하였으므로"

【우산질문】 본문을 통하여 우리의 무너진 신앙과 윤리의 성벽을 재건하라는 주님의 음성을 듣자.

【1대지】 유다를 구성했던 4종류 신분의 사람들= 즉 선지자들, 제사장들, 방백들, 그리고 백성들. 유다 패망의 원인은 이들 모두가 타락했기 때문. 본문은 마치 하나님께서 오늘날 교회에 직접 하시는 말씀으로 들리지 않는가? 오늘 교회들의 현실이 이 에스겔 시대와 너무도 닮아있지 않은가? 번영의 신학, 기복 신앙으로 타락 일로를 걷고 있는 한국 교회의 모습은 에스겔 선지자의 시대상과 어쩌면 그렇게 닮아 있는가?

【2대지】 유다의 타락상을 꿰뚫어 보신 하나님은 그 땅을 위하여 무너진 성을 쌓아 올릴 사람을 찾으셨다. 자기 백성을 사랑하시는 하나님은 그때나 지금이나 성을 쌓을 사람을 찾고 계신다. 성 쌓는 일이란 어떤 것인가? ①나부터 불의를 배격하고 의를 추구하는 일. ②신앙 인구를 증가시키는 일.

【3대지】 본 절은 읽는 이의 가슴에 엄청난 경고의 음성으로 들려오는 말씀이다. 하나님은 '성 무너진 데를 막아서서 하나님으로 하여금 타락한 성읍을 멸하지 못하도록 몸을 던지는' 한 사람을 찾았지만 결국 찾지 못해 진노의 불을 쏟으셨다는 말씀이다. 성 무너진 데를 막아서는 사람이란= 영적, 도덕적인 죄악으로 멸망할 수밖에 없는 이스라엘을 위해 하나님 앞에서 중보하는 기도의 용사.

【결론】 누가 성 무너진 데를 막아설 것인가? 교회와 도시와 나라를 가슴에 담고 기도의 골방으로 들어가 몸을 던져 중보기도하는 성도가 되자.

- 절기, 용도, 장르, 특징: 8.15 기념주일.
- Key Word: 성 무너진 데를 막아서는 사람.
- Remarks:

본문 : **겔 33:1-7**

제목 : **파수꾼의 사명 (Blowing the Trumpet)**

1.여호와의 말씀이 내게 임하여 이르시되 **2.**인자야 너는 네 민족에게 말하여 이르라 가령 내가 칼을
한 땅에 임하게 한다 하자 그 땅 백성이 자기들 가운데의 하나를 택하여 파수꾼을 삼은 **3.**그 사람이
그 땅에 칼이 임함을 보고 나팔을 불어 백성에게 경고하되 **4.**그들이 나팔 소리를 듣고도 정신차리지
아니하므로 그 임하는 칼에 제거함을 당하면 그 피가 자기의 머리로 돌아갈 것이라 **5.**그가 경고를
받았던들 자기 생명을 보전하였을 것이나 나팔 소리를 듣고도 경고를 받지 아니하였으니 그 피가 자
기에게로 돌아가리라 **6.**그러나 칼이 임함을 파수꾼이 보고도 나팔을 불지 아니하여 백성에게 경고
하지 아니하므로 그 중의 한 사람이 그 임하는 칼에 제거 당하면 그는 자기 죄악으로 말미암아 제거
되려니와 그 죄는 내가 파수꾼의 손에서 찾으리라 **7.**인자야 내가 너를 이스라엘 족속의 파수꾼으로
삼음이 이와 같으니라 그런즉 너는 내 입의 말을 듣고 나를 대신하여 그들에게 경고할지어다

1. 칼이 임함을 보고 경고해야 함 (= 늘 깨어서 다가올 위험을 경고함)

2-3절= "… 그 땅 백성이 자기들 가운데의 하나를 택하여 파수꾼을 삼은 그 사람이 그 땅에 칼이 임함을 보고 나팔을 불어 백성에게 경고하되"

6절= "그러나 칼이 임함을 파수꾼이 보고도 나팔을 불지 아니하여 백성에게 경고하지 아니하므로 그중의 한 사람이 그 임하는 칼에 제거당하면 그는 자기 죄악으로 말미암아 제거되려니와 그 죄는 내가 파수꾼의 손에서 찾으리라"

2. 하나님의 입의 말을 들어야 함 (= 하나님의 음성 듣기, 말씀 묵상과 기도)

7절= "… 내가 너를 이스라엘 족속의 파수꾼으로 삼음이 이와 같으니라 그런즉 너는 내 입의 말을 듣고…"

3. 하나님을 대신하여 죄인들에게 경고해야 함 (= 죄 책망, 바로 서게 함)

7절= "… 나를 대신하여 그들에게 경고할지어다"

◈◈◈

【대지 유형】 주제 적용형 - 본문 묶음형 - 대지 혼재형(1+2)

【주제】 (석의) 파수꾼은 하나님의 음성을 듣고 죄인들에게 경고하기를 게을리 말아야 한다.

【FCF】 많은 신앙인이 백성의 위험을 보고도 경고할 엄두를 못 내는 비겁한 모습을 보임.

【서론】 6.25전쟁은 가장 심한 동족상잔의 상처를 안겨주었고, 분단체제를 고착시킨 고통스런 역사로 남아 있다. 이 전쟁으로 민간인을 포함하여 500여만

명이 죽었고 1,000만 이산가족이 발생하였다. 남편을 잃은 전쟁과부가 50만 명, 부모를 잃은 전쟁고아가 10만 명에 이르렀다. 그때 부모와 자식을 잃어버린 이산가족들은 평생의 한을 가슴에 품고 살 수밖에 없었다. 이런 6.25의 비극과 수치를 어찌 잊을 수 있겠는가? 한국교회에 시급히 요청되는 사명은 민족의 파수꾼. 한국교회가 민족의 파수꾼으로서 담당해야 할 사명은 무엇인가? 민족의 파수꾼으로서의 한국교회의 사명이 무엇인지 살펴보자.
【우산질문】 하나님은 에스겔에게 파수꾼의 직임을 주시면서 그 사명을 무엇이라 하셨는가?

【1대지】 파수꾼은 자신이 파수(把守) 책임을 맡은 지역을 부지런히 돌아보며 외부에서 쳐들어오는 적군을 발견하는대로 속히 나팔을 불어 경고하는 사람이다. 진정한 파수꾼은 늘 깨어서 다가올 위험을 자기 백성들에게 경고하는 일에 충성하는 자이다. 여호와의 회복 예언을 전할 도구로 부름 받은 에스겔에 대하여 하나님께서 사명을 부여하심. 파수꾼의 사명은 늘 깨어서 다가올 위험을 백성들에게 경고하는 일이다. 그는 경고의 나팔을 부는 일에 주저해서는 안 된다.
【2대지】 파수꾼이라면 먼저 주님의 음성을 듣는 일보다 더 우선적인 것은 없다. 말씀 묵상, 설교 말씀 되새김. 그때에야 비로소 우리는 파수꾼의 사명을 감당할 수 있게 된다. 마음을 열고 하나님의 음성에 귀 기울여 보라. 말씀을 깊이 묵상해 보라. 설교 말씀을 되새김하여 듣고 또 들어보라. 당장은 주님의 음성이 들리지 않아도 어느 순간 항상 들려오는 그분의 목소리를 들을 수 있을 것이다. 그때에야 비로소 우리는 파수꾼의 사명을 감당할 수 있게 된다.
【3대지】 파수꾼의 사명은 하나님을 대신하여 죄인들의 죄를 책망하고, 그들을 바로 서게 하는 데 있다. "너는 나를 대신하여 그들에게 경고하라." 성경이 말하는 파수꾼은 우리의 생각을 뛰어넘는다. 사 21:8, "파수꾼이 사자 같이 부르짖기를 주여 내가 낮에 늘 망대에 서 있었고 밤이 새도록 파수하는 곳에 있었더니." 파수꾼은 낮에는 늘 망대에 서서 파수하고, 밤이 새도록 파수하는 장소에서 좌우를 살피는 존재이다. 죄 중에 빠진 사람들을 깨우쳐서 하나님 앞으로 돌아오게 하는 것이 교회의 주요한 기능이다.
【결론】 파수꾼은 하나님의 약속을 상기시키는 사람. 주님의 약속을 상기시키기 위하여 파수꾼은 쉬지 말아야 한다. 그리고 하나님을 쉬지 못하시게 해야 한다.

- 절기, 용도, 장르, 특징: 6.25.
- Key Word: 파수꾼.
- Remarks:

본문 : **겔 34:11-16**

제목 : **잃은 양과 선한 목자**

11.주 여호와께서 이같이 말씀하셨느니라 나 곧 내가 내 양을 찾고 찾되 **12.**목자가 양 가운데에 있
는 날에 양이 흩어졌으면 그 떼를 찾는 것 같이 내가 내 양을 찾아서 흐리고 캄캄한 날에 그 흩어진
모든 곳에서 그것들을 건져낼지라 **13.**내가 그것들을 만민 가운데에서 끌어내며 여러 백성 가운데에
서 모아 그 본토로 데리고 가서 이스라엘 산 위에와 시냇가에와 그 땅 모든 거주지에서 먹이되 **14.**좋
은 꼴을 먹이고 그 우리를 이스라엘 높은 산에 두리니 그것들이 그 곳에 있는 좋은 우리에 누워 있으
며 이스라엘 산에서 살진 꼴을 먹으리라 **15.**내가 친히 내 양의 목자가 되어 그것들을 누워 있게 할
지라 주 여호와의 말씀이니라 **16.**그 잃어버린 자를 내가 찾으며 쫓기는 자를 내가 돌아오게 하며 상
한 자를 내가 싸매 주며 병든 자를 내가 강하게 하려니와 살진 자와 강한 자는 내가 없애고 정의대로
그것들을 먹이리라

1. 목자는 잃은 양을 흩어진 모든 곳에서 건져냄 (= 죄인을 찾아오시는 주님)

12절= "… 내가 내 양을 찾아서 흐리고 캄캄한 날에 그 흩어진 모든 곳에서 그것들을 건져낼지라"

2. 목자는 양들을 모아 본토로 데리고 감 (= 하나님 나라로 옮겨옴, 교회 공동체 소속)

13절= "내가 그것들을 만민 가운데에서 끌어내며 여러 백성 가운데에서 모아 그 본토로 데리고 가서"

3. 양들에게 좋은 꼴, 살진 꼴을 먹임 (= 생명의 말씀, 풍성한 삶)

14절= "좋은 꼴을 먹이고 그 우리를 이스라엘 높은 산에 두리니 그것들이 그 곳에 있는 좋은 우리에 누워 있으며 이스라엘 산에서 살진 꼴을 먹으리라"

◈◈◈

【대지 유형】 주제 설명형 - 본문 묶음형 - 대지 진전형

【주제】 (석의) 선한 목자는 먼 곳까지 가서 잃은 양을 찾아 본토로 데려와 좋은 꼴로 먹이신다.

【FCF】 많은 신앙인들이 목자가 주시는 풍성한 삶에 대해 무지하거나 경험이 부족함.

【서론】 '양' 하면 목자가 생각난다. 양은 목자가 반드시 필요하다. 유목민 이

스라엘에게 절실한 개념이다. 예수님은 "나는 선한 목자"라 하심(요 10장). 이것은 구약에서 나온 것. 본문 에스겔 34장에서 잃은 양과 목자에 대해 기록.
【우산질문】 잃은 양에 대한 목자의 사역에 대해 살펴보자.

【1대지】 본문은 포로된 이스라엘의 이야기. "그 흩어진 모든 곳"= 어떠한 죄악의 심연에까지도. 그는 위대한 수색자이다. 만일 당신이 양이라면 목자를 만나는 순간에 그를 안다. 어떻게 만나는가?= 설교로, 기도로, 섭리 중에. "내가 내 양을 찾고 찾되"
【2대지】 고토= 약속의 땅. 우리의 본집으로= 오만의 땅에서 겸손의 집으로, 무관심의 처소에서 사랑과 동정이 넘치는 곳으로, 죄악으로 찢기고 황폐된 마음에서 거룩하고 아름다운 마음으로. 금의환향. 바로 이것을 위해 그리스도께서 숙으셨다. 요 10:11, "나는 선한 목자라…"
【3대지】 하나님은 우리에게 영양 있는 음식물로 먹이신다. 쇠잔한 기력→풍성한 은혜의 식물, 요 10:10. 과거 수없는 좌절과 실패→이제는 승리. 이제 성령의 열매를 맺히게 된다. 그러나 16절= 살진 자와 강한 자(자기를 의존하는 자)는 멸하신다.
【결론】 선한 목자의 사역= ①먼 곳까지 찾아가서 ②집으로 데리고 돌아와 ③먹이고 키우고 보호. 여러분은 어디에 속하는가? 어느 단계에 있나? 당신은 잃은 양인가 찾은 양인가? 선한 목자이신 주님은 지금 잃은 양을 찾으신다.

- 절기, 용도, 장르, 특징:
- Key Word: 잃은 양, 선한 목자.
- Remarks:

선지서

본문 : **겔 34:23-31**

제목 : **위대한 약속 (The Great Promise)**

23.내가 한 목자를 그들 위에 세워 먹이게 하리니 그는 내 종 다윗이라 그가 그들을 먹이고 그들의
목자가 될지라 **24.**나 여호와는 그들의 하나님이 되고 내 종 다윗은 그들 중에 왕이 되리라 나 여호
와의 말이니라 **25.**내가 또 그들과 화평의 언약을 맺고 악한 짐승을 그 땅에서 그치게 하리니 그들이
빈 들에 평안히 거하며 수풀 가운데에서 잘지라 **26.**내가 그들에게 복을 내리고 내 산 사방에 복을 내
리며 때를 따라 소낙비를 내리되 복된 소낙비를 내리리라 **27.**그리한즉 밭에 나무가 열매를 맺으며
땅이 그 소산을 내리니 그들이 그 땅에서 평안할지라 내가 그들의 멍에의 나무를 꺾고 그들을 종으로
삼은 자의 손에서 그들을 건져낸 후에 내가 여호와인 줄을 그들이 알겠고 **28.**그들이 다시는 이방의
노략 거리가 되지 아니하며 땅의 짐승들에게 잡아먹히지도 아니하고 평안히 거주하리니 놀랠 사람
이 없으리라 **29.**내가 그들을 위하여 파종할 좋은 땅을 일으키리니 그들이 다시는 그 땅에서 기근으
로 멸망하지 아니할지며 다시는 여러 나라의 수치를 받지 아니할지라 **30.**그들이 내가 여호와 그들
의 하나님이며 그들과 함께 있는 줄을 알고 그들 곧 이스라엘 족속이 내 백성인 줄 알리라 주 여호와
의 말씀이라 **31.**내 양 곧 내 초장의 양 너희는 사람이요 나는 너희 하나님이라 주 여호와의 말씀이
니라

1. 악한 짐승을 제거하고 그 땅에 평안을 주실 것임 (= 하나님의 거룩한 보호를 약속)

25절= "내가 또 그들과 화평의 언약을 맺고 악한 짐승을 그 땅에서 그치게 하리니 그들이 빈 들에 평안히 거하며 수풀 가운데에서 잘지라"

2. 파종할 좋은 땅을 일으키실 것임 (= 교회가 누릴 영적 축복을 약속)

29절= "내가 그들을 위하여 파종할 좋은 땅을 일으키리니 그들이 다시는 그 땅에서 기근으로 멸망하지 아니할지며 다시는 여러 나라의 수치를 받지 아니할지라"

3. 때를 따라 복된 소낙비를 내리실 것임 (= 그 축복의 특성, 부요한 축복을 약속)

26절= "내가 그들에게 복을 내리고 내 산 사방에 복을 내리며 때를 따라 소낙비를 내리되 복된 소낙비를 내리리라"

◆◆◆

【대지 유형】 주제 설명형 - 본문 수집형 - 대지 연결형

【주제】 (적용) 하나님은 그리스도를 통해 교회에 거룩한 보호와 풍성한 축복을 약속하신다.

【FCF】 많은 교회가 주님의 위대한 약속을 확신하지 못함.

【서론】 선지자 에스겔은 유다 말기 바벨론에서 포로되어 하나님의 메시지를 받음. 하나님은 유다 땅에는 예레미야, 포로지에는 에스겔을 준비. 본문 34장, 임박한 심판의 조짐에서 비로소 변화의 조짐. 암울한 흑운을 뚫고 비쳐나오는 하나님의 은혜의 약속들. 한 목자(메시아)를 세우고, 그를 통해 여호와께서 이스라엘 하나님이 된다. 그를 통해 아브라함의 하나님이 바로 우리의 하나님이 된다. 하나님의 양들= 참 믿음으로 하나님의 자녀된 자들= 교회.
【우산질문】 왕의 오심으로 시작된 하나님 백성들에게 주시는 특권들에 대해 살펴보자.

【1대지】 맹수들의 안식처인 빈들과 수풀 가운데서도 평안히 거한다. 정복될 원수들= 죄, 사탄, 죽음, 지옥의 권세. 눅 1:68-75 사가랴의 노래.
【2대지】 기근과 흉년= 이스라엘의 재앙. 26절의 복, 내 산= 높여진 곳, 불변, 안정= 하나님의 산, 하나님의 임재, 하나님의 영광, 하나님의 특별한 사랑이 거기에= 교회의 모습. "내 산 사면 모든 곳도 복되게 한다"= 복음으로 인한 축복의 확산. 영광스런 교회의 모습. 교회를 통해 온 사회에 하나님의 축복이 번져가야!
【3대지】 '때를 따라'=seasonable. 복된 장마비=showers of blessing. 하나님 축복의 특성은= 부요함.
【결론】 우린 지금 그리스도 왕국의 시민. 지금 그리스도께서 왕으로 통치하신다. 요 10:10, "양으로 생명을 얻게 하고 더 풍성히…" 시 23편, 내가 부족함이 없다고 노래할 수 있다.

- 절기, 용도, 장르, 특징: 종말론.
- Key Word: 약속.
- Remarks:

본문 : **겔 35:10-15; 갈 4:3-7**
제목 : **여호와 샴마**

10.네가 말하기를 이 두 민족과 두 땅은 다 내 것이며 내 기업이 되리라 하였도다 그러나 여호와께서 거기에 계셨느니라 **11.**그러므로 주 여호와의 말씀이니라 내가 나의 삶을 두고 맹세하노니 네가 그들을 미워하여 노하며 질투한 대로 내가 네게 행하여 너를 심판할 때에 그들이 나를 알게 하리라 **12.**네가 이스라엘 산들을 가리켜 말하기를 저 산들이 황폐하였으므로 우리에게 넘겨 주어서 삼키게 되었다 하여 욕하는 모든 말을 나 여호와가 들은 줄을 네가 알리로다 **13.**너희가 나를 대적하여 입으로 자랑하며 나를 대적하여 여러 가지로 말한 것을 내가 들었노라 **14.**주 여호와께서 이같이 말씀하셨느니라 온 땅이 즐거워할 때에 내가 너를 황폐하게 하되 **15.**이스라엘 족속의 기업이 황폐하므로 네가 즐거워한 것 같이 내가 너를 황폐하게 하리라 세일 산아 너와 에돔 온 땅이 황폐하리니 내가 여호와인 줄을 무리가 알리라 하셨다 하라 …… **갈 4:3.**이와 같이 우리도 어렸을 때에 이 세상의 초등학문 아래에 있어서 종 노릇 하였더니 **4.**때가 차매 하나님이 그 아들을 보내사 여자에게서 나게 하시고 율법 아래에 나게 하신 것은 **5.**율법 아래에 있는 자들을 속량하시고 우리로 아들의 명분을 얻게 하려 하심이라 **6.**너희가 아들이므로 하나님이 그 아들의 영을 우리 마음 가운데 보내사 아빠 아버지라 부르게 하셨느니라 **7.**그러므로 네가 이 후로는 종이 아니요 아들이니 아들이면 하나님으로 말미암아 유업을 받을 자니라

1. 이 말은 이스라엘의 원수들의 핍박에 대한 답변임 (= 사탄의 공격에 대한 하나님의 답변)

10절= "네가 말하기를 이 두 민족과 두 땅은 다 내 것이며 내 기업이 되리라 하였도다 그러나 여호와께서 거기에 계셨느니라"

2. 원수들을 징벌하셔서 이스라엘이 하나님을 알도록 하리라 하심 (= 자기 백성에게 소망을 주시는 말씀)

11절= "네가 그들을 미워하여 노하며 질투한 대로 내가 네게 행하여 너를 심판할 때에 그들이 나를 알게 하리라"

3. 때가 차매 아들을 육신을 입혀 보내셨음 (= 임마누엘이신 예수 그리스도)

갈 4:4-5= "때가 차매 하나님이 그 아들을 보내사 여자에게서 나게 하시고 율법 아래에 나게 하신 것은 율법 아래에 있는 자들을 속량하시고 우리로 아들의 명분을 얻게 하려 하심이라"

◈◈◈

【대지 유형】 주제 설명형 - 본문 수집형 - 대지 진전형

【주제】 (석의) 하나님은 자기 백성에게 그리스도를 보내심으로 '여호와 샴마' 이심을 실증해 보이셨다.
【FCF】 많은 신앙인이 주님의 동행에 대한 확신이 부족함.

【서론】 에스겔 선지자= 포로시대 전후 예언 사역. 본문은 에돔에 대한 예언. 에돔 왕들은 이스라엘의 황폐한 모습을 보고 쉽게 정복 예상. 하지만 그들은 하나님이 이스라엘 백성 곁에 있음을 알지 못함.
【우산질문】 여호와 샴마라고 하신 하나님의 말씀의 의미를 좀더 깊이 살펴보자.

【1대지】 이스라엘 주변 국가들은 모두 원수. 쉴 새 없이 침범. 하나님의 답변은 여호와 샴마!= 여호와께서 거기 계시다! 이 말은 오늘 우리에게 독화살을 쏘아대는 사탄에 대한 답변이다. 사탄의 공격목표는 우리의 선행, 기도생활, 전도와 봉사생활….
【2대지】 본문의 예언도 사실은 이스라엘에게 주시는 말씀이다. 당시 어려운 상황에서 이 말은 큰 희망이 된다. 성도가 삶 속에서 여호와 샴마이신 그분을 발견할 때 우린 행복하다. 아무나 발견 못 한다. 오직 영적 눈을 뜬 사람만이. 하나님의 엄숙한 선언, "무리가 나를 여호와인줄 알리라." 자기 백성을 보호 섭리함으로써 하나님의 권능 위엄 영광을 드러내신다.
【3대지】 하나님은 단어로만 주장하신 것이 아니다. 우리 가운데 직접 오셨다. 임마누엘. 주님은 피흘리심으로 우리의 형편에 개입하셨다. 그가 부활하심으로 우리의 소망이 되셨다. 교회 통해 여호와 샴마→임마누엘→세상 끝날까지.
【결론】 그러므로 우린 기뻐해야 한다. 우리의 입술로 시인하고, 마음으로 확신하고 증거해야 한다. 여호와 샴마= 장차 우리가 거할 완전한 성읍의 이름. 흰옷 입은 사람들만이 갈 수 있는 그곳. 하나님의 교회는 영원히 소멸되지 않는다. 왜냐하면 우리 하나님은 여호와 샴마이기 때문이다.

- 절기, 용도, 장르, 특징:
- Key Word: 여호와 샴마, 임마누엘.
- Remarks:

본문 : **겔 36:22-28**
제목 : **새 마음**

22.그러므로 너는 이스라엘 족속에게 이르기를 주 여호와께서 이같이 말씀하시기를 이스라엘 족속아 내가 이렇게 행함은 너희를 위함이 아니요 너희가 들어간 그 여러 나라에서 더럽힌 나의 거룩한 이름을 위함이라 **23.**여러 나라 가운데에서 더럽혀진 이름 곧 너희가 그들 가운데에서 더럽힌 나의 큰 이름을 내가 거룩하게 할지라 내가 그들의 눈 앞에서 너희로 말미암아 나의 거룩함을 나타내리니 내가 여호와인 줄을 여러 나라 사람이 알리라 주 여호와의 말씀이니라 **24.**내가 너희를 여러 나라 가운데에서 인도하여 내고 여러 민족 가운데에서 모아 데리고 고국 땅에 들어가서 **25.**맑은 물을 너희에게 뿌려서 너희로 정결하게 하되 곧 너희 모든 더러운 것에서와 모든 우상 숭배에서 너희를 정결하게 할 것이며 **26.**또 새 영을 너희 속에 두고 새 마음을 너희에게 주되 너희 육신에서 굳은 마음을 제거하고 부드러운 마음을 줄 것이며 **27.**또 내 영을 너희 속에 두어 너희로 내 율례를 행하게 하리니 너희가 내 규례를 지켜 행할지라 **28.**내가 너희 조상들에게 준 땅에서 너희가 거주하면서 내 백성이 되고 나는 너희 하나님이 되리라

1. 새 마음은 더러운 것들과 우상숭배를 싫어함 (= 죄에 대해 민감한 마음)

25절= "맑은 물을 너희에게 뿌려서 너희로 정결하게 하되 곧 너희 모든 더러운 것에서와 모든 우상 숭배에서 너희를 정결하게 할 것이며"

2. 새 마음은 육신에서 굳은 마음이 제거된 마음임 (= 하나님의 뜻에 대해 부드러운 마음)

26절= "또 새 영을 너희 속에 두고 새 마음을 너희에게 주되 너희 육신에서 굳은 마음을 제거하고 부드러운 마음을 줄 것이며"

3. 새 마음은 하나님의 율례와 규례를 지켜 행함 (= 하나님에 대한 사랑으로 불타는 마음)

27절= "또 내 영을 너희 속에 두어 너희로 내 율례를 행하게 하리니 너희가 내 규례를 지켜 행할지라"

◆◆◆

【대지 유형】 주제 설명형 - 본문 분석형 - 대지 진전형
【주제】 (석의) 하나님은 새 마음을 주셔서 하나님의 뜻에 순종하고 하나님을 사랑하도록 하신다.
【FCF】 많은 사람이 교인이라고 하면서 돌같이 굳은 마음을 가지고 있음.

【서론】 성경 역사상 가장 큰 아이러니= 하나님 백성 이스라엘의 멸망. 더럽혀진 하나님의 거룩한 이름. 이스라엘 회복의 이유= 하나님의 이름의 거룩을 회복하기 위함. 자기 백성 통해 회복하길 원하심. 이를 위해 새 마음 필요. 내부의 변화된 마음. 이 마음으로 하나님과 교통할 수 있고, 이 마음으로 영적인 것을 이해하고 적용한다.
【우산질문】 하나님이 주시는 새 마음은 어떤 마음인가?

【1대지】 모든 죄는 처음 마음에서 생각을 통해 시작한다. 새 마음은 죄에 관한 생각 자체를 싫어함(더러운 상상, 악한 상상, 정욕적인 것들). 돌 같은 마음 = 큰 죄도 아무렇지 않게 생각. 그러나 새마음은 순간적인 실수까지 눈물 흘리며 회개한다.
【2대지】 죄인의 본래 마음은 폭군과 같다. 새마음이 주어지면 우리의 의지는 버드나무처럼 하나님 원하시는 대로 성령의 바람이 부는 대로 순종한다. 하나님의 계명에 대해 부드럽다. 메시지를 들을 때마다 감동한다. 말씀이 쉽게 폐부에 울려온다.
【3대지】 계명 지키는 것= 하나님 사랑하는 것(요일 5:3). 새마음 아니고는 주님의 일을 할 수 없다. 이를 위해 보혜사 성령을 파송하셨다.
【결론】 성령의 내주, 너희는 내 백성이 되고 나는 너희 하나님이 되리라. 내게 이런 새마음이 있는가? 주님을 사랑하기 때문에 자신의 부족을 안타까워 한다. 새마음이 있다면 주님 오심을 기대하고 있을 것이다.

- 절기, 용도, 장르, 특징: 부흥설교.
- Key Word: 새마음.
- Remarks:

본문 : **겔 37:1-10**

제목 : **에스겔 골짜기의 환상**

1.여호와께서 권능으로 내게 임재하시고 그의 영으로 나를 데리고 가서 골짜기 가운데 두셨는데 거기 뼈가 가득하더라 **2.**나를 그 뼈 사방으로 지나가게 하시기로 본즉 그 골짜기 지면에 뼈가 심히 많고 아주 말랐더라 **3.**그가 내게 이르시되 인자야 이 뼈들이 능히 살 수 있겠느냐 하시기로 내가 대답하되 주 여호와여 주께서 아시나이다 **4.**또 내게 이르시되 너는 이 모든 뼈에게 대언하여 이르기를 너희 마른 뼈들아 여호와의 말씀을 들을지어다 **5.**주 여호와께서 이 뼈들에게 이같이 말씀하시기를 내가 생기를 너희에게 들어가게 하리니 너희가 살아나리라 **6.**너희 위에 힘줄을 두고 살을 입히고 가죽으로 덮고 너희 속에 생기를 넣으리니 너희가 살아나리라 또 내가 여호와인 줄 너희가 알리라 하셨다 하라 **7.**이에 내가 명령을 따라 대언하니 대언할 때에 소리가 나고 움직이며 이 뼈, 저 뼈가 들어 맞아 뼈들이 서로 연결되더라 **8.**내가 또 보니 그 뼈에 힘줄이 생기고 살이 오르며 그 위에 가죽이 덮이나 그 속에 생기는 없더라 **9.**또 내게 이르시되 인자야 너는 생기를 향하여 대언하라 생기에게 대언하여 이르기를 주 여호와께서 이같이 말씀하시기를 생기야 사방에서부터 와서 이 죽음을 당한 자에게 불어서 살아나게 하라 하셨다 하라 **10.**이에 내가 그 명령대로 대언하였더니 생기가 그들에게 들어가매 그들이 곧 살아나서 일어나 서는데 극히 큰 군대더라

1. 에스겔은 마른 뼈 환상을 보았음 (= 하나님이 주시는 꿈)

1절= "여호와께서 권능으로 내게 임재하시고 그의 영으로 나를 데리고 가서 골짜기 가운데 두셨는데 거기 뼈가 가득하더라"

2. 명령대로 하나님 말씀을 대언하였음 (= 믿음으로 대언하면 역사함)

7절= "이에 내가 명령을 따라 대언하니 대언할 때에 소리가 나고 움직이며 이 뼈, 저 뼈가 들어 맞아 뼈들이 서로 연결되더라"

3. 뼈들이 서로 연결되었음 (= 연합이 중요함)

7절= "… 이 뼈, 저 뼈가 들어 맞아 뼈들이 서로 연결되더라"

◈◈◈

【대지 유형】 주제 설명형 - 본문 묶음형 - 대지 진전형

【주제】 (적용) 에스겔의 환상처럼 우리도 어려운 상황 속에서 믿음으로 대언할 때 하나님의 능력의 역사를 볼 수 있다.

【FCF】 많은 신앙인이 하나님 주시는 꿈에 대해 미온적이고 무지함.

【서론】 바벨론으로 포로 되어간 이스라엘의 형편= 자유와 권리 상실, 희망 없

이 구차한 삶을 이어가고 있음. 하나님의 신이 에스겔을 어느 골짜기로 데려가심. 그곳은 말라비틀어진 뼈들로 가득. 예전 큰 전쟁으로 전사한 자들. 이것은 희망 없는 이스라엘의 모습을 보여줌. 하나님의 대언 명령 따라 에스겔의 대언= 뼈들이 살아나고 크고 용맹한 군대가 됨. 이것은 바로 우리의 모습이 아닌가?
【우산질문】 골짜기의 뼈들에게 대언하던 에스겔의 모습을 살펴보자.

【1대지】 환상= 하나님이 주시는 꿈. 우리에게 꿈이 필요하다. 신앙 승리의 제1무기이다. 이 꿈은 하나님 말씀으로부터 온다. 교회를 향한 꿈, 자녀를 향한 꿈, 이 사회를 향한 꿈, 조국을 향한 꿈.
【2대지】 두 차례의 대언이 모두 성취되었다. 믿음의 사람의 입술은 하나님이 책임을 지신다. 이스라엘의 부흥 약속? 교회의 부흥 약속? 상징주의 해석이 가능하다.
【3대지】 뼈가 산더미처럼 쌓였어도 떨어져 있으면 하나님의 역사는 나타날 수가 없다. 믿음의 지체인 우리는 서로 연합해야 한다.
【결론】 에스겔 골짜기의 마른 뼈와 같은 모습이 우리에게 있다. 말씀 속에서 꿈을 가져야겠다. 하나님의 축복의 말씀을 내 삶에 믿음으로 대언하며 연합하자.

- 절기, 용도, 장르, 특징:
- Key Word: 에스겔 골짜기, 마른 뼈 환상.
- Remarks:

본문 : **단 1:8; 6:10, 28**
제목 : **거룩한 결단의 사람 다니엘**

1:8.다니엘은 뜻을 정하여 왕의 음식과 그가 마시는 포도주로 자기를 더럽히지 아니하리라 하고 자기를 더럽히지 아니하도록 환관장에게 구하니 **9.**하나님이 다니엘로 하여금 환관장에게 은혜와 긍휼을 얻게 하신지라 …… **6:10.**다니엘이 이 조서에 왕의 도장이 찍힌 것을 알고도 자기 집에 돌아가서는 윗방에 올라가 예루살렘으로 향한 창문을 열고 전에 하던 대로 하루 세 번씩 무릎을 꿇고 기도하며 그의 하나님께 감사하였더라 …… **28.**이 다니엘이 다리오 왕의 시대와 바사 사람 고레스 왕의 시대에 형통하였더라

1. 왕의 음식문제로 자기를 더럽히지 않겠다는 뜻을 정하고 실천했음 (= 거룩한 삶에의 결단)
1:8= "다니엘은 뜻을 정하여 왕의 음식과 그가 마시는 포도주로 자기를 더럽히지 아니하리라 하고 자기를 더럽히지 아니하도록 환관장에게 구하니"

2. 왕의 금령을 알고도 매일 세 번씩 하나님께 감사 기도를 드렸음 (= 기도하는 삶에의 결단)
6:10= "다니엘이 이 조서에 왕의 도장이 찍힌 것을 알고도 자기 집에 돌아가서는 윗방에 올라가 예루살렘으로 향한 창문을 열고 전에 하던 대로 하루 세 번씩 무릎을 꿇고 기도하며 그의 하나님께 감사하였더라"

3. 오랜 정치적 변혁의 기간에도 자신의 직무에 충실했음 (= 끝까지 본분에 충실한 삶에의 결단)
28절= "이 다니엘이 다리오 왕의 시대와 바사 사람 고레스 왕의 시대에 형통하였더라"

◈◈◈

【대지 유형】 주제 설명형 - 본문 수집형 - 대지 병렬형
【주제】 (석의) 뜻을 정한 다니엘은 끝까지 거룩한 삶과 기도하는 삶, 그리고 본분에 충실한 삶을 살았다.
【FCF】 많은 신앙인이 거룩한 뜻을 세우고 지키는 삶에 철저하지 못함.

【서론】 신앙은 결단이다. 거룩한 뜻을 정한 다니엘은 현대인의 기준에 비추

어보면 어리석거나 우매한 사람일 수 있다. 하지만 성경은 그를 위대한 믿음의 사람으로 인정한다.

【우산질문】 다니엘은 어떤 뜻을 정했으며 어떻게 살았는가?

【1대지】 다니엘이 처한 상황은 극한 상황. 그는 목숨을 걸고 우상 제물을 먹지 않기로 뜻을 정하였다. 하나님의 계명 순종에 목숨을 걸었다.

【2대지】 매우 바쁜 다니엘. 금령에 어인이 찍힌 것은 알고 있는 다니엘. 그러나 그는 매일 하나님께 세 번씩 기도하는 삶을 중지하지 않았다. 기도는 중단할 수 없다. 사자굴이 기다리고 있어도 기도를 쉴 수 없다. 신앙생활은 이런 것이다.

【3대지】 다니엘은 나라가 바뀌고 왕들이 바뀌는 가운데서도 꿋꿋하게, 정직하게 국무에 전념하였다. 느부갓네살, 벨사살, 다리오, 고레스 왕들을 거치며 하나님의 위대한 종으로서의 곧은 삶을 지속했다.

【결론】 오늘날 이 시대가 요구하는 인물은? 상황을 핑계하는 사람이 아니라 오히려 그 상황을 변화시킬 수 있는 사람. 그러려면 거룩한 뜻을 세워야 하고 결단의 사람이 되어야 한다.

선지서

- 절기, 용도, 장르, 특징:
- Key Word: 결단의 사람, 뜻을 정한 사람.
- Remarks:

본문 : **단 3:8-18**
제목 : **불타는 믿음의 젊은이들 (Men on Fire)**

8.그 때에 어떤 갈대아 사람들이 나아와 유다 사람들을 참소하니라 **9.**그들이 느부갓네살 왕에게 이
르되 왕이여 만수무강 하옵소서 **10.**왕이여 왕이 명령을 내리사 모든 사람이 나팔과 피리와 수금과
삼현금과 양금과 생황과 및 모든 악기 소리를 듣거든 엎드려 금 신상에게 절할 것이라 **11.**누구든지
엎드려 절하지 아니하는 자는 맹렬히 타는 풀무불 가운데에 던져 넣음을 당하리라 하지 아니하셨나
이까 **12.**이제 몇 유다 사람 사드락과 메삭과 아벳느고는 왕이 세워 바벨론 지방을 다스리게 하신 자
이거늘 왕이여 이 사람들이 왕을 높이지 아니하며 왕의 신들을 섬기지 아니하며 왕이 세우신 금 신상
에게 절하지 아니하나이다 **13.**느부갓네살 왕이 노하고 분하여 사드락과 메삭과 아벳느고를 끌어오
라 말하매 드디어 그 사람들을 왕의 앞으로 끌어온지라 **14.**느부갓네살이 그들에게 물어 이르되 사
드락, 메삭, 아벳느고야 너희가 내 신을 섬기지 아니하며 내가 세운 금 신상에게 절하지 아니한다 하
니 사실이냐 **15.**이제라도 너희가 준비하였다가 나팔과 피리와 수금과 삼현금과 양금과 생황과 및
모든 악기 소리를 들을 때 내가 만든 신상 앞에 엎드려 절하면 좋거니와 너희가 만일 절하지 아니하
면 즉시 너희를 맹렬히 타는 풀무불 가운데에 던져 넣을 것이니 능히 너희를 내 손에서 건져낼 신이
누구이겠느냐 하니 **16.**사드락과 메삭과 아벳느고가 왕에게 대답하여 이르되 느부갓네살이여 우리
가 이 일에 대하여 왕에게 대답할 필요가 없나이다 **17.**왕이여 우리가 섬기는 하나님이 계시다면 우
리를 맹렬히 타는 풀무불 가운데에서 능히 건져내시겠고 왕의 손에서도 건져내시리이다 **18.**그렇게
하지 아니하실지라도 왕이여 우리가 왕의 신들을 섬기지도 아니하고 왕이 세우신 금 신상에게 절하
지도 아니할 줄을 아옵소서

1. 우상 숭배 않는다고 참소당함 (= 구별된 모습)

12절= "… 왕이여 이 사람들이 왕을 높이지 아니하며 왕의 신들을 섬기지 아니하며 왕이 세우신 금 신상에게 절하지 아니하나이다"

2. 왕의 회유와 위협에도 굴하지 않음 (= 용기 있는 모습)

15절= "… 너희가 만일 절하지 아니하면 즉시 너희를 맹렬히 타는 풀무불 가운데에 던져 넣을 것이니 능히 너희를 내 손에서 건져낼 신이 누구이겠느냐"

16절= "사드락과 메삭과 아벳느고가 왕에게 대답하여 이르되 느부갓네살이여 우리가 이 일에 대하여 왕에게 대답할 필요가 없나이다"

3. '그리 아니하실지라도' 절하지 않겠다고 함 (= 목숨 건 헌신의 모습, '그리 아니하실지라도'의 신앙)

17절= "우리가 섬기는 하나님이 계시다면 우리를 맹렬히 타는 풀무불 가운데에서 능히 건져내시겠고 왕의 손에서도 건져내시리이다"

18절= "그렇게 하지 아니하실지라도 왕이여 우리가 왕의 신들을 섬기지도

아니하고 왕이 세우신 금 신상에게 절하지도 아니할 줄을 아옵소서"

◈◈◈

【대지 유형】 주제 설명형 - 본문 묶음형 - 대지 진전형
【주제】 (석의) 다니엘의 세 친구는 죽음의 위협 앞에서도 계명을 지킨 불타는 믿음의 젊은이들이었다.
【FCF】 많은 신앙인이 영적 전투에서 위협 앞에 비겁하게 꼬리내림.

【서론】 다니엘서= 예언의 책. 특히 종말에 될 일들 예언. 동시에 위대한 신앙인들의 책, 본문의 세 젊은이, 그들이 겪은 불시험. 이것은 마지막 때의 대환란의 예고편. 절대 권력의 횡포에 맞서 엎드리기를 거부했지만, 불 속에서 엎드려지지 않고 살아나온 (bow or burn!) 승리의 이야기.
【우산질문】 불타는 믿음의 젊은이들인 다니엘 세 친구의 믿음의 모습은 어떠했나?

【1대지】 12절하, 그들은 왕, 왕의 신하, 왕의 금신상에 흔들리지 않았다. 우리 주님의 구별된 삶을 보라. 우리도 세상으로부터 구별되어야 한다. 우린 복음으로 거듭난 자들, 변화된 모습. 사도 바울의 변화된 모습(빌 3:7-10). 고린도 교인들의 변화된 모습(고전 6:8-11).
【2대지】 왕의 교만(15절)에 대해 결연한 의지를 보임. 참신앙을 가진 자= 결연한 의지. 이 용기는 주를 위해 희생을 각오, 구령의 열정, 동시에 자신에 대하여는 엄격한 잣대로 채찍질한다.
【3대지】 하나님의 전능하심에 대한 확신. 현대 교인들은 조건적 헌신에 익숙함. 그러나 세 친구는 전인격적인 결단의 사람들이었다.
【결론】 본 장 후반부에 나타난 주님의 구원의 손길을 보라. WANTED: Men on Fire! 불시험을 이겨내고 성령의 뜨거운 불을 받은 자 구함!

- 절기, 용도, 장르, 특징:
- Key Word: 다니엘의 세 친구, 우상 숭배, 그리 아니 하실지라도.
- Remarks:

본문 : **단 4:28-37**

제목 : **느부갓네살 위에 임한 하나님의 심판과 은총**

28.이 모든 일이 다 나 느부갓네살 왕에게 임하였느니라 **29.**열두 달이 지난 후에 내가 바벨론 왕궁
지붕에서 거닐새 **30.**나 왕이 말하여 이르되 이 큰 바벨론은 내가 능력과 권세로 건설하여 나의 도성
으로 삼고 이것으로 내 위엄의 영광을 나타낸 것이 아니냐 하였더니 **31.**이 말이 아직도 나 왕의 입
에 있을 때에 하늘에서 소리가 내려 이르되 느부갓네살 왕아 네게 말하노니 나라의 왕위가 네게서 떠
났느니라 **32.**네가 사람에게서 쫓겨나서 들짐승과 함께 살면서 소처럼 풀을 먹을 것이요 이와 같이
일곱 때를 지내서 지극히 높으신 이가 사람의 나라를 다스리시며 자기의 뜻대로 그것을 누구에게든
지 주시는 줄을 알기까지 이르리라 하더라 **33.**바로 그 때에 이 일이 나 느부갓네살에게 응하므로 내
가 사람에게 쫓겨나서 소처럼 풀을 먹으며 몸이 하늘 이슬에 젖고 머리털이 독수리 털과 같이 자랐고
손톱은 새 발톱과 같이 되었더라 **34.**그 기한이 차매 나 느부갓네살이 하늘을 우러러 보았더니 내 총
명이 다시 내게로 돌아온지라 이에 내가 지극히 높으신 이에게 감사하며 영생하시는 이를 찬양하고
경배하였나니 그 권세는 영원한 권세요 그 나라는 대대에 이르리로다 **35.**땅의 모든 사람들을 없는
것 같이 여기시며 하늘의 군대에게든지 땅의 사람에게든지 그는 자기 뜻대로 행하시나니 그의 손을
금하든지 혹시 이르기를 네가 무엇을 하느냐고 할 자가 아무도 없도다 **36.**그 때에 내 총명이 내게로
돌아왔고 또 내 나라의 영광에 대하여도 내 위엄과 광명이 내게로 돌아왔고 또 나의 모사들과 관원들
이 내게 찾아오니 내가 내 나라에서 다시 세움을 받고 또 지극한 위세가 내게 더하였느니라 **37.**그러
므로 지금 나 느부갓네살은 하늘의 왕을 찬양하며 칭송하며 경배하노니 그의 일이 다 진실하고 그의
행하심이 의로우시므로 교만하게 행하는 자를 그가 능히 낮추심이라

1. 느부갓네살 왕은 잔인하고 교만한 우상숭배자였음 (= 하나님의 심판의 대상)

30절= "나 왕이 말하여 이르되 이 큰 바벨론은 내가 능력과 권세로 건설하여 나의 도성으로 삼고 이것으로 내 위엄의 영광을 나타낸 것이 아니냐 하였더니"

2. 하나님은 왕의 총명을 없애고 폐위시키심 (= 하나님의 엄위한 심판)

31절= "이 말이 아직도 나 왕의 입에 있을 때에 하늘에서 소리가 내려 이르되 느부갓네살 왕아 네게 말하노니 나라의 왕위가 네게서 떠났느니라"

3. 기한이 차매 하나님은 왕의 총명을 회복시켜 복위시키심 (= 하나님의 은총)

34절= "그 기한이 차매 나 느부갓네살이 하늘을 우러러 보았더니 내 총명이 다시 내게로 돌아온지라 이에 내가 지극히 높으신 이에게 감사하며 영생하시는 이를 찬양하고 경배하였나니 그 권세는 영원한 권세요 그 나라는 대대에 이르리로다"

◈◈◈

【대지 유형】 주제 설명형 - 본문 묶음형 - 대지 진전형
【주제】 (석의) 느부갓네살의 교만을 꺾으신 하나님은 다시 자비하심으로 그를 회복시키시고 영광을 받으셨다.
【FCF】 많은 사람이 하나님의 심판을 무겁지 않게 여기고 있음.

【서론】 느부갓네살 왕은 역사상 가장 강력한 왕. 주변의 모든 나라를 정복함. 앗수르, 애굽 정복. 유다까지. 단 2장의 큰 신상 사건은 유명하다. 본문의 꿈 이야기는 너무나 놀라운 내용을 담고 있다.
【우산질문】 본문을 통해 교만한 왕을 꺾으셨다가 다시 회복시키신 하나님의 자비하신 모습을 살펴보자.

【1대지】 그는 우상숭배자. 우상을 제작하고 강요한 사람. 잔인하고 포악한 자. 생사람을 풀무불에 던지는 자. 엄청난 야망으로 끝없이 정복전쟁에 올인. 그는 세상에서 가장 거만한 자. 그러나 그는 한갓 피조물일 뿐.
【2대지】 짐승처럼 미쳤다. 결국 궁에서 쫓겨났다. 하나님의 심판으로 모든 것을 잃었다. 그는 자기를 하나님처럼 만들었으나 하나님은 그를 짐승으로 낮추셨다. 그는 자기 영광을 자랑하였으나 하나님은 그를 시궁창에 집어 던졌다. 그는 많은 사람을 잔인하게 압제하고 죽였으나 하나님은 그를 사회로부터 제거하셨다.
【3대지】 만일 하나님의 자비하심이 없었더라면 그는 완전히 멸망하였을 것. 하나님의 자비로 느부갓네살을 회복시키시는 하나님. 37절.
【결론】 우리 시대는 마지막 시대. 하나님은 이제 역사의 막을 거두시려 하신다. 하나님의 엄위한 심판, 그리고 하나님의 풍성한 자비. 우리의 소망이다.

- 절기, 용도, 장르, 특징:
- Key Word: 하나님의 심판, 하나님의 자비.
- Remarks:

본문 : **단 5:17-31**
제목 : **벽에 쓴 글자 (The Inscription Written on the Wall)**

17.다니엘이 왕에게 대답하여 이르되 왕의 예물은 왕이 친히 가지시며 왕의 상급은 다른 사람에게
주옵소서 그럴지라도 내가 왕을 위하여 이 글을 읽으며 그 해석을 아뢰리이다 **18.**왕이여 지극히 높
으신 하나님이 왕의 부친 느부갓네살에게 나라와 큰 권세와 영광과 위엄을 주셨고 **19.**그에게 큰 권
세를 주셨으므로 백성들과 나라들과 언어가 다른 모든 사람들이 그의 앞에서 떨며 두려워하였으며
그는 임의로 죽이며 임의로 살리며 임의로 높이며 임의로 낮추었더니 **20.**그가 마음이 높아지며 뜻
이 완악하여 교만을 행하므로 그의 왕위가 폐한 바 되며 그의 영광을 빼앗기고 **21.**사람 중에서 쫓겨
나서 그의 마음이 들짐승의 마음과 같았고 또 들나귀와 함께 살며 또 소처럼 풀을 먹으며 그의 몸이
하늘 이슬에 젖었으며 지극히 높으신 하나님이 사람 나라를 다스리시며 자기의 뜻대로 누구든지 그
자리에 세우시는 줄을 알기에 이르렀나이다 **22.**벨사살이여 왕은 그의 아들이 되어서 이것을 다 알
고도 아직도 마음을 낮추지 아니하고 **23.**도리어 자신을 하늘의 주재보다 높이며 그의 성전 그릇을
왕 앞으로 가져다가 왕과 귀족들과 왕후들과 후궁들이 다 그것으로 술을 마시고 왕이 또 보지도 듣
지도 알지도 못하는 금, 은, 구리, 쇠와 나무, 돌로 만든 신상들을 찬양하고 도리어 왕의 호흡을 주장
하시고 왕의 모든 길을 작정하시는 하나님께는 영광을 돌리지 아니한지라 **24.**이러므로 그의 앞에서
이 손가락이 나와서 이 글을 기록하였나이다 **25.**기록된 글자는 이것이니 곧 메네 메네 데겔 우바르
신이라 **26.**그 글을 해석하건대 메네는 하나님이 이미 왕의 나라의 시대를 세어서 그것을 끝나게 하
셨다 함이요 **27.**데겔은 왕을 저울에 달아 보니 부족함이 보였다 함이요 **28.**베레스는 왕의 나라가
나뉘어서 메대와 바사 사람에게 준 바 되었다 함이니이다 하니 **29.**이에 벨사살이 명하여 그들이 다
니엘에게 자주색 옷을 입히게 하며 금 사슬을 그의 목에 걸어 주고 그를 위하여 조서를 내려 나라의
셋째 통치자로 삼으니라 **30.**그 날 밤에 갈대아 왕 벨사살이 죽임을 당하였고 **31.**메대 사람 다리오
가 나라를 얻었는데 그 때에 다리오는 육십이 세였더라

1. 다니엘이 왕에게 하나님의 역사를 아뢰었음 (= 오래 참으시는 하나님의 역사)

17절= "다니엘이 왕에게 대답하여 이르되…내가 왕을 위하여 이 글을 읽으며 그 해석을 아뢰리이다"

2. 다니엘이 왕의 잘못을 지적하였음 (= 하나님의 엄정한 평가)

22-23절= "벨사살이여 왕은 그의 아들이 되어서 이것을 다 알고도 아직도 마음을 낮추지 아니하고 도리어 자신을 하늘의 주재보다 높이며…"

3. 다니엘이 벽에 쓴 글자를 해석하였음 (= 온 인류를 향한 하나님의 심판 선고)

25-28절= "기록된 글자는 이것이니 곧 메네 메네 데겔 우바르신이라 그 글을 해석하건대 메네는 하나님이 이미 왕의 나라의 시대를 세어서 그것을 끝나게 하셨다 함이요 데겔은 왕을 저울에 달아 보니 부족함이 보였다 함이요 베레스는 왕의 나라가 나뉘어서 메대와 바사 사람에게 준 바 되었다 함이니이다"

◆◆◆

【대지 유형】 주제 설명형 - 본문 묶음형 - 대지 진전형
【주제】 (적용) 우리는 벨사살 왕의 최후 이야기를 통해 하나님의 엄정한 평가와 무서운 심판의 선고를 기억해야 한다.
【FCF】 많은 신앙인이 하나님의 심판에 대해 나이브한 생각을 갖고 있음.

【서론】 "그날 밤에 갈대아 왕 벨사살이 죽임을 당하였고"(30절). 운명의 때가 있다. 한 사람, 한 국가, 한 문명에도! 벨사살= 나보니더스 왕의 장자. 고고학 자료 발굴로 성경의 정확성이 입증됨.
【우산질문】 벽에 쓰인 글자 이야기를 통해 하나님의 엄위하신 심판의 진리를 살펴보자.

【1대지】 우리에게 다니엘 같은 현인이 필요하다. 오랜 세월 충성된 종. 벨사살 앞에서 담대하게 하나님의 오래 참으심과 느부갓네살 시대의 역사를 설파함. 7년 동안 교만한 왕을 단련하신 사건.
【2대지】 벨사살이라는 인물. 본문에 나타난 죄악. 그것에 대한 하나님의 평가. 왕은 알고도 교만했고, 하나님의 거룩한 성전을 모독했고, 우상 숭배자. 여러분을 향한 하나님의 평가는 어떻게 나올까?
【3대지】 연회장 촛대 맞은 편 벽 위에 나타난 손가락. 그토록 방자하던 왕을 얼어붙게 함. 그 누구도 하나님의 위엄 앞에 견디지 못한다. "메네 메네 데겔 우바르신." 세신다(numbering), 달아보신다(천칭에), 그리고 나누신다(심판). 오늘 당신의 모습은 어떠한가? 하나님의 위엄을 본 적 있나? 반드시 그날이 온다!
【결론】 벽에 쓴 글자! 나를 향해 하나님은 어떤 글을 쓰실 것인가? 나의 삶을 하나님의 저울에 달아보았을 때 그 결과는? 그 누구도 하나님의 의의 기준에 도달할 자 없다. 오직 예수 그리스도에 대한 믿음으로만. 믿음으로 하나님의 자녀가 된다. 그는 하나님의 심판에 노출되지 않는다! 그날 밤에 벨사살은 죽임을 당했지만, 우리는 그날에 즐거이 주님을 맞이할 것이다! 할렐루야!

- 절기, 용도, 장르, 특징:
- Key Word: 메네 메네 데겔 우바르신.
- Remarks:

본문 : **단 6:4-10, 21-27**
제목 : **사자굴 사건의 영적 의미**

4.이에 총리들과 고관들이 국사에 대하여 다니엘을 고발할 근거를 찾고자 하였으나 아무 근거, 아
무 허물도 찾지 못하였으니 이는 그가 충성되어 아무 그릇됨도 없고 아무 허물도 없음이었더라 **5.**그
들이 이르되 이 다니엘은 그 하나님의 율법에서 근거를 찾지 못하면 그를 고발할 수 없으리라 하고
6.이에 총리들과 고관들이 모여 왕에게 나아가서 그에게 말하되 다리오 왕이여 만수무강 하옵소서
7.나라의 모든 총리와 지사와 총독과 법관과 관원이 의논하고 왕에게 한 법률을 세우며 한 금령을 정
하실 것을 구하나이다 왕이여 그것은 곧 이제부터 삼십일 동안에 누구든지 왕 외의 어떤 신에게나 사
람에게 무엇을 구하면 사자 굴에 던져 넣기로 한 것이니이다 **8.**그런즉 왕이여 원하건대 금령을 세우
시고 그 조서에 왕의 도장을 찍어 메대와 바사의 고치지 아니하는 규례를 따라 그것을 다시 고치지
못하게 하옵소서 하매 **9.**이에 다리오 왕이 조서에 왕의 도장을 찍어 금령을 내니라 **10.**다니엘이 이
조서에 왕의 도장이 찍힌 것을 알고도 자기 집에 돌아가서는 윗방에 올라가 예루살렘으로 향한 창문
을 열고 전에 하던 대로 하루 세 번씩 무릎을 꿇고 기도하며 그의 하나님께 감사하였더라 …… **21.**다
니엘이 왕에게 아뢰되 왕이여 원하건대 왕은 만수무강 하옵소서 **22.**나의 하나님이 이미 그의 천사
를 보내어 사자들의 입을 봉하셨으므로 사자들이 나를 상해하지 못하였사오니 이는 나의 무죄함이
그 앞에 명백함이오며 또 왕이여 나는 왕에게도 해를 끼치지 아니하였나이다 하니라 **23.**왕이 심히
기뻐서 명하여 다니엘을 굴에서 올리라 하매 그들이 다니엘을 굴에서 올린즉 그의 몸이 조금도 상하
지 아니하였으니 이는 그가 자기의 하나님을 믿음이었더라 **24.**왕이 말하여 다니엘을 참소한 사람들
을 끌어오게 하고 그들을 그들의 처자들과 함께 사자 굴에 던져 넣게 하였더니 그들이 굴 바닥에 닿
기도 전에 사자들이 곧 그들을 움켜서 그 뼈까지도 부서뜨렸더라 **25.**이에 다리오 왕이 온 땅에 있는
모든 백성과 나라들과 언어가 다른 모든 사람들에게 조서를 내려 이르되 원하건대 너희에게 큰 평강
이 있을지어다 **26.**내가 이제 조서를 내리노라 내 나라 관할 아래에 있는 사람들은 다 다니엘의 하나
님 앞에서 떨며 두려워할지니 그는 살아 계시는 하나님이시요 영원히 변하지 않으실 이시며 그의 나
라는 멸망하지 아니할 것이요 그의 권세는 무궁할 것이며 **27.**그는 구원도 하시며 건져내기도 하시
며 하늘에서든지 땅에서든지 이적과 기사를 행하시는 이로서 다니엘을 구원하여 사자의 입에서 벗
어나게 하셨음이라 하였더라

1. 무리는 다니엘을 고발할 허물을 찾지 못하였음 (= 거짓에 대한 진실의 승리)

4절= "이에 총리들과 고관들이 국사에 대하여 다니엘을 고발할 근거를 찾고자 하였으나 아무 근거, 아무 허물도 찾지 못하였으니 이는 그가 충성되어 아무 그릇됨도 없고 아무 허물도 없음이었더라"

2. 다니엘은 왕의 조서를 알고도 하나님께 기도하며 감사하였음 (= 불신앙에 대한 신앙의 승리)

10절= "다니엘이 이 조서에 왕의 도장이 찍힌 것을 알고도 자기 집에 돌아가서는 윗방에 올라가 예루살렘으로 향한 창문을 열고 전에 하던 대로 하루 세 번씩 무릎을 꿇고 기도하며 그의 하나님께 감사하였더라"

3. 왕이 다니엘의 하나님을 "살아계시는 하나님"으로 온 나라에 반포하였음

(= 무신론에 대한 유신론의 승리)

26절= "… 내 나라 관할 아래에 있는 사람들은 다 다니엘의 하나님 앞에서 떨며 두려워할지니 그는 살아 계시는 하나님이시요 영원히 변하지 않으실 이시며…"

◈◈◈

【대지 유형】 주제 설명형 - 본문 묶음형 - 대지 병렬형

【주제】 (적용) 사자굴 사건의 영적 의미는 거짓에 대한 진실의 승리요 불신앙에 대한 신앙의 승리이며 무신론에 대한 유신론의 승리를 나타낸다.

【FCF】 진실이 이길 것에 대한 회의론이 많은 교회를 지배하고 있음.

【서론】 엄청난 사건이다. 하나님의 충성된 종 다니엘. 치열한 영적 전투의 현장에서 끝까지 하나님만 의지하여 승리한 선지자.

【우산질문】 다니엘의 일생 중 사자굴 사건의 의미를 살펴보자.

【1대지】 왕을 기역하고 이적행위를 했다는 누명을 쓴 다니엘. 그때나 지금이나 거짓과 모함이 난무하는 세상. 사자굴의 승리는 거짓에 대한 진실의 승리를 보여준다. 22절, "나의 하나님이 이미 그의 천사를 보내어 사자들의 입을 봉하셨으므로 사자들이 나를 상해하지 못하였사오니 이는 나의 무죄함이 그 앞에 명백함이오며." 진실은 죽지 않고 패하지 않는다.

【2대지】 신은 존재한다. 신의 손길만이 신의 존재를 증명할 수 있다. 인간의 방법이 아무리 뛰어나도 기도의 사람을 이길 수 없다. 인본주의에 대한 신본주의의 승리. 무신론자는 사자의 밥이 되었고, 다니엘은 살아났다. 다니엘의 승리는 무신론의 심판을 가져왔다. 다니엘을 지켜주신 하나님은 지금도 전능자로 존재하신다.

【3대지】 23절, 다니엘이 죽지 않은 것은 하나님의 능력 때문. 24절, 무신론자들의 철저한 패배. 우상 신과 하나님과의 대결에서 하나님의 완벽한 승리.

【결론】 그후 바벨론 우상주의는 망했으나 이스라엘은 하나님과 함께 승리했다.

- 절기, 용도, 장르, 특징:
- Key Word: 영적 전투.
- Remarks:

선지서

본문 : **단 6:9-10**
제목 : **다니엘의 기도**

9.이에 다리오 왕이 조서에 왕의 도장을 찍어 금령을 내니라 **10.**다니엘이 이 조서에 왕의 도장이 찍힌 것을 알고도 자기 집에 돌아가서는 윗방에 올라가 예루살렘으로 향한 창문을 열고 전에 하던 대로 하루 세 번씩 무릎을 꿇고 기도하며 그의 하나님께 감사하였더라

1. 다니엘은 왕의 도장이 찍힌 것을 알고도 하루 세 번씩 기도했음 (= 하루 세 번씩 드린 기도)
10절= "다니엘이 이 조서에 왕의 도장이 찍힌 것을 알고도 자기 집에 돌아가서는 윗방에 올라가 예루살렘으로 향한 창문을 열고 전에 하던 대로 하루 세 번씩 무릎을 꿇고 기도하며 그의 하나님께 감사하였더라"

2. 예루살렘으로 향한 창문을 열고 기도했음 (= 하나님 나라를 사랑하는 기도)
10절= "… 윗방에 올라가 예루살렘으로 향한 창문을 열고…"

3. 전에 하던 대로 기도했음 (= 쉬지 않는 기도)
10절= "… 전에 하던 대로…"

◈◈◈

【대지 유형】 주제 설명형 - 본문 분석형 - 대지 연결형
【주제】 (석의) 하나님과 이스라엘을 사랑한 다니엘은 목숨을 걸고 쉬지 않고 기도하는 모범을 보였다.
【FCF】 많은 교회가 나라와 한국 교회를 위한 기도에 미온적임.

【서론】 광복 73주년. 성도들이 할 첫 번째 일은 다니엘처럼 나라를 위해 기도하는 일이다. 다니엘은 B.C. 605년경 바벨론으로 잡혀온 포로 중 한 명이다. 높은 지위에 올랐어도 여전히 신앙의 사람이요 기도의 사람이었다. 정치권의 음모와 무서운 함정. 생명에 위협을 느끼면서도 기도를 계속한 기도의 사람이었다.
【우산질문】 조국을 위해 기도한 다니엘의 기도, 본문을 통해 살펴보자.

【1대지】 왕의 도장이 찍힌 것을 알고도 기도하는 다니엘. 바쁜 공직자로서 하루 세 번씩 시간 내기가 쉽지 않았을 것(9시, 12시, 3시). 삼상 7:8, "하나님 여호와께 쉬지말고 부르짖어…" 지금 우리의 상황은 어떤가? 북한 핵문제, 경제문제, 나라의 정체성 문제… 우리 그리스도인들 때문에 우리 나라가 좋아진다는 얘기를 들어야 되겠다.
【2대지】 열린 창 앞에서 기도하는 다니엘= 하나님만이 오직 하나님이라는 고백이요 하나님의 백성을 목숨 걸고 사랑한다는 고백이다. 왕의 도장이 찍힌 줄 알고도 기도하는 다니엘. 그는 조국을 목숨보다 더 사랑한 사람이었다. 그리스도인들은 국가를 위해서 위정자를 위해서 기도의 부채를 지고 있는 사람들이다. 하나님은 기도하는 성도들의 기도를 들으시고 어려움에 처한 이 나라를 굳게 세워 주실 것이다.
【3대지】 다니엘의 기도는 일회적이 아니었다. 한국인의 약점 중 하나는 냄비근성 아닌가. 지속적인 기도가 중요하다. 8.15 광복절의 모임과 기도는 계속되어야 한다. 지속적인 기도 모임을 만들어야 한다. 요 16:24, "… 구하라 그리하면 받으리니 너희 기쁨이 충만하리라."
【결론】 광복절을 맞은 오늘, 하나님의 은혜에 감사하자. 다니엘처럼 기도하는 성도, 기도하는 교회가 되자.

- 절기, 용도, 장르, 특징: 광복절.
- Key Word: 나라 사랑, 애국, 기도.
- Remarks:

본문 : **호 2:2-7**

제목 : **가시로 막으며 담을 쌓아**
(Blocking Her Path with Thorn Bushes)

2.너희 어머니와 논쟁하고 논쟁하라 그는 내 아내가 아니요 나는 그의 남편이 아니라 그가 그의 얼굴에서 음란을 제하게 하고 그 유방 사이에서 음행을 제하게 하라 **3.**그렇지 아니하면 내가 그를 벌거벗겨서 그 나던 날과 같게 할 것이요 그로 광야 같이 되게 하며 마른 땅 같이 되게 하여 목말라 죽게 할 것이며 **4.**내가 그의 자녀를 긍휼히 여기지 아니하리니 이는 그들이 음란한 자식들임이니라 **5.**그들의 어머니는 음행하였고 그들을 임신했던 자는 부끄러운 일을 행하였나니 이는 그가 이르기를 나는 나를 사랑하는 자들을 따르리니 그들이 내 떡과 내 물과 내 양털과 내 삼과 내 기름과 내 술들을 내게 준다 하였음이라 **6.**그러므로 내가 가시로 그 길을 막으며 담을 쌓아 그로 그 길을 찾지 못하게 하리니 **7.**그가 그 사랑하는 자를 따라갈지라도 미치지 못하며 그들을 찾을지라도 만나지 못할 것이라 그제야 그가 이르기를 내가 본 남편에게로 돌아가리니 그 때의 내 형편이 지금보다 나았음이라 하리라

1. 이스라엘의 음행은 고치기 어려울 지경이었음 (= 죄인들의 완고한 성품)

2절= "… 그가 그의 얼굴에서 음란을 제하게 하고 그 유방 사이에서 음행을 제하게 하라"

2. 하나님께서 가시와 담으로 막으심 (= 고난과 장애물, 하나님의 개선방법)

6절= "그러므로 내가 가시로 그 길을 막으며 담을 쌓아 그로 그 길을 찾지 못하게 하리니"

3. 그제야 하나님께로 돌아가리라 함 (= 축복된 결과)

7절= "그제야 그가 이르기를 내가 본 남편에게로 돌아가리니 그 때의 내 형편이 지금보다 나았음이라 하리라"

◈◈◈

【대지 유형】 주제 설명형 - 본문 수집형 - 대지 심화형

【주제】 (석의) 이스라엘의 고질적인 죄악을 고치기 위해 하나님은 가시와 담으로 막아 마침내 하나님께로 돌아오게 하신다.

【FCF】 가시와 담으로 막으심에도 깨닫지 못하고 회개치 않는 목이 곧은 백성들의 모습.

【서론】 아내와 남편의 이미지는 양과 목자의 이미지와 함께 선민 이스라엘과 여호와 하나님의 관계를 상징하는 구약의 양대 이미지다. 본문은 음란한 아내 고멜을 빗댄 이스라엘을 향한 하나님의 경고의 말씀. 여호와께서는 법정의 재판 형식을 빌어 피고소인인 이스라엘을 정죄하신다. 어머니로 비유되는 북이스라엘은 나라 전체를 지칭하는 것이고, 그 자녀들은 개개인으로서의 백성들

을 가리킨다. 중요한 것은 이 정죄와 심판의 법정이 여호와께서 아내 이스라엘과 이혼을 목적으로 하여 열리는 것이 아니라 궁극적으로 화해와 재결합을 목적으로 열리는 법정이라는 사실이다. 위협적인 구절 속에 하나님의 자비가 빛나고 있다.
【우산질문】 말씀을 통하여 가시로 막으며 담을 쌓아 우리를 고치시는 주님의 사랑의 손길을 발견하고 주님께 감사하자.

【1대지】 죄인들의 완고한 성품은 마치 이스라엘이 그 음행을 고치지 못하고 끊임없이 하나님을 배반했던 것과 같다. 하나님은 의로우시므로 악을 행하는 자를 결코 용납지 않으신다. 하나님께서는 그들을 더 이상 당신의 자녀로 여기지 않으실 것이었다. 지금은 세상 백성과 하나님의 선민의 구별이 쉽지 않은 때이다. 사람들은 너무 쉽게 양심의 담장을 뛰어넘고 전통의 철조망을 가로질러 사랑하는 죄악으로 달음질하려고 한다.
【2대지】 하나님은 가시들로 그들의 길을 막으실 작정이었고, 이것은 그들이 쓰라린 아픔을 통하여 돌아서게 될 것을 보여주는 말씀이다. 영적 이스라엘로 부름 받은 우리에게 주시는 경고의 말씀이자 소망의 말씀이다. 삶 속에 찾아오는 '길을 막는 가시들'과 '길을 찾지 못하게 하는 담'을 만날 때마다 우리는 본문에 나타난 하나님의 모습을 보아야겠다. 이와 같은 혹독한 징계는 신앙생활 초기에 대단히 유용하게 자주 사용된다. 이것은 많은 열매를 얻기 위해 씨뿌리기 전에 묵은 땅을 힘들여 정성스럽게 기경(起耕)하는 것과 같다.
【3대지】 북이스라엘은 복을 얻기 위해 바알을 좇아 온갖 희생과 헌신을 다했다. 그러나 그 우상으로부터 아무런 대가도 받지 못하고 오히려 그들의 삶은 더욱 피폐해졌다. 본 절은 '그제야' 과거 여호와를 섬기던 때가 바알을 섬기는 현재보다 훨씬 더 행복하고 풍성한 삶을 살았다는 사실을 절실히 깨닫고 '본 남편'이신 하나님께로 돌아갈 것이라고 다짐하는 장면이다.
【결론】 여러분은 과거에 주님이 여러분의 길을 가시로 막으시고 담을 쌓아 길을 찾지 못하게 하시던 경험은 없는가? 주님 주시는 아픈 고난과 해결할 수 없는 장애에 막혀 울어본 적은 없는가? 그리고 자신의 잘못을 깨닫고 굳은 결심으로 첫사랑을 회복해 본 적은 없는가? "내 아버지께로 돌아가리라"고 두 주먹 불끈 쥐고 돌아서던 탕자의 경험은 없는가?

- 절기, 용도, 장르, 특징:
- Key Word: 가시, 담.
- Remarks:

본문 : **호 2:14-20**
제목 : **선민을 향한 사랑의 음성**
(The Valley of Achor for the Gate of Hope)

14.그러므로 보라 내가 그를 타일러 거친 들로 데리고 가서 말로 위로하고 **15.**거기서 비로소 그의
포도원을 그에게 주고 아골 골짜기로 소망의 문을 삼아 주리니 그가 거기서 응대하기를 어렸을 때와
애굽 땅에서 올라오던 날과 같이 하리라 **16.**여호와께서 이르시되 그 날에 네가 나를 내 남편이라 일
컫고 다시는 내 바알이라 일컫지 아니하리라 **17.**내가 바알들의 이름을 그의 입에서 제거하여 다시
는 그의 이름을 기억하여 부르는 일이 없게 하리라 **18.**그 날에는 내가 그들을 위하여 들짐승과 공중
의 새와 땅의 곤충과 더불어 언약을 맺으며 또 이 땅에서 활과 칼을 꺾어 전쟁을 없이하고 그들로 평
안히 눕게 하리라 **19.**내가 네게 장가 들어 영원히 살되 공의와 정의와 은총과 긍휼히 여김으로 네게
장가 들며 **20.**진실함으로 네게 장가 들리니 네가 여호와를 알리라

1. 거친 들로 데리고 가서 위로하겠다고 함 (= 위로의 사랑)

14-15절= "그러므로 보라 내가 그를 타일러 거친 들로 데리고 가서 말로 위로하고 거기서 비로소 그의 포도원을 그에게 주고…"

2. 아골 골짜기로 소망의 문을 삼겠다고 함 (= 회복의 사랑)

15절= "… 아골 골짜기로 소망의 문을 삼아 주리니 그가 거기서 응대하기를 어렸을 때와 애굽 땅에서 올라오던 날과 같이 하리라"

3. '내가 네게 장가들어 영원히 살리라' 함 (= 부부의 사랑)

19절= "… 내가 네게 장가 들어 영원히 살되 공의와 정의와 은총과 긍휼히 여김으로 네게 장가 들며"
20절= "진실함으로 네게 장가 들리니 네가 여호와를 알리라"

◈◈◈

【대지 유형】 주제 설명형 - 본문 묶음형 - 대지 심화형
【주제】 (석의) 하나님은 자기 백성을 위로하시고 회복시키시며 부부처럼 영원히 함께하시겠다고 하셨다.
【FCF】 많은 신앙인이 선민을 향한 하나님의 사랑의 음성을 듣지 못하고 있음.

【서론】 호세아는 하나님의 명령에 따라 음란한 여인 고멜을 아내로 맞아들였다. 고멜은 급기야 남편을 배신하고 다른 남자를 따라 가정을 헌신짝처럼 버리고 떠나가 부정을 저질렀다. 그런데 하나님은 호세아를 향하여 아내를 용서하고 가정을 유지할 것을 명령하셨다. 그리고 부정한 아내를 용서한 그의 살아있

는 체험 위에서 여호와께 배신을 자행한 선민 이스라엘을 향한 여호와의 심판 경고와 회개 촉구, 그리고 나아가서는 용서와 회복의 메시지를 전하게 하셨다.
【우산질문】 여기서 남편은 하나님, 부정한 아내는 하나님을 부인하고 떠난 인생들을 상징한다. 말씀을 통하여 자기 백성을 향해 사랑과 긍휼을 베푸시는 하나님의 모습을 살펴보자.

【1대지】 본 단락의 예언은 일차적으로는 여호와께서 이스라엘을 앗수르를 사용하여 심판하시고, 또한 유다를 바벨론으로 심판하신 이후 이스라엘 자손의 남은 자들을 이스라엘 땅으로 귀환시키는 것으로 성취될 것이다. 이차적으로는 예수 그리스도 안에서 신약시대에 성취될 것이다(Calvin). 하나님은 약속대로 새 언약의 중보자 예수님을 보내셨고, 예수님은 우리를 위하여 자신의 피를 뿌려 새 언약을 완성하셨다. 이제 예수께서 하늘 보좌로부터 파송하시는 보혜사 성령님은 믿음으로 순종하는 자들 안에 오셔서 내주하시며, 그들의 마음을 부드럽게 하셔서 주님의 계명에 순종하는 하나님의 백성이 되게 하신다.
【2대지】 하나님은 자기 백성을 죄악과 괴로움 가운데서 회복시켜 새로운 소망의 역사를 일으키시는 분이다. 소망의 문이라는 것은 미래가 활짝 열려 있는 소망에 찬 현실을 의미한다. 이 절망의 골짜기에 새로운 소망의 역사를 이루기 위해서는 먼저 우리 속의 '아간'이 처형되어야 한다. 내 속의 아간적 요소인 죄가 제거되어야 한다.
【3대지】 하나님은 이스라엘과 전혀 새로운 결혼 관계로 들어가 영원히 그 관계를 지속하실 것임을 선언하신다. 이 결혼 관계는 과거 여호와께서 이스라엘과 시내산에서 맺었던 언약(출 24:1-8)을 통해 들어갔던 결혼 관계와는 근본적으로 다른 것이다. 구약에서 여호와 하나님과 이스라엘과의 관계는 신약에서 예수님과 교회와의 관계를 의미한다. 예수님과 신약의 교회는 한 몸이면서 뜨거운 사랑의 관계를 영원토록 지켜나갈 신랑 신부의 관계이다.
【결론】 주님은 이 절망의 골짜기, 아골 골짜기를 소망의 문으로 삼아 주실 약속을 주셨고, 이제 부활의 영으로 오셔서 그 약속을 이루고 계신다. 주님의 사랑은 위로의 사랑이고 회복의 사랑이다. "내가 네게 장가들어 영원히 살리라." 주님의 사랑은 완전한 부부의 사랑이다. 그리스도 예수 안에 있는 자에게는 영원한 사랑과 영원한 안전이 보장되어 있다.

- 절기, 용도, 장르, 특징:
- Key Word: 아가페 사랑.
- Remarks:

본문 : **호 3:1-5**
제목 : **승리하는 하나님의 사랑**

1.여호와께서 내게 이르시되 이스라엘 자손이 다른 신을 섬기고 건포도 과자를 즐길지라도 여호와가 그들을 사랑하나니 너는 또 가서 타인의 사랑을 받아 음녀가 된 그 여자를 사랑하라 하시기로 **2.**내가 은 열다섯 개와 보리 한 호멜 반으로 나를 위하여 그를 사고 **3.**그에게 이르기를 너는 많은 날 동안 나와 함께 지내고 음행하지 말며 다른 남자를 따르지 말라 나도 네게 그리하리라 하였노라 **4.**이스라엘 자손들이 많은 날 동안 왕도 없고 지도자도 없고 제사도 없고 주상도 없고 에봇도 없고 드라빔도 없이 지내다가 **5.**그 후에 이스라엘 자손이 돌아와서 그들의 하나님 여호와와 그들의 왕 다윗을 찾고 마지막 날에는 여호와를 경외하므로 여호와와 그의 은총으로 나아가리라

1. 이스라엘이 다른 신을 섬길지라도 사랑한다 하심 (= 무조건적 사랑)

1절= "이스라엘 자손이 다른 신을 섬기고 건포도 과자를 즐길지라도 여호와가 그들을 사랑하나니"

2. 음녀가 된 고멜을 속전금을 내고 사라 하심 (= 희생적 사랑)

2절= "내가 은 열다섯 개와 보리 한 호멜 반으로 나를 위하여 그를 사고"

3. 나라 멸망 후 마침내 다윗 왕국을 이루리라 함 (= 메시아 왕국 예언, 사랑의 승리)

4-5절= "이스라엘 자손들이 많은 날 동안 왕도 없고 지도자도 없고 제사도 없고 주상도 없고 에봇도 없고 드라빔도 없이 지내다가 그 후에 이스라엘 자손이 돌아와서 그들의 하나님 여호와와 그들의 왕 다윗을 찾고 마지막 날에는 여호와를 경외하므로 여호와와 그의 은총으로 나아가리라"

◈◈◈

【대지 유형】 주제 설명형 – 본문 묶음형 – 대지 진전형
【주제】 (적용) 자기 백성을 향한 하나님의 사랑은 무조건적이고 희생적이며 마침내 승리하는 사랑이다.
【FCF】 하나님의 사랑을 받아들이지 못하는 세상의 악함.

【서론】 호세아 선지자, B.C. 8C 중엽, 40년 가까이 사역함. 북왕국 이스라엘에 대해 하나님의 사랑을 선포함. 자신의 가정 전체를 희생해가며 하나님의

뜻을 백성에게 나타낸 하나님의 종. 당시 이스라엘은 여로보암 2세의 정치력으로 부강해졌으나, 하나님을 떠나 이방신을 섬기며 진리에서 멀어짐. 하나님은 호세아 가정을 통해 이스라엘에 메시지를 전함. 음란한 아내 고멜을 기어이 돌이키게 하려는 남편의 열심을 통해 이스라엘을 향한 하나님의 사랑과 열심을 보여주심.
【우산질문】 본문에서 하나님의 사랑은 어떻게 나타나고 있는가?

【1대지】 다른 신= 바알. 건포도떡= 바알신 제사에 바쳐짐. 하나님은 이스라엘이 배은망덕자라도 사랑하신다. "… 할지라도의 사랑"이라 할 수 있다. 끝까지 사랑하고, 끝까지 인내하신다. "너는 또 가서 사랑하라." 누구를? 이스라엘의 사랑(건포도떡, 음란)은 이기적이고 쾌락적이었지만, 하나님의 이스라엘을 향한 사랑은 이타적, 관용적, 보호적인 사랑이었다. 그러므로 하나님의 사랑은 ①사랑 없는 자에 대한 사랑이요 ②사랑할 수 없는 자에 대한 사랑이다.
【2대지】 천한 종같이 비참하게 된 고멜. 속전금(은15 + 보리 한 호멜 반= 은30)으로 샀으니 그의 소유가 됨. 하나님의 백성이었던 자리에서 사탄의 노예 신분으로 무용지물이 된 자들을 위해 은30 속전금을 내어놓고 사시는 희생적 사랑! 새로 데려온 아내에게 교훈(3절, 행음하지 말며 다른 남자를 좇지 말라). "나도 네게 그리하리라"= 우리 위해 속전금으로 독생자를 주실 것 암시!
【3대지】 유다 멸망, 혼합종교 양상까지 모두 없애고, 마침내 다윗의 뿌리에서 예수 그리스도 오셔서 그리스도 왕국을 이루실 것이다. 짧게는 백성을 근신시키고, 아골 골짜기 훈련의 광야로, 길게는 마침내 사랑의 승리!
【결론】 주님의 사랑이 무조건적이므로 우리의 섬김도 무조건적이어야 하고, 그의 사랑이 희생적이므로 우리의 봉사도 희생적이어야 한다. 우리 모두 자원하여 귀뚫은 종이 되어야겠다.

- 절기, 용도, 장르, 특징: 예언.
- Key Word: 하나님의 사랑.
- Remarks:

본문 : **호 8:11-14**
제목 : **에브라임의 잃어버린 예배 (Many Altars for Sinning)**

11.에브라임은 죄를 위하여 제단을 많이 만들더니 그 제단이 그에게 범죄하게 하는 것이 되었도다 **12.**내가 그를 위하여 내 율법을 만 가지로 기록하였으나 그들은 이상한 것으로 여기도다 **13.**그들이 내게 고기를 제물로 드리고 먹을지라도 여호와는 그것을 기뻐하지 아니하고 이제 그들의 죄악을 기억하여 그 죄를 벌하리니 그들은 애굽으로 다시 가리라 **14.**이스라엘은 자기를 지으신 이를 잊어버리고 왕궁들을 세웠으며 유다는 견고한 성읍을 많이 쌓았으나 내가 그 성읍들에 불을 보내어 그 성들을 삼키게 하리라

1. 율법을 관계없는 것으로 여겼음 (= 말씀에 불순종)

12절= "내가 저를 위하여 내 율법을 만 가지로 기록하였으나 저희가 관계없는 것으로 여기도다"

2. 제물 먹는 데만 관심 있었음 (= 자기 중심적 예배)

13절= "내게 드리는 제물로 말할지라도 저희가 고기로 제사를 드리고 먹거니와 여호와는 그것을 기뻐하지 아니하고…"

3. 하나님을 잊어버리고 국력신장에만 몰두했음 (= 하나님 없는 세속적 가치관)

14절= "이스라엘은 자기를 지은 자를 잊어버리고 전각들을 세웠으며 유다는 견고한 성읍을 많이 쌓았으나…"

◈◈◈

【대지 유형】 이유 제시형 - 본문 분석형 - 대지 병렬형
【주제】 (석의) 에브라임이 예배를 잃은 것은 말씀에 대한 불순종, 자기 중심적인 예배, 그리고 세속적 가치관에 빠졌기 때문이다.
【FCF】 많은 교회, 많은 신앙인이 참예배를 잃어버리고 있음.

【서론】 하나님의 가장 큰 관심은 자기 백성들이 드리는 예배에 있다. 하나님은 예배하는 자를 찾으신다. 본문에는 에브라임의 잃어버린 제사에 대한 원인 분석을 잘 보여준다. 하나님은 호세아를 통해 이스라엘이 하나님 섬기는 일에서 탈선한 것을 통렬히 꾸짖고 계신다. 이스라엘은 제단을 많이 만들 만큼 제사에 열심이 많았다. 그러나 오히려 그 제단이 백성들을 죄짓게 했다. 하

나님께서는 이들의 제사를 결코 기뻐하지 않으셨다. 그리고 그 이유를 말씀해 주셨다.

【우산질문】 하나님께서 이스라엘 백성들의 제사를 받지 않으셨던 이유는 무엇인가? 에브라임의 잃어버린 예배의 근본 원인을 어디에서 찾을 수 있나?

【1대지】 하나님의 말씀을 무시하는 것은 하나님을 인정하지 않는 것과 동일하다. 말씀 순종과는 거리가 먼 사람이 예배를 드린다 한들 하나님께서 그 예배를 받으실 리가 없다. 하나님께 열납되는 예배를 되찾으려면 말씀 순종의 삶이 전제되어야 한다. 예배자가 하나님의 말씀에 전폭적으로 순종하여 드리는 예배가 아니라면 하나님께서 받지 않으신다. 순종 없는 예배는 오히려 가증스러운 것이 될 뿐이다.

【2대지】 이스라엘은 자기중심적(Self-centered) 예배에서 회개하여 하나님(God-centered) 중심적 예배로 돌아와야 했다. 백성들은 하나님의 법을 잊어버렸지만, 하나님께서는 그들의 죄악을 오히려 기억하신다. 그 결과가 무엇인가? "저희가 애굽으로 다시 가리라"

【3대지】 하나님이 세우신 나라의 하나님의 백성들은 하나님을 잊어버린 채 세상의 화려함에 마음을 빼앗기고 세상적인 방어술에 매달렸다. 14절, "…내가 그 고을들에 불을 보내어 그 성들을 삼키게 하리라" 하나님의 예언대로 유다의 견고한 성읍들은 결국 이방의 손에 의해 멸망하고 말았다. 진정으로 하나님께 열납되는 예배자가 되기를 원하는가? 그렇다면 먼저 세속적인 가치관을 포기하라. 세상 사람들이 귀히 여기는 것이 우리에게도 귀한 것이 될 수는 없다.

【결론】 에브라임은 진정한 제사를 잃어버렸다. 남방 유다도 세속적인 생각에 잡혀서 하나님을 잊어버렸다. 그 결과는 참혹한 멸망이었다. 예배의 동기와 목적이 '오직 예수' 신앙에서 우러나온 것이어야 한다. 예배자의 마음속에 있는 육신의 정욕과 안목의 정욕과 이생의 자랑 따위를 모조리 내어버린 후에야 비로소 우리의 예배가 진정한 예배가 될 수 있는 것이다.

- 절기, 용도, 장르, 특징:
- Key Word: 예배.
- Remarks:

본문 : **호 10:9-15**

제목 : **하나님은 한국을 떠나시는가?**

9.이스라엘아 네가 기브아 시대로부터 범죄하더니 지금까지 죄를 짓는구나 그러니 범죄한 자손들에
대한 전쟁이 어찌 기브아에서 일어나지 않겠느냐 **10.**내가 원하는 때에 그들을 징계하리니 그들이 두
가지 죄에 걸릴 때에 만민이 모여서 그들을 치리라 **11.**에브라임은 마치 길들인 암소 같아서 곡식 밟
기를 좋아하나 내가 그의 아름다운 목에 멍에를 메우고 에브라임 위에 사람을 태우리니 유다가 밭을
갈고 야곱이 흙덩이를 깨뜨리리라 **12.**너희가 자기를 위하여 공의를 심고 인애를 거두라 너희 묵은 땅
을 기경하라 지금이 곧 여호와를 찾을 때니 마침내 여호와께서 오사 공의를 비처럼 너희에게 내리시
리라 **13.**너희는 악을 밭 갈아 죄를 거두고 거짓 열매를 먹었나니 이는 네가 네 길과 네 용사의 많음을
의뢰하였음이라 **14.**그러므로 너희 백성 중에 요란함이 일어나며 네 산성들이 다 무너지되 살만이 전
쟁의 날에 벧아벨을 무너뜨린 것 같이 될 것이라 그 때에 어머니와 자식이 함께 부서졌도다 **15.**너희
의 큰 악으로 말미암아 벧엘이 이같이 너희에게 행하리니 이스라엘 왕이 새벽에 정녕 망하리로다

1. 사인 1 : 극도의 성적 타락, 부끄러움을 모르는 세상.

9절= "이스라엘아 네가 기브아 시대로부터 범죄하더니 지금까지 죄를 짓는구나"

9:10= "… 그들이 바알브올에 가서 부끄러운 우상에게 몸을 드림으로 저희가 사랑하는 우상 같이 가증하여졌도다"

2. 사인 2 : 자녀들과 차세대 교육에 실패하는 사회

9절= "… 그러니 범죄한 자손들에 대한 전쟁이 어찌 기브아에서 일어나지 않겠느냐"

9:13= "내가 보건대 에브라임은 아름다운 곳에 심긴 두로와 같으나 그 자식들을 살인하는 자에게로 끌어내리로다"

3. 사인 3 : 백성 중에 소요와 폭동이 일어남

10:14= "그러므로 너희 백성 중에 요란함이 일어나며 네 산성들이 다 무너지되 살만이 전쟁의 날에 벧아벨을 무너뜨린 것 같이 될 것이라…"

4. 사인 4 : 여호와께서 공의를 비처럼 내리실 것임

10:12= "너희가 자기를 위하여 공의를 심고 인애를 거두라 너희 묵은 땅을 기경하라 지금이 곧 여호와를 찾을 때니 마침내 여호와께서 오사 공의를 비처럼 너희에게 내리시리라"

◆◆◆

【대지 유형】 주제 증명형 - 본문 수집형 - 대지 병렬형
【주제】 (적용) 우리 사회의 극도로 타락한 모습을 보면 하나님께서 떠나실 것 같으나 의(義)를 비처럼 내리실 약속을 굳게 붙들어야 한다.
【FCF】 소망을 갖지 못하고 비관만 하는 풍조가 만연함.

【서론】 하나님은 불변. 그 속성도 불변. 제목: 좀 색다른 주제. 질문에 대한 대답= 떠나실 수 있다! 예전 이스라엘도 하나님은 결코 이스라엘을 떠나지 않는다고 자부했다. 하지만 앗수르의 대군, 바벨론의 말발굽 아래 이스라엘은 멸망했다. 9:6-7. 같은 방법으로 오늘도 하나님은 한국교회를 떠나실 수 있다.
【우산질문】 하나님이 이 땅을 떠나실 수밖에 없을 정도의 악한 모습에 관해 살펴보자.

【1대지】 기브아 사건. 밤새도록 성폭행하고 죽였다. 온 이스라엘의 분노. 처참한 싸움. 대부흥이 와야 한다. 우린 그리스도인의 가정에서부터 깨끗하게 해야 한다.
【2대지】 부모가 자식을 학대하고 자녀교육에 실패하는 시대. 욕심 때문에 자식들에게 유해한 환경을 서슴없이 만들어내는 시대. 조능학생들이 교사를 구타하는 시대. 이런 것들의 원흉은 TV나 인터넷, 스마트폰. 우린 지금 기브아 시대보다 나은가?
【3대지】 전 세계적인 소요 현상. 예레미야(렘 11:16-17)나 스가랴(슥 14:13)의 예언.
【4대지】 참 믿는 자를 위한 소망의 sign. 하나님의 백성 가운데 더 순수하고 더 거룩하고 의로운 자들이 나타난다. 의를 비처럼 내리시는 하나님.
【결론】 이 축복은 오직 주님을 그리워하고 찾는 자에게! 당신은 어느 쪽에 속하고 있는가?

- 절기, 용도, 장르, 특징:
- Key Word:
- Remarks:

선지서

본문 : **요나 1:1-3; 3:3-4; 4:1-11**
제목 : **꺼림칙한 전도자 (The Reluctant Evangelist)**

1:1.여호와의 말씀이 아밋대의 아들 요나에게 임하니라 이르시되 **2.**너는 일어나 저 큰 성읍 니느웨로 가서 그것을 향하여 외치라 그 악독이 내 앞에 상달되었음이니라 하시니라 **3.**그러나 요나가 여호와의 얼굴을 피하려고 일어나 다시스로 도망하려 하여 욥바로 내려갔더니 마침 다시스로 가는 배를 만난지라 여호와의 얼굴을 피하여 그들과 함께 다시스로 가려고 배삯을 주고 배에 올랐더라 …… **3:3.**요나가 여호와의 말씀대로 일어나서 니느웨로 가니라 니느웨는 사흘 동안 걸을 만큼 하나님 앞에 큰 성읍이더라 **4.**요나가 그 성읍에 들어가서 하루 동안 다니며 외쳐 이르되 사십 일이 지나면 니느웨가 무너지리라 하였더니 …… **4:1**요나가 매우 싫어하고 성내며 **2.**여호와께 기도하여 이르되 여호와여 내가 고국에 있을 때에 이러하겠다고 말씀하지 아니하였나이까 그러므로 내가 빨리 다시스로 도망하였사오니 주께서는 은혜로우시며 자비로우시며 노하기를 더디하시며 인애가 크시사 뜻을 돌이켜 재앙을 내리지 아니하시는 하나님이신 줄을 내가 알았음이니이다 …… **5.**요나가 성읍에서 나가서 그 성읍 동쪽에 앉아 거기서 자기를 위하여 초막을 짓고 그 성읍에 무슨 일이 일어나는가를 보려고 그 그늘 아래에 앉았더라 **6.**하나님 여호와께서 박넝쿨을 예비하사 요나를 가리게 하셨으니 이는 그의 머리를 위하여 그늘이 지게 하며 그의 괴로움을 면하게 하려 하심이었더라 요나가 박넝쿨로 말미암아 크게 기뻐하였더니 **7.**하나님이 벌레를 예비하사 이튿날 새벽에 그 박넝쿨을 갉아먹게 하시매 시드니라 **8.**해가 뜰 때에 하나님이 뜨거운 동풍을 예비하셨고 해는 요나의 머리에 쪼이매 요나가 혼미하여 스스로 죽기를 구하여 이르되 사는 것보다 죽는 것이 내게 나으니이다 하니라 **9.**하나님이 요나에게 이르시되 네가 이 박넝쿨로 말미암아 성내는 것이 어찌 옳으냐 하시니 그가 대답하되 내가 성내어 죽기까지 할지라도 옳으니이다 하니라 **10.**여호와께서 이르시되 네가 수고도 아니하였고 재배도 아니하였고 하룻밤에 났다가 하룻밤에 말라 버린 이 박넝쿨을 아꼈거든 **11.**하물며 이 큰 성읍 니느웨에는 좌우를 분변하지 못하는 자가 십이만여 명이요 가축도 많이 있나니 내가 어찌 아끼지 아니하겠느냐 하시니라

1. 다시스로 도망가는 요나 (= 하나님 명령 불복종)

1:3= "그러나 요나가 여호와의 낯을 피하려고 일어나 다시스로 도망하려 하여 욥바로 내려갔더니 마침 다시스로 가는 배를 만난지라 여호와의 낯을 피하여 함께 다시스로 가려고 선가를 주고 배에 올랐더라"

2. 마지못해 심판을 선포하는 요나 (= 긍휼이 없는 전도자)

3:3-4= "요나가 여호와의 말씀대로 일어나서 니느웨로 가니라 니느웨는 극히 큰 성읍이므로 삼일길이라 요나가 그 성에 들어가며 곧 하룻길을 행하며 외쳐 가로되 사십 일이 지나면 니느웨가 무너지리라 하였더니"
4:1-2= "요나가 심히 싫어하고 노하여 여호와께 기도하여 가로되…"

3. 박넝쿨로 인해 성내는 요나 (= 최우선 순위에 대한 교훈)

4:9= "하나님이 요나에게 이르시되 네가 이 박 넝쿨로 인하여 성냄이 어찌 합당하냐 그가 대답하되 내가 성내어 죽기까지 할지라도 합당하니이다"

◈◈◈

【대지 유형】 주제 설명형 - 본문 수집형 - 대지 연결형

【주제】(석의) 하나님 명령에 불복종하던 요나는 마지못해 니느웨 전도에 나섰지만 긍휼이 없었고, 오히려 하찮은 일에 우선권을 둔 '꺼림칙한 전도자'의 전형이었다.
【FCF】잃은 영혼에 대한 긍휼과 사랑을 갖지 못한 현대교회의 많은 교인의 모습.

【서론】요나서는 너무나 놀랍고 기이한 이야기이기 때문에 많은 이들이 요나서를 우화(寓話)나 비유로 생각한다. 하지만 예수님은 요나서를 역사적 사실로 간주했다. 예수님은 요나의 물고기 뱃속의 사건을 자신의 부활의 표적으로 말씀하셨다.
【우산질문】말씀을 통하여 먼저 이방의 백성들까지 구원코자 하시는 하나님의 마음을 배우자. 하나님의 명령에도 불구하고 마음 내켜 하지 않던 요나의 모습, 그를 징계하면서도 한없는 긍휼을 베푸시는 하나님의 모습을 함께 살펴보자.

【1대지】하나님의 종이라 할지라도 자신이 가진 편견 때문에 하나님의 명령까지 어길 수 있다. 누가 요나를 비난하겠는가? 다시스로 도망하는 요나의 '내려가는' 길에 동행하고픈 사람이 왜 없겠나? 그러나 요나는 하나님의 크신 계획을 알지 못했다. 우리는 자신의 좁은 소견으로 하나님의 말씀에 대적하지 말고, 순종의 자리로 몸을 낮추어야겠다.
【2대지】요나는 하나님의 말씀대로 일어나서 니느웨로 갔고, 심판을 선포했다. 하지만 하나님의 심판은 임하지 않았다. 요나가 두려워했던 상황이 벌어진 것이다. 요나는 복수를 원했다. 하지만 하나님은 말씀을 전하여 저들을 회개케 하여 용서해주기를 원하셨다. 하나님은 그때나 지금이나 용서의 하나님이시다.
【3대지】신·구약 성경을 통틀어 이토록 자기중심적이고 이기적이며 또한 변덕스럽고도 당돌하며, 잘 토라지고 불평 많은 하나님의 일꾼은 없었다. 여러분의 최우선순위는 무엇인가? 요나에게는 사람들의 생명보다 박넝쿨이 더 중요했다. 모든 믿는 자들의 최우선순위는 주님의 지상명령이 되어야 한다.
【결론】고집 세고 불평 많은 한 투덜이 선지자와 사람을 삼키고 삼일 간을 바닷속을 다니다 토해낸 집채 만한 크고 신비한 물고기, 가녀리고도 싱그러운 그늘을 드리워주는 박넝쿨의 이야기 속에 담긴 하나님의 인류를 향한 불굴의 사랑을 발견할 수 있어야겠다. 우리 가운데 요나처럼 꺼림칙한 전도자는 없는가? 이 핑계 저 핑계로 니느웨 대신 다시스로 도망가는 사람은 아닌가? 복음 증거는 흥해야 한다.

- 절기, 용도, 장르, 특징: 전도설교.
- Key Word: 요나, 박넝쿨, 전도자.
- Remarks:

본문 : **욘 1:1-12; 4:1-3**

제목 : **요나가 다시스로 도망친 깊은 이유**

1.여호와의 말씀이 아밋대의 아들 요나에게 임하니라 이르시되 **2.**너는 일어나 저 큰 성읍 니느웨로 가서 그것을 향하여 외치라 그 악독이 내 앞에 상달되었음이니라 하시니라 **3.**그러나 요나가 여호와의 얼굴을 피하려고 일어나 다시스로 도망하려 하여 욥바로 내려갔더니 마침 다시스로 가는 배를 만난지라 여호와의 얼굴을 피하여 그들과 함께 다시스로 가려고 배삯을 주고 배에 올랐더라 **4.**여호와께서 큰 바람을 바다 위에 내리시매 바다 가운데에 큰 폭풍이 일어나 배가 거의 깨지게 된지라 **5.**사공들이 두려워하여 각각 자기의 신을 부르고 또 배를 가볍게 하려고 그 가운데 물건들을 바다에 던지니라 그러나 요나는 배 밑층에 내려가서 누워 깊이 잠이 든지라 **6.**선장이 그에게 가서 이르되 자는 자여 어찌함이냐 일어나서 네 하나님께 구하라 혹시 하나님이 우리를 생각하사 망하지 아니하게 하시리라 하니라 **7.**그들이 서로 이르되, 자 우리가 제비를 뽑아 이 재앙이 누구로 말미암아 우리에게 임하였나 알아 보자 하고 곧 제비를 뽑으니 제비가 요나에게 뽑힌지라 **8.**무리가 그에게 이르되 청하건대 이 재앙이 누구 때문에 우리에게 임하였는가 말하라 네 생업이 무엇이며 네가 어디서 왔으며 네 나라가 어디며 어느 민족에 속하였느냐 하니 **9.**그가 대답하되 나는 히브리 사람이요 바다와 육지를 지으신 하늘의 하나님 여호와를 경외하는 자로라 하고 **10.**자기가 여호와의 얼굴을 피함인 줄을 그들에게 말하였으므로 무리가 알고 심히 두려워하여 이르되 네가 어찌하여 그렇게 행하였느냐 하니라 **11.**바다가 점점 흉용한지라 무리가 그에게 이르되 우리가 너를 어떻게 하여야 바다가 우리를 위하여 잔잔하겠느냐 하니 **12.**그가 대답하되 나를 들어 바다에 던지라 그리하면 바다가 너희를 위하여 잔잔하리라 너희가 이 큰 폭풍을 만난 것이 나 때문인 줄을 내가 아노라 하니라 …… **4:1.**요나가 매우 싫어하고 성내며 **2.**여호와께 기도하여 이르되 여호와여 내가 고국에 있을 때에 이러하겠다고 말씀하지 아니하였나이까 그러므로 내가 빨리 다시스로 도망하였사오니 주께서는 은혜로우시며 자비로우시며 노하기를 더디하시며 인애가 크시사 뜻을 돌이켜 재앙을 내리지 아니하시는 하나님이신 줄을 내가 알았음이니이다 **3.**여호와여 원하건대 이제 내 생명을 거두어 가소서 사는 것보다 죽는 것이 내게 나음이니이다 하니

1. 폭풍 속에서도 깊이 잠들었음 (= 심신이 피곤하고 지쳤음)

4-5절= "… 바다 가운데에 큰 폭풍이 일어나 배가 거의 깨지게 된지라… 그러나 요나는 배 밑층에 내려가서 누워 깊이 잠이 든지라"

2. "나를 들어 바다에 던지라" 하였음 (= 절망감, 무책임)

12절= "… 나를 들어 바다에 던지라 그리하면 바다가 너희를 위하여 잔잔하리라 너희가 이 큰 폭풍을 만난 것이 나 때문인 줄을 내가 아노라"

3. 하나님이 니느웨를 용서하신 것을 매우 싫어했음 (= 사랑의 결핍)

4:1, 3= "요나가 매우 싫어하고 성내며… 여호와여 원하건대 이제 내 생명을 거두어 가소서 사는 것보다 죽는 것이 내게 나음이니이다"

◈◈◈

【대지 유형】 이유 제시형 - 본문 수집형 - 대지 심화형
【주제】 (석의) 요나가 도망친 것은 심신의 피곤, 절망감 탓도 있지만 궁극적으로는 주의 종으로서 가져야 할 영혼에 대한 사랑이 없었기 때문이다.
【FCF】 많은 신앙인에게 영혼에 대한 사랑이 부족함.

【서론】 요나는 선지자. 그런데 하나님의 낯을 피해 멀리 도망을 치고 있다.
【우산질문】 요나는 왜 다시스로 도망하였을까? 도망치는 요나의 상태는 어떠했나?

【1대지】 폭풍으로 흔들리는 배 밑창에서도 정신없이 깊은 잠에 빠진 요나. 많은 교인이 피곤에 지쳐 도망치고 있다. 요나처럼 깊은 잠에 푹 빠지고 싶은 유혹이 많다.
【2대지】 요나의 마음속에는 니느웨로 가서 설교해 봤자 안 된다는 생각이 지배적이었다. 교회 생활도 마찬가지. 기도도 전도도 안 되는데 자꾸 하라 하니 힘들다. 요나는 무책임한 태도를 보인다. "나를 바다에 던지라." 사실 요나는 니느웨를 구해야 할 사명을 받았으므로 죽을 수도 없고 죽어서도 안 된다. 사명자에게 절망이란 있을 수 없다.
【3대지】 요나의 문제는 결국 사랑의 문제다. 하나님의 우주적인 사랑, 니느웨를 아끼시는 하나님의 사랑. 박넝쿨을 통해 알게 하시는 하나님.
【결론】 하나님께로 돌아가야 할 사람은 요나 자신이었다. 니느웨는 하나님께 돌아왔지만 요나는 아직 돌아오지 못하고 있다.

- 절기, 용도, 장르, 특징:
- Key Word: 요나, 니느웨.
- Remarks:

본문 : **미 6:1-5**

제목 : **자기 백성을 향한 하나님의 호소**
(A Controversy of the LORD with His people)

1.너희는 여호와의 말씀을 들을지어다 너는 일어나서 산을 향하여 변론하여 작은 산들이 네 목소리를 듣게 하라 하셨나니 **2.**너희 산들과 땅의 견고한 지대들아 너희는 여호와의 변론을 들으라 여호와께서 자기 백성과 변론하시며 이스라엘과 변론하실 것이라 **3.**이르시기를 내 백성아 내가 무엇을 네게 행하였으며 무슨 일로 너를 괴롭게 하였느냐 너는 내게 증언하라 **4.**내가 너를 애굽 땅에서 인도해 내어 종 노릇 하는 집에서 속량하였고 모세와 아론과 미리암을 네 앞에 보냈느니라 **5.**내 백성아 너는 모압 왕 발락이 꾀한 것과 브올의 아들 발람이 그에게 대답한 것을 기억하며 싯딤에서부터 길갈까지의 일을 기억하라 그리하면 나 여호와가 공의롭게 행한 일을 알리라 하실 것이니라

1. "내 백성아!"라고 애절하게 부르심 (= 선택된 백성)
3절= "이르시기를 내 백성아…"

2. "내가 무슨 일로 너를 괴롭게 하였느냐?"라고 슬프게 물으심 (= 예배와 계명에 싫증 냄)
3절= "… 무슨 일로 너를 괴롭게 하였느냐 너는 내게 증언하라"

3. "내가 무엇을 네게 행하였느냐?"라고 엄숙히 질문하심 (= 하나님의 비통한 질문)
3절= "… 내가 무엇을 네게 행하였으며…"

◈◈◈

【대지 유형】 주제 증명형 - 본문 분석형 - 대지 진전형
【주제】 (석의) 하나님은 자기 백성을 사랑하셔서 차라리 변론까지 하시면서 백성이 회개하기를 원하신다.
【FCF】 많은 신앙인이 말도 되지 않는 이유로 하나님을 원망하고 있음.

【서론】 제목을 풀어쓰면 "하나님이 자기 백성을 향해 호소하신다." 선지자 미가는 호세아 시대에 시골 모레셋의 전도자. 그는 당시 사회의 죄악상을 잘 파악하고 있었다. 남북 이스라엘의 영적 종교적 타락은 전 사회에 만연되어 선민으로서의 정체성은 땅에 떨어져 버렸다. 하나님께서는 먼저 이스라엘과 하

나님 중 누가 옳고 그른지를 가리는 쟁변을 통해 잘잘못을 가리고 난 다음에, 죄가 드러난 이스라엘 백성을 책망하고 징계하실 것이다.
【우산질문】 말씀을 통하여 자기 백성을 향해 호소하시는 하나님의 음성을 듣고 응답하자.

【1대지】 '내 백성'은 원문으로 '암미'인데, 선택된 백성을 의미한다. 이 호칭은 진심에서 발하는 엄숙한 음성이고, 이것은 비애의 외침이다. 이 말은 역설적으로 선민이 하나님을 자기들의 하나님으로 인정하지 않았음을 나타낸다. 우리는 자기 백성을 부르시는 주님의 음성을 통해 하나님의 절절한 사랑을 느낀다.
【2대지】 하나님의 직접적인 질문이다. 이스라엘의 어떤 모습이 그렇게 보였을까? 하나님이 보시기에도 그들이 무엇엔가 괴로움을 당한 것처럼 보였다. 이스라엘은 하나님 이름과 예배와 율법에 싫증을 냈다. 하나님의 눈에 비친 여러분의 모습은 혹시 무엇엔가 싫증을 내거나 짜증을 내는 사람으로 비치지는 않을까? 주님이 물으신다: "내가 너희를 괴롭게 한 것이 무엇이냐?"
【3대지】 하나님의 변론은 차라리 처절하기까지 하다. 이것은 하나님께서 자신을 친히 심판대 위에 올려놓으시는 장면이다. 우리가 하나님의 길에서 떠나 있을 때에 하나님은 본문의 말씀을 통해 "내가 무엇을 네게 행하였느냐?"고 비통한 질문을 하신다. 하나님의 길을 저버리도록 우리에게 권유한 하나님의 행동이 단 하나라도 있는가? 무엇이 너를 괴롭게 하였느냐? 너는 내게 증거하라. 성령이 말씀하신다.
【결론】 여러분은 하나님의 애절하고도 뜨거운 사랑, 한결같은 부성애적 은혜에 어떻게 보답하고 있나? 예전의 이스라엘 백성과는 달리, 우리는 하나님의 마음을 헤아려 주님을 인정하고 주님의 뜻에 부합한 삶, 주님을 기쁘시게 하는 삶을 살자.

- 절기, 용도, 장르, 특징:
- Key Word: 내 백성.
- Remarks:

본문 : **합 3:1-2**
제목 : **진정한 부흥**

1.시기오놋에 맞춘 선지자 하박국의 기도라 **2.**여호와여 내가 주께 대한 소문을 듣고 놀랐나이다 여호와여 주는 주의 일을 이 수년 내에 부흥하게 하옵소서 이 수년 내에 나타내시옵소서 진노 중에라도 긍휼을 잊지 마옵소서

1. 주께 대한 소문을 듣고 놀랐음 (= 진리에 부딛쳐 놀람)
2절= "여호와여 내가 주께 대한 소문을 듣고 놀랐나이다…"

2. 주의 일이 수년 내에 부흥되도록 기도함 (= 적절한 시점에 부흥되도록 기도함)
2절= "… 여호와여 주는 주의 일을 이 수년 내에 부흥하게 하옵소서 이 수년 내에 나타내시옵소서…"

3. 진노 중에라도 긍휼을 구함 (= 겸손히 주의 긍휼을 구함)
2절= "… 진노 중에라도 긍휼을 잊지 마옵소서"

◈◈◈

【대지 유형】 주제 설명형 - 본문 분석형 - 대지 심화형
【주제】 (석의) 하박국은 북방의 무서운 소문에 놀라 겸손한 자세로 주의 일을 부흥시켜 달라고 기도했다.
【FCF】 주에 대한 재림의 소문에도 놀라지 않는 안일한 사람들의 모습.

【서론】 신앙의 부흥(Revival of the Faith)은 먼저 교회 안에서부터 시작되어야 한다. 부흥은 그리스도인들, 특히 퇴보된 그리스도인들 안에서 먼저 일어나야 한다. 진정한 부흥이 오면 먼저 나태한 그리스도인들이 회개하는 역사가 일어난다. 그들이 하나님을 새롭게 순종하기 시작한다. 그들 주위의 일반적인 그리스도인들이 믿음을 되찾게 된다. 그리하여 교회 안에서 시작된 부흥의 열기는 세상과 그리스도인들을 억누르는 죄의 세력을 깨뜨리게 된다.
【우산질문】 본문을 통하여 진정한 신앙의 부흥이 어떤 것인지, 부흥을 맛보려면 어떤 자세를 가져야 하는지를 살펴보자.

【1대지】 선지자가 이처럼 감격스러워한 것은 오랫동안 풀지 못한 의문을 하나님의 계시를 통해 단숨에 해결했기 때문이다. '주께 대한 소문'은 일차적으로는 1, 2장에서 언급된 대로, 향후 유대인들에게 도래할 징벌과 갈대아인들이 맞게 될 파국에 관하여 하나님께서 선포하신 내용을 가리킨다. 나아가서는 하나님의 광대하심과 역사하심에 관해 들리는 모든 것이 포함된다. 진정한 신앙의 부흥은 하나님의 진리에 부딪칠 때 시작된다. 하박국의 기도 첫머리에서부터 그는 진리 앞에 항복하는 모습을 보인다. 신앙은 하나님의 진리에 놀라게 될 때 시작되고, 더욱 놀라게 될 때 부흥된다.

【2대지】 여기 '주의 일'은 일차적으로는 선지자가 듣고 있는 소문이다. 이는 유다 위에 징계를 내리고 갈대아 제국을 파멸시키는 거대한 일이다. 나아가서는 하나님의 구속의 경륜 전체를 아우르는 말이다. "여호와여 주는 주의 일을 이 수년 내에 부흥케 하옵소서" - 그의 기도는 부흥을 기다리는 성도의 기도와 상통한다: "주여, 내 안에 주님의 은혜로운 일을 시작하옵소서"(빌 1:6). "주여, 모든 것이 합력하여 선을 이루게 하옵소서"(롬 8:28). "주여, 주의 몸된 교회가 주의 영광을 드러내는 교회가 되게 하옵소서" "주여, 세상의 악한 자들을 향한 하나님의 권세와 능력이 만천하에 드러나게 하옵소서."

【3대지】 진정한 부흥을 기도하는 종들은 항상 주의 긍휼을 구하는 겸손한 자세를 견지해야 한다. 우리에게 소망이 있는 것은 하나님께는 '진노 중에라도 긍휼이 있기 때문'이다. 하나님은 긍휼 베풀기를 즐기시는 분이시다. 그는 이미 자기 아들을 우리에게 주셨다. 주님은 만인 가운데 우리를 불러내어 아들을 믿게 하셨다.

【결론】 우리에게 가장 시급한 것은 신앙의 부흥이다. 우리의 묵은 땅 같은 마음을 기경하는 일이다. 이것은 하나님의 화급한 요구이다. 주의 진리의 말씀에 부딪쳐 크게 놀라보아야겠다. 주의 구원의 은혜가 얼마나 큰지 깨닫고 놀라야겠다. 주의 성령의 은혜와 은사에 심령으로 놀라야겠다.

- 절기, 용도, 장르, 특징: 부흥 메시지.
- Key Word: 부흥.
- Remarks:

본문 : **합 3:16-19**
제목 : **하박국 선지자의 감사 (Thanksgiving in the Day of Distress)**

16.내가 들었으므로 내 창자가 흔들렸고 그 목소리로 말미암아 내 입술이 떨렸도다 무리가 우리를
치러 올라오는 환난 날을 내가 기다리므로 썩이는 것이 내 뼈에 들어왔으며 내 몸은 내 처소에서 떨
리는도다 **17.**비록 무화과나무가 무성하지 못하며 포도나무에 열매가 없으며 감람나무에 소출이 없
으며 밭에 먹을 것이 없으며 우리에 양이 없으며 외양간에 소가 없을지라도 **18.**나는 여호와로 말미
암아 즐거워하며 나의 구원의 하나님으로 말미암아 기뻐하리로다 **19.**주 여호와는 나의 힘이시라 나
의 발을 사슴과 같게 하사 나를 나의 높은 곳으로 다니게 하시리로다 이 노래는 지휘하는 사람을 위
하여 내 수금에 맞춘 것이니라

1. 바벨론의 침공 위협 앞에서도 하나님으로 말미암아 기뻐함 (= 극한 절망 중에 드리는 감사)

16절= "내가 들었으므로 내 창자가 흔들렸고 그 목소리로 말미암아 내 입술이 떨렸도다 무리가 우리를 치러 올라오는 환난 날을 내가 기다리므로 썩이는 것이 내 뼈에 들어왔으며 내 몸은 내 처소에서 떨리는도다"

2. 유다가 폐허가 되어버릴 것을 알고도 하나님 때문에 찬송함 (= 가진 것이 없어도 감사)

17절= "비록 무화과나무가 무성하지 못하며 포도나무에 열매가 없으며 감람나무에 소출이 없으며 밭에 먹을 것이 없으며 우리에 양이 없으며 외양간에 소가 없을지라도"
18절= "나는 여호와로 말미암아 즐거워하며 나의 구원의 하나님으로 말미암아 기뻐하리로다"

3. 높은 곳으로 다니게 하실 하나님 때문에 노래함 (= 내일을 바라보며 드리는 감사)

19절= "주 여호와는 나의 힘이시라 나의 발을 사슴과 같게 하사 나를 나의 높은 곳으로 다니게 하시리로다…"

◆◆◆

【대지 유형】 주제 설명형 - 본문 분석형 - 대지 진전형
【주제】 (석의) 극한 절망 중에서도 선지자는 오직 하나님 때문에 감사하며 찬

송한다.
【FCF】 주위 조건이 조금만 안 좋아도 감사를 잃어버리고 원망, 불평하는 사람들의 얄팍함.

【서론】 감사는 기독교 신앙의 핵심이요 본질이다. 본문에서 우리는 진정한 감사를 드리는 사람을 만난다. 겉으로 보기에 이 사람 하박국 선지자에게는 감사할 조건이 전혀 없다. 그럼에도 불구하고 선지자는 하나님께 감사의 찬미와 기도를 드리고 있다.
【우산질문】 선지자는 어떠한 상황에서 감사의 찬미를 드리는가? 그가 그토록 감사했던 이유는 무엇이며, 감사 기도의 내용은 무엇인가?

【1대지】 선지자가 감사의 찬미를 드리고 있을 때는 결코 평안할 때가 아니었다. 그는 지금 환난 날이 올 것을 내다보고 있다 했다. 선지자는 환난을 눈앞에 두고서도 하나님께 감사의 찬미를 드렸다. 그는 자신의 걱정, 근심, 두려움을 거룩하게 승화시켰다. 그 가운데 하나님의 섭리를 발견하면서 그는 하나님께 감사의 찬미를 드린 것이다.
【2대지】 그가 누구 때문에 즐거워했나? 하나님 때문에. 선지자는 무화과, 포도, 감람나무, 밭의 식물, 외양간의 소가 없을지라도 하나님 때문에 즐거워했다는 것. 믿음으로 산다는 것은 바로 '… 없을지라도' 하나님으로 말미암아 즐거워하며 기뻐하는 삶을 말한다.
【3대지】 성도에게 오는 모든 시련과 어려움에도 불구하고 성도가 승리를 확신할 수 있는 것은 넘치는 은혜와 축복을 베푸시는 하나님의 도우심을 믿기 때문이다.
【결론】 힘든 일이 있는가? 지금 환난 가운데 있나? 사망의 음침한 골짜기를 지나고 있는가? 그럴수록 하박국처럼 감사함으로 하나님께 기도할 수 있어야 한다.

- 절기, 용도, 장르, 특징: 감사절.
- Key Word: 감사, 찬송.
- Remarks:

본문 : **습 3:14-17**

제목 : **전능자의 기쁨 (The Delight of the Almighty God)**

14.시온의 딸아 노래할지어다 이스라엘아 기쁘게 부를지어다 예루살렘 딸아 전심으로 기뻐하며 즐
거워할지어다 **15.**여호와가 네 형벌을 제거하였고 네 원수를 쫓아냈으며 이스라엘 왕 여호와가 네
가운데 계시니 네가 다시는 화를 당할까 두려워하지 아니할 것이라 **16.**그 날에 사람이 예루살렘에
이르기를 두려워하지 말라 시온아 네 손을 늘어뜨리지 말라 **17.**너의 하나님 여호와가 너의 가운데
에 계시니 그는 구원을 베푸실 전능자이시라 그가 너로 말미암아 기쁨을 이기지 못하시며 너를 잠잠
히 사랑하시며 너로 말미암아 즐거이 부르며 기뻐하시리라 하리라

1. 여호와께서 이스라엘 가운데 계심 (= 전능자가 자기 백성과 동행하심)

15절= "이스라엘 왕 여호와가 네 가운데 계시니 네가 다시는 화를 당할까 두려워하지 아니할 것이라"

2. 여호와는 이스라엘로 인해 기쁨을 이기지 못하심 (= 교회는 하나님 기쁨의 대상)

17절= "… 그가 너로 말미암아 기쁨을 이기지 못하시며…"

3. 이스라엘로 인해 즐거이 부르며 기뻐하실 것임 (= 천국의 희락)

17절= "… 너로 말미암아 즐거이 부르며 기뻐하시리라"

◈◈◈

【대지 유형】 주제 설명형 - 본문 분석형 - 대지 진전형

【주제】 (석의) 하나님은 당신이 기뻐하시는 자기 백성 가운데 계시면서 백성을 기뻐하시고 장차 천국에까지 이르게 하신다.

【FCF】 많은 신앙인이 자신들이 하나님의 기쁨의 대상이라는 사실을 인식하지 못하고 있음.

【서론】 성경은 다양한 내용으로 되어 있지만, 일관된 주제를 견지= 하나님 사랑. 그중 구원받은 백성들에게 기뻐하라고 권고하고 있음. 살전 5:16; 빌 4:4-6, "항상 기뻐하라." 본문 14절, "시온의 딸아 노래할지어다 이스라엘아 기쁘게 부를지어다 예루살렘 딸아 전심으로 기뻐하며 즐거워할지어다"

【우산질문】 시온의 딸이 전심으로 기뻐해야 할 이유는? 어떻게 기뻐할까?

【1대지】 17절, "너의 하나님 여호와가 너의 가운데에 계시니 그는 구원을 베푸실 전능자이시라." 그는 창조주(Crearor)= 만물의 주인. 그는 구원자(Redeemer)= 자기 백성을 부르시고 이름을 주심. 그는 Almighty God, 전쟁에 능하신 분. 바로 이 분이 함께 하신다= 우리 기쁨의 근원.

【2대지】 이 놀라운 모습을 보라. 아기 안고 즐거워하는 부모의 모습. 우리가 누구인가? 예수 이름을 소유하고 있고, 주님의 이미지를 소유하고 있고, 주님의 영을 소유한 자들이다. 우리로 인해 기쁨을 이기지 못하시는 하나님을 보며 우린 기뻐한다.

【3대지】 하나님의 기쁨을 좀 더 적극적으로 표현하심. 본문은 장차 이루어질 완성된 하나님 나라에 대한 묘사. 천국의 희락. 하나님은 우리 육신의 활동을 기뻐하신다. 하나님은 우리의 은혜 생활을 통해 기쁨을 가지신다. 우리의 봉사활동이 기쁨의 대상이 된다. 성도의 모든 삶을 통해 기쁨을 나타내신다. 그리고 장차 이 기쁨이 천국에 가득할 것이다. 요일 4:10. "사랑은 여기 있으니…"

【결론】 당신은 하나님의 백성인가? 예수 이름을 소유하고 있나? 그렇다면 주님의 놀라운 기쁨의 대상이 되고 있다. 주님은 나로 인해 노래하신다. 내 속에서도 하나님 찬미의 노래가 터져 나온다.

선지서

- 절기, 용도, 장르, 특징:
- Key Word: 기쁨.
- Remarks:

본문 : **슥 2:1-13; 눅 1:18-23; 계 22:20**

제목 : **하나님을 기다린 사람들**

슥 2:8.만군의 여호와께서 이같이 말씀하시되 영광을 위하여 나를 너희를 노략한 여러 나라로 보내셨나니 너희를 범하는 자는 그의 눈동자를 범하는 것이라 **9.**내가 손을 그들 위에 움직인즉 그들이 자기를 섬기던 자들에게 노략거리가 되리라 하셨나니 너희가 만군의 여호와께서 나를 보내신 줄 알리라 **10.**여호와의 말씀에 시온의 딸아 노래하고 기뻐하라 이는 내가 와서 네 가운데에 머물 것임이라 **11.**그 날에 많은 나라가 여호와께 속하여 내 백성이 될 것이요 나는 네 가운데에 머물리라 네가 만군의 여호와께서 나를 네게 보내신 줄 알리라 **12.**여호와께서 장차 유다를 거룩한 땅에서 자기 소유를 삼으시고 다시 예루살렘을 택하시리니 **13.**모든 육체가 여호와 앞에서 잠잠할 것은 여호와께서 그의 거룩한 처소에서 일어나심이니라 하라 하더라 …… **눅 1:18.**사가랴가 천사에게 이르되 내가 이것을 어떻게 알리요 내가 늙고 아내도 나이가 많으니이다 **19.**천사가 대답하여 이르되 나는 하나님 앞에 서 있는 가브리엘이라 이 좋은 소식을 전하여 네게 말하라고 보내심을 받았노라 **20.**보라 이 일이 되는 날까지 네가 말 못하는 자가 되어 능히 말을 못하리니 이는 네가 내 말을 믿지 아니함이거니와 때가 이르면 내 말이 이루어지리라 하더라 **21.**백성들이 사가랴를 기다리며 그가 성전 안에서 지체함을 이상히 여기더라 **22.**그가 나와서 그들에게 말을 못하니 백성들이 그가 성전 안에서 환상을 본 줄 알았더라 그가 몸짓으로 뜻을 표시하며 그냥 말 못하는 대로 있더니 **23.**그 직무의 날이 다 되매 집으로 돌아가니라 …… **계 22:20.**이것들을 증언하신 이가 이르시되 내가 진실로 속히 오리라 하시거늘 아멘 주 예수여 오시옵소서

1. 선지자 스가랴 : '잠잠히 기다리라'는 메시지 전달자

10절= "여호와의 말씀에 시온의 딸아 노래하고 기뻐하라 이는 내가 와서 네 가운데에 머물 것임이라"

13절= "모든 육체가 여호와 앞에서 잠잠할 것은 여호와께서 그의 거룩한 처소에서 일어나심이니라 하라 하더라"

2. 제사장 사가랴 : '잠잠히 기다리라'는 메시지 순종자

20절= "보라 이 일이 되는 날까지 네가 말 못하는 자가 되어 능히 말을 못하리니 이는 네가 내 말을 믿지 아니함이거니와 때가 이르면 내 말이 이루어지리라"

3. 왕국 백성들 : "내가 속히 오리라"는 약속을 믿고 기다리는 사람들

계 22:20= "이것들을 증언하신 이가 이르시되 내가 진실로 속히 오리라 하시거늘 아멘 주 예수여 오시옵소서"

◆◆◆

【대지 유형】 주제 함축형 – 본문 묵상형 – 대지 진전형
【주제】 (석의) 하나님의 백성들은 구약에나 신약에나 종말에나 항상 하나님을 기다리는 자들이다.
【FCF】 많은 신앙인이 잠잠히 기다리는 인내심에 부족을 보임.

【서론】 12월은 대림절기. 성경은 온통 기다리는 사람들의 이야기이다. 많은 경우 백성들은 인내심이 부족했다. Waiting is never easy! 구약과 신약에서 하나님을 기다린 사람들의 이야기를 찾아보자. 스가랴(사가랴)= God remembers.
【우산질문】 하나님을 기다리는 사람들에 대해 구약과 신약과 종말의 성도들을 통해 살펴보자.

【1대지】 스가랴 선지자는 바벨론에서 태어나 B.C.538년 예루살렘에 귀환. 예루살렘 성전의 재건을 시작. 본문은 8가지 night vision 중 하나. 선지자는 기다려야 했다. 10절, "내가 와서 네 가운데에 머물 것임이라." 11절= 선지자에게 아브라함의 언약을 확신시켜 주심. 그러나 그는 기다려야 했다. 13절= 하나님의 역사하심을 말없이 보며, 놀라며….
【2대지】 스가랴 선지자보다 500년 후, 바로 그 성전에서. 믿기 어려운 약속= 가브리엘이 준 하나님의 메시지. 13절= 믿기 어려운 하나님의 약속. 이 노인은 9개월을 선지자처럼 침묵하며 기다렸다. 하나님의 방법이 여기에! 기다리면서 반드시 마음속에 가져야 할 것은 '약속을 주신 하나님은 행동하시는 하나님'이라는 확신이다.
【3대지】 모든 그리스도인은 주님의 재림에 간절한 소망을 가지고 기다려야 한다.
【결론】 우리는 어떻게 기다리고 있나? 주변 환경이 뜻대로 되지 않고 있을 때 우리는 어떻게 하고 있나? 우리는 잊지 말아야 한다. 하나님의 긍휼하심과 하나님의 선하심을.

- 절기, 용도, 장르, 특징: 대림절.
- Key Word: 기다림.
- Remarks:

본문 : **슥 4:1-10**
제목 : **오직 성령으로**

1.내게 말하던 천사가 다시 와서 나를 깨우니 마치 자는 사람이 잠에서 깨어난 것 같더라 **2.**그가 내
게 묻되 네가 무엇을 보느냐 내가 대답하되 내가 보니 순금 등잔대가 있는데 그 위에는 기름 그릇이
있고 또 그 기름 그릇 위에 일곱 등잔이 있으며 그 기름 그릇 위에 있는 등잔을 위해서 일곱 관이 있
고 **3.**그 등잔대 곁에 두 감람나무가 있는데 하나는 그 기름 그릇 오른쪽에 있고 하나는 그 왼쪽에 있
나이다 하고 **4.**내게 말하는 천사에게 물어 이르되 내 주여 이것들이 무엇이니이까 하니 **5.**내게 말
하는 천사가 대답하여 이르되 네가 이것들이 무엇인지 알지 못하느냐 하므로 내가 대답하되 내 주여
내가 알지 못하나이다 하니 **6.**그가 내게 대답하여 이르되 여호와께서 스룹바벨에게 하신 말씀이 이
러하니라 만군의 여호와께서 말씀하시되 이는 힘으로 되지 아니하며 능력으로 되지 아니하고 오직
나의 영으로 되느니라 **7.**큰 산아 네가 무엇이냐 네가 스룹바벨 앞에서 평지가 되리라 그가 머릿돌을
내놓을 때에 무리가 외치기를 은총, 은총이 그에게 있을지어다 하리라 하셨고 **8.**여호와의 말씀이 또
내게 임하여 이르시되 **9.**스룹바벨의 손이 이 성전의 기초를 놓았은즉 그의 손이 또한 그 일을 마치
리라 하셨나니 만군의 여호와께서 나를 너희에게 보내신 줄을 네가 알리라 하셨느니라 **10.**작은 일
의 날이라고 멸시하는 자가 누구냐 사람들이 스룹바벨의 손에 다림줄이 있음을 보고 기뻐하리라 이
일곱은 온 세상에 두루 다니는 여호와의 눈이라 하니라

1. 스룹바벨의 손이 성전의 기초를 놓았다 하심 (= 교회의 설립과 진행이 성령으로만)

9절= "스룹바벨의 손이 이 성전의 기초를 놓았은즉 그의 손이 또한 그 일을 마치리라 하셨나니…"

2. 무리가 은총을 부르며 화답함 (= 교회의 부흥도 성령으로만)

7절= "그가 머릿돌을 내놓을 때에 무리가 외치기를 은총, 은총이 그에게 있을지어다 하리라…"

3. 큰 산이 스룹바벨 앞에서 평지가 되리라 하심 (= 모든 문제의 해결도 성령으로만)

7절= "큰 산아 네가 무엇이냐 네가 스룹바벨 앞에서 평지가 되리라…"

◆◆◆

【대지 유형】 주제 설명형 – 본문 수집형 – 대지 진전형

【주제】 (적용) 교회의 설립과 부흥, 그리고 문제 해결은 모두 성령으로만 가능하다.

【FCF】 많은 신앙인이 성령님의 능력에 대해 알지 못하고 의지하지도 않고 있음.

【서론】 6절, "만군의 여호와께서 말씀하시되 이는 힘으로 되지 아니하며 능력으로 되지 아니하고 오직 나의 영으로 되느니라." 하나님의 일은 하나님의 방법으로만 수행 가능하다. 예전 인간 이성이 성숙되지 않았을 때 오히려 쉽게 믿고 순종할 수 있었으나, 지금은 오히려 어려워졌다. 1차 포로귀환(B.C.539), 성전 재건사업. 끊임없는 방해. 15년간 중단된 후 재개.
【우산질문】 오직 성령으로만 가능한 일이 어떤 것들인지 살펴보자.

【1대지】 교회 시작은 오직 성령으로만 가능하다. 성령님은 교회의 지대를 놓으신다. 초대교회의 역사를 보라. 성령의 역사, 성령의 은사, 성령의 능력이 넘쳤다. 성령으로 거듭나고, 성령으로 진행된다.
【2대지】 교회 부흥을 위한 인본주의적인 모든 노력은 결국 실패한다. 교회는 그리스도를 머리로 하는 유기체이다. 성령 충만한 성도들이 물질을 나누고 기쁨과 즐거움이 충만하고, 하나님을 찬송할 때 부흥은 찾아온다.
【3대지】 교회의 모든 문제, 인간의 여러 가지 문제들도 오직 성령으로 해결된다. 큰 산(=성전 재건을 방해했던 모든 문제)도 평지가 된다.
【결론】 작은 일이라고 경시하면 안 된다. 한 개인의 은혜 체험에서 교회의 변화가 온다. 하나님 시작하면 반드시 이루신다.

- 절기, 용도, 장르, 특징: 성령강림주일.
- Key Word: 성령의 능력.
- Remarks:

본문 : **말 3:16-4:3**
제목 : **의의 태양 (The Sun of Righteousness)**

16.그 때에 여호와를 경외하는 자들이 피차에 말하매 여호와께서 그것을 분명히 들으시고 여호와를 경외하는 자와 그 이름을 존중히 여기는 자를 위하여 여호와 앞에 있는 기념책에 기록하셨느니라
17.만군의 여호와가 이르노라 나는 내가 정한 날에 그들을 나의 특별한 소유로 삼을 것이요 또 사람이 자기를 섬기는 아들을 아낌 같이 내가 그들을 아끼리니 **18.**그 때에 너희가 돌아와서 의인과 악인을 분별하고 하나님을 섬기는 자와 섬기지 아니하는 자를 분별하리라 …… **4:1.**만군의 여호와가 이르노라 보라 용광로 불 같은 날이 이르리니 교만한 자와 악을 행하는 자는 다 지푸라기 같을 것이라 그 이르는 날에 그들을 살라 그 뿌리와 가지를 남기지 아니할 것이로되 **2.**내 이름을 경외하는 너희에게는 공의로운 해가 떠올라서 치료하는 광선을 비추리니 너희가 나가서 외양간에서 나온 송아지 같이 뛰리라 **3.**또 너희가 악인을 밟을 것이니 그들이 내가 정한 날에 너희 발바닥 밑에 재와 같으리라 만군의 여호와의 말이니라

1. 의인들에게 공의로운 해가 떠오른다고 하심 (= 태양이 되시는 예수님)
2절= "내 이름을 경외하는 너희에게는 공의로운 해가 떠올라서 치료하는 광선을 비추리니…"

2. 그분은 의의 태양이 되심 (= 의의 태양이신 예수님)
2절= "… 공의로운 해가 떠올라서 치료하는 광선을 비추리니…"

3. 하나님을 경외하는 자는 주님의 복을 받게 됨 (= 의인들의 복이 되시는 예수님)
2절= "내 이름을 경외하는 너희에게는 공의로운 해가 떠올라서 치료하는 광선을 비추리니 너희가 나가서 외양간에서 나온 송아지 같이 뛰리라"

◈◈◈

【대지 유형】 주제 설명형 - 본문 분석형 - 대지 연결형
【주제】 (석의) 예수 그리스도는 의의 태양으로서 의인들에게 치료하는 광선과 영적 승리를 주신다.
【FCF】 의인의 복을 누리지 못하고 있는 현대교인들의 모습.

【서론】 의인은 하나님 이름을 경외하는 자= 예수님을 영접하는 자, 악인은 하나님 없이 살려 하는 자= 공중 권세 잡은 자의 영향 하에 있음, 악인은 육신의

소욕을 좇는 자들.

【우산질문】 본문을 통하여 의인에게 의의 태양이 되시는 예수님에 대하여 살펴보자.

【1대지】 예수 그리스도는 하나님 은총의 주심이요 근원이심. 태양과 위성의 관계처럼. 요 8:12= 나는 세상의 빛이니 나를 따르는 자는 어두움에 다니지 아니하고 생명의 빛을 얻으리라. 태양= 이것보다 좋은 비유가 어디 있나!

【2대지】 의의 태양의 양면성= 의인에게는 즐거움과 기쁨의 빛, 그러나 악인에게는 두려움과 슬픔의 심판. 소돔 고모라의 심판처럼. 창 19:23, "롯이 소알에 들어갈 때에 해가 돋았더라." 1절의 주의 날= 극렬한 풀무불같은 날= 누구에게 임하나? 교만한 자와 악을 행하는 자. 그러나 금·은 보석들은 오히려 정련된다.

【3대지】 무슨 복?= 지식의 밝은 빛, 사랑의 따뜻한 열= 황홀한 기쁨. 2절의 치료하는 광선. 송아지처럼 뛰리라= 마음껏 뛰노는 모습. 또 너희가 악인을 밟을 것= 하나님이 그들을 재로 만드신다.

【결론】 우린 주의 빛을 받은 빛의 자녀들. 16절= 성도들의 피차 격려= 여호와의 기념책에 기록! 당신은 지금 송아지 뛰놀듯 자유함이 있는가?

- 절기, 용도, 장르, 특징:
- Key Word: 의, 태양.
- Remarks:

본문 : **말 4:4-6; 눅 9:28-32**
제목 : **모세와 엘리야의 사역을 완성하신 예수 그리스도**
(Moses and Elijah vs. John the Baptist and Jesus Christ)

말 4:4.너희는 내가 호렙에서 온 이스라엘을 위하여 내 종 모세에게 명령한 법 곧 율례와 법도를 기
억하라 **5.**보라 여호와의 크고 두려운 날이 이르기 전에 내가 선지자 엘리야를 너희에게 보내리니
6.그가 아버지의 마음을 자녀에게로 돌이키게 하고 자녀들의 마음을 그들의 아버지에게로 돌이키게
하리라 돌이키지 아니하면 두렵건대 내가 와서 저주로 그 땅을 칠까 하노라 하시니라 …… **눅 9:28.**
이 말씀을 하신 후 팔 일쯤 되어 예수께서 베드로와 요한과 야고보를 데리고 기도하시러 산에 올라가
사 **29.**기도하실 때에 용모가 변화되고 그 옷이 희어져 광채가 나더라 **30.**문득 두 사람이 예수와 함
께 말하니 이는 모세와 엘리야라 **31.**영광중에 나타나서 장차 예수께서 예루살렘에서 별세하실 것을
말할새 **32.**베드로와 및 함께 있는 자들이 깊이 졸다가 온전히 깨어나 예수의 영광과 및 함께 선 두
사람을 보더니

1. 모세의 화신으로 나타난 엘리야와 엘리사

말 4:4-5= "너희는 내가 호렙에서 온 이스라엘을 위하여 내 종 모세에게 명령한 법 곧 율례와 법도를 기억하라. 보라 여호와의 크고 두려운 날이 이르기 전에 내가 선지자 엘리야를 너희에게 보내리니"

2. 엘리야의 화신으로 나타난 세례요한

말 4:5= "보라 여호와의 크고 두려운 날이 이르기 전에 내가 선지자 엘리야를 너희에게 보내리니"

3. 모세와 엘리야의 사역을 완성하신 예수 그리스도

◈◈◈

【대지 유형】 주제 함축형 - 본문 수집형 - 대지 진전형
【주제】 (석의) 율법과 예언을 통하여, 그리고 수많은 믿음의 선진들을 통하여 언약을 이루어 오신 하나님은 마침내 독생자 예수 그리스도를 보내셨고, 예수님의 십자가 죽으심과 부활 사건으로 말미암아 모든 약속을 이루셨다.
【FCF】 성경을 언약의 책으로 보지 못하는 신앙인들의 무지.

【서론】 신구약 성경의 모든 말씀에서 그리스도를 증거하는 것이 기독교회의

영원한 임무이다. 왜냐하면 구약의 계시가 그리스도 예수 안에서 완성되었기 때문이다. 율법을 대표하는 모세와 예언 사역을 대표하는 엘리야, 그리고 이 두 사역을 완성하신 예수 그리스도의 모습을 살펴보자.
【우산질문】 모세와 엘리야의 관계, 그리고 엘리야와 세례요한의 관계, 나아가 모세와 엘리야의 사역을 완성하신 예수님에 대하여 살펴보자.

【1대지】 하나님의 사람 엘리야는 자신의 영감을 제자인 엘리사에게 물려준다. 스승의 영감을 물려받은 엘리사 역시 새로운 모세의 모습으로 나타난다. 우리는 모세의 화신으로 보냄 받은 엘리야와 엘리사의 모습과 사역을 통하여 언약을 성취해 나가시는 하나님의 사역 패턴을 발견한다.
【2대지】 세례요한은 하나님께서 엘리야의 사역을 계승하기 위해 세우신 엘리야의 화신이다. 그는 또한 뒤에 오실 그리스도의 사역을 준비하기 위해 파송 받은 '왕의 길을 닦는 자'이다. 그가 얼마나 엘리야를 닮았는지 보라.
【3대지】 예수 그리스도는 둘째 아담으로 오셨고, 아브라함의 씨로 오셨으며, 모세의 율법을 완성하신 분으로서, 모든 율법과 모든 예언의 마침이 되신다.
【결론】 예수님은 이처럼 구약의 사역을 계승하시면서도 이를 완성하시는 면에서 앞서의 모든 주의 종들을 초월하시는 분이다. 예수님은 구약성경의 모든 율법과 예언과 시와 지혜를 기독론적이며 종말론적으로 완성하신다.

- 절기, 용도, 장르, 특징: 상징주의 해석.
- Key Word: 사역.
- Remarks:

| 부록 1 |

설교 작성 양식

성명 : 교회명:

제목 :	주제:
본문 :	FCF:
	목표:
〈서론〉	
①	⑤
②	⑥
③	⑦
④	⑧(우산질문)
1. ______________________________	(대지해석:)
절 =	
(설명)	
①	⑤
②	⑥
③	⑦
④	⑧(총)
(예증)	
①	⑤
②	⑥
③	⑦
④	⑧(총)
(적용)	
①	⑤
②	⑥
③	⑦
④	⑧(총)

2. ______________________________ (대지해석:)

절 =

(설명)

①
②
③
④
⑤
⑥
⑦
⑧(총)

(예증)

①
②
③
④
⑤
⑥
⑦
⑧(총)

(적용)

①
②
③
④
⑤
⑥
⑦
⑧(총)

3. ______________________________ (대지해석:)

절 =

(설명)

①
②
③
④
⑤
⑥
⑦
⑧(총)

(예증)

①
②
③
④
⑤
⑥
⑦
⑧(총)

(적용)

①
②
③
④
⑤
⑥
⑦
⑧(총)

총결론 :

| 부록 2 |

설교 평가 양식

5 – 최고(Superior)	4 – 잘함(Good)	3 – 보통(Average)
2 – 미숙(Poor)	1 – 문제있음(Inadequate)	

1. 조직(Organization)

1) 서론

– 배경이나 자료의 사용이 적절한가? _____

– 핵심 주제를 위한 입구 역할을 잘 하고 있는가? _____

– 길이나 시간은 적당한가? _____

– 청중들의 욕구나 필요성을 다루고 있는가? _____

2) 구조

– 제목과 대지가 본문의 의도를 드러내고 있는가? _____

– 제목과 대지가 주제를 통일적으로 나타내는가? _____

– 제목은 주제를 드러내기에 적절한가? _____

– 대지의 분해는 적절한가? _____

– 각 대지들 사이에 논리적 심리적 연결이 되어 있는가? _____

2. 내용(Content)

1) 전체

– 설교가 정확한 주석에 기초를 두고 있는가? _____

– 각 대지의 해석(직역 또는 의역)은 적절한가? _____

– 핵심사상이나 주제에 대한 분석이 논리적인가? _____

– 설교자가 자신의 설교내용이 타당하다는 사실을 당신에게 확신시켜 주었는가? _____

– 내용의 독창성을 보여주고 있는가? _____

3) 보충자료

- 재미있었는가? _____
- 다양성은 있는가? _____
- 구체적인가? _____

3. 스타일(Style)

- 설교자가 정확한 문법을 사용하고 있는가? _____
- 말이나 단어들이 구체적이며 정확한가? _____
- 말이나 단어들에 생동감과 다양성이 있는가? _____

4. 전달(Delivery)

1) 직접성

- 설교자가 정말 전하고자 하는 것 같은가? _____
- 친밀한 느낌을 주는가? _____
- 설교가 살아있는 대화처럼 느껴지는가? _____

2) 언어전달

- 성우식의 고저장단, 희로애락이 잘 표현되고 있는가? _____
- 목소리는 듣기에 편한가? _____
- 발음이 정확하고 다채로운가? _____
- 설교자가 효과적으로 말을 멈추는가? _____

3) 신체적 전달

- 얼굴표정은 자연스러운가? _____
- 온몸을 다 사용하면서 설교하는가? _____
- 제스처는 자연스럽고 분명한가? _____
- 좋지 않은 습관적 버릇은 없는가? _____

4) 시선

- 설교자가 교인들의 눈을 바로 바라보는가? _____
- 설교자가 회중들의 반응을 잘 의식하고 있다는 느낌이 드는가? _____